中国当代民间史料集刊

12

沙文汉工作笔记
（1955年）

华东师范大学中国当代史研究中心 编

本集刊出版获得东方历史学会资助

中国出版集团　东方出版中心

出版说明

　　《中国当代民间史料集刊》是一套记录 1949 年以来中国历史的资料丛书，由本中心组织编辑。这套丛书收录的是流散于社会的各种民间文献，包括日记、笔记、记录、信函、小报、表格、账册、课本等等。与已经出版的许多中国当代史资料不同，这套丛书以反映社会底层的政治、经济、文化状况和日常生活、人际交往、家庭关系、个人境遇等为内容，为读者提供记录底层历史变迁的原始资料。

　　相对于中国古代和近代各种民间史料，中国当代民间史料数量更大，种类更多，抢救、发掘的难度理当比前者要小得多。但实际的情况却颇不乐观。由于在相当一段时间里政治运动频发，特别是经历过"文化大革命"以后，许多私人记录性史料大量抄没、毁坏或遗失。而各种运动过后，尤其是改革开放初期"拨乱反正"，也曾将大量个人材料交还个人处理，或由组织代为销毁。再加上单位变动频繁，过去曾经保存在单位里的各种油印资料或个人记录材料，也不断地被处理或销毁。所有这些都使得原本应该浩如烟海、取之不尽的当代民间史料，如今竟成急需抢救的"国宝"。

　　近十几年来，意识到并重视当代史料搜集和抢救工作的民间人士和专业研究者，已不在少数。但十分遗憾的是，这方面的工作迄今为止仍处于一种分散游击、割据自守的状况。由于收藏者多将自己搜集到的史料藏诸深山、秘不示人，从而使得原本就显得十分稀少的民间史料愈显其缺。

历史研究,关键在史料。当代史料通常有几类,一是官方档案文献;二是口述或回忆;三是影像或录音;四就是民间记录的各种文字材料了。在所有这些史料当中,官方档案的形成、留存和开放,都难免会受到时政的极大影响,因而具有很大的片面性;口述回忆史料因时过境迁,加之当事人的主观意向和记忆误差,也极易造成对历史的误读。至于影像录音之类的史料价值,自然局限更为明显。因此,当代史料当中最大量的,也是最能够真切反映社会当时各种情况的,恰恰是这些民间史料。如今,当代中国历史的研究正方兴未艾,已有越来越多的学者和学生开始关心和研究当代历史的问题了,但因为民间史料查找不易,除极少数近水楼台者外,真正能够利用民间史料来做研究的学者和学生,还寥寥无几。

本中心成立不久,但深信应该在这方面有所建树。因而不惜大家动手,不取分文,费时费力并以极为有限的财力资源,编辑出版这样一套丛书,以利推动民间史料的整理与出版,进而逐渐打破现在史料收藏过于分散、难以利用的情况。

必须说明的是,本中心在民间史料搜集上着手较晚,故我们所推出的史料无论从面上,还是从点上,都不成系统。同时,由于整个当代史料的整理和出版工作在全国范围也都还只是处于起步阶段,无论编辑还是出版工作都还有一个摸索适应和逐渐规范的过程,因此,在许多方面都难免存在着缺失甚或不当之处。凡此种种,还有望各方读者包括原文作者及时提醒和指正。

华东师范大学中国当代史研究中心
2010 年 7 月

编校说明

一、本辑资料为沙文汉工作笔记及所附之件,部分为沙秘书笔记。除标题中具体标明为他人讲话、报告或某部门文件者,一般均为陈所撰所记。少数无法确定记录人或主撰人的篇目,亦保持原状,不做推测和辨析。

二、本辑资料多为陈当年的草稿和速记稿,文中原有涂改、添加、省略和不确定、无规则的大小序号甚多,导致阅读困难之处比比皆是。为了在保持原文原意基础上使今人阅读不致产生太多歧义和疑惑,编者在编校时对原文做了以下三类加工处理。特说明如下:

(一)代码处理。原文中的代码除个别量词作者在一篇文稿中混用时统一改为一种形式外,一般基本保持原状,只在第一次出现时加括号说明。

为方便读者查找,正文中作者经常使用的代码列表备查。

(二)旧式用法处理。原文使用的多是繁体字,遣词造句多为旧式用法,有些不改容易造成歧义;有些不改不易造成歧义,修改反而数量太大太多。故此项处理采取了下述两种办法:

1)直接改成今日用法。凡旧用法容易产生歧义,统一改成简体字及新用法更便于阅读理解者,均直接改过,不加标示说明,如:

"狠"(程度副词),直接改成"很";

"底"(助词),直接改成"的";

"回报",直接改成"汇报";

"行叶"、"工叶"、"农叶"、"商叶"等,直接改成"行业"、"工业"、"农业"、"商业"等；

　　"什志"、"什货"、"什粮"等，直接改成"杂志"、"杂货"、"杂粮"等；

　　"智识"及"智识分子"等，直接改为"知识"及"知识分子"等；

　　"介释"、"介决"、"介放"等，直接改为"解释"、"解决"、"解放"等；

　　"正风"、"挨正"、"正顿"等，直接改为"整风"、"挨整"、"整顿"等；

　　"史（大林）"、"史大林"、"史达林"，直接改为"斯大林"。

　　2）保持原状不动。一般旧用法不妨碍理解的，不做修订或修改。这一类字词数量较多，仅列几种以供了解：

旧式用法	新式用法
那（那个，那里，那时等）	哪（那个，那里，那时等）
二（二个，二种等）	两（两个，两种等）
他（中性、女性）	它，她
须（须要）	需（需要）
份（如成份、份子）	分（成分、分子）
付（如付业、付部长）	副（副业、副部长）

　　（三）一般坚持原文照录的处理原则，不改变原文的体例、格式、文字。但篇目标题，除部分原有且保留不变者外，多由编者依据内容所拟或改拟。正文遇下列情况，亦照下述办法加工处理：

　　（Ⅰ）原文中的错、漏、衍字和难以辨认的字做了如下校订：

　　1. 错别字以〈　〉符号订正，错别字在符号内，正确的字置于错字符号之后。

　　2. 漏字以〔　〕符号填补，漏字在符号内，置原位。

　　3. 衍字以□符号注明，衍字在符号内，置原位。

　　4. 难以辨认的字以■符号标明，一字一符，置原位。

　　5. 语句缺漏、不通，又需加说明之处，用页下注的方法在需要说明的文字或语句之后标注说明。

　　（Ⅱ）原文无标点，或仅黑点，或缺标点且读不通者，均重新断句并标点。

　　（Ⅲ）对原文繁杂不一的序号做了如下处理：

　　1. 序号不连接的，如缺序号、重复序号等，一般应加注说明；只有一个孤立的序号的，删除不影响文意的，一般予以删除。

2. 序号为两层且意思明白者,保留原序号。

3. 序号为两层,但序号的数字用法(如汉码、阿拉伯码、罗马码)不一,且层次不明者,应按大小层次调整为统一用法的序号。

4. 序号层次超过两层者,不论原文序号的数字如何,一律使用单一数字用法的序号;序号基本上是汉码数字者,全文应统一使用汉码数字,非汉码数字均改为汉码数字;序号为罗马数字者,全文应统一使用罗马数字;余类推。

5. 序号层次过多,大小倒置,容易发生歧义或按原标注序号无法继续延伸者,应按下列序号层级重新编排:以汉码数字一、二、三为一级序号;以汉码数字(一)、(二)、(三)为二级序号;以阿拉伯数字 1、2、3 为三级序号;以阿拉伯数字(1)、(2)、(3)为四级序号;以英文字母 A、B、C 为五级序号;以 a、b、c 为六级序号。原文中个别非序号排列,而使用实心圆点符号者,可保留,但应与正文字号大小相同。中文数字序号后应使用顿号"、";阿拉伯数字和英文字母后应使用小圆点符号"．",置数字后右下角。

6. 凡序号过多,须造字才能解决者,应照(5)项办法处理。

7. 序号数字经改动者,应标题注,即在本文标题后加 * 号注,并在页下注中注明:"本文序号数字为编者统一编排。"

.

正文代码查询表

.

ブル　或指资产阶级,或指资本家,或指资本主义。

ブロ　指无产阶级。

インチリ　指知识分子。

CP　指共产党。

CCCP　指苏联。

K、KMT　均指国民党。

UF　指统一战线。

M　指群众。

MAX　指马克思。

Tob　指同志。

Stalin　指斯大林。

Sovet　或指苏维埃,或指苏联。

Fascist　指法西斯。

Ton　量词,指吨。

KW　量词,指千瓦。

E　量词,指亿。

TB　指肺病。

No. 1　指拿摩温,亦即领班。

目　录

笔 记 一 则

1955 年初

1955 年中央核准省的预算支出总额 16 995 万元。

（文件编号：R137a）

黄先河关于中央统一战线指示的传达

1955 年初

Ⅰ. 政协要不要问题，肯定是要的。

a. 共党不能〈偏〉片面决定问题，人代会只是有各主要方面的人，而并非所有各该方面的人，因此还须政协。中国是多阶级的，他虽一致，而内部还有矛盾，有矛盾则就要协商。毛说，不接受事物的变化，对所认识的固定起来，这就是唯心论——共产党员入了党并不等于就变成唯物论。现在全国政协名单里，中右占 57%，党员 30%。毛说党存在一天，统战工作也存在一天，因为〈只〉直到社会主义时代共产党员还是少数，因此党与非党的联盟还是存在的。

（文件编号：R137a）

浙江省政府党组干事会议记录

1955 年 1 月 5 日

上午

一、讨论几个报告。

二、讨论政治报告，全国人代大会的报告。

在开大会前，各厅党组要开次会，统一一下党内思想，统战思想。

沙：

基本问题是经济建设方面讲的太多而政权建设谈的太少，而政权建设是一〈化〉划时代的问题，很重要。关于工作报告的讨论。

李：

杨：

1. 感到报告提高不够，进行很多工作，但总收获是什么，没讲出来。

2. 如何坚决贯彻宪法，执行代表大会制不强调，还可压缩一下。

沙：

过去的成绩要总结起来，如过去合作社的成绩，战胜了灾害；各方面统购统销，社会成分上社会主义改造。加强国防，解放台湾，[的]任[务]要和人民的幸福生活、利益联系起来：（1）我们保持领土的完整；（2）敌人向我们挑衅。要把参军写上。

政权问题：（1）选举；（2）发挥人代会作用，〈制〉执行职权。

（文件编号：R138）

浙江省政府党组会议记录

1955 年 1 月 6 日

下午

出席：沙、李、杨、彭、曹、王……

内容：

沙：

1. 后天党组扩大会要讲的内容讨论一下。2. 仪式日程谈下。3. 省府党委会问题。

王：

文件。预算。提案执行情况。存在问题。

1. 明天省府委员会的问题，程序要确定，上午李或王把筹备工作情况作一报告。

2. 把省府总报告作一说明。

下午，讨论报告。

法院设置人选的问题，宁波没确定。（1）直属县是否建中级法院；（2）宁波、温州等中级法院。

程序问题。感到很紧张，十日晚一方面讨论总报告，一方面协商名单，名单第三天印发。

大会领导，由省委直接领导，党组〈且〉全体负责。

（省府委员会一天要开完）

李：

首先王文长报告一下筹备情况。

李讲说一下名单，大家提下意见。

中级法院温[州]、宁波是否设。杭州市是否省法院名挂上一中级法院的牌子，由高级法院兼。

市里区设初级法院。人选由省委决定。

预算可通过就可以。

大会程序：

上午开幕词是包达三。

十日晚上开主席团会议。

第一次主席会议，决定秘书长，常务主席，大会〈仪〉议程，秘书长公布八章则，杨报告。

下午，代表资格审〈差〉查，委员会通过，放在大会发以前。

霍报告。（发预算报名和财经执行情况报告的文件，各党派各群众团体的代表联合提名。）

十一日讨论。

九日晚全体党员会动员。

十日晚党小组长会（文娱活动）。

十一日上午提出名单，下午主席团酝酿名单（小组讨论时）。

十二日晚各组把酝酿名单结果拿来。

十三日公布。

十四日选举。

十五日下午闭幕式。

打电话向中央，向国务院报告用何名义。

大会领导问题：

新添彭瑞林、胡海秋、金陵。

代表发言要及时全文登，必要时多增一张。

杨：

全国人代中央党的领导很强，另一方面很民主，我们自己思想要一致。

沙：

1. 可能发生的问题我们有一思想准备，基本上让人家讲话。

2. 党组干事会要讨论，如名单、大会发言。

党内杨动员一下，要和党外人士多接触。

北京来的代表要请他们致词，让他们推。（各专业会不要附〈代〉带开）

北京来的人当天晚上在大华吃一次饭。

代表们会餐一次。

沙：

后天下午开党组扩大会，主要谈一下新的省府组织和党组问题。

1. 对统一战线的民主性。

2. 党组，实现两级制，政府同党的关系。

一、

省政府组织和党外已协商了，中央已批准了，各厅负责人也讲了，党员不要向外讲。

厅局长共 23 个民主人士（共 79 人），协商委[员]会更多（打电话问）。

政府委员 41 个他们占 20 个。协商委员会中央要有意识的放了许多右派。我们要估计到党内思想上产生些问题，大概有：1. 过渡时期统战范围缩小了；2. 感到民主人士麻烦，中央认为这是一个力量，决定我们的认识，如何同他们搞好，一方面……，另一方面五年来各方面人士都有了进步。

要叫他们有职有权，不能工作的也培养他，不是共产党员样样都能干，有很多问题人家比我们能干。我们党员往往只看到人家落后，没有看到人家好的一面。

二、党对政府的领导，主要根据省委发的指示。

过去我们基本上是党政不分，今后还是在党的领导下工作，但工要分。党委统一领导下党政分工，为了很好的保证党对政府的领导，考虑省府成立党组，各厅成立党组小组。中央指示政是两级制，省府、厅、各口归省政府的，有几个问题：

（一）厅党组小组是一作战单位，要大胆的挑起自己的责任，敢于担起自己责任。只有政策法令如有老的指示，不必请示，只有新的大的变化为指示。党组会本身不是事无大小都讨论，一般问题可行政会上讨论，只有重大的机密的党组讨论。省党组是一领导单位，解决一般大的问题，各厅各口能解决的不拿上来，解决不了的党组讨论。

（二）党组的关系问题，主要各口同各部、各厅同各部问题。一、三口基本上是党委负责,四、五、六省委负责,第二口是试[行],各口的问题解决了,各厅不发生问题了,口中考虑,厅中不和部等发生关系了。

党组小组三至七人看是如何? 主要是精干能解决问题。厅局党组小组要负责统战责任。(政治付职跟业务单位)

机关党委会要加强,提几句。

协商委员会,人民代表大会工作要加强。

李:

这〈要〉种讲法我同意,加强人民代表大会制的必要性讲他几句,形势是发挥全国人民建设社会主义的有力武器,大谭谈的问题加上思想搞通了才能。

王:

强调统战的重要,同时要谈一下基本的〈作〉做法,强调加强政权工作。

李:

要求各党组小组在春节前讨论一次提出一书面汇报。

曾:

机关党委会提一下,各党组小组注意一下。

（文件编号：R138）

在浙江省一届三次人代会上的讲话稿

1955 年 1 月 8 日

此次人代大会主要是：

通过工作报告和 1955 年预算；

按照宪法选举省人民委员会委员，高中级人民法院；

选举各级人民委员会法院，是我们浙江人民政治生活的一件重大事件。

去年公布了宪法，今年就举行选举，这说明了我们是〈对〉兑现的。人民的思想上多少还可能存在着对宪法的怀疑。以我们的〈对〉兑现来改变人民生活中传统的不正确的看法。不仅人民有这种看法，我们干部中也有看轻这一事情的思想。他们认为名单是我们背后商量的，是我们党包办的事，因此很多我们党员代表请假，有的党想派代表来参加会。在他的思想中是可有可无的事，好像是宪法是我们党做给老百姓看的。这种思想很有问题，严重地损害了我们的宪法，是损害了我们人民代表大会制度。宪法是我们党起草的，但这不等于宪法就是党的，而是全国人民的，不是可要可不要的。任何一个人，政党都不能随便动的，不仅是人民，我们自己也包括在内。为什么我们规定人民代表大会制呢？这是从人民利益、革命利益出发规定的。我们共产党在人民中是少数，光是靠共产党或工人阶级建设社会主义是不行，宪法是能够团结和动员最广大的人民群众的，并且能够强制任何一个人。政权是我们革命最有力的武器，轻视政权的作用，就是等于拿了不用，不一定说我们在座的同志一定这样，但就我们全党来讲，政权、法律观念跟不上形势的发展。现在是社会主义革命，如我们还靠一个包袱解决问题就不行了。他们只知道是麻烦，不知团结六亿人口是党最有力的武器。认识不足，不是说我们的同志都停留在游击时代的思想，但显然是跟不上的，还有些问题认为党员是在人民之上的，高人一等，像清朝的旗人一样，这些思想直接、间接的破坏着我们党、革命的利益。因此执行宪法是一严重的斗争，主要是和资产阶级斗争，但党内也有斗争。宪法的颁布应说这一斗争到一新的阶级，反对党员不顾法律破坏法律的斗争就更重大了，反复地对我们同志还要进行教育，因此首先我们在座代表同志要出席不准假。

我[们]有些地方还[存在]相当严重的违法乱纪,有的地方死了人,如果人民代[表]发挥他们的权利的话,不会没有意见。当然我们下边干部还没有思想准备以前,不准备动员他们在这方面多提意见,但如果提了,我们要正确对待人家所提的意见。

机构:〈府〉省长、付省长、4党员、1民主人士、委员41、党内21。

把解放〈一〉以来〈给〉和我们一道做了工作有一定地位的都安上了,统一战线内容扩大了,但保证党的领导和机密我们是照顾到的,其他方面尽量安排。

为什么民主人士要扩大呢? 少奇同志讲,我们统一战线的面愈广,对我们社会主义事业就越有好处。一方面发挥他们各方面的特长,更重要的是各种人都有他一定的代表性,便利动员更多的人民群众为社会建设服务。另一方面可减少我们社会主义建设的阻力和破坏,历史的经验,有时要统战,有时不要,但吃亏还是不要的时候,不是为了形式上好看多安几个民主人士。

多安了是否有危险? 我们有两条件:1. 政权掌握在工人阶级手中,同时我们面前还有帝国主义。在这样情况下,中国只有两前途:一是殖民地,一是社会主义。而中国人民决不愿走殖民的道路,只要工作〈作〉做的好。2. 五年来事实已大大的使中国人民信服人民政权力量是有前途的,我们的基础更巩固了,为了需要可多要上民主人士不会发生问题,在这种情况下,下面思想认识上跟不上,地方安排的口径比中央小,三个问题跟不上。

1. 过去总认为随着革命的发展统一战线日益缩小,是不扩大。现在事实是扩大了。基本问题还是对中国革命的特点不清楚,把社会主义革命的深度、广度和统一战线的范围混同起来所以不清了。应有区别。事实上中国革命的特点这两东西有共同点,有不同点,社会主义革命不在统一战线范围中。

2. 把统战问题,看成是麻烦、包袱。肯定是力量。这是决定我们对这一问题的认识和做法,政权就要麻烦,我们是容了小麻烦,减少大麻烦。另一方面,要看我们的做法,认真的培养他要他做事情,为什么是麻烦呢。

3. 有些同志对民主人士〈作〉做官不服。不要不服气,有许多是我们不如人家的,事实上是个人主义,认为官[位]被人家争去了,很狭隘,如果他无条件为人民服务的话,他就不是民主人士了。

新的政府中,既然安排了这些民主人士,就应解决思想问题,学会等于同人家相处。

1.〈对〉在政治的可靠性和能力上,要相信人家,但这不等于政治上丧失了警惕性。

2. 要使人家有职有权,既然在人家领导下,就要很好服从人家领导。

3. 要善于帮助人家。

我们应共同负起责任来,作为一党性看。

新政府的组织、党组的关系。

除监察署、法院划出,其他变化不大,检察委[员]会变成厅,成立六个办公室,为省长副省长的办公机构,不是一级领导,是一参谋部的机关。

省委根据中央意图,党政分开,省委多考虑大问题。另一方面过去省府机构作用没有很好的发挥,因此省委考虑在整个党委统一领导下党政相应的分工,凡是政府可以干的政府干,重大问题可提到[党]委解决。为了适应需要,省府成立党组,各厅局成立党组小组,使行政上一长制,同我们党内集体领导结合起来。

1. 党组、小组既然归省府党组领导,他同党的关系如何?

2. 会议是否太多了?

3. 搞的不好,党政是否分家,政府闹独立呢?

这问题是存在的,主要是第一个问题,闹独立的问题不大,因为有党性和党组织的监督,但我们要警惕。第 3 个问题只要很好解决是不会的,凡不是〈代〉带有机密的,可以公开在行政会上讨论,重要的问题,党内要先讨论。

1. 政法党委没有主管部门,主要党组负责。

2. 社会主义改造,工业、农业基本上省委负责。

3. 文教,党内有宣传部,我们有二办,我们有意识的搞试验,党监督,行政上政府管,试验一下。

注意的问题:

1. 两级制,省长、付省长是政府的领导机构,各厅局是实际工作单位。各厅局的负责同志要挑起担子,不要事无大小总向上请示,大小事都要反复考虑,如请示要提出肯定意见,请示的情况有新的重大变化,〈迁〉牵[涉]到既定方针法令外,工作步骤上有重要大的变动,已〈迁〉牵涉到自己部门以外的。这样不是闹独立呢! 主要是看我们是否认真的研究、负责。

2. 各部门的单位要实事求是,3、5、7 人组成,根据各单位的大小,短小精悍,解决问题。

3. 新旧交替中要交替好,不要因此妨碍工作。

请大家注意一下,要加强机关党[委]委员、人民代表大会和协商委员会的工作。我们的工作要〈作〉做好,首先机关党委会的工作要〈作〉做好,要加强党对群众的领导,不要只管自己。民主人士全省 20 万多些,如很好的教育,作用很大,否则人民代表大会还是敷衍塞责。

(文件编号：R138)

余纪一同志对人事安排问题的传达

1955 年 1 月 16 日

一、中央关于人〈士〉事〈按〉安排意见。

政权机关人〈士〉事〈按〉安排：

我们国家性质是以工人阶级领导以工农联盟为基础[的]人民民主制度，这基础力量是保证我国从新民主主义走向社会主义胜利。但我们国家还有广泛统一战线，这是[同]国家根本性质相〈系〉连接的，是实现总任务三个条件中的一个。国家最高权力机关人民代表大会制，〈是〉保证人民行使权利，保证国家向社会主义前进，这一体现以工人阶级领导以工农联盟为基础制度应加以运用，发挥人民积极性。

刘少奇同志曾经说：我们现在有二个联盟，工农联盟，即劳动人民之间联盟。另一个是劳动者和非劳动者的联盟，主要对象是资产阶级也包括封建主，奴隶主，宗教主等。资产阶级是过渡时期消灭对象，是过渡时期工人阶级与资产阶级主要矛盾。那么为什么要与资产阶级讲统一战线：这是因中国资产阶级有两重性特点，在革命胜利[前]受帝国主义、官僚资本主义压迫阻碍，又怕工人阶级革命。所以有时参加革命，有时中立。革命胜利后还有其两重性，即积极的一面和消极的一面。我们要利用其积极性一面，克服其消极一面。因其软弱性，之前没有掌握过政权，革命胜利后，在政权中还有他一份，经济上有所发展和有利可图。摆在中国人民面前的社会主义和殖民地二条道路——殖民地道路不愿走，资本主义道路不可能。所以大部份是能接受社会主义改造的，少数还是会反抗。但接受改造还要看我们的工作。因此，必须加强对资产阶级改造领导，使更多资产阶级跟着我们走，我们要克服其消极一面，利用其积极一面，这里有团结有斗争，是过渡时期总任务不可缺少的工作。

中央对人〈士〉事〈按〉安排方针："保证党员加上进步力量占显著优势，并处于领导地位，适当〈按〉安排民主人士"，这是统一战线的基本原则：把这原则运用在民主政权中，党与进步力量占 60%（省以上）。进步力量包括拥护工农联盟（革命知识分子）。重点放在文教科技与工商界。这是社会主义建设的需要。

　　二次政协前,中央提出"扩大民主,扩大团结,加强领导,一新耳目。"目的是搞社会主义工业化,社会主义改造,解放台湾,这次政协摆上翁文灏对台湾震动很大。有些作用是我们共产党所不能起的,所谓有条件,即交待清楚,向台湾广播。但我们有些同志对党与非党联盟作用认识不足。毛主席说过:"共产党员和党外民主人士只有合作义务,没有排除权利"。"共产党主张是正确的,但是不完备,我们听取党外人士意见能使之更加完备起来。"

　　社会主义革命统一战线扩大抑缩小?刘少奇同志在宪草报告中说:"统一战线还是广泛存在。"毛主席说:"几年来我们政权中有民主人士,看来并没有坏处。不是我们工作打了折扣,相反的工作做得更完备。"这样是否政权不纯?我们在井岗山不要人家清一色,走了二万五千里。到北京更加复杂,一批左派人士,也有右派份子(面目不正)。对台湾有作用,他们好处能提反面意见。毛主席最喜欢找右派分子来谈。我们应该掌握宽的精神,邓小平同志说有些同志想少〈按〉安排民主人士,这是政治上落后的表现。

　　协商会:

　　政协仍存在,过渡时期有阶级存在,协商会就是斗争的场所,是实现党的领导权的武器。

　　毛主席对政协任务五点提示:"……"

　　政协有事可做。

　　第一,协商国际问题。

　　第二,协商名单。

　　第三,协助国家机关推动社会力量,解决社会生活中相互有关问题。

　　第四,协商处理民主党派内部团结问题。

　　第五,学习马列主义,进行思想改造。

　　我们要使无事有事做,善于与党外协商。

　　协商会〈按〉安排三原则:"协商委员要宽,要不漏掉人,不漏掉有代表性的人,包括各方面的人,(对台湾有影响也是有代表性,在旧社会一部分人中有地位也是有代表性),把有代表性的人我们尽力把他放到协商会来。协商会常务委员要紧一点,要够格,"格":代表性人当中的格,资格老的叫老格,臭的叫臭格,翁文灏就是战犯格。协商会主席要严,不要滥〈芋〉等充数。

　　地位:省协商会常委相当于省人民委员(物质经济待遇)。省协商会主席付主席相当于省长付省长。

协商会常务委员人数要少于省人民委员会，协商会委员看实际情况，有多少按多少，比常委要多二三倍。

此外参事室、北京文史馆按一万多人，适当照顾其生活。

为什么这样做？陈毅同志说："毛主席说有百花齐放，共产党只能开九九朵，一朵还要党外人士来开。"

〈按〉安排对台湾有影响人士是有战略意义[的]。

二、浙江过去〈按〉安排民主人士情况和今后意见。

几年来人〈士〉事〈按〉安排我们基本上贯彻了中央方针，但这是逐步改进的。这次名单是比较适合，有利于工作。过去〈按〉安排重点科技文教界和工商界。新提拔者 52，共 85 人。各县以上提拔 752 人。选举代表没有发现政治上有问题，群众所不满的，说明我们政治警惕性还是有的。有些提出的我们近年研究材料证明其有问题。

缺点：政治比例上偏低，很多单位没有达到中央幅度：有规定没有达到中央规定最低比例，普遍偏低，到 10％以上不多，有到 5％的。考虑多团结一些民主人士就不够，怕失去领导权。

办事方针上对内外敌人斗争需要不明确。省过去对这方面人〈士〉事〈按〉安排有顾虑。对民主革命斗争认识不足：各时期中对有功人士〈按〉安排注意不够。

这些毛病我们统战部要负责，对省委助手没做好。对内外敌人斗争没有注意。基本情况没有调查清楚。

今后意见：

省协商委员会：常委确定，委员还未定，以上毛病要在委员中补救。要各市县提出名单。

各市县人民委员会名单：在今年第一二季度要选举。

科局长的名单。

市县协商委员会名单，7 市 24 县，都成立。

这四名单最迟要在 3 月前排好党内外统一〈按〉安排。协商会名单上已说，人民委员会名单市县与省要有所不同。

市人民委员会。党外要有付市长，但不是都要，已有的拿下来不好。条件：1. 政治上清楚。2. 有代表性。3. 有一定工作能力。人民委员重点建议在文教、科技、工商,县付县长不一定需要。

市县政府科局长。省市可〈按〉安排些,小市适当〈按〉安排,县可考虑。① 已〈按〉安排的无特殊问题还是继续〈按〉安[排]下去,几年来有进步的应适当提拔。② 新的人材可适当〈按〉安排。农林文教卫生县可〈按〉安排。市司法、警察局、体育局可〈按〉安排。机密性较高的部门不〈按〉安排。政协中新的人〈材〉才也要〈按〉安排。

四大问题要说：

1.〈按〉安排的民主人士要对有关部门要说清楚。

2. 党委按照本地区阶级状况特点制定方案。

3. 业务部门展开调查研究工作。

4. 党委要反〈复〉覆研究讨论通过,报上级批准。

（文件编号：F187）

黄先河同志传达中央工业公私合营问题

1955 年 1 月 16 日

会议情况：机械工业占 40％。各省也提出工业资本主义问题。毛主席也向中央提出私营工业问题严重。

陈云同志报告：

（一）情况：

私人资本主义工业的生产，陈云同志亲自参加大市和各省市主要问题同志座谈会，提出 1. 各省市主要存在问题；2. 如何解决。

基本特点设备有余，工人有余，生产任务不足，原料不足。这些有八个行业，存在三个主要矛盾：① 国营与私营。② 地区。③ 先进与落后。总的情况生产任务与原料不足。公私都有困难。地区上全国都有困难。

这些困难有二个：一种是老困难，解放后就困难。一种是新困难，机械电机、金笔、制药、医疗都有一段黄金时期，盲目发展结果造成困难。

原因：有三个：1. 抗美援朝加上八万亿，现加工任务没有。战时经济转入和平经济，我们没有主动去领导组织他：如二次慰劳。（志愿军，解放军）金笔几百万支，增加设备，现在机器不能利用，工人失业，今后分奖〈京〉金也接受教训。2. 国家基本建设刺激：141 项工程主要机器，有些配零件都要自己搞，也增加了加工〈定〉订货；3. 国家商业部门加工〈定〉订货，带来盲目性。53 年上半年〈下〉拉肚子，下半年到处加工〈定〉订货，要数字，要金额，没有规格。

老困难不困难了。有过黄金时代不困难了。这就给我们教训，以后看到了发展不要太高兴，要加以管理，不然发展过份了这会产生过剩。我们的工业不可孤立的，只对国营工业加以管理，其他工业计划不加以管理就会产生困难。我们工作，每地区不仅是工业，还有农业、商业、交通。不管，我们工作就会做不好。农村中只管农业不管其他也会出毛病。

另外，我们国家对私营企业没有业务的专管机构。现在看我们对私营工业管理迟了一步，条件不具备，过早管也不行。条件：原料成品归我们管配，原料是在五三年冬掌握——总路线、统购、统销。54 年上半年实行统购包销，成品才控制起来。从现在看也不太迟。

（二）调整整方针：三矛盾三个解决办法。

调整整方针：

简单说在国营经济领导下对四种工业，（国营、合作社营、〈工〉公私合营、私营）采取统筹兼顾，各得其所的政策，有所不同，又要一视同仁。

讲完全一些：根据党在过渡时期有计划发展社会主义、半社会主义工业和利用、限制、改造资本主义工业的总任务，对五种工业，应该做保证社会主义成份不断的稳步的增长的条件下，采取统筹兼顾各得其所方针，进行合理〈按〉安排。既要有所不同，又要一视同仁，反对资本主义无计划的盲目发展和克服资本主义自发势力。将五种经济逐步的纳入国家计划轨道。

要管国营又要管私营会麻烦吗？如果不管，更麻烦。如在十年以前我们还未成功。有一个人在延安签字，革命成功，一定会签字再解决麻烦。毛主席说，"从思想上来说不是麻烦不麻烦，而是孤军挺进的思想。不等待后备军，一定要失败。"如五年计划现在这问题不管，将来更麻烦要重订。一视同仁：私人企业今后是国家的，这是坚定不移的。国营工人是中国无产阶级，私营工人也是无产阶级，如不一律对待，就要分裂工人阶级。

三个矛盾三个解决办法：

1. 公私之间的矛盾。国营饱，私营饿。中央各部要拿出一定任务让给私营，维持也是国营第一。合作社营能维持生产，如电线工厂不造给私营。成衣：军委要后勤部已让还不足。制药：要私私之间调整。棉花欠收，不能再增加。这次召开政协会，代表中央各部门小■在开会三方面意见提出来的。棉花不足，国、私营都要减，针织困难，棉织要让出一部份。国营让任务后，第一，上交利润任务减少，第二，国营比重增加慢。不然既要救济又要骂。同时国营快、私［营］垮，不利改造，相反更慢。

2. 先进与落后矛盾：上海、天津成品有比国营好，沈阳机械也比国营好。私、私之间也有矛盾：金星笔名牌货买不到，品质不好太多。办法：奖励先进、照顾落后（不是马上淘汰，帮助其提高，再考虑淘汰）。淘汰有害（如坏药）。

3. 地区之间矛盾：上海、天津最困难，首先要照顾上海、天津。各省回去要打通思想，其他适当照顾。

几个具体措施：

1. 要逐行逐业〈按〉安排生产。要求各地逐行业进行〈按〉安排：① 原料；

② 生产任务。按其设备(浙 59 行业在几年内〈按〉安排好)。困难行业要〈按〉安排,不困难的也要〈按〉安排。

2. 利用现有工业基地对新建扩建加以控制,对投资也加以控制,如全国纺织工业部,全国要增加工 75 万纱锭,其它要加以考虑,原批准要重新考虑。

3. 提高技术,淘汰落后。如浙江 59 行业都要维持下来不可能,但淘汰要给吃饭,这是一原则,特殊例外。

4. 根据需要与可能,运用各种形式加以安排,组织起来。全国十人以上共有 23 万户,浙江 2 000 多户,要用各种形式组织起来。十人以下,可走合作化道路,十人以上个别厂也考虑走合作化道路。如长春汽车厂要 12 000 工人,要吸收农民,原有工人不要,这种做法,将来要检讨。中央各部既要管国营又要管私营,这是中央决定,又要管企业改造,又要管人的改造,这方面现在中央各部执行不执行可以随便,但今后检讨不检讨不能随便。

5. 加强加工订货领导:第一加强计划性,减少盲目性。第二,建立专管机构。

6. 对手工业合作社加强领导与控制,不能盲目发展。

7. 扩大出口品种,提高出口品种的规格质量。

8. 国家建设对私营业务领导机构:中央决定成立第三机械工业部,各地在工业厅下成立专管局,既管公又管私,管企业又管 又 改造。

9. 反对二种倾向:① 只管中央国营,不管私[营];② 自己不想办法,专向中央伸手,向国家要,不想办法。

(三)估计:

困难是暂时的,时间不会过久,一定会克服困难,国家最大投资,还在后三年,要防止盲目发展。

(文件编号:F187)

杨思一同志关于人代会党组织总结意见

1955 年 1 月 16 日

一、会议情况：

1. 会前情况：① 文件等作了准备，与党外作了协商，事务工作也作了准备，但准备还不足。② 思想情况：A. 正确，对会议重视，要把会开〈始〉好。B. 无所谓：老一套，认为是总结，选举划圈，开会找不到人。群众对选省长是不重视，有的想来做其他工作。这部份人不少。C. 干部和地方党员，是带着包袱来开会，当地工作很紧张，希望会越简单越好，有群众想过年。这些思想经过党内动员是解决[了]，但党与非党联盟，团结[来]说不够。

2. 会后：① 会议程序没通过，即讨论细则有些混乱。② 相告传达代表大会精神一般反映还好。但浙江代表小组讨论情况说得多对邵（力子）有些刺激。政府报告，全面具体，有批评与自我批评，对会议展开讨论，对党内外教育很大，反映对半年来领导还是满意，工作年年都有进步，但也有缺点：A. 对去年超增没有全面总结，超增 6 亿没有完成，但对去年克服自然灾害，找生产关键是有很大作用。报告中缺点强调多，成绩说得少。B. 对文教方面没有具体说，只笼统提一下缺点。C. 报告中没有把公债、优抚提一下。D. 报告中数字不对头，收支不对，病丧数统计不对。③ 选举，一般满意。A. 人选满意；B 办法：工商界没有减少代表人物，科技文教界增加人，候选人名单协商满意，叫少数人提出名单是没有办法。开始时名单上没有劳动模范有意见，对具体人有意见：姜震中、姚顺甫是落后分子不满意，不是从政治上来看。对包达三摆着不提新人物有意见。开幕词民主人士说简单有力，对陈立有意见，骄傲自满很严重，这次少五票给[他]一个教育。最后对吴化文有意见，吴有一定作用的，如主观上要讨还血债处理，他相反的会巩固国民党反动派，策略上与政治上有问题。

④ 发言小组讨论：这次会议批评与自我批评比较展开，不少民主人士过去没有讲真心话，这次讲了。也有反映，这次会议与以前不同，过去干部是干部，应付。这次讲了，会议中表现很融洽，但也不是所有话都讲，没有顾虑了。这次会议是一个新的重要发展，小会比大会更好些。大会与全国人民代表大

会还差得远。另方面党内干部自我批评多,党外对工作批评多,自我批评少。总起来,会议经过批评与自我批评表现是有斗争的,但没有伤感情而相反的加强了团结。因此说,党内外批评与自我批评是展开的,正确的。

对马寅初发言是有好感,但领导同志认为放了一炮。第一造成思想的麻痹,另方面可能带有恐怖。邵力子的关于避孕节育发言一部分人赞成,一部分人反对。

⑤ 具体问题:生活行政事务工作一般是满意,文娱活动太少,〈按〉安排不得当,没有对会议要求结合。主席团不大严肃,值得注意。

⑥ 会议中暴露问题:

A. 经济工作,一般是满意,对粮食统购统销,定产口粮,饲料还有意见。油、红糖供应买东西站队不便。手工业生产赶不上农业需要。粮食保管浪费,很多揭发,没有着落交代,要有奖励办法。

B. 干部作风,自我批评中问题揭发,比较普遍的看揭发后是否会改变,这意见是对的,要以严肃重大问题来对待,下次开会还是这些意见就被动。对党领导威信影响很大,影响党与群众的关系。有的把责任交代下面干部,执行人犯错误。这问题只看到一面,今天普遍现象应提到领导来检查。主要应当从领导来检查。

C. 对群众思想政治教育不够,特别对农民,教员,学生教育不够。如慈溪农民很年轻先做好坟棺材,舟山村 52 户有 50 户做好了坟,有 18 户也做好坟。教师:需要批评,■山一教师强奸女学生,只判半年,学生偷窃很多。

D. 加强沿海对敌斗争,发部份枪支给民兵。

E. 工业学校与工厂生产结合不够。

F. 代表会议的重要,会后就没有工作,要求会后要有一定工作做。

G. 对于今后贯彻精神缺乏信心,县有相当负责同志不亲自动手。对整个代表大会贯彻有困难,统一战线学习无所谓,不了解我们统一战线是团结广泛的群众。以后党要应加重视。

党外人士意见:俞佐宸(马文车……),都提出 20 多条意见。

借别人意见与我们作合法的斗争:① 对粮食意见统购统销。② 劳动就业没解决。③ 占用民力太多。④ 资产阶级子弟公立学校不收。⑤ 守法教育,对干部护法教育少。⑥ 公私合营后资本家权力削弱。⑦ 地方附加税应包括教育经费。⑧ 对小厂没有领导,资本家创造发明是否有奖励。⑨ 公教费是暂时规定。⑩ 店员劳动纪律不好,工会不加教育。这种意见都是从资产阶级立场上来提出,思想上是资产阶级,但这些意见有值得考虑地方。从其观点就立场上是不能相容的。其意见是值得重视的。

二、总结意见:

1. 会议成绩:

① 这次会议比较全面具体总结了半年工作,确定了一年任务。党的意见主张被群众所接受,对报告满意。是因我们根据总路线原则社会主义总纲精神来总结研究工作。另外在总结态度是实事求是,基本上运用了批评与自我批评,这是使到会代表接受的主要条件。批评与自我批评掌握一批干部的作风。对干部是一个整风,不仅从上到下,并接受了群众意见。这次会议的主要收获也就是起了整风作用,达到了党与群众的密切联系。群众的工作积极性和情绪增强,对进一步展开批评与自我批评加强党与外党联系意义是不少的。

② 选举:大家的思想一致接受了党的〈按〉安排名单意见。只有这样■■上是民主,才能这样合适。叫大家来考虑是没有办法,这次票子是比较集中的,[这是]对党的信任,是党的统一战线政策的体现,表示代表对党政策的拥护。吴化文选上,对浙江沿海对敌斗争要起作用。中央指示今后浙江政策就要考虑对敌斗争,团结面扩大,民主性加强。

③ 通过工作报告讨论,比较认真的贯彻了人民代表大会制。比较认真就是做法基本上符合人民代表大会制度。表现:国家权力机关,审查工作,选举领导人员,具体立法上加强了党的领导,充分发扬民主。所以达到了提高代表社会主义觉悟,加强党与外党群众团结的目的,关系好转。

④ 具体问题上也是满意的,按计划进行,事务工作也有改进。

⑤ 党的活动,生活也是正常的。

2. 缺点原因:

① 这次会议党内外思想领导还不够,党内外对统一战线政策的认识还不够,名单提出后主动说明根据,可能遇到问题缺乏足够估计。党外还有些还未提出自己内心意见,肯定还有更多问题。

② 会议准备工作还是相当的不充分,文件没有提早搞好,发到地方,吸收群众意见更好。对开展批评与自我批评思想准备不够,名单在开会期间充分

酝酿还不够,块块条条酝酿就会更成熟,大会发言准备时间很紧,规定太死。

③ 主要数字不对头,有些报告交代还不够具体,措施上还有些混乱。

原因:

○ 会议思想工作研究还不够全面,说明领导经验不好。

② 领导分工与同组织上不够。

③ 客观上在春节前要完成任务,不然解决问题要深些。

三、怎么贯彻:

方式:个人传达,凭自己认识,感想有权传达,不要限制。可以组织代表座谈一下,看有没原则问题。

有组织传达:主要依靠党委领导,可以人民代表,也可以不是代表传达。内容:掌握精神,政府工作报告,浙江日报社论。重点:总结与今后任务,选举。过去半年总结着重说明,农村城市出现什么新情况,采取什么措施办法达到的,总结半年工作和经验教训。社会主义教育中还贯彻了阶级路线,出现社会主义因素增多。阶级关系起了变化,新情况。政治上、经济上起的变化是很巨大,带根本性的。没有解决问题就是干部作风上主观主义官僚主义强迫命令。成绩的取得:第一条明确了社会主义总纲方向。第二,明确了农村阶级政策。第三,明确了党的领导作用,支部核心的作用。第四,会议上给我们教训,端正工作作风,克服主观主义,官僚主义。

会后一年任务:着重要帮助广大群众思想上明确这几个任务。从思想上组织起来,根据当前情况,建设改造。

1. 合作社的巩固,对敌斗争情况和宣传人民代表大会制度,贯彻加强党的领导与人民群众的联系。加强政权工作。完成好全省统一的思想。选举:说明原因。选举民主,传达与当前工作结合起来。粮食:生产动员,合作社。

2. 精神传达:实事求是,展开了批评与自我批评。使绝大部分代表在党领导下。思想统一起来。加强了团结。通过批评与自我批评充分的协商,说明会议是民主,贯彻了代表大会制度。

3. 认真的进一步贯彻人民代表大会制。通过这武器去团结人民,分化敌人的意义认识不足。撤销人民代表是违法的错误,是原则性的错误。今后要加强团结更好的对敌斗争,重大工作贯彻运用人民代表大会制度是非常主要的武器。丽水、武义,随便撤销人民代表要检查。如属打击报复更要受严重处分，只有人民有权更换，党干部无权更换。宪法公布我国人民生活已发展到新的阶级。这些同志不警惕，一定要犯错误。现在民主生活：党内和党与党外生活中，民主生活是不够的。四中全会决议还应很好学习贯彻。党内民主与党外民主要相适应。贯彻人民代表全大会制度是一点。

今后在贯彻任务决定问题中，要主动去联系人民代表，培养人民代表。在经常工作中去发挥作用。对代表任务：

1. 反映情况与群众要求。2. 宣传政策任务。3. 有权监督地方工作。4. 宣传贯彻中对决议、任务、代表意见要认真改正实现，特别是作风问题。

各县回去开人民代表大会要看。一般冬季生产告一段落召开，交流总结工作，布置今后任务。

（文件编号：F187）

任一力同志谈统购统销问题

1955 年 1 月 16 日

一、统购统销问题：

1. 粮食、油、棉花统购销是重大问题，是影响到阶级关系，工农联合关系，公私比重关系。实际统购统销要判断私商与农民关系。要做好定人、定点、定时、定量，凭证供应。

2. 粮食统购统销：

（1）情况：1.10.统购 43 亿 5 千万斤，距任务还差 6 亿。已统销 19 亿 7 千万斤，夏天平均销 900—1 000 万斤。重点地区发展不平衡，浙江销数最大 678［万斤］。现还有 17 亿斤，与去年当时还有（差 5 亿斤）22 亿斤。

（2）思想：还有四种思想。

A. 统购任务顺利地区统销问题放松，与生产动员有矛盾。

B. 统销有顶牛地方有■化，怕一动百动，想渡过困难。

C. 对统购统销政策界线不明确，想多购多销或少购少销。对中央粮食方针认识不足。

① 多购；② 减免；③ 扫尾欠。

D. 忽视统购统销中业务工作，不注意三个系统，干部三管三不管思想，五证，城市居民、农村、缺粮户、集体购粮流动户是基本的证明，统销文书、合作社供应干部、粮库干部三系统各不联系，各不相管，去年有 30 几个县断销。

要把粮食统购统销艰巨性、复杂性讲清楚 ：① 面广；② 分散；③ 底摸不清。

粮食的重要性：① 与农民关系，生活需要与习惯。② 市场价格问题关系。③ 储备。

二、要求。

各地党委把粮食问题作一个小运动，检查一次作为党委议事日程决定措施。

1. 以乡为单位，城市以户为单位，把余缺粮户名单开列好。做到相对正确。

2. 给缺粮户发证定量,分批供应,城市换证。

3. 把各地粮食市场恢复起来。

统销:

定粮、定时:① 城市一般平均每人 15—27 斤。与一年供应结果对应一下,由群众拍板,评议。定时不要定死。② 农村,一年框定,分批供应。按其需要分时来买。③ 流动人口控制,三条线经常出外的人口给购粮证。长时间在外的,在出发地点发给临时供应证。临时需要,权放在区、乡。复转业[军人]年关增供 40—50％。④ 各地对统销要检查调整一下。⑤ 饲料问题,把稻秕做糠卖。

（文件编号：F187）

李作森同志谈市场问题

1955 年 1 月 16 日

一、市场紧张。特别农村、供应、公私关系紧张。影响工农联系。

二、公私关系紧张原因：我们前进太快，喊踏步还是继续前进，销售比重超过计划 12％，多了 2 000 亿元，踏步总体办法少，思想不够明确。价格统购统销问题，有的县没有完成［统］销计划。

三、措施：

1. 加强政策思想教育。

2. 统一领导安排。

3. 与合作社分工。合作问题，调整商业网、价格等。

目前采取紧急措施。马上能见效，（省委已批下去）。

做好传达省委会议工作，市场问题安排不好会犯政治上错误。省委要党委统一思想、会议材料。

① 〈按〉安排私商营业额。旺季有利润，淡季能维持。现在一边算一边放。

② 旧历年关前要有计划有领导普遍召开交流会，过春节后也召开。

③ 农村年关供应，有的东西要尽量卖。

④ 调整品种差价。合作社优待取消。农村只二种，提高〈另〉零售差价。第二种布票能在 2 月中旬发下去。特殊用布放宽。

（文件编号：F187）

杨源时同志汇报嘉兴情况

1955 年 1 月 18 日

20 天,检查了 4 乡两区。

高饶、信■运动正开始。

一、产量与任务,定产:① 找代表田。② 总结:肯定比去年增产。③ 实测。

曹庄乡:81 户中,口粮留到按到年留的只一户。加春花还不够的 54 口,共 197 人,每人缺一百斤,平均每人缺 66 斤。群众思想情况,群众没吃找社长,社长找乡长,全乡在 55 年早稻前尚供应 55 万斤。

东山乡、两代表区。

高盛乡、新陆乡减产情况:

① 螟害严重。② 晚稻扬花时先后两次台风,第一次吹掉花,第二次降低了温度。③ 雨水较多,落的时间长。④ 部分田施肥不合理,二十多天用了两次肥。

二、干部作风:

由于产量偏高任务偏[重],〈由〉因此在执行任务中产生了些问题。该乡普遍听取群众意见不够,有的乡长汇报说产量框高了,区委批评思想有问题,对社会主义不热心,有意见。产低了是思想问题,[密植]13 000〈柱〉株不够,区委讲每亩按 16 000〈柱〉株就有了。

吴兴县长说,产量可能有,任[务]保证完不成。

嘉兴全县四国营农场都减产 53 683 斤,54 6437[斤。]

减产材料都向县委作了报告,不理。

从上到下不相信群众,不相信干部。

其次,干部就不敢反映实际情况,甚至假造情况。

汪江区一个乡培养了八个积[极]份子报告产量,七个是自愿,而乡干都知道。

石佛乡逼死一积极份子。

余兴乡乡长拿秤到挨户称,说多一斤不要,少一斤不行,你死你的,我要支援解放台湾!

新如乡有一银行干部……

三、干〈部〉群思想动态

① 群众思想较混乱,生产情绪不积极,和党的关系较紧张,对我们实事求是的政策不相信。×干部就[说]农村工作没有实事求是的。

② 扣了口粮,群众不满,"工人要吃饭,农民也要吃饭","共产党在这里反正饿不死我党员,[粮]卖了再说","现在卖了,将来如不供应,我记到人民政府,把人民两字挖掉"。

③ 农民卖过粮后生产很消极。

④ 十二月开始抢购面条,现在凭证购。抢购地瓜 18 000—48 000 价[一亩]。

杨源时:

嘉兴

一、入库到目[前]8 亿 8 千,占 59%,进度较慢。销已销 51%,工作较好的西边 4 县。最慢是吴县 9%。工作进度:已结束 14.49%,粮 66 乡,分配到户 79 乡到村的 239 乡,没进行的:2 乡。运动不平衡:

① 基本结束。② 进展较快。③ 五县,任务不大。④ 工作毛病很大,六县,嘉兴。

存在问题:几个重要产粮问题很大,产量一般较高,主要是去年计数偏高,"十样好处,一样坏处,死要面子。"嘉兴去年 520 斤,实际 467 斤。

自然灾害很严重:嘉兴,总的是减产,白田很多。技术指导有毛病,稻种施肥也有问题。八十多乡顶牛。

二、作法上主观主义、官[僚]主义很严重。① 嘉兴县很多干部不看报纸文件。不准宣传政策。② 主观主义确定产量,算增产不让群众发表意见,自己实测也不敢讲。③ 从上而下套任务,不准发表意见。④ 强迫命令很普遍,主要是"社会主义思想不热心,有意见。"" 我们卖粮是为了支援解放台湾,不卖粮就是帮助蒋介石"下面坐老虎凳、捆[人]是普遍的。嘉兴县干部会议开得很坏,25 乡基本没有一个对头,副书记骂,下面干部对群众动员卖口粮,党内也互相怀疑。

上县听喜不听忧,下面造假报告。下面"统购思想""实际产量"。

平湖,县委……群众很动荡,地瓜干 18 万一担。一般群众反映种也吃,不种也吃。

不同地区不同做法没解决,灾区也拼命搞,吴兴的涝区每亩要负担 30 万抽水机费。

三、几个县委的骄傲自满非常严重:

如嘉山宣传部组下去,县委书记说"听听反面意见也好"回来要向他汇报,他说他要下乡。吴县的老■。嘉兴也很糟。县委不愿听反面意见。抗上,从上到下。

几个问题:

1. 产量问题,全省要拉下 2 270 000 斤,任务要减 1 亿四千一百 26 万。还有灾区公粮没减免,向好处努力,做坏的打算。

供应虽加了 6 千万,也有问题。

2. 口粮问题,群众的思想是只要留下口粮即可,是否可多收春花多供稻。

3. 工作方法没解决。

4. 粮食包袱很重,嘉山反映"我们包袱是互助合作",这个地方的工作可怕和地委领导有关系。

任一力:

农村代表的反映:① 一代表反映年前 18 户没吃,清明前要 40％。② 生产合作和供销合作社不对头,要的东西没有,不要的有。③ 大便管的太死,农民使用大便很麻烦,贵。④ 养畜,牛的养法,扣价问题大抵 1/2,变成公的就成了问题;山上的树如何办。[养]猪,如何办[养]　⑤ 晚稻问题。

山区的社开山问题,水,可能影响水。

林[乎加]:

嘉兴主要是统购统销的准备工作没有很好准备,和我们省的分配有关,我们分配高了两亿七千万,而温州低了,我们缺乏分析,只根据下面的数字。

下面执行中是按政策办事,如温州、宁波。分配任务高的普遍吹牛,客观上看我们分配任务有缺点。到目前收购差 8 亿 2,公粮少 1 亿 7。因此指标可变动一下。

如果嘉兴减 1 亿 5。

我们有些党的领导干部作风态度〈严厉〉恶劣,应严厉处理。

杨[源时]:

嘉兴问题

1. 是当前工作。

2. 是干部的思想作风问题。

嘉兴地区产量是估计高了些,重要的问题是思想问题。一方面减低几千斤任务,一方面整顿我们思想作风,强迫命令的严重,普遍,上行下效,上下不相信。归根到底是我们领导上主观主义,应多提倡〈同〉自下而上的揭发缺点。

另外骄傲自满情绪要克服。

霍[士廉]:

这些问题,省委有责任,省有关单位也有责任。

现如果地委搞清楚了,可再减五千万斤,去年收 13 亿 7 千,销 8 亿 1 千 3 百万·去年拿出 5 亿 7。宁波上缴 3 亿 4 千,剩下平均每人 620 斤,嘉兴算下来也有 600 多斤,因此应了解,主要不是分配任务多了,主要是思想作风问题。嘉兴田 600 万亩地 180 万。

和〈临〉邻省比我们粮食不算少。① 不费口粮。② 该供应的供应。去四千到五千万斤。

如何扭转局面:

〔1〕把群众和干部思想转变:是否主要干部有骑虎难下之势,下面的干部就是越拉低越好,要找干部好好摸一下,办法要依靠地委。

〔2〕照顾工作。

① 照顾统销,余粮户缺粮户算清,定下来,稍提高一点。把这批人稳下来,研究他们的产量,用他们做工作。

② 生产,如春季工作搞不好明年就成问题。抓住春花的工作,争取明年春花丰收,现在问题是应和群众的共同利益联起来,事实证明:凡统购搞好的其他工作也就好。

③ 春节的供应工作好好的检查一下,对嘉兴的供应分量加重。研究一

下,群众需要什么,多给他们点,宜兴,吴兴,嘉兴,嘉善、平湖,……领导要加强,不要急,教育干部,不要压迫命令,地委很好总结经验交流,坚决依靠80%的好合作社。

要很好地抓支部,是否县中召开一次支部大会,把这些问题搞好。这几县可能三月中旬解决问题,不要把生产〈去〉丢掉。过年时〈间〉期整顿干部,前年县干部思想统一起来。

省就抓住嘉兴县。

（文件编号：F192）

浙江省人民委员会第一次会议议程

1955 年 1 月 22 日

① 省人民委员会的组织和领导问题。

a. 附组织简则(通则)三个。

b. 厅局长人选名单。

② 关于春季动员兵役问题。

③ 推销一九五五年的公债问题。

④ 其他问题。

(文件编号：R137a)

关于浙江省人民委员会的组织与领导问题

1955 年 1 月 22 日

（Ⅰ）组织上要变更的是：

① 依组织法规定，法院及检察院与行政机关分开。

② 增设司法厅，并将监委会改为厅；人事厅改为局。

③ 原省政府在工作方面实际上是三级制，现在依组织法规定则为二级制。

新的组织是：

（一）省人民委员会是省的行政机关（即政府），亦即是行政的领导与执行机关，开会时由省长主持会议，闭会时由省长主持工作。省人民委员会为切实地掌管好其所属的工作部门，浙江拟建立六个办公室，及一办以上是一级，是领导的一级。

（二）厅局是省人民委员会分部进行各项工作的部门组织，亦即是属于省人民委员会的具体工作部门，各负责某一方面的实际工作，这〈由〉又是一级，是被领导的一级。

由此可知：

a. 六个办公室是人民委员会的，不是一级组织，而是领导的办公机关。

b. 工作做得好坏：

一方面决定于领导的强弱——这里不但是省长副省长的能力和责任性问题，并且同时还是各委员的积极性和能力能否发挥问题。我们应确定一种制度，不但一个月开一次会，且要大家经常注意与研究一些问题。

另一方面则决定于各厅局长的责任性和积极性能否很好发挥，我们应把权力和责任交给厅局长，使他能放手去干（我们加以监督与帮助）。

c. 正职的负责制，依旧不变。但这仅是制度问题，并不减〈称〉轻副职的工作任务或〈放〉妨碍其责任性。

（Ⅱ）关于秘书长办公室主任和各厅局长的人选问题，讨论后报请国务院批。

① 据我所了解一般负责人都称职的，因此在人事上基本上不打算动，但

为照顾工作的需要,少数可能需要迁调,但现在一概都维持原职。

　　② 同样为着工作的需要,进一步健全我们的机构,厅局长中拟增加一些非共产党员的干部。

　　③ 有一部份委员因已有具体工作及照顾到协商委员会工作的重要性,故未分配具体的部门工作。

　　④ 有些机关正副职配备未全,容再考虑。

(文件编号:R137a)

浙江省政府党组干事会议记录

1955 年 1 月 31 日

省级机关　人数　干部　处长以上　科长以上

六个党委会,分党委四,191 支部专干 49(理论教员在内),总支支部工作 51 人,共 100 人。

主要问题:

1. 特点部门多,人员多,分布广,工作性质多,成员复杂。因此机关党的工作要加强。

2. 机关党组织的专职干部量少质弱,林业厅总支仅一后补党维持工作。

3. 各厅局一〈部〉般都配备了政治辅职,但大多是名不符实,大多做行政工作,行政工作和党的工作相互支持不够。

工作情况:

一般的还是搞总结建党工作。

1. 机关党委不了解省委总的工作意图和行政工作意图。

2. 有关几部门都是确立全面的工作布置,各部直接部署一切。

3. 忙于经常行政工作,思想工作重视不够。

4. 创造典型,教育干部不够。

干部思想作风问题:

1. 对干部的思想作风不够了解。

2. 专职干部,目前很动荡,不安心,有的是工作搞不好为难,有的是有地位观念。

进一步解决的问题:

1. 进一步明确机关党的方针任务。

2. 加强机关党的组织机构,层次少,机构精,三级,分党委书记。

余(纪一):摆统战部,对干部进行统战工作的教育。

彭(瑞林):过去工作没〈作〉做好,一方面是客观,同时主观上也有问题。

三级的工作范围要明确;开发委员会没人管;制订计划应属行政任务。

这一材料是各分党委抱着动荡的情绪搞的,因此有很大片面性,今天首先把党委会的组确定,至于工作方针任务再开一次会讨论下下。

　　常委:曾、燕、阎、张■生。

沙:

　　二月份以整理机关工作为中心,至少解决三问题:

　　1. 机关党的工作,大大改善加强。

　　2. 政权机关的机能问题解决。

　　3. 各厅局机关工作如何发挥,不仅是工作机关而亦是教〈养〉育机[关],边做边教。

　　几年来我们做工作多,教育的少,临时打气的多,培养少。

　　机关党的工作搞不好是普遍的现象,但这一问题是严重的。党管党,政管政,互相不很配合,过去都看到这一问题,但长期未解决,这一问题不解决,机关工作搞不好。党委会工作没搞好,一面是做党的工作的负责,一面行政领导也要负责。我们机关党的工作脱离了群众,政治辅职一时也不能脱离党委。

　　〈政〉正职一定要既管业务又管政治,副职可做一面(分工),今天行政负责人主要是主持这方面的工作,其次才是过组织生活。

　　任务:

　　可这样提:从思想上、组织上、生活上来加强团结,提高工作人员的质量,保证行政任务的顺利完成。

　　目前,除建立机关,改变工作制度,克服消极情绪外,党的工作人员要很好的了解工作任务,根据情况来确定某一时期的工作重点,研究执行上面任务。先搞试点,再开一党组会讨论提出后,可组织机关党员讨论,常委九人是否少了,可增七个人。主要对象区级以上可不提,全体工作人员。

　　统战工作基本上兵对兵将对将。

　　　　　　　　　　　　　　　　　　　　　　　　(文件编号:R138)

浙江省政府党组干事会议记录

1955 年 1 月

一、讨论六办人员编制

工、农办公室(9—11)11 人,六办 11,二办 19,财物 35,政法 19—21。

办公厅,有七条件任务,设秘书处 26,政策研究处 21,国防建设办公室,■机要室(党组的工作也在其中)5 人。

厅局要搞一原则,五六条,就是厅局的职权。

董一茂应注意一下,让他工作(水产方面)。

春节前开一党组会(星期五上午九点大会堂休息室)。

二、人民委员会内容

(一)1. 组织领导原则沙讲一下;2. 名单;3. 工作方法。

(二)公债问题、方案、指示。

主任是包,付主任,加卞■生、陈双田,工业颜××。

三、名单问题

第一次委员会三问题。

(一)组织领导,沙。

(二)公债,任(一力)。

(三)劳军,王芳。

(文件编号:R138)

和杨思一同志通话记录

1955 年 1 月

和杨思一同志通话：

一、到岛上去基本思想是建立政权，安定人心，争取广大群众靠拢我们，对伪属供应难民都以此为中心思想，社会改选暂不提，现不要考虑只为这一问题做准备，社会主义改造是第二、三步的事，中心思想要明确。

二、接受中具体问题的处理，讲的太具体了，使我同志到那里反而机械的运用，现应讲明中心思想，到岛上去收集情况根据……

三、交通建设问题交通厅已派人，慰问团明天出发。

四、沿海县某些具体问题的处理你先考虑一具体方案。

五、廿年的宣传提纲要他们注意，今天不要只讲大道理，主要重点应放在……

（文件编号：R138）

准备开省人大会和安排军委汇报问题

1955 年 1 月

沙，准备一月下半月开省人大会：1. 选举；2. 通过计划。代表还要补选，简单的报告，几年的工作，会后的预算计划。十二月上半月开省人民委[员]会。

下星期二军委汇报情况。

（文件编号：R138）

支前工作笔记一则

1955 年 1 月

① 支前委员会。

② 前进（地方）准备。

③ 交通——公路及车辆。

a. 路桥至下塘角。

b. 泽国至温岭至楚门。

c. 温岭至松门。

以上于四月份完成。

d. 黄岩桥应于五月份完工通车。

注意保证质量及转弯角度。

（文件编号：R137a）

陈毅同志的总结发言

1955 年 1 月

（一）毛主席和中央指示：

毛主席对政协会议五点指示是适用于私营工业工作。

周总理对私、合营工业四句话："要统一领导,归课安排,按行改造（重点合营）,全面计划"。同时指出我们同志对私营工业存在三种倾向：第一,不研究情况。第二,处理时不同人家商量。第三,处理不见后果。

陈云,陈毅同志说："我们每次开会都向人家说好话。"

陈毅："在党内也存在三种倾向情况,不这样做就是主观主义。"毛主席说过"不看佛面要看僧面。"资本家说："中央热热烈烈,下面如冰山一样。"三个满意：第一中央重视,总理付总理,各部部长都参加。第二,照顾出乎意料之外。第三,鼓励他讲话。

（二）对国家资本主义：陈毅同志说他 51 年、53 年到各民主主义国家,各国负责同志都问中国如何组织群众发动群众,如何打败蒋介石……。54 年又出国,人家问的是资本主义问题,称赞我国宪法,对资本主义又是一个创造。［但］觉得奇怪的是,中国同志很不重视。对资产阶级很简单,是损害工人阶级的。

（三）党委还未把工业资本主义提到议事日程上来。

（四）怕右倾。作资本主义工作干部质量很不注意,调 141 项［工程］干部是最优秀,但调到资本主义工业多是些新干部。要注重质量与思想问题,下面干部认为在搞资本主义工作犯错误即是立场原则问题。

（五）要经常与工商业部门协商。陈毅同志指示,上海一个星期要协商一次。统战部门过去政治勇气是不够,综合情况,研究政策,督促检查,多方协商。建立"八办"机构。对资产阶级协商一定要负责同志出面,把中央会议精神向干部传达。

合 作 化 问 题

1955 年 1 月

48 万余个社分两步走：① 第一个五年计划基本上合作化 50％以上，二个五年计划转入高级合作化。② 第三、四五年计划完成大规模机械化。

困难：

① 相当长时期中部份农民对社——动摇态度。

② 领导经验的成长速度落后于运动发展速度。

③ 各地基础不平衡，先进区自满，薄弱区急〈燥〉躁的引起错误经常发生。

④ 阶级敌人反抗必然激烈起来。

如不注意这些困难就先产生急躁冒进，贪多、大，从而产生强迫命令现象，因此要以"积极前进的精神"、"谨慎踏实的作风"。

合作化运动的经验：

一、要明确肯定 来 社会主义合作制乃是当前互合运动主要形式。

二、不断扩大农村中社会主义政治优势，克服阶级敌人的抵抗。

三、发扬工作中的群众路[线]传统。

四、在互助组的基础上实现全年准备分批发展的建社方针。

"只许办好，不许办坏"，达到四标准：生产增加；分配合理，接受国家计划，认真团结并帮助社外农民。

办好社的条件：① 社务管理。② 政治工作。③ 国家帮助。④ 依靠支部办社。

领导干部的条件是"公道和能干"。

（文件编号：F192）

地委书记座谈会

1955 年 1 月

金华,李学知:

四大紧张:

① 作化;

② 粮食问题。

宁波 黄琦:重统购,轻统销,统销没重点,发证的 94％。

第一类统购销结束 45.9％。

第二类留了些尾巴 40％。

第三类留了些尾巴 17％。

统销复查中看,发证草率,不应供应而供应,应供应而不供应。实事求是的思想不完整。40％左右的乡有 5.1％挖着口粮,估计有 40 多乡 40％左右户挖口粮。干部家中卖多了,要加政治粮,刁卖粮;产量高。

温州李文辉:征占分配的 46％,猪估计比去年减 20％。

嘉兴,燕[一]明

舟山

（文件编号：F192）

李文灏同志到北京前几个问题请示

1955 年 1 月

收商业税 30 万亿少 1 400 亿，农业税可能超 800 亿。

支出：年终结余 2 746 亿。（54、53 年都余）

企业收入没有问题的话，可以超过，农业税希望中央加上，工商税减下，否则要和中央算总账，支超不给中央争。

沙：

有两问题：

① 应该照规定和他讲清，如果增加的增加，应减少的不减小，我们应和他讲清。

② 我们支出如何可以节约问题，建设规模保持，节省开支，请你们好好考虑一下。

20 日和北京陈毅付总理联系关于浙江省办厅局长名单确定的问题。陈不在，他秘书接电话，让其转陈毅同志最好明天答复我们。

（文件编号：F192）

江华同志传达上海座谈

1955 年 2 月 6 日

Ⅰ. 大陈[岛]与解放台湾问题。

有人以为国际局势紧张,是由于我们发宣言要解放台湾,因为以前发援美援朝的宣言,我们就出兵了,因此国内也有人怕轰炸,怕打仗。

这提法是不对的,中央提法是抗美援朝已取得胜利,即第一任务已经完成,领导上就不能不考虑第二个任务——解放台湾。如果我们不提,就会犯错误。中国建设社会主义完全和平 的 是不可能的,而必是在斗争中来完成的。我们解放台湾是逐〈岛〉步进攻(此语不下达),是造成解放台湾非解放不可的军事路线。所谓逐〈岛〉步进攻就是要创造军事条件,因为解放台湾是复杂的,不仅有军事,还有政治,不仅是外部有斗争,内部也有斗争,解放台湾的意志我们已决定〈有〉而不动摇的。

至于现在局势的紧张并非因为我们有解放台湾的宣言,而是美帝的军事措施和其一系列的行动。譬如苏联并未提要解放什么,而美帝军事基地却逐日在包围苏联。

现在外交斗争是一来一去针锋相对的,斗争得很厉害,联合国秘书长来中国后,美帝知间谍案做不出文章了,就来停火案,苏联即提出反美国侵略案。

要解放台湾,反对停火,党外人士都写了文章,这是很有作用的,国外就很重视他们的文章,这里说明我们统一战线的意义是很重要的。

这里我们要明白,我们要在这么大国家里建设社会主义是不简单的,必需从斗争中来争取和平。有了金日成,就安定了东北,有了胡志明,则保卫了两广,我们不能牺牲北朝鲜与越南,否则就是失去了原则。

我们党内也有人以为我们埋头自己建设就够了,〈何〉可不管国外的事,自己粮搞得那么紧,何必救人家。也有人以为预算中国防占的太多等等,这是党外前述没有原则的思想在党内的反〈影〉映,我们至少在党内首先要肃清这个观念。

总之我们要用一切办法来争取社会主义建设的和平环境,要用一切方法来争取解放台湾,中央提出解放台湾的口号,在另一方面也是动员全国人民来加强社会主义建设。

现在国际局势是紧张的，但是也是松弛的，我们要争取用松弛来克服紧张。

据陈毅同志所说的自己见解，对方自己的矛盾是很严重的，西德混血种有四十万，日本有七十万，这就说明了他们的关系是怎样的。

巴黎协定，是缓和敌人内部矛盾的，但其矛盾则又因此而展开，西德要求美英法分去的三十万青年军人还给他。

再则美蒋条约公布后，美帝内部的争论，矛盾也很严重，许多美国人是怕美国军队陷在东方的战争中的。美蒋条约，有可能被美国内部与我们外面压力所反对掉。

对第三次大战敌人是没有准备好的，英法日〈以〉意都没有准备好。毛说，敌人尚未准备好，大战是不容易打起来的，但我们不能只有这样估计，应该准备着要打的，即在打方面作准备。

Ⅱ．关于思想领导及思想斗争。

现在我们党内是忙于事务忽视思想，尤其是基本思想建设。

毛说我们要建设社会主义，而思想建设是建设社会主义的基本关节。毛说我们要建立理论部队，没有理论部队，社会主义是建设不好的。

现在我们有些干部，尤其是高干，生活是不大〈经〉正常的，这种不健康的生活，必然会影响到思想的。我们工作中，每每是只搞事务，只管上面计划、任务，这叫做主观主义，也即是资产阶级的思想、唯心论，基本上表现没有对党对〈内〉国家对人民负责的全面思想，而是只对上面负责。这种主观主义是下面强迫命令的根源，金华判决了没收富农六百八十多亩的土地，这是无法无天违反党政策的行为。

民主建政这个口号是反马列主义的，毛主席说这是儿子造老子，但是这样的口号居然产生在我们党内，这说明我们党内理论水准很弱。

我们党内到今天为止，统一战线思想还是很有问题的。

我们的统一战线是广泛的动员六亿人民来建设社会主义，我们社会主义改造，不仅是改造生产所有制，而还有改造人的思想，只有这样才能建设起社会主义的中国来。

我们过去不以共产党名义去向政府提出意见，这是不对的，但另一方面强迫人家接受共产党意见也是不对的。

今天我们在工作中主要是反对左倾关门主义,但自然也应反对和平共居的迁就主义。

Ⅲ. 农村中的战略方针问题。

依靠贫农,巩固的联合中农,逐步的消灭富农,这是党的战略方针,不是一时的策略。

但所谓依靠贫农不能解释成为依靠贫农领导,许多人只提依靠贫农与中农巩固联盟,而不说下面的话,也是不对的。同时,平衡地提贫农与中农的联盟也是不对的,应该是依靠贫农去团结中农,自然贫农是包括着新中农在内的。

有人说我们在农村中只要抓两头(贫农及富农),中间就自然而然的领导起来了,这是自发论的思想,以为中农不要经过艰苦的工作就可领导起来了。

我们同志把消灭富农看得太简单了,现在好像要做什么工作先要搞几个富农来出气,这是不对的,金华法院没收富农许多土地,这是违反党的政策的。

中国革命战争,摸了二十多年才摸到规律,统购统销一时摸不清产量,搞不好工作是不〈希〉稀奇的。但今天与农民的关系太紧张了,应设法松一松。然而粮食,国家以后还要收的,后年国家要掌握一千亿斤(现只有七百八十亿斤),因为国家不但要供应且还要储备,要储备供应一千万部队的需要。我们浙江地处国防前线也应储备粮食,劳改队应变成储备粮的供给者,同时天目山的开辟,也应加强,好好的搞好他。

在东北农村中有不要政权的倾向,以为有了合作社就行了,这是不对的,但合作化后,农村组织应该如何,则需大家研究,在农村中怎样避免单打一,搞了这样就丢了那样,使〈无〉其能全面组织工作,这是一个很重要的问题。

又,在农村中,搞好党的组织建设,这又是一个很重要的问题。

再则我们省级机关人员太多,应该力加精简,多余的人应到下面去。加强高产量区的工作,高产量的 23 县及渔业等一起三十几个县的干部应该固定起[来]。

(文件编号:R137a)

关于大专学校情况的汇报

1955 年 2 月 7 日

一、专科师范学院准备紧缩一下系。十一个系并成九个。(沙：系多一些我看没有多大问题。教育、政治、体〈体〉育准备不办,还有八〔个〕,再退一步俄文也不办,这样解决中学教师还没大问题,准备历史系的出来兼政治。)

二、基建：六和塔最多容 1 500 人,因此考虑迁校,初步确定搬文化区,现教育部又指示原地调建,事实上 4 000 人的任务不可能,至多容 2 000 人。

中学教师和小学校 150 亿问题不大,医学院 70 亿,医学院准备在体育场路新建,200 亿,师院发展数还有 200 多亿,共 600—700 亿,现缺 100 多亿,准备给教育部交涉。(沙：现把中学收费打的太紧有危险,将来他自己也用。)

另外现原址 1 500 人,新建 2 500 人,这样分成两区,管理上困难。

俞仲武：

我们研究最好是第一个方案,(沙：山上的房子基本上是危险的,将来可能划成修养区,你们可考虑给中央讲清,第二个五年计划的问题,不要开口,很被动,差 150 亿。)院系我意还是合一些,浙江还可能争取办一体院,政治系课和历史系合并好。教育系可以搞掉,俄文主要依靠一老太婆。(沙：到中央以后具体研究一下,师范学校要充分照顾地方需要。)

沙：

多管几个系没大问题,全国均衡,有的可教。

单独成立一个体育学院,你们要慎重考虑,除非中央加强干部配备,否则还成为你一负担。

第一个方案,差 150 亿和中央讲明。

（文件编号：R138）

传达浙江省委关于党委会问题的意见

1955 年 2 月 7 日

上午

沙（传达）：兆源县委工作的经验一般问题看来是解决了些，省委准备再派一批干部去具体的了解，我们是否也派几人一同去，商、农业厅派人去。

机关党委会，省委意见有些不〈见〉同：1. 省的编制多了；2. 机关党委会究竟应做什么工作：（1）是 一 保证任务的性质，如何保证？（2）在工作中进行批评表扬呢，还是有系统的进行组织上思想上的建设呢？（3）报告以党组的名义不妥。

过去党委会有些无事找事，这〈迁〉牵［涉］到工作方式呢还是工作范围问题。我觉得今天总的问题，我们几年来机关党委的工作搞的不清，但目前看显然要加强机关党委的工作，这不等于就加强人，但今天很多单位有怕麻烦的思想，认为是一负担。这一思想倾向是危险的。因此我们党的工作如何加强成为机关推动力工作的一机器，这要肯定。

另一问题，政治工作正职也要负责，要负责政治责任，就是讲党员正职也要负政治责任，正职既管业务又管政治。政治〈辅〉副职应凡是能通过党实现的都要通过党，这对提高机关的威信很重要。

第三、机关党委会的工作，党基层组织经常对群众团体的领导，但中心任务应是不断系统的培养提高干部。就是要开展批评与自我批评，组织一定的学习是要的，更重要的问题是结合当前工作学习进行教育提高。非必要的活动尽量减少，创造典型不要多，顶多两个点，行政上讲，应把党委会看成是有力的助手。燕一民同志做付书记他们不同意。

党委会机构三十二人是否多了，是否分开，研究一下，五至九是否多了（下面专干）。

给前方杨思一回电

1955 年 2 月 7 日

二信的内容基本上都同意，唯请注意如下数事：

（1）上岛去的根本思想是建立秩序，安定人心，争取广大群众靠近我们，进而搞好生产，努力解决人民的生活问题。指示中的对敌及对伪属、难属的政策，粮草供给救济难民，兑换货币，以及处理敌伪财产等，都是围绕着这个中心思想来确定的。

社会改造与社会主义改造所以不提，则因为这是以后的事情，现在提了反会搞坏事情，要同志们懂得这个道理。

（2）对于接收与具体问题的处理，主要应说明我们意图和中心思想，使到岛上后能依此原则办事，事先不宜规定得太死，免机械搬用，至遇疑难问题可随时打电话请示。

（3）交通建设问题，交通厅的派王科长前去协助解决。

（4）沿海县的领导与组织问题，请先考虑一个初步方案，使继续研究解决之。

（5）慰问队明天出发。

（6）前方情形及干部准备如何。

20 日的宣传要点太空，起初时应着重宣传：

（1）宣传我们政策，要使人民安居乐业等，安定秩序；

（2）鼓励为争取发展生产，为改善岛上人民生活而奋斗。

（文件编号：R137a）

浙江省政府党组干事会议记录

1955 年 2 月 15 日

［出席：］沙、彭、王、任、李文灏

一、公私关系问题：总的讲国营合作社营快了，比重增加的太快，〈另〉零售额涨快了。

农村进的特快，城市较慢一些，经过了紧急措施，一般有了好转，山区最差。

23 万户，31 万人，现只有 20 万户。

三个行业改造，6 000 多户，22 000 多人，一万二千多人经代销，8 000 多人没下落，七个城市好的，搞了 99％多，城市中还有 8 个，淡季很难维持。

二、供应很紧张，十二月来，打合作社。

（一）生产不够；（二）工作上有毛病，人为的紧张，除统购销物资外，凭证六种，限量 12 种，有事做的人买不到东西：1. 思想问题；2. 惜售，多购；3. 不愿私商给私商卖。

措施：

1. 零售营业额减少些，公营 14 万亿，私商七万三千亿，合作营业额收缩一下。（沙：给合作社算一下，是否有大影响。）

差异大：（1）是税收；（2）手续费；（3）营业费。

2. 粮食、油、肥料、布多给私商代销。

3. 缺销货品的分配问题。

4. 基层合作社不要搞批发。

5. 初级市场的特资交流。

6. 银行适当贷点款，私商现有 3 600 多亿资金，多贷给 300 多亿。资金周转国营 1.7 次，私商有的达七八次。

7. 税务上的一些问题。

王：

1. 总的踏步的精神。

2. 思想问题解决。

3. 产供销的问题。

天目山问题,准备两个问题。

1. 水电站。2. 这个地区如何开发。

有些提法应考虑:党委负责抓到那一级。若干税务问题是否不提。

彭:

1. 说明政治上的利害。

2. 人民的紧张问题,应分清〈初〉楚适当批判一下。

3. 私商问题。(沙:对这一[部]份人不单看 20 多万人问题,而是影响我们和农民的关系。)

4. 防止下面左右摇摆。

5. 粮食销售要管。

沙:

有一问题,就是合作社问题,是否合作社不能维持。合作社的经营是否合理,是否费用很大,要同他打交道,改善经营。合作社还是要发展的,我们把他搞了要犯错误的。

(文件编号:R138)

浙江省政府党组干事会议记录

1955 年 2 月 17 日

出席：沙、王、彭、曾、张、王、李

一、关于讨论兵役法的问题。

沙：

这一问题是两问题。

1. 在人民群众中宣传问题。

2. 文字条文问题。

第二问题不大。

1. 眼前工作中存在着许多的问题，农村中粮食问题，生产等，因此如何和目前各项工作结合，和省委商量一下。

2. 利用报馆宣传。

天目山问题要谈（彭）。

新币问题〈尤〉由李提一下，不讨论。

兵役法（王文长）。

法院问题（吴仲廉）。

二、关于公路私股处理问题：

王：

私股是需要给人家利息，如何还人家，组织一导向组织，〈应〉影响到和群众的关系问题。

李：

一种是股息，一种是活期存款。

曾，原则可以返还，对数目较小的原则上发还，职工、中贫〈中〉农承认股权，地主可不承认股权，工商业资本家富农承认股权，动员继续放在公司中。

沙：

1. 原则上讲我们把私股也吞掉不好，要解决。

2. 交通不宜公私合营。

3. 可一段段实事求是解决，根据不同情况逐个解决。

（1）愿意放在里面可一面给他点股息。

（2）小股子要拿出可给他算了。

（3）工商业地主富农，股份可以没收的没收了，有理由和他讲。

（4）承认股权如何给钱，同意李的讲法。

公债。

选拔留学生问题。

沙：

负责任是否是杨思一好，人是否这样多。

（文件编号：R138）

吴宪传达周总理在计划会议上的报告记录

1955 年 2 月 20 日

Ⅰ. 局势问题：

我们要解放台湾是内政问题，美帝干涉我们内政是国际问题，这二者不能混为一谈。

停火说起来这句话也是好的，但台湾与朝鲜和越南都不同，蒋介石已被中国人民所唾弃，其所以还未被消灭，则是因为美帝帮助的结果。因此台湾停火必需首先分清是非，不分这个是非，而说是两个中国间停火的谬论，我们必需反对。

艾森豪威尔比杜鲁门进一步，在划他们的防线势力圈外，更允许蒋匪骚扰我大陆，因而增加了我大陆上的骚扰。但最近形势又有变化，我解放了一江山，迫使敌人只好退，因此又使美帝的防线退到台湾〈彭〉澎湖去 了 。现在资本主义国家中有三种〈慌〉荒谬的说法：

一是美帝制造二个中国的言论，他企图以此来掩盖其侵略中国，说明其行动有理由。

二是英国的说法（当权者），即把台湾主权说明是未肯定的，以此来使台湾达到中立化。英国显然是自己违反其诺言的，自然工党主张是有所不同的，但其所谓中立化，实质上还是埋藏着二个中国的意思。

三是印度的方案，印度是主张台湾属中国的，但想我们不要很快解放台湾，也不要用武力解放，主张有一个和平时期，以至于想■■解决。这种主张其本身是矛盾的，这说明他们对美帝的战争叫嚣是恐慌的。

前述三种意见，对是否搞二个中国是不一致的，但想停火是一致的。因此我们对他们的主张应加以分析，使我们可以根据我们坚定的立场，灵活地确定政策，我们既要解放台湾又要维持和平。

我们的立场台湾是中国的，并且我们必须坚持不解放台湾决不罢休，这一点决不会因任何诱惑与〈懒〉胁迫有所改变的。

现在世界和平力量〈已〉正在壮大：

a. 要求和平的人愈来愈多，且也包括着美国；

b. 和平民主国家力量日〈在〉益生长，原子武器也不是什么秘密了。对此战争贩子也正在着急，因此和平力量这样增加的形势下，就有两种可能：一种是美帝更不好打了，打不起来；但另一种是狗急跳墙，战争贩子只好进而冒险，对于这点我们须有充分的准备，没有准备就会发生危险。

台湾如果打起来，可能有三个前途：

一即世界毁灭，原子弹从中国炸进去，又从美国炸出来，这样事情是不可能的，因为世界人民都反对。

二即打，但打不大，但也可能东方不亮西方亮。

现在敌人是用一切方法在制造紧张空气，凡世界和平空气增加一分，美帝就制造一次战争挑〈器〉衅，但是他这种制造也是很吃力的。

敌人内部的矛盾是严重的，巴黎协定也不是顺利的。

所以世界形势是紧张的，我们应好好研究与注意他，只要美帝撤退，台湾就可和平解放，但要美军撤退是不简单的，我们不要〈他〉太天真了，因此我们必需准备好解放台湾，只有这方面准备好了，才可能解决问题。

我们解放台湾是逐岛解放，直到解放台湾为止，因此是长期的、艰苦的，但美帝想出兵来打我们，他就不容易［的］，他的国内就要反对他。他在世界上一定要孤立的。所以〈只〉尽管艾森豪威尔给国会的咨文形势很凶，但这是表面的，〈固〉故意装着箭在弦上一促即发的姿态，至〈其〉于实质上则是不结实的。

我们决不可无〈调〉条件的出席联合国会议，因为若无条件，则就会造成二个中国的局面，美帝想用联合国来套我们，造成世界舆论，因此我们决不能同意新西兰的提案，也决不接受中立化的提案，否则要上美帝的当的。

由此可知，这个斗争，可从三方面来说：

一、从军事上来说是长期的，这也有助于我们国防建设的加强，我们必需首先加强国防，支援解放台湾，比之抗美援朝是更广泛、更持久的，而不是一个突击性的运动。

二、从政治斗争形势上来看，我们要继续揭发美帝侵略，动员国内和世界的舆论，这项工作也要长期做的。

三、从外交工作上来说，则必须有信心，展开这个斗争。

有人主张在联合国外，开日内瓦式的会议，若此会上有蒋介石代表参加我们是决不出席的。有人主张用个人投票来解决，我们〈应〉承认外交斗争的方法是灵活的，但必须坚持我们的原则。在台湾海峡划一条线，这就是二个中国的意思，是我们所反对的，但要美帝从台湾撤退，这亦短时间所不能做到的。〈次〉此外，也有可能僵在现在的情形下不能解决，这样我们应〈撑〉沉住气，不怕他。

再则另一个前途是逐岛解放。前述各种可能都是有的。

Ⅱ. 我们社会主义建设是在一方面斗争一方面建设中进行的，因此我们要争取和平环境，外交斗争就是为此目的。

我们的第一个五年计划，与苏联的第一个五年计划有所不同，因为我们是处在原子时代，因此我们要对于和平斗争，要用更大的力量，我们要从各方面实行精简节约，以加强重工业建设，但我们城市及工业的建设，应适当分散，不可太集中。

我们建设工业，要注意商业及农业的均衡，但我们也要反对〈不〉百废俱兴的观念，我们一定要节约，节约物力人力财力。我们机关中人太多，必需减少，全国国家机[关]一百六十万人就只许减不许增，北京干部太多了，应减少放到下面去。

我们企业首先在农村中吸收许多人这是不对的，应先用原有的人和转业军人。文教机关也是如此，有剧团三年不演戏的，这完全是耽误了青年一代，为何不把他们[送]去学自然科学。

此外，我们有很重的改造任务，工商业及手工业就有两千万人，若再加家属则尚有一千二百万人，我们要对六亿人民负责。

我们国家物资很丰富，但资源搞不清楚，要的东西就不够。

关于资本主义改造必须各业各行逐步进行改造，使能各得其所，农业改造是合作社化。

（文件编号：R137a）

吴宪关于中央五年计划会议的传达记录①

1955 年 2 月 21 日

（沙文汉记录）

李富春同志总结

一、情况：从全国经济发展情况来说是生产赶不上需要，尤其是跟不上工业建设的需要，即农业生产跟不上工业生产的需要。

a. 人口的增加，53 年五亿八千万到 54 年估计达 1.5—1.6％即达六亿四千万，其中大中城市增加 20—22％，至于牲口，今后每年增 27％，到 55 年则有 7[千]4 百万头，57 年则有 9 千 3 百多万头，由此使粮食与饲料每年需增加三亿八千万（全国粮食数字三千九到四万亿），即虽满足此数字需要，粮食需每年要增加 6％。

至于工业上，地方工业靠农产品为原料者 54％，而纺织业则都靠农产品，农业不发展则工业亦没办法，今年棉花减产，而使纺织工业要比原计划少产〈47〉48 万件纱，而棉布随之亦减②匹，即纺织生产不得不比去年减 2％。

烟业在 461 万担，内烤烟 360 万担，即产烟 40 万箱，只达全国设备生产力 28％（按三班计）。

此二项减产则光〈应〉影〈影〉响到国家税收，就少了三万六千亿元。

b. 国家各部门要求建设大，而国家的资金少。

c. 社会主义改造：53 年全国私营工业 23 万户，职工 275 万，手工业者全国约有一千万人（又说两千万人——朱），商业 950 多万人。

改造工作：工业应搞重点。

　　　　　　商业已进占到 60％。

　　　　　　手工业应控制在 20 万人。

又：改造中应一面改造一面注意安排。

全国建设方针

---

① 本记录有两份，除沙文汉的记录外，还有一份秘书的记录。这里一并列出。

② 原缺。

全国平衡：供产销平衡，地方与全国平衡，建设要求与资金平衡。

统筹安排：民用工业与军需工业，落后地区与先进地区。

增产节约：首先要求农业增产，同时强调朴素，少用钱多办事，不要贪多贪大贪好，尤其是对办公室、宿舍及附属厂房。

建设中要注意吸收私人投资。

二、专营

地方工业特点是：

a. 类型多。

b. 在工业中比重很大，54 年尚占 57％。

c. 发展快，尤其是上海解放后成立的有一万户。

而另一方面地方工业则又是技术低、管理差、矛盾多。

私营工业上海占全国 40.5％。

天津占全国 8％。

因此我们政策是对旧基地应维持利用，而不扩建以争取时间，渐次建立新的基地。至［于］工商间矛盾则确立：

a. 商业部门的加工〈定〉订货与工业生产计划密切衔接。

b. 商业中力求季度平衡，年度平衡。

c. 工业应满足商业的品种质量的要求。

d. 商业部门应建立加工〈定〉订货机构，加强其计划。

e. 〈另〉临时调动计划，要相互很好商量。

先进与落后的矛盾：现在应鼓励先进，不能过多照顾落后技术。

关于农业生产，全国可分六个区域。

全国农业生产指标：57 年耕田面积准备达 16 亿亩；播种面积准备达 23 亿亩。

粮食指标：55 年总产量初定 3 700 亿斤后增至 3 722 亿斤。

57 年总产量初定 4 067 亿斤后增至 4 110 亿斤。

最后核定 55 年 3 722 亿斤，57 年 4 110 亿斤。

粮食指标以常年产量扣除一般灾情为标准（各省），而全国则尚须考虑到全国有些地区必有严重情况，因此各省数字应略高于全国平均数字。

棉花：田亩 8 861 万亩，产量 2 894 万担。

畜产：57 年 9 688 万头。

水产：57 年 279 万担。

农田水利：57 年比 52 年灌溉面积［增］7 200 万亩。

造林：57 年比 52 年灌溉面积［增］810 多万公顷，即每年增 50％。

保证这些指标的十大措施：

① 充份有效地利用土地，如安徽山改田增加产量等。

② 改进耕作技术，要求搞典型试验。

③ 推广优良品种，要群众自选自留。

④ 发展农田水利，强调小型的发展，可用民办公助。

⑤ 农具改良，尤其是要根据本地情况创造。

⑥ 肥料，主要是靠土肥。

⑦ 除虫。

⑧ 保护及发展耕畜。

⑨ 水土保持工作，开山伐林，要注意保持水利。

⑩ 加强组织机构和干部。

农业生产的政策问题：

互助合作政策（已有十万个社），现有的缺点主要是：

a. 由于我们宣传和农民对社会主义的误解而引起的；

b. 在我们执行政策有毛病，土地报酬太少，与耕牛农具结价不合理等，这些均需改进，决不可因此而动摇我们的信心与决心，但办社不求多，而必需办好，社的社会主义内容起初不应要求过高。

商业问题：

全国在五四年随着工农业生产向前发展超额完成了粮食及油料统购，扩大了加工〈定〉订货等，稳定了市场。但另一方面则发生了公私关系的紧张，私商许多都维持不了，批发商大都已被我排挤代替，但人员方面多未很好安排。在〈另〉零售方面公营已达 57％，私商则不易维持，农村中则更严重些。据全国合作社统计，到 54 年全国已排挤了私商 69 万户，人口约有 100 万人，54 年的公私比例由百分之 44 进至 60，而中南与华东西南则进得尤快，中南进了百分之三十余，华东进二十几，形成了五年计划，提早三年完成。这情况是严重的，使公私关系与城乡关系都紧张起来了，这里客观原因是农业生产跟不上国家发展,而主观原因则是商业上进得太快,购货任务要得太多,统购统销没有搞好。

当前我们批发上的缺点是机构与任务不相适应。

对已代替了私人的批发要继续贯彻,改善我们工作。

对零售部份,如我前进太多则可以退让一步,然后在这样基础上来巩固各项商业,用各种方式来进行改造。少奇同志说,按现况来说,现在要先安排再来改造。

农村的小商贩(小商贩的作用:可采购、可推销还可起短距离运输的作用),主要还是靠自己的劳动的,其缺点是分散落后。因此我们应以自愿的原则,在供销合作社领导下,用各种方法加以组织,走互助合作的道路,使之渐成为农村中的供销合作社。

对于统购统销,为适应农民的生产情绪,中央决定用定产定购定销的政策,而此定量应在一定时间给农民知道。

中央已决定将十七万亿多营业额让给私商,少奇同志说,我们的概念要改变,我们由合作社让出,是让给各种形式的国家资本主义。

在城市里,应规定公私的比例,在一定的时间内这比例不变,以稳定私商。

城市里小商贩,这次会议决定准备按现在的生产状况把他们安定下来。

又:中央已规定合作社批〈另〉零差价的优待准备取消。

城市小商贩则用统一〈定〉订货、分别经营、各负盈亏办法。

今后供销合作社的采购任务,由国家设采购部来担任,凡粮食、油料、棉麻等均交采购部来搞。

国营商店与合作社主要应看对市场的领导作用,而不应看营业额的大小。

财政:

地方财政结余的使用,按规定是全归地方的,但全国到 54 年为止共结余十五万亿,地方上都想用这钱,因此确定:

除了工程的周转金、预备费等四项外,拨四到五万亿都给地方,浙江可能拿到七百亿元。

在税收方面,实际上只能搞二万八千多亿,最多只能搞三万亿,但中央仍要求我们三万亿(必成),而要我们期成数三万二千亿。

对于计划的本身,说明我们数字还不确定,口径也不一致,上下常不对头,而又少统筹兼顾的精神,重工业、轻其他,重发展、轻利用,重改造、轻安排等现象是很明显的。

因此今后要县设立计经机构。

（秘书记录）

变化较多的是商业问题

一、情况（全国总情况）　李富春同志总结。

1. 全国经济发展总情况,是生产赶不上需要。特别是农业生产的发展赶不上工业发展的需要。① ［从］人口和牲畜的增加看,53 年 5 亿 9 千万（台除外）估计五七年要增加（每年 1.5—1.2%）六亿二到四。大中城市增加 20—25%。1 200—1 500 万;牲口每年增 20%,55 年 7 400 万头,57 年 9 390 万头。结果粮食和饲料要增加每年三亿八千万斤,57 年全国粮食总数 3 900—4 000亿斤,前两年每年［都］增［加］。② 工业发展的需要对机［械］技术作物要很高,53 年 367 万,食品 80、纺织 99,地方工业 54%。棉花 57 年计划 2 579 万吨,纱 5 593 万件。55 年棉［制品］减量 48 万件。全国锭子降到 85%,棉布减1 120 万匹,一系列工业产值减少 10 万亿,工业速度下降 2%;烟 54 年全国只461 万担,卷烟 350 万担,380 万箱设备利用率只达 8%,市场需 20%。全国需420 万箱,国家利润损失很大,每件纱需棉 393 斤,织 40 匹布。一件纱 264 万元,加工商业……321 万元,国家少收 2 万 6 千亿纸烟每箱利润 217 万,工商利润 17 万,总的国家少收 8 600 亿,共少收 36 000 亿。

2. 国家建设投资要求多,但财力有限,中央一级要求增 57 亿,而实际只增19 万亿。

3. 对［私营］改造问题。

手工业从业人员 1 000 万人。

公交全国 25 000 辆车,12 000 车辆是私人的。

从业人员相当大。私营工业 23 万户,工人 295 万。

（1）搞重点,大型的

（2）稳步前进

全国平衡,统筹安排,增产节约,重点建设。

全国平衡,地方平衡建筑在全国平衡基础上,供产销,财政投资。

统筹兼安排,今后五年国[营]、合[作]、私[营]都要有增长,增产节约,首先增加农业生产,研究了十大保证;建设要朴素,少用钱多办事,特别办公室、宿舍、厂〈方〉房特别注意,抓紧建设中的杂费开支。基建:毛主席要砍掉10%,主要提高经营管理。抓技术领导,劳力平衡,强调挖潜力,组织吸收私人投资。

二、几个专业问题的说明。

(一)地方工业生产。特点:① 类型多;② 比重大,54年57%;③ 产品复杂;④ 分布广;⑤ 发展快。

问题:技术、管理差,矛盾多(表现经济类型之间;新旧工业基地之间)上海一地占全国私人轻工业40%,天津8%,企业潜力很大,技术较高;如过分强调改变原工业分布不合理,旧基地生产潜力不能发挥,工人失业。过分强调旧的,上海、天津就必须增加新的,这就面多加水,水多加面,这就在旧的不合理上增加了新不合理。旧基地首先采取利用和维持现有企业,争取时间生产,另[一]方面建部分新的。

工、商业之间的矛盾,(1)商业部门加工计划和工业部门生产计划密切结合。(2)商业部门尽量推销工业产品,加工订货很好安排,逐步求得季度平衡。(3)商业部门提出质量规格平衡要求,工业部门应满足这一要求。(4)成立加工订货机构。(5)大的加工事先统一商量;先进和落后之间矛盾,鼓励先进、照顾落后。

(二)农业生产:分六种地区。

1. 耕地面积,耕地57年16亿亩播种面积23亿亩。粮食指标55年全国开始3 700亿,后加到3 900亿斤,57年到4 111斤,制订增产计划,以〈长〉常年生产为指数加上增产数,扣除受灾数。

棉花8 614万亩,产量2 874万担。

大畜牧57.998 8万头。

水产57.279万吨。

水利57增(比52年)7 200万亩。

十大措施:

(1)充分有效地利用土地,发挥土地潜力;

(2)改进工作技术,搞典型,学习人家,学习自己;

（3）推广优良品种，群众性的自选自留种；

（4）发展农田水利，小型的大力发展，多办、普遍办，民办公助；

（5）农具改良，一方面推广双〈华〉铧犁。另一方面因地制造；

（6）肥料强调厩肥，自然肥；

（7）治虫；

（8）保护发展耕畜；

（9）水土保持；

（10）加强组织机构、干部。

谭〈作霖〉震林同志讲：农业生产浙江有一套经验，基本缺点［是］贯彻差。农业增产的几件政策问题：

（1）互助合作，是改造小农经济必经之路，54 年秋 10 万不好的。① 由于农［民］对社会主义的误解以及我们宣传不当。② 我们在执行政策上的问题。生产〈资了〉资料，土地耕畜不合理，打击了社员积极性。但不能以为有这些不利情况就认为合作社不当，今后必须大力宣传发展，只许办好，不〈须〉许办坏。

（2）农副产品的价格。

（3）统购统销。

（三）商业问题：

1. 情况。肯定 54 年随着工业的发展，超额完成了油粮收购任务。五四年城乡市场出现了较严重的情况：私商营业额降低，私批商大部被我排挤代替，零售、国［营］合［作社］占到 57％。私营零售维持困难；农村私商多无法经营。一年来农村排挤私商 100 多万户，占 53 年农村私商总数 22％，农村零售一年起原计划 34 万亿，中南、华东最快，中南私［营］下降 30％，华东、西南 20％，华北 15％。五年计划的比重 54 年已完成了。

2. 原因。

（1）生产赶不上需要；（2）另零［售］比重前进太快；（3）粮食产量估计太高。统销没做好，对商品交换复杂性估计不足。

采取的方针。（1）对批发商问题，工农产品货源大部分为我掌握，主要货源掌握。掌握批发是社会主义商业的重大关键，目前机构和制度不能适应需要，已代替了批发还要贯彻继续使用方针。（2）城市零售方面，社会主义商业前进太快的应适当退让一步，在私商能维持生活的原则下，然后逐行逐业改造。全国情况应先安排后改造。（3）农村的小商贩，可负责收购，推销产品，短距离运输。主要是依靠在商品流转中劳动，缺点分散落后，没有领导，自发性很大。农村资本家用经销合〈经〉营来改造，小商贩主要是在合作社的领导下，加以组织走互助合作道路，向来作为农村中的供销合作社。（4）统购统销，为了刺激农民生产积极性，定产、定购、定销。今年允许农民自由买卖。

掌〈抓〉握批发商的原则下，〈另〉零售商等等掌握在农村合作社的周围。农村中对商贩包下来。零售方面退一步，农村私商 300 万城市 600 万。农村批发 10 万人，运用他的资金设备，今后因经［营］合作社，一般不准在私商现有设备以外增加机构。

农产品的统购问题上，向来猪肉、食油也搞三定。

① 私营批发商，能继续经营让他经营，需要代替，让他代经营；

② 没法经营的按行包下来，吸收到国营批发机构中；

③ 经营有困难，可抽出部分职工减少开支；

④ 小批发商充分利用。

对城市的〈另〉零售，（1）国营合作前进过多的，采取撤点撤品种搭配热门货；（2）根据具体情况可以规定适应价格，适当比重，营业增加，私营也分一部；（3）从业人员过渡到国家工作人员，多种多样办法，劳动所得。城市小商贩没有很好解决，按现在的生活维持下来肯定了。

对农村集镇私商，首先由合作社员负责采购，供给货源，合作社■■价格拉平，合作社在集镇县区设立批发点。

农村中改造。（1）小商贩，有资金设备的，统一进货，分散经营各负盈亏。（2）货郎担和合作社建立代购销关系或销购货源。（3）对农资本家一般和合作社建立经销关系，有条件的可合营入股吸收人员。

3. 对农民关系问题。

粮食的计划收购应根据国家需要，生产发展，农民的可能。春耕前和农民讲清。

供应问题（1）主要先满足工矿区；（2）城市设一些农民市场，但［不］必要的加以限制。

4. 商业工作的领导问题。

合作社主要负责对农村的供应，收购任务从合作社中划出一部，中央成

［立］一收购部，划出粮、油、烟、蔴，粮食仍归粮食部门。

国营合作社主要发挥对市场的领导作用，不仅只看营业额的大小。

5. 财政问题。

总的是：

地方财政节余的使用。按规定应全归地方，几年来全国节余 15 万亿。除接转工程携款，周转最长，预备费，外还有 4.5 万亿。其他全归地方，重点放在 57 年用，本省大概 700 亿。

困难：税收问题，全国很难平衡，华东吃紧。

计划问题：全国情况看，还是不确实、不全面、不透彻。中央要求要几个大的战略数字要肯定。

① 不确，数字不确。

② 不全，重改造轻安排。

③ 不透，可靠性差。

总的是根据少，办法少，数字多，指标多，县设计划科和统计科。

（文件编号：F137）

和俞主任研究规划问题

1955 年 2 月 25 日

沙：

前面先讲成绩，然后讲缺点。

方针应该这样：几年来是执行和基本上贯彻了中央的方针，因此许多事业有发展进步。优点不一定单独地一断，可相互联系起来。

缺点，〈但〉要从实际条件研究起，在贯彻中央方针［中］我们有缺点，① 是贯彻中央的方针有缺点。② 要［从］实际条件来讲 有 缺点。

过去我们了解问题往往是只限于数字指标，而没有从社会主义革命事业的条件中研究解决问题。

过去工作总结起来讲，除社会主义为中心问题外，两个基本杠杆没掌握起来。

① 知识分子问题没掌握起来。中央很早就提出这一问题，往往成为机械的阶级重点。

② 发挥社会上各种潜力的问题。如小学民办问题。③ 没有和各方面事业的联系，以及我们的实际可能。

（文件编号：F134）

省人民委员会会议记录

1955 年 2 月 28 日

出席：

内容：

一、杨[思一]付省长关于沿海形势的报告

1. 浙江沿海岛屿解放后斗争的新形势。浙江沿海岛屿的解放，斗争形势发生了变化。蒋介石过去利用这些海岛骚扰我们大陆，派〈遗〉遣特务。大陈岛的特务组织就有七八种。海岛特务和大陆特务相互策应，军事上是台湾的前卫，敌人企图利用沿海岛屿作本钱，造成两个中国的事实。浙沿海岛屿撤退是我们对敌人加强压力的结果。① 解放了这些岛屿巩固中国国防。造成了最后解放台湾有利形势。② 反对美蒋条约的有力行动。政治上对世界和平力量是很大的鼓舞，进一步加强了全国人民解放台湾斗争的决心。③ [为]水上交通，渔业发展开辟了有利条件。变化就是使敌人从准备进攻大陆的自愿到逃跑。

2. 解放沿海岛屿的准备工作和岛屿的一般情况。

① 政策上的准备，准备了布告。

② 组织上准备，一百多干部。

③ 物质上的准备，大陈尚有 58 人，敌人走时很慌促。

3. 支前问题。

各级政府机关要重视这一工作，派一定的干部。注意岛上工作。

① 岛上行政区别，如何划要专门研究。

② 组织形式也应区别大陆上。

③ 具体工作：如何组织渔民生产，加强对敌斗争。

④ 新解放岛屿主要有居民。如何动员一批移过去，建议有关部门组织干部去具体调查一下。

⑤ 防止放松了对敌斗争的情报。

沙：

浙江沿海二岛的解放是 55 年一件大喜事。从此浙江所属土地全部解放。这也是给世界人民以很大的鼓舞。这一点我们不能不感[觉]谢解放军。世界两阵营斗争的焦点在台湾。而第一回合我们胜利了。这是好事。在这以前有两前途：① 是打起来解放。② 是敌人逃跑，现敌人是逃跑了但敌人把老百姓拉跑。这一点我们估计不足，要很好宣传。福建沿海敌占岛屿人民要有准备，要他们向大陆逃跑。

过去我们工作有缺点，对沿海工作照顾少了。除地方很好研究外，省有关单位组织一组织去研究。对渔业生产有很大帮助。但部队在那里要有一定百姓支持。研究适当动员一批百姓到那里去，但也有些问题。同时思想上应注意不要放松了对敌斗争的情绪。

陈：

希望军区政治干部把有关解放沿海岛屿的情况组织通讯。

金××：

如何开发海洋资源。请省研究一下。

沙：主要是如何巩固海防，搞好当前群众工作。另外，海上经济如何开发，组织一批干部到当地，同地方研究一下，做这么一［个］决定。

二、兵役法讨论问题：

沙：

目前主要的问题如何和农村生产工作很好配合的问题。

宋：

宣传工作排排队，报告，广播。

赵德×：

妇女方面要多〈作〉做工作。

沙：

下面如何宣传，省发一通知（王：三月上旬开一次会讨论）

（文件编号：F134）

林乎加同志传达省委会精神

1955 年 3 月 2 日

一、以历史唯物主义教育干部。

二、加强农村工作，加强工农联盟。

三、加强统一战线工作。

因时间的关系，辩证唯物主义和统一战线工作没有很好展开讨论，主要是工农联盟问题。一致认为我党和农民群众的关系，一直保持紧密联系的宣传。我们给农民〈作〉做了很多事，农民对我们党是拥护是基本的应肯定。防止夸大紧张情况忘记了基本情况。我们社会主义改造完全具备了条件。

重点是检查我们和农民之间关系一些紧张的情况。在三〔个〕合作化，统购统销，收购供应上，干部强迫命令上，在某种程度上都是存在的。这种严重情况的存在，妨碍了党和农民群众的联系，特别是妨碍了生产积极性，给反革命分子有空可钻。

批判了对紧张情况估计不足自满麻痹现象，否则是危险的。并作了估计，把中央 12 月三日指示了，认为中央通过这些问题指示很明确，社会主义改造由于统购统销所造成的某些紧张情况是可理解的。社会主义是包涵着深刻复杂的阶级斗争。对紧张必须用阶级分析的方法具体分析。〈那〉哪些是不可避免的，〈那〉哪些是人为的，可避免的。三个合作化是对农民自发势力很大的限制。自发势力是雇工、放债、囤积居奇、出租土地等，我们要限制它发〔展〕。农民对习惯势力的限制是有抵抗的。这些情况是不可避免的，不能一叫就不搞了。我们党不满足这一点，而是尽量避免这种情况发生，社会主义改造只要〈安〉按政策办，对农民的实际利益是没有损害的。只是习惯改变有抵触，我们是让这矛盾闹大，违犯了党和群众关系的原则。自愿互利，价格政策不适当，强迫命令。

紧张的程度：

1. 合作化批准四万多社，自发的 1 万 5 千多。嘉兴、金华地委较严重。嘉兴近 1 万社，处理较好的 30％；45％处理不够好，有很多缺点；70％多能巩固，20％不可靠。宁波批准■■社，300 是好的，5 000 社政策问题处理〈是〉了，有些缺点;1 300 正在处理中;2 000 多自发社需研究。金华问题很大的占 30%。

2. 粮食问题。问题多的有十八九个县。

3. 收购供应有地方好些,有的不好。

4. 强迫命令不普遍,七八个县。

对这种情况必须做正确的估计,既不要麻痹,也不要扩大。严重的典型事件,不要看成是代表一般情况。但根据情况看是严重的,必须引起党高度警惕。

解决这种紧张情况:主要是从领导检查,从提高干部水平入手。这是我们长期放弃思想政治工作的结果。长期是数字任务,下面的 的 干部的确 的 本质是好的。从主观愿望讲,想做好但做坏了。解决这一问题必须从领导上加强组织工作思想工作。这次看重加强思想工作,基本思想做些教育检查,为人民服务思想,提倡政策教育,政策的严肃性,广泛教育宣传。讨论中间检查不够。讨论较好的是农村工作方针政策的检查较好。

1. 贯彻中央指示,农村的领导中心及时切实地转移到互助合作运动方面来。民主革命中心农村是土地改革,社会主义革命改造小农,合作化,标志着的革命历史任务的转变。我们转变是逐步转,但不够自觉。基本上转过来了,但存在许多问题没得到解决。为什么转变不自觉? 这是因为我们对领导农民从民主革命到社会主义革命这一历史任务解决不明确,也做了些工作,不清醒。表现在不了解革命任务的转变,淹没〈有〉在很多任务之间,因此就不是真〈认〉正研究领导这一工作。(土改就〈作〉做了一系列的准备)五四年才比较做了些工作。

① 不坚定,表现在对互助合作抓的不牢固,反急躁冒进把互助合作也反掉了。应使我们农村工作中的同志[了解]社会主义革命就是搞互助合作。

② 互助合作运动和过去政治改造运动差别没划清,吃苦头很大。我们干部搞政治运动的老手,用 有一套办法搞互助合作。很多地方斗富农,吓中农,把合作社成立起来是合作化的开始,增加生产,增加收入才达到要求。中农来了,要有积极性,才算真正来了。检查中社员有意破坏生产的还不是个别的,搞不好破坏生产没有估计在内,对生产管理的复杂困难估计不足。

③ 党委对各部门工作组织上没有围绕这一中心,组织形式不适应任务,组织队伍主要为农民服务,而农民的中心问题就是互助合作。这次计划会议

就是农业没有底。大家对粮食，银行，商业部门提了很多意见，没有围绕合作化这一中心。饲料，省府发了指示，农民很拥护，但粮食部门没有执行。下面经济工作的工作没有一个根。不是为互助合作服务。青年团，党支部队伍很大。干部自满骄傲情绪很严重。

④ 因为对这一现象认识不够，对执行任务中就搞不好，发展快，原因根本的问题是对中央的指示了解很抽象，对发展必须供给一定条件 不行 不了解，只讲好的一〈片〉面，讲了两年。

2. 以互助合作为中心的生产运动，搞农业生产的方针。土改后农民发展起来的两积极性，党不能忽视和挫折了〈私〉个体积极性。发展互助合作积极性，我们执行了中央关于发展互助合作的决议，也执行了党的十个政策。中央邓（子恢）老讲十大政策不能说就是资产〈资〉阶级纲领。一定时期保护农民个体积极性是必要的，毛病是没有发扬互助合作的积极性。我们在〈势〉实行中不完整。强调从小农经济出发，没有明确的发展互助合作到社会主义的方向。总路线以后，对自发势力给了严重打击，强调了互助合作一面，但对个体农民积极性注意不够，伤害农民积极性，互助合作的道路上排斥打击个体农民。对这些问题我们没有注意纠正，重大问题上强调一面丢了一面。合作组织要团结单个农民，耐心等待教育的思想问题没解决。

二、农村的阶级政策

（一）农村的阶级政策对中央的阶级政策基本上是执行了，特别是四中全会以后，应肯定。但贯彻阶级政策上也发生过放松，对农村中阶级政策，是党在村中的战略方针认识不够。传达时话是讲了，但由于强调不够，工作中没有很好贯彻，对违犯党的阶级政策的事纠正不 力，态度不严肃，最[终]各方面进行教育不够，各种工作中贯彻阶级政策很不够。

1. 依靠贫农问题，贫农是党在农中的支柱，道理是知道的，执行情况是摇摆的。土改后，又受到饶（漱石——整理者注）的影响，模糊了。对搞社会主义革命贫农是最积极的阶级力量认识不足。阶级力量的变化认识不清，不把新中农仍看是贫农，在这期间贫农经济上升缓慢，贫农困难没得到解决，富农剥削没有解除。有些互助合作中存在着剥削，互助合作的领导有些地方领导，贫农不占优势，应引起我们警惕。去年农村工作会议以后，明确了依靠贫农是正确的，但仍存在着许多问题。首先对贫农是互助合作中[最]积极的阶级力量估计不够,对贫农是合作化的教育不够完整,有了积极性还是鼓励,鼓励起来不能掌握,因此在合作社的发展上我们跟不上。

① 依靠贫农是在党的领导下依靠贫农,没有强调在党的带领下依靠。出现了盲目地做贫农的尾巴,没有党的教育领导,一定会发展到和中农的矛盾,侵害中农利益,互助合作统购统销,贫农挤压中农,侵犯中农利益,使自己陷于孤立。

② 对贫农的经济支持仍不够,有的地方在收农贷中逼贫农〈买〉卖牛等,经济部门依靠贫农思想教育不够。

2. 巩固的团结中农。

中农是劳动者,又是私有者,生产中占重要地位,老中农占 25—30％,占举足轻重的地位。对劳动者坚决团结,对私有改造,对走社会主义道路耐心教育等待。我们不明确,土地改革后一时期对中农是正确的,在生产中和贫农一道看待是不对的。总路线以后放松了团结中农,对一些排斥中农,侵害中农利益的严重现象不纠正是不对的。中农的生产积极性大大降低了,中农无心生产,伤了中农感情,和中农协商取得中农自愿的原则被违犯了。互助合作的高涨是中农来了,但要自愿,现在自愿有些地方很值得检查。现在农村中动荡、紧张主要是中农问题上。农村里存在很多问题,而最根本问题上是中农问题,结果对贫农自己不利。农村工作偏差的根是贯彻阶级政策上,是中农问题。

3. 限制和消灭富农经济问题。

对社会主义革命中富农是阶级敌人,社会主义改造期间是被消灭的,对干部教育不够,因此对富农放松了警惕。

因此有些地方富农经济得到发展。总的讲是剥削的,认为省〈为〉委有富农路线是不存在的。四中全会后明确了,主要是对待富农不讲策略,简单的消灭,不了解逐步实现。对富农斗争中必须有政策策略,分别对待不了解,对富农判刑普遍过〈中〉重。有的是斗了富裕中农,引起了中农动荡,甚至直接打〈倒〉到中农的头上,消灭富农主要是第二个五年计划中,第一个五年计划主要是限制。消灭富农剥削是和平的道路,这种思想尚未贯彻。这是主要问题,对中央不宜采取斗富农的办法,体会不够,不严肃。

对执行阶级政策思想不完整,摇摆是严重的。突出的是中农的问题,我们依靠贫农是为了团结中农。对富农的政策是为了等待中农觉悟。如果不能正确地贯彻阶级政策,今后工作中犯错误是不可避免的。普遍对干部进行教育。合作社,统购统销,主要是中农问题。宣传部应 有计划地 对这一问题,进行有计划系统的对广大干部积极分子 进行 [的]教育。

有的是省委领导思想模糊,有的是政策交待不清,有的是缺乏督促检查。方针政策完整交待不够清楚,今后对党的方针政策必须全面交待,反对只交待任务不交待政策,同时严格检查防止。

对干部群众的思想动向估计不足、不准。

对个别部门同志方针政策了解的偏差,及时统一思想不够,这次会议最大收获是统一思想。

三、今后工作

1. 加强党的思想工作组织工作,全心全意为人民服务。为人民和为党负责的一致性等基本思想的教育,宣传部和报社做一研究,加强党的支部工作,依靠支部领导合作化,社会主义改造。研究支部如何领导;对党内的思想动向认真研究分析,每一运动的发展可能出现什么偏差。

① 合作化,现在如果全党不下决心转过来把四万多社办好,我们将犯历史的错误,就造成农业减产,第一个五年计划中无论如何是经不起减产,直接影响工业化的速度;20%搞不好,100%就搞不好,57 年基本合作化就出问题。必须讲清这一问题的严重意义。

② 农业生产计划改变耕作制的问题不注[意]就要犯错误,应把困难估计上去。而我们工作同志片面盲目很严重,加重了我们领导的责任。

必须组织省级各部门对中心的转变普遍组织学习和检查,传达省委会精神,研究为农业改造的具体办法。省级机关不转变,下面不好转。沙文汉同志准备组织专门研究,贯彻到省各部门党组。

当前农村工作重点要转到生产合作问题。办好这批合作社根本问题是党的领导问题,农村是支部工作问题。当前最大的问题是区委工作干部太少。

① 各地县委领导重点转到这方面来。

② 县地委领导互助合作不利的换一下。抽调一百至二百相当区委书记的干部到区中去。

③各部门抽出部分负责同志下去检查工作,23重点县的检查帮助。

④省级机关抽出10%的干部充实23重点县、区。特别的提出理由讨论,为培养干部改〈正〉进工作也需要。

（文件编号：F192）

体育运动委员会上的报告记录

1955 年 3 月 5 日

一、开展体育运动的重大意义。体育工作是为国家总路线服务的,使我们的人民都有坚强的强[体]质和毅力,为社会主义建设服务,军队有强壮的身体,保卫我们祖国,因此体育工作者就显很重要。

二、过去我们在这方面所做的工作。

三、会议上解决的问题。

四、今后应注意。

（文件编号：F137）

浙江省政府党组干事会议记录

1955 年 3 月 5 日

出席：沙、李、杨、彭、王

内容：农业生产问题，农民生产情绪有的不高，不稳定。另外我们工作具体步骤上有许多问题。

统购销、互助合作也有些快，生产上的计划太大，轻易改变耕作制。群众情况不稳，干部有些为难。互助合作群众心理多少有些变，我们省府有关机构如何配合。财经部门老任思想上是没有问题，剩下的就是如何做问题，农业方面没有问题，主要民政厅要把款拨下去，检查厅下面的强迫命令问题如何配合。

李：

当前农村三大紧张：统购统销、互助合作、供应。目前主要是搞好农业，从互助合作统购统销作好入手，1957 年合作社 30％。1957 年，工农联盟实质上是对中农的问题，三定要宣布下去。领导问题上掌握就是少购少销，是稳定生产情况的主要步骤。建〈意〉议省委把中央的指示研究一下，中央把三定政策当做当前缓和农民情绪、协助生产、巩固工农联盟的重要步骤。农村问题强迫命令是派生的，工作要考虑条件，工作量的问题，唯意志论，实质上是唯心论。大谭（震林）讲，浙江农业生产工作细致，贯彻不力，而安徽工作粗，三件工作贯彻到底，效果很好。（1. 种粗杂粮；2. 淮河每年〈长〉涨水，种〈长〉涨水以能生长的作物；3. 单位产量）。农村粮食逐步吃精吃细是一原因。

沙：

今天我们可解决的：

1. 派部份人下乡的问题。

2. 配合工作，民政厅、检察厅帮助，检查工作的问题。

供销等问题应叫财经部门专门研究。

杨：最近找了王芳等同志谈了一下，围绕着当前中心工作同时也照顾日常工作：1. 复〈原〉员军人问题；2. 救济问题，布置后通过党委贯彻；3. 公安系统，保证生产，现在多处发生暴动，抓紧海治与岛屿工作。

干部问题：1. 部门团结问题；2. 干部骄傲自满；3. 有些干部生活不严肃；4. 新厅局长到职应组织安排。

编制问题有地〔方〕没确定。

饲料问题要很好研究。

蚕桑，茶业问题。

李：

救济工作要开一个春耕救灾紧急会议，每个县的民政科长〈代〉带钱下乡工作（专署开个〈春〉头，省委发一通知）。

王：

听到林的传达后，基本问题解决了。

1.（1）这样下去下边可能出现收缩情况。（2）负担问题没有交待。（3）灾荒问题。

2. 缺乏具体措施（分口解决）。

3. 具体组织工作，各部相调干部。

开人民代表大会的问题：

1. 有些地方要补选。

2. 没请示，有的地方就补选了。

3. 凡当选的是否完全要代表。

4. 县人民委员会的组织机构问题。

5. 代表资格的问题（李：不能超过组织法——范围）。

沙：要研究一下具体规定。

1. 所有的代表选举办法要〈安〉按组织法。

2. 代表资格问题如有变更要报党委批准。

具体工作彭、王管。

李：人民委员会工作要有专人负责。

沙：

各厅局党的工作如何加强，干部使用问题都很大。

彭：

康复医院问题也要解决。

王秘书长几个问题请示：

兵役法宣传深度和广度：1. 重点讨论，以人民委［员］会为主，明示各方面代表人物，大专学校能上一堂政治课最好；2. 征求意见：（1）各级人民委员会；（2）人民代表；（3）征集兵员的意见；（4）搜〈记〉集团体座谈会意见。

2. 宣传，下面工作很繁重，放到正式公布时。

3. 下边乡开人民委员会准备两小学教员做记录（沙：（1）不是说小学教员，就是要当记录；（2）要邀请，不能命令。）

沙：

农村中基本上和群众运动结合起来。征兵已结束了就算了，未结束的结合一下，收集征兵中意见是对的，城市多些，主要是协商会、人民委员会。

（文件编号：R138）

李丰平同志传达中央财〈政〉经会议精神

1955 年 3 月 7 日

讨论了五个问题,重点是粮食问题。

一、粮食问题〈迁〉牵涉到各方面,工农联盟,统购统销等……

1. 粮食问题的重要性。

过去两年中央确定统购销政策是对的,今后继续贯彻。但问题又很大,粮食问题〈迁〉牵涉到工人阶级同农民关系的重要方向。工农联盟问题,搞不好可能造成同农民联盟的破裂。农民总的对统购统销政策是满意的,但在执行政策中有很多不满,主要是 60—70% 的中农对我们不满的警告。两个方面:① 统购统销某些地方不合理。② 合作化的问题,某些地方进得太快。少奇同志讲"我们搞粮食工作即要取得粮食又要取得农民,我们不要因为粮食妨碍了工农联盟,如〈何〉果发生了问题我们首先抓工农联盟。最可怕的是农民消极,躺下来了,这一问题就大了,很危险了。"当前虽不是普遍的,但有些地方已发现,值得我们重视。粮食的紧张除了政策上的缺点外,就是中国农业的落后,跟不上,我们每人平均 500 斤,加拿大每人 3 000 多斤,美、〈奥〉澳 2 000 多,苏 1 000 多斤,生产不足是根本问题。和农民最顶牛的粮食只有 50 亿斤,每个人平均〈拾〉十斤粮的问题,刀口粮。中央就发展生产解决粮食问题。发展一分,紧张程度就减低一分,一切工作都发挥农民的积极性。大量增粮食。① 大量开荒,增 1 000 亿粮,要开四五亿斤,每人一千斤。东北可搞到一亿亩,十年八年,新疆南疆两亿,要修五千公里铁路。每亩 100 万水利费,修淮治黄搞好了,只能搞三四千万亩,也是要十年以上的问题。原子能开荒不是目前的事。② 合作化可以增产粮食,但这一工作很大,有些地方太快了,反而减产,太快了也有危险。中央考虑 1957 年发展 30% 左右。③ 提倡种高产量作物,是农业生产〈践〉战线上一战略问题。就是品种的战略布置,就是提高高产量作物。浙江除稻外,种山芋、玉米等。加拿大、美国主要是粗粮多,种的很考究。河北和山东条件差不多,但山东紧张的差些,就是山东多粗粮,邓老讲十年之内要缓和粮的问题,就要从高产量作物上想点子。大谭也是要我们在粗粮方面想出入,很多负责同志反复讲地瓜问题,养猪积肥也很重要。

现在农民不是反对统购统销,而是摸不到我们底。究竟要多少,大家摸不到底,农业生产不大稳定。影响农民生产积极性,增产多少国家收购多少,购的太多,留的太少,自己不能[够]满足需要。统销物资认为城市宽,农村紧。毛主席讲,这样发展下去要影响农民生产。因此以后征购少些,55年全国征购900亿,估计54年可达880亿。就是说固定在54年水平,20亿是去年大灾荒受灾八千万人,正常二到四千万人,〈原〉否则910亿可购。计划委员会粮食每年增200亿斤,实际上按100亿〈排〉派用场,等于100亿斤不征了,就是征购也不过20—30%,使农民多留点粮增产部门改进他们生活。把数字告诉群众,恢复鼓励农民生产积极性,900亿是需要的。城市部门吃800亿,另外40亿死角粮,304亿机动粮,900亿是不允许少的.除大灾大难,这就是我们对人民群众的政策界限。多购了就影响工农联盟,少购国家不能过日子,900亿说明我们对农民是让了步,也是让步的政策界限。农村中农问题不应忽视。

销粮,全国销827亿3千多斤。除40多亿死角粮,销的数字不能突破是死数字,征少销多就危险。突破就影响国家建设,物价稳定,人民生活。销的方面要多做工作,即保证需要,又要保证[不]浪费。我们城市,机关部队要展开节约粮食运动。收获不一定很大,不一定搞出多少粮食,但很大教育,也好和农民讲话,不该销的销了的问题很大,数字很大,除城市经济作物区及。销两亿人口四个月的粮,数字很大。各地要把付食供应一定要维持,现在就要抓。

2. 粮食任务的确定,54—55年征购51亿斤,销41亿斤,浙江要求〈园〉圆满解决。55—56年征购51.5亿斤,销4.9亿斤。生产力求完成任务,〈排〉派用场要从基数出发。

3. 定产、定购、定销的政策,是为了更充分地发挥统购统销,以达到既保证人民需要,又……。既不妨碍我们和农民的关系,不取得粮食。乡的范围内三定,使我们下面干部心中有数。激发他的生产情绪,定两三年,基本一环就是定购定销。

(1) 生产不能过分强调是标字框框。(2) 定购是在你乡以内定所购多少,不要层层加上去。通过代表会[能]研究,计数适当调整。收获后照数购,有灾减,丰收地区特别产部分多留少购,增产部分购40%,多余的60%农民自行处理。(3) 定销,开始有很多问题,没有经验,今后统销方面多下功夫。数字定到乡,大致[根据]上年度,再根据实际缺粮情况定,真假缺粮户群众自己解决研究。

① 城市、工厂、部队。

② 保证缺粮户及灾民供应。

③ 活络作物区。

④ 产猪区饲料。

⑤ 大中城市保证不脱销。

城市按人定量问题值得研究,有的说增加,有的说减少,按户定量是可以做的。

必须把三数字一起下达。为什么不把数字宣布到户呢?宣布到户工作量很大。

农民留粮问题,根据去年生产基数的重留。

粮食预购〈去〉取消了。

关于粮食市场抓粮的问题,不要希望过大。

二、猪的问题。

1. 肥料。

2. 出口,换回的钢材几乎等于我们钢全年产量,有的是政治出口,赔本。因为我们猪的出口不足,有些东南亚国家要给我们争夺市场。

3. 饲料问题很紧张,病疫。

全国 15 400 万头。

浙　计 450 万头,上交 53 万头。

收购:① 派购,交通方便的。② 自由收购。多的食品公司下去收购,给农民留一部分,多留点肉,鼓励。价格政策上减少流转环节,猪肉有高到 50—100%,农民有意见。除派购多余的农民自行处理,税商业部[研]究。供应对大城市提供点节约,对外宾、医院保证满足,对部队机关学校适应供应,中小城镇每人每年 20 斤左右,农村 9 斤。增加生产不浪费粮食的原则下可多养些猪。

三、油脂问题。

缺油省份限期自给,余油省份照样上交。今年给我们 6 000 吨(长江两岸,中央将降低麦价,只限这一地区)刺激多种油料,多种茶油、花生,豆子地在不妨碍其他生产的原则下多种些。生产油区提倡提高单位面积产量,不产油区提倡每人一分地。

管理一条鞭的原则。差价问题,税收不变,油脂公司赔本,向财政部报账。

四、市场问题。

1. 商业工作的重要性,是对我们社会主义建设很重要。对生产起决定性作用,如搞不好影响农业生产,对工业也是这样。大部份是加工〈定〉订货,搞不好也会影响工业生产。党委一年四季实际上在做这些工作。私商改道不下于对私工的改造。商业工作一方面供应生活上需要,另一方〈的〉面供应生〈活〉产上的需要,没有一个人不〈迁〉牵涉到,财经工作历史上年年不太平。

2. 批发商改造问题:从 54 年初对批发商 业 进[行]改〈早〉造后,批发商困难增加了。中国公私商业从[业]人员到底多[了]少了呢?苏 1.6％而我们现在不到 1.6％,加上交通不便,不是多了,基本上不足。商业 业 工作的经验不够,许多地方小〈辩〉辫子当政,人力不够,引起了许多混乱。而私商在经营业务上有经验,我们瓜皮帽、水烟袋少了,小辫子多了。小辫子政委,瓜皮帽参谋。进货今天没有大问题,88％我们掌握了,问题是出货,是当前的重要问题是分配问题,是市场问题。批发中人员少,经验少,分工太粗,调拨缺乏经验。百货公司必须改成几个公司(大城市),自上而下的分配多,自下而上的要货少,因此发生强迫命令。这两个必要结合,统购销的可采取自上而下分配,百货布〈蛋〉疋等可自下而上购。批发的路线,基本上〈安〉按照经济区到交通路线,不〈安〉按照行政区划。把私营批发商加以利用不是完全为了他们生活,同时也便利我们工作。

批发商的政策:

(1) 货源全由国营掌握的国家包下来,尽可能吸收他的人员,部分改为二批发。

(2) 国家掌握了部分货源,部分改造,可以允许他们经营批发。

(3) 货源国家掌握少的,允许他们批发。

已经实行改造的,对人员资金要适当安排。人员要包下来,给他工作,年老力衰的愿意转业,自 我 找工作的随便。对资本家资方代理人,除本人不愿外,可吸收搞工作。有的可当付经理顾问等。先集中学习一下再用,资金〈安〉

按人民银行利息解决，小的自给可处理，房屋可给租金，家〈俱〉具自用的可以自用。

3. 零售商的处理，全国 1 000 多万，改造的基本性是改变他的性质，有的改为半社会主义或社会主义的，有的改为国家资本主义的。时间是长期的，方式是多样的，有的采购、经销，工资，奖金，不能忽视他的力量，和人民生活是千丝万缕的关系。莫斯科还有不少，拾破烂的游民等都是经过小商贩联系起来的。不可能一下子把这些人变为国家的工作人员，工人阶级对其他阶级有责任安排，有饭吃为国家有作用。眼前重要是安排他们，改造是长期的。先安后改，合作社，国营公司可低一些，有许多工作要〈作〉做。公私比重要各地根据不同情况研究和工商联研究，各地同会一定要缴"会费"把他们养起来。

批零差价不够合理，调整必须由商业部规定幅度，各地结合情况处理，一般大部调整零售价适当 配 调整批发价，经、代销可挂代销牌子，全行挂，否则挂牌的挤掉不挂的。

工商贷款。

对私商配搭货，不等［于］光要私商背冷货（要私商自愿）。

采取委托代销优待等，逐步实行取消优待价格。

城市农村分工归口问题，农村合作社搞，城市国营，非商业系统如何做，商〈叶〉业系统统一研究。

小商贩，先登记，然后自愿的原则下组织互助小组，合作社，划分阶级是可以，但暂不搞，先搞典型。有些是要垮台的，能维持者尽量维持，不能的可吸收部分。

4. 初级市场问题，更严重。

区乡两级干部对初级市场问题认识不够，踏不住步，现不是踏步的问题而是后进的问题。合作社门市部少搞，主要搞批发。不要怕右，真右了，下一道命令就前进了。零售商不要怕他调皮。要使小集镇活起来，生活资料，生产资料，铁、木、竹×。合作社要很好利用货郎担；农村中不要随便宣传统购，收不到可委托小商贩采购；货物交流要特别注意。

五、组织领导问题。

1. 县以上党委要建立采购部。① 干部。② 建党团。

（文件编号：F192）

文教部汇报工作情况

1955 年 3 月 9 日

上午

出席：沙、杨源时、黄源、俞仲武

杨汇报：

1. 三月五日开了会：（1）确［定］三月份以批判唯心宣传唯物论为中心，组织干部学习，宣传部文化部如何分工。准备组织一下全省代表人物成立一学委会，拟了一名单。沙任主任，下设几付主任，杭、宁、温，包括哲、工、农、医等，最近准备召开一个会，传达中央指示。近来他们自发搞了一下学生批判了教师的唯心思想，准备不够，使有的教师不干了，文联想先结束红楼梦的问题。（2）学习党对知识分子政策。农村文化工作长期脱离中心，以互助合作为中心，明确阶级政策，学习暂仅限党组。

2. 一重点抓计划。中央四月份要开教育会议，〈任〉认真研究五年计划，摸清基数，一个［个］单位逐个抓，核对于五年计划。

3. 文教工作如何为互助合作服务。

（1）如何抽调好干部下乡。

如何使文化队伍配合合作化，农业生产，最近准备配合宣传，材料有关方面供给，改变耕作制。（沙：重点是改变留种。）互助组、毛猪。

（2）以合作社为基础创造一个点，科普，卫生一个乡。现在已有点经验，没有办法。杭、萧准备［在］乡搞个俱乐部，文教活动点。

（3）教育厅，去年小学生减 22 万人，原因很复杂，动员他们归校，以一个乡为重点搞这一工作。中央提出了民办，我们过去一下都公办了，回顾有困难。（沙：要和合作社配合研究，有步骤的搞，否则要翻了，文教和全省的工作计划有所不同，城市■多一些。）

城市工地宣传，卫生没搞好。

4. 机构上面有了，底下没有，很成问题。80 000 人的队伍没有人抓。小学教［师］我们想不增加编制，把教育机构建全起来，教师办一轮训学校，教■

理。中学要有党员校长,院长配齐。

5. 集体领导和统一战线。干部反映一个和尚担水吃,统一战线,徐清文当付部长想都没有想到,陈果、陈立当了付厅局长下边思想很乱。相反民主人士很积极。卫生厅搞的很好,一发通知,李蓝炎去看他们,他们很积极。陈立很能干,师院威信不大好,我们意见要他拉到行政方面来。(沙:他能同俞子夷搞得好吗?两人互瞧不起,工作如何搞,要共同研究一下。)

高等教育处,高校要实行校、院长负责制,写一意见让省委批,先从医专、师专开始。浙大二刘搞的很多意见,刘亦夫下边谈刘丹如何不好等,刘丹要求调换工作暂不搞。农学院校长和党委闹的不可开交,美术分院也搞的很糟,浙大要补充干部。

杨:

共产主义品德教育问题,下边搞乱了,搞"三反"一样,溧水中学搞乱了。(沙:打一电话要他停止,要单独发一通知,青年团委要注意。)到底在学校中如何搞要研究。

卫生厅如何搞卫生运动。

科普科联关于原子能报告成效很大。

体委开会。

文联批判唯心论。

出版,小学老师,浙江文艺很好搞,发行很多。

文化局,检查文化馆站工作。

干部处下面机构研究一下。

文件、电报希望省委能做一独立部发给我们。

文化局付部长两馆的问题。

二办和文教部的关系。

黄源:

宣传唯物论的问题,吕志先派了一名单。另。

陈守川,现搞办公室工作,要让小顾搞。

王顾明,能力〈底〉低些,有些人瞧不起她。为了照顾王的领导,调换一下好些。

沙：如果这样的话，王具体事情不宜管多，管多了，总的工作不能很好管。我们的意见是宋云彬在文联实际上挂名，主要搞协商委员会，兼管文物管理委[员]会，徐清文主要搞文艺创作。

俞仲武：

编制，科卫七，普教七，大专七，文艺七，体委十九，加动工合起来七十几人。

文教部五十七人，二办十九人（有了文化部不给十九了）。

沙：

部的工作不应搞的工作太零碎，财贸方面规定三条。

现在主要配备部，办公室五六人够了，部中大、中处、科、卫。

唯物论宣传问题；江苏大体上是好的，党内五六人搞一组织，主要论这一问题。1. 重大理论性的；2. 检查我们工作的唯心论。

重点放到教育、文艺界，自己考虑一下自己的工作观念。胡风、胡适的影响。一般的只要求搞清什么是唯心论，什么是唯物论。新的力量也要释放出来。1. 一般是〈一〉在教育过程上具体做起来是有斗争的，但斗争是宜少不宜多。浙江看起来理论上和我们唱对立的不多，斗争主要内容是在把两概念搞清中斗争的；2. 搞的不好要起副作用，用形式上的学习武装，斗争形态不同。所谓斗争不宜过多，主要不宜采〈服〉用斗争形式过多，一般在浙江不宜指名批判。现在问题是有些地方已经开始了，师院的做法不好，听说有的教〈受〉授很紧张，我们有思想改造的习惯，外界也有这一警惕，要特别注意运动展开硬是有唱对台戏的，大家思想都提高了，在运动的后期批判，斗他一下没有坏处，一开始就采取斗的方式，容易搞紧张。

整个工作的展开先党内。

吕志先：三个题目，对象主要是机关，中、高级组为主。

1. 什么叫唯物论、唯心论？刘亦夫同志。

2. 为什么要批判唯心论，宣传唯物论，结合批判胡适错误，批判。

3. 胡适、俞平伯思想批判。

着重批判他们错误观点。

黄源同志准备。

专题是有对象的。

十天到半个月的时间准备。

陈：

开始，沙要讲一下动员一下。三月底准备好。

沙：

计划问题这样安排没意见。问题是我们工作中进一步提高关键在那里，今天的问题是质量提高的问题，不是发展不足，主观上，干部经验弱。问题究竟在何地方？你们考虑一下，工作缺点不仅文教界。

1. 整个工作中政治工作弱了，工作中没有相应的提高我们的干部，没有边做边学。

2. 统战问题，不讲同民主党派问题，我们党不等于充分利用党外干部发挥作用，[对]党外力量始终注意不够。不仅技术上，就是理论上一定处处比人家高明。（1）团结；（2）运用改造提出的问题；（3）我们党员的干部很少远见，容易在局部工作成就中骄傲起来。

问题是不是在这些地方，我不清楚，你们经常注意研究。

下面组织建设当一两个试点可以，整个解决要在编制委员会上解决。

俞：

省委要注意一下，现有的人员不能一概不做文教工作。

沙：

我们工作有重心是好的，突出，但有些时候把其他工作挤垮了。

（文件编号：R138）

在省体工会议上的报告

1955 年 3 月 12 日

一、目前国际国内斗争很紧张的时期

国际形势：日内瓦会议后世界的形势开始进迈入一新的形势。 而是 和平力量不断的发展壮大。另一面战争侵略势力更加疯狂，日内瓦会议以后告一段落。斗争的形势起了一变化。帝国主义在世界人民的力量进攻之下，他不得不进行一些看上去较隐〈避〉蔽的形式。朝鲜的停战，越南的平和，这说明了只要和平力量不断斗争，侵略战争是可以避免的。日内瓦会议以后东南亚和平气氛发展的很快，更引起了和平力量大大提高。正因为如此，帝国主义慌了。情况继续下去，对帝国主义不利。帝国主义是依靠战争维持生活的。因此为了维持它的生存，它向和平势力来一个反攻，现在就是战争势力向和平力量进攻，东南亚组织马尼拉条约，威胁东南亚国家。西欧来一个巴黎协定，这一系列的都在准备战争，原子战争，制造战争恐怖。造成好像原子战争不可避免的空气。一方面进行战争准备。掩护着他军事上的布置。

结果：① 世界战争的危险性增加，搞的不好可能打起来。

② 反战争的和平力量迅速增长。战争除帝国主义外，没有任何人愿意的。搞得好，和平的力量淹没了战争（更大的可能性）。这是目前局势的特点。明天是战争还是和平，这两[种]可能都存在，问题在于我们自己。人民力量大了，战争可能性越小。我们是如何善于运用世界爱好和平的人民力量，阻〈防〉止战争。苏联帮助五个国家发展原子能工业；不久就要到来的亚非会议是一很激烈的外交战争，美帝想破坏这一国家。或者是和平力量增长，或者是和平力量被破坏，就世界整个局势讲，日内瓦会议以后，帝国主义虽对和平力量举行进攻，总的是和平势力继续发展。民主阵营更巩固加强了，亚非会议和平力量可估计到是会胜利的。帝国主义阵营斗争更尖锐。不管世界局势如变化，但侵略势力削弱，和平力量不断发展，这是总的。那么战争危险是否会没有？我们的力量还没有使帝国主义连侵略梦也不敢做了，他还在做战争梦，战争危险就有。如看轻了战[争]是危险的。我们力量不断发展，帝国主义战争困难

是增加的。美帝的伙伴很蹩脚，我们的优势是肯定的。但这不〈能〉等于战争可能性没有了。我们还没解除他的武装。我们不但对中国人民的安全负着很大责任，就是对世界和平也负着很大责任。我们这一代搞……。我们有利的条件：① 政治条件和平；② 力量上我们基本上也有优势的。我们有决心也有力量。从中国到苏联，从太平洋到波罗的海，北冰洋到南中国海这么大的土地，加上八亿人，我看我们不打，就要美帝占领也占领不了。斗争是很尖锐紧张，前途上讲有和平也有战争的可能。从形式上讲战争的可能增长，但阻止战争的力量也增长。但我们政治上力量上优势。我们决不侵略人家，也不怕侵略。

所以说，我们决不能只管闷着头搞自己，也要照顾整[个局面]。中国是一面建设自己的国家一面反对帝国主义的侵略，这两方面都要很好的结合。如果不反对帝国主义侵略，我们国家建设就没有和平条件，另一方面要和平斗争取得更大的胜利，有力的保证，又要依靠我们国内的建设。我们国家力量大大发展，也造成了帝国主义侵略大大的困难。一面建设改造自己，一方支持国外斗争。相互支持某些意义上讲是矛盾的，但总的是一致的。

因此我们国家的建设，基本上是根据这一特点决定的。工业以重工业为重点。所谓重工业基本上是军事工业。另一方面所谓工业，并不是单纯的军事生产，相反，是提高人民生产生活水平的根基。战争时就是军事工业。一面提高生产力、工业化，另一面能支持国防，我国现陆二、空三。但我们重要的武器自己不能制造。人民生活的提高与我工业建设在某种程度是有些矛盾的，这些矛盾在社会主义建设时期是不可避免的。这是为了国家的安全，社会主义，这是我们最高的利益。道理讲明了，大家意见就少了。

另一方面就是改造问题，改造是两面的，一是经济上，一是思想上。如果工业、商业、手工业、农业不改造，明天生产就不能再提高。社会主义就是生活不断的无限制的发展，人民生活不断的提高。改造，人的思想有抵触。私有的生产关系阻碍着生产力的发展。

国内社会主义建设。改造都很紧张。在过渡时期每一个人要不清楚了解到这一点，就在思想上容易产生混乱苦闷。每一个人都在社会主义革命中起作用。这就有必要把自己的思想加以澄清。

体育工作上的问题：

　　把育体看成是我们人民生活上的基本利益,也看成是我国经济、国防建设的根本的一面。真正国家的建设,国防巩固,最基本的条件是人,思想、技术、业务,而身体是之一。因此应看成……①

（文件编号：F134）

---

① 原文后缺。

与王文长秘书长的工作讨论

1955 年 3 月 12 日

沙：

省委准备要你们到农村去一趟，多带两人，中心问题是春耕生产，互助合作，三个县。代表开了会后也没有联络，出些题目，春耕生产的问题，兵役法宣传问题，可考虑在某些问题上组织座谈会。协〈会〉商委［员］会如何搞和杨思一同志商量一下。

有民主人士的厅局工作调度问题研究一下。

王：

杭一中教育厅配合检查一下（包儿子问题）。（沙：同王等教育厅各方面配合搞一下。）向国务院的报告。

沙：

有事同时找杨省长等一起研究一下。

一年来的工作有了，但基本上是流水〈帐〉账，主要问题没突出，要开次会研究一下 1954 年工作主要优、缺点，在 1953 年的什么基础上，人家看了很难懂，我们自己也得不到总结的效果。

1954 年工作总结。

1954 年工作特点有很大变动。

总路线提出以后国家过渡到社会主义的概念明确了，全省人民觉悟提高了，我们的成绩是在这样情况下取得的，互助合作、工商业改造……号召解放台湾的鼓舞，缺点也有新姿态，强迫命令是否发展，不一定，他有新的性质，侵犯到了中农，工作粗急是形态，衢州没有私商了，改造粮食增产地改田，桑树被砍掉，根本问题在我们对社会主义在我们这样的具体条件下如何走法了解不够，工作中超过了政策的杠子。基本上是进步的，这是进步中的不足。

决定的问题是领导，提高我们的思想水平，补足下边水平的低。1955 年领导上如何加强的问题，社会主义路线反复认识。

总之,有成绩,也有缺点,今后应如何做,请你们考虑。

据说是还要增加粮食加工厂,应坚决停止,我们浙江加工厂开工不足。

下星期开一次会(星期四)。

1. 人民委员会是否一律重选。

2. 人民委[员]会委员是否一定是代表。

（文件编号：R138）

在省机要工作会议关于一九五四年机要
工作总结和 1955 年任务的讲话记录

1955 年 3 月 15 日

一九五四年省直机关各部门电报管理工作总结

（一）基本成绩和优点。

随■的发展增加，54 年办了 67 874 份电报，面也扩大了比较顺利的完成了任务。

成绩：

1. 及时办理了电报，较好地适应了首长和各部门工作。

2. 建立了有关工作制度，保证了安全。

1. 及时的办理了电报。

（1）有很多同志学习钻研，正确及时的办了。因为电报本身就是急的，急的，负责同志不在家[的情形下]① 找首长；② 根据情况先交有关单位办后批，传阅中掌握了轻重缓急。

（2）严格了电报管理，及时检查。在办电报当天检查，办过的定期检查。节日前后一般地注意了检查环境。个别单位外，都建立了单独办公室，集体阅报制度，除人事厅办公室主任代收一份电报遗失外，别无遗失。（机要处内部遗失一份）

（二）电报管理中存在的几个问题。

1. 失、泄密较严重。

（1）电报传达中违反保密规定。

如皋县①把电报夹子给通讯员。

电报收发未封，随便找人捎〈代〉带，萧山叫××爱人捎来。

（2）办理中混乱，保管不严。电报放在桌子上，不加锁。

（3）部份电报管理人员交接手续不严，统战部[电报]被另一同志拿走五

---

① 原文如此。

天才找到。林业厅电报混到档案文件中去。

（4）没有经批准擅自翻电报（富阳）

2. 电报办理中的不及时，存在着严重的拖办现象。税务局有一调整税惠的电报，没及时办欠税 3 000 余万元，没有及时给负责同志看。开会匆忙阅读。（法院××一份急电拖一个多月才办完。）

一个月退一次电报。

3. 发报质量不好，差错严重。

特别严重的是错数字，商业厅调整物 5 690 错为 6 590，共错 5 个数字。错别字等较普遍，省委较乱，重复了电报来往，影响时间。

4. 电报管理工作中产生的矛盾。

（1）阅看而压的过紧

（2）阅看面压的过宽

造成了电报不能充分发挥为工作服务的作用和省府规定阅报者应［向］负责同志提出意见上报保委会批准等。有的单位把看不看电报是领导信任不信任的依据，政治待遇，闹情绪；有的面放的太扩。有的同志提议，电报若不是很机密，可改文件。这一点机要处办不到，最好由各有关部门直接反映。有关者阅办，无关者不看的原则。

（三）产生错误的原因。

1. 机要处在业务上指导不够，对不适合的问题和规定没有及时检查反映改正，究竟存在看什么问题，心中无数。

另一方面机要工作同志调换较多，阅办的也调动更换，41 人中去年调动 21 人。53 年的只有 11 人，业务上不够熟悉。

2. 部分同志对电报管理工作不够安心，责任心不够强。不细致踏实。发报质量不好主要是由于送发前没有校对核实。有的同志对失泄密现象不能及时发现制止，疑难问题不能及时和机要处联系。

3. 体会：

必须要有正确认识。安心热爱自己的任务。负责到底的工作态度。形式上看，办报工作较容易，但不然。

① 及时正确不压、误。对首长办理不及时，［要］及时催办，达到为部门工作服务的作用。

② 保证电报的安全不使乱传、放,严密手续,及时检查,向不遵守规定的现象斗争。

③ 保证电报出手后的正确,保证质量。

主要几点:

① 发往准确(三市七市);② 数字必须符合;③ 字迹清楚;④ 标点明确;⑤ 意思通顺。

还有签批三个关:

① 草拟审批关。② 校正关。③ 机要处审查关。

三个关键:

① 业务热爱,熟悉情况,随时改进工作。作风小心谨慎。

② 争取首长对电报的重[视],及时的向首长反映情况,适时的提出改进电报管理工作的意见。

③ 积极宣传电报管理制度的规定,对机要通讯员教育。

(四) 若干具体问题的解答。

1. 是否可出版业务刊物交流经验,根据规定省无权出版,用通报形式。

2. 电报是否可翻印下达,手续如何,可登党刊者在党刊上登,否则要请示(省委省府批准改写下达)下达① 登记密封,索取由证;② 定期收回。

县里建立机要机构,根据路途、经济等条件决定。

3. 代电是什么,如何处理?

4. 首长发出电报没人批如何处理? 代理的同志处理。如没有人,可口头向具体工作同志讲,先办。

5. 政治上没有完全搞清,民主人士,是否可开办? 从工作出发,一般可以,但部门负责同志批准,但机密性很大需要负责同志口授。

6. 查报问题,没有标题。必须查清电报号数、来电机关。

7. 密来、密〈覆〉复原则,上级密电是否一定电报上报? 我们认为除规定外不一定电报上报。

8. 可不可送给负责同志看? 可以。当面点清,交待好好管理。尽量不过夜。

(五) 1955 年任务的意见:

要求不失电报,修正党政系统管理制度,提高办报质量,及时准确。

1. 建议各部门对管理人员加强领导,一切领导归部门,机要处只负责业务联系和指导。要求半年一次向机要处做一次总结。机要处对各同志有监督责任,建议各部门尽可能少调机要人员,管理人员批准权限,可经部门首长批准,报告保[密]委会备案。

2. 建议省党委对电报管理制度进行修改,各部门亦可修订,各同志 和 进行学习。

3. 保证及时办理,成为一个重要环节。各部应建立必要的接办制度;发报应注意质量,送出前仔细校正。有的要重抄,原稿存本部。学习业务了解本部门情况,试行先办后批的办法。

4. 省委机要处与各部门遇问题加强联系,有新的变动应及时的相互联系。

（1）总结的本身和五五年工作任务有何意见;

（2）本工作中有什么问题,如何避免;

（3）机要处有没有权限建议修改的权利。

（文件编号：F137）

浙江省政府党组干事会议记录

1955 年 3 月 16 日

出席：沙、杨、彭、王、余纪一、黄先河、李作森

内容：研究协商委员会及县市人民代表会议问题。

余[纪一]：

政协工作：

三月份开一次会，协商私商安排，通过协商进行一次教育，讲通政策思[想]，推动私商经营的积极性，进行安排。贯彻改造安排中，组织工作如何跟上，目前主要的应鼓舞他经营积极性，让出部份营业额。

我们的办法，首先作报告，把政府的措施讲清楚，让他们讨论，提出具体意见。（根据我们摸的情况他们的要求还出不了我们范围）另外让他们自己思想上结合做一检查，经营态度等，然后作结论。他们提的问题可能很宽，我们对某些问题要解答，如公债、税收问题。

1. 政治做好的准备：（1）对他们的困难具体再摸摸；（2）去年一[年]来的不法行为要搜集。（不一定用）

2. 安排的措施，对外如何说法，如何提。

3. 开扩大常委会，七市工商联主委，三个重点行业。（十九个市来也有好处。）

（沙：七个市好，面大了，下面很被动，如十九市党内也要来。）党内工商联中我们党员干部，商业中党员主要干部，七十多人的会两问题难于处理，困难户和调整商业网的问题；私公合管问题。

（沙：他们自己做可以，我们不去并他们，其中党员先开次会。）

领导：杨、余、任……（沙：要以余为主。）解决一些业务问题，由商改办公室和商业厅组成。

招待工商联，费用我们出。省人民委员会 23、24，协委 25—27。

黄：

1. 工商联和当地如何贯彻。

2. 政策上的问题,下边强调私公合营,造成私商顾虑,一手要钱,一手要货。

百货业调拨不及时,地区搞错了。(沙,商业厅可旁听。)

银行也要作好具体措施。

可能提出两问题:

1. 过去商改中有的转业没转好问题。

2. 利用分配的问题。

李:

1. 会的召开范围上不宜太大,19市如都来了也跟不上,来个科长作用也不大,七个市来能配合上,市委书记都开了会。

2. 方式上余部长多注意,是否先让他们讲。

(沙:还是我们先讲好,杨会前先找几骨干协商一下。)

我们这次措施:1. 营业额[过]于宽了,7亿了,过去4亿9,具体数字不必谈。

余:

黄提的意见很重要,不管多少,包下来,改变性质。各部门条条之间不能为一个总目标服务。

沙:

1. 这样的东西还可继续协商,文化界,兵役法也同他们讨论,事先把工作安排一下,协商以后由杨思一同志表示一态度,把决定提出让省人委讨论,同时有许多具体工作我们确是外行,协商一下有好处,要认真开好这一会。

2. 协商主要问题是市场问题,党内也有了布置,但不完整:(1)具体问题缺乏步骤;(2)县没有贯彻下去,改变整个县的工作问题,本身这次会是出资本家意〈了〉料之外的,我们完全主动,估计一般资本家满意,而喜出望外,大体上可以做好的,不但营业额放宽,还给他点贷款。

另一方面资本家会不会反攻呢? 我们也有弱点。1. 前一时期打的狠;2. 各口不够一致,有些地方和政策有矛盾。我同意开一次会和有关方面交换好意见。这两方面只要我们警觉到有布置,我们不会被动。

如果资本家要伸手呢！我们准备下"炸弹"，可一般地不用，实际上我们是对资本家某些方面的让步，某些方面使他感激，问题在这种情况下，如何更好的对他们进行改造，这是会议中心精神。

七个市好些，有些大资本家邀请旁听有好处。商业厅等有关组织的负责同志旁听一下也[有]好处，数字要服从政策，各县贯彻以后再采取措施，主持杨，实际工作〈电〉由余、李等做。充分协商，具体数不要讲死。

余：

我们的缺点，领导上讲几句担起来，我们主动一些。

杨：

这次会议真正能成为一[次]协商会议，另一方面也达到团结教育[的]目的，我们应挑的担子挑起来，不要打击了干部积极性。

斗争不要搞翻，参加会议的同志都要讲清楚。（沙要和我们同志们讲明这就是我国社会主义革命和资本主义斗争的具体道理。）

准备好向省委汇报一次。

余：

协商会的经常工作，重点放〈于〉在：协商工商业改造，思想〈改〉报告定期举行。日常工作：学习，联系代表，组织[共]同共性活动，机构要加强，要有一专职副秘书长，建立办公室，三个组，秘书学习，××，13 人。（干部是否 13 个，加强是肯定的。）（沙：省府推一个较强的干部，吴[山民]实际上负责文管会。）

汽车、戏票问题。

沙：

戏票拟一格①，汽车二辆。

（文件编号：R138）

---

① 原文如此。

关于协商委员会如何工作的问题

1955 年 3 月 16 日

① 要组织分问题的协商,如市场安排与商改问题,展开唯物主义斗争问题,兵役法宣传问题等,市场问题先协商,后政府讨论。

② 为此应加强协商会的干部及物质条件,有领导的主持者——统战部。

③ 市场问题的协商:

a. 方法:由我们先提政策方针及具体〈步〉部署。

b. 重点:是抓紧改造,利用我们踏步与退让加强教育措施(教育不仅在会上)。

c. 注意提出税收公债及干部作风问题,要注意资本家向我们多伸手,多要钱、要货。

④ 这次会议不〈在〉再由杨主持,由余、李实际负责。

⑤ 会议扩大的范围到如何程度,各市干部及省商业干部可旁听,各市工商联负责人及资本家可列席。

⑥ 明日讨论 1954 年工作总结及人民代表大会和改造县市政府问题。

(文件编号:R137b)

浙江省政府党组干事会议记录

1955 年 3 月 17 日

出席：沙，杨，曾，曹，余，彭，王，闫

沙：

报告除部份事实有出入外，主要的是报告看上去像流水账，想改写一下。使从报告中看出我们整个的轮廓，我们的成绩缺点是那里来的，并达到通过总结，提高认识工作的目的。霍的意见是抓〈主〉住几个中心问题多写一下，我考虑这样还是不够，一个整个工作报告应该全面，在全面中再抓几个重点。

1954 年工作的特点是什么：

1. 我不在此工作，但看上去很突出的问题，就是各方面在党的总路线的指示下，工作上采取了各种步骤进行了改造，而〈切〉且较明确，使了很大力量。使浙经济情况，社会主义成份大大提高了，人民社会主义气氛高涨表现很明显，去年成绩的基本特点就是在这一基础上赢得的，应把这一特点写出，不仅总路线的宣传，同时进行了宪法的宣传，解放台湾的工作，二次人代大会的召开，把全党政府的力量指向社会主义改造的方向。正因为此，社会主义觉悟提高了，社会主义成份气氛推动很快。这是我党今后社会主义革命的很好的条件。

2. 社会主义积极性很高〈胀〉涨，由于我们对路线的实现具体内容了解的不完整，形成了工作中积极性大，干劲大，手脚上有些乱，造成了我们工作上的较多缺点和错误，总的表现粗、急……就工商业、农业改造上讲又粗又急，文教上急不大急，但粗、浮，对他们自己部份如何社会主义化不清楚，主要问题没解决，了解不完整。商业、农业改造，究竟如何具体〈作〉做不够了解，商业太快了，衢州没有私商了。基本原因就是对社会主义革命在各项中具体化了解不够，因此表现在许多地方常常超过了我们党政策界限……农村中不但对富农乱干，尤其严重的是侵犯了中农的利益，妨碍了党的方针完整的贯彻，商业对私商是一脚踢，有的社会主义商业一直前进过快。所以说去年一年来毛病也是严重的，现在紧张有他的特点，一方面是生产不足，另一方面是人为的。

3. 报告写好后，把今后努力方向写一下，原报告写的不够完整，仅就几件事纠正几件事。如果上面我所提的是对的：（1）那么今后是领导上如何积极努力把社会主义概念更完整，如何具体化，如何更好的帮助下面进行工作，这是出发点。有许多问题，强调调查研究，对主观主义等有一个总的目的。否则是为反对强迫命令而反对，只就表现形式上讲是解决不了问题的。

干部的思想理论教育问题，思想理论不提高，工作贯［彻］不下去，布置中讲清革命的道理，总结中再来提高，认识到贯彻，贯彻到认识。我们工作上有传统的〈作〉做法，〈作〉做得多，提高少，对干部使用多，培养少。

余：

同意沙的总结精神，去年一年大家思想上明确了总路线，因此取得了很大成绩，一劲头很大，因此也出了很多毛病，几个方面看：思想上从宣传总路线，特别是贯彻四中全会的精神，社会主义思想占了上风，资本家很多问题不敢提了；经济上社会主义前进很大，工业上由于对私资的改造在比重上起了很大〈比〉变〈重〉化，由私大于公变到公大于私；农业互相合作，很大发展；商业统购统销，保证了市场管理和供应，政治上的变化。

王：

1. 同意沙的意见，这样总结好。

2. 五四年工作，总的概念同意这样。

3. 这样写法较困难。

先写一提纲，提［交］省委研究，〈在〉再起草，再找各党组正副书记谈一下。

彭：政权在团结人民群众进行社会主义建设改造中起到的作用如何？加强政治思想工作，打根基。

曾：

同意沙的意见，写政府工作总结，应有区别于省委。

农村去年依靠贫农问题解决了，对富农问题，上半年不明确。

杨：

1. 报告说说的，看不出问题。

2. 措辞很多抽象的东西，对上面的报告尽可能检查我们的工作。

3. 同意沙的意见，这样写一方面反映了情况，另一方面检查了工作。

党的政策及时贯彻了，那就是政权一定起了作用。应党提高干部水平，同时也要提高全体人民的精神。在检〔查〕我们工作时那些合乎总〔路〕线那些不对。实事求是的骂。

总的讲一年来社会主义建设有了很大进步。经济上农业互助合作有了很大发展，阻〈止〉制了阶级分化。粮食统购统销，树立贫农优势，两个革命阶级划清了。

缺点方面我们干部有很大的盲目性，因此具体工作有些问题，平原和山区的互助合作不同情况，如何〈作〉做没有具体措施，对敌斗争也有问题。

余：

城市工作注意不够，形成了城乡有些脱节。

毛病出在改造方面较多。

沙：

报告基本上重写。具体写法基本上按余、杨所讲：

1. 成绩：首先经过什么措施，人民更加团结，社会主义积极性提高，我们政权更巩固。各阶级的动态有所不同，社会的面貌已有了显著提高。

2. 在这一基础上生产上也取得了成绩，简单一些；市场稳定，保证了人民生活需要，上〈出〉山下水做了基本上的准备。

缺点：

1. 改造政策联系到我们的作风，改造的好是浙江工作主要的，主要着重阶级关系政策方面等方法。

2. 思想建设上、组织上没有跟上工作需要。

最后提出今后努力的几〔个〕主要问题，主要是领导上如何提出的问题。

人民代表的问题：

沙：

1. 教育。

2. 使他们反映些情况。

省里在县产生的代表，县里开会时最好也通知他。

沙：处理代表来信基本上〈作〉做到每件都处理，必要的登报。

最近我们可写封［信］，鼓励他们。有些重要的东西是否发给他们［让］他们看，其次，我们省最近的活动也一个阶段发给他们一次，最近写一封〈纸〉信征求他们些意见：1. 春耕生产当地有什么问题，并告三定政策，征求意见，统购销情形；2. 市场问题；3. 上山下海的意见，兵役法问题。

组织些小的座谈会。另外我们发一通知给各级人民政府，要尊重人民代表。

（文件编号：R138）

浙江省委常委会关于党的思想
组织工作及领导问题

1955 年 3 月 18 日

思想工作（党内）：

① 有系统的理论学习。

② 在日常工作中不断提到思想（政策方针和理论上）上来解决问题，任务工作的布置与定期总结报告制度。

③ 轮训干部及其制度。

④ 有系统的研究干部思想，组织适当的思想批评斗争，研究干部思想实际上也是日常工作所必需。

问题的提出：

一、党的问题：即我们主观的问题，在对革命的认识上有跟不上革命发展的需要的倾向。

二、我们工作上的根本弱点是不注意从思想上来解决问题。

党的组织问题上：

① 组织生活最严重的问题是首长化与等级化，一如政府机关。这根本障碍了党内民主的发扬与批评和自我批评的开展——酿成了自由主义，因而也无法统一党的思想。

② 是党员骄傲情绪，尤其严重是把自己放在群众之上。

③ 党内思想斗争问题：

a. 根本上是正面教育，积极的去消除错误思想。

b. 辅之以经常的批评与自我批评生活。

④ 党的选举制度问题，应考虑逐渐实施。

党的民主生活，选举与集体领导问题，制度上去贯彻。

经常工作与突击工作，中心工作与部门工作问题。

各部各门如何在统一领导下做好二面工作。

支部工作及县下党的领导问题。

① 主要思想毛病是主观片面。

② 加强思想及组织领导，主要解决党委制，搞好学习，继续并加强训练干部。

（旁注：行政学院改成初级党校要研究）

社会主义的目的与美丽的榜样——苏联，因此我们国家就必须工业化，必需建设与改造，1955 年是革命很紧张的一年。

中国社会主义革命的困难与紧张主要是：

① 在国家建设与改造过程，必需对帝国主义的侵略和战争威胁作不断的大力的斗争。

② 传统的、落后的生产制度必需加以改造，随之各方面的反社会主义的思想与生活习惯必需改造，这里我们遇着极大的困难。

③ 财力，物力与人才的困难。

工人的领导阶级与主人翁思想。

主人不是自大，而是要以对国家对全体人民的根本利益，眼前的利益与其前途采取十分关心十分负责的态度，要以自己模范的行动，来作社会上其他阶级人民的表率。因此：

a. 首先要搞好自己的本位工作——生产、节约。

b. 不断关心国家与社会的大事。

c. 因此也就须不断提高自己的文化与思想水准，加强团结，并提高社会主义自觉性。

困难是巨大的，但我们有条件可以克服他。

a. 比之苏联，我们条件已好得多了。

b. 决定的条件是我们人的努力。

① 生产的前提。

② 社要整、要转的理由，上面要逼迫，毛病还是要指出。

① 生产前提下的工作量问题要总计划一下：

a. 粮食供应；b. 整社；c. 农贷等供应尤其维持贫农。

② 整社要从横的与竖的二面来考虑：

好的先整（基本上是骨干问题）；生产有关的先解决（政策先解决一半）；还是政策问题。

③ 贯彻要排除摸经验，要组织力量（财政不动）下乡，各县去开好乡干会，

开会、通知、布置与文章。

④ 强调决议执行的严肃性与纪律（平均主义思想领导上应领会，而不应公开提）。

⑤ 反对保持虚伪数字，防止乱撤乱转与强迫解散。

（文件编号：R137b）

×××同志报告人民群众来信问题

1955 年 3 月 21 日

一、提意见。

二、要求工作。

三、对干部〈作〉做法问题。

四、对农村阶级成分区分问题,嘉兴多,最近每周 136。

处理:一方面向上,一方面转到下面去。

我们准备把中心工作〈代〉带有一般性的问题整理印发参考。

沙:

转下去,问题是否处理了。

原件恐要都存在这里,转给其他单位抄给他其摘要,你们要把这件事看重才好。

1. 从群中来信中及时的看出我们在工作中,措施上有些什么毛病情况,一面看,一面研究这一情况,及时报告办公厅,重要的及时告诉我们,使我们了解到我们的工作中有些什么问题,这是我们和群众联系上一条重要的线索。不管他是假的也好,这不怕,这是我们处理的问题,要很好把情况编辑。

2. 你们担负着一个责任,去缓和我们同群众关系,搞坏的,改正他。等于我们自我批评,使着我们党和人民政府的关系更密切。

群众来信反映有片面不完整的,〈什〉甚至是有捏造的。坏份子也会利用的,我们自己思想要有一个准备,等于区别。虽然是坏人,但他话是对的,也要接受,处理慎重,对问题有分别对待。

3. 现在的问题:群众来信都要存档,发出的摘要或全文抄,提出的问题除要人家把问题搞清处理,不加结论。除讲话上很严重的可加按语。重要事情定期催,用办公厅名义,如不理,用我的名义去催。养成下面认真处理群众来信的习惯。如果大家很马虎,一直这样,你们可提出来,我们有必要时在大会上讲。开始依靠你们。

4. 群众来信很多,要是外面了解到处理慎重,以后信要增加的,这是好现象,直到我们工作完全做好了。这是工作中相当长的时期中解决的,分分类,有重点的处理。

(1)是统购统销口粮太少;(2)是划阶级,时间性可稍缓,但每件要有定案;(3)职业问题:A. 属于我们政策范围中要包下来的;清理中层,区分开〈开〉来的搞掉的,要很好处理;B. 老的原失业人,应放在第二位,也要考虑是否有用,情况严重否。(4)转业军人问题,要〈按〉安排的好,这一问题要搞好,这一问题影响很大。

(文件编号:R138)

卫生厅李明德同志汇报工作

1955 年 3 月 21 日

会议上表现在不够团结的现象,有的有些老资格味道,要卫生厅解决实际问题,增加人,要县里不要拉人做中心工作,这样才安心,否则思想上有怨[气]。瑞安卫生科长到现在还在外做粮食工作,萧山昨天县里把所有卫生干部拉去搞生产了。

对厅局的不满,主要是过去没有给他解决问题,很多人是部队转业来的待遇问题。

1956 年初

全省文盲、半文盲:农民 830 万,工人 19 万 6 千,干部 6 850 人。

(文件编号:F134)

浙江省政府党组干事会议记录

1955 年 3 月 29 日

晚

内容：

一、编委会问题：杨，主任；副主任，陈伟达、彭瑞林、杨心培；委员，曾、燕。

杨：

最好霍亲自搞。

沙：

考虑省委要开两次会，这样杨可以主要负责，不要把很多工作都搞在省委身上，没法搞，人代大会的工作可担一下。提一计划请省委确定，省委几个委员通了没有大问题了。

机关党委会和人事局这一时期以此为中心。

委员会名单，计划以后再研究。

二、办公厅工作安排问题：

彭：

总的方面闫掌握，日常工作，唐掌握。

王文长同志走时没有很好交待。

交际处工作赵走后顾春林掌握，有问题直接找顾。

莫干山问题不大，事物管理局闫直接抓。

文学方面主要〈有〉由唐管。送往迎来由曾〈山〉出面。

和二办有关的上属统战方面问题，经常到这里来。（沙：要承担下来与有些事他和杨、黄谈一下好了。）体育运动问题，图书馆、博物馆分工问题。总的如何集中使用，统一力量由曾负责。

每星期开次会研究一下工作，具体由曾负责。

沙：

外宾找顾,办公厅,闫、唐负责,秘书长一部份由曾管理,宋云彬一套交给俞仲武。图书馆等交文化局,最近文化局交给博物馆 一 筹〈借〉建浙江革命事迹展览馆,四月一日开幕,这简直是笑话,我看这一问题还是老杨负责,我也参加,另外找几个老前辈,找黄、杨谈谈。

杨：

彭应是整个的负责,办公厅等,宗教事务管理处不归一办,直接归办公厅。

彭：

〈另〉零碎事太多,没有助手,忙不过来,房子汽车问题,机关事物管理局要管。

曾：

副秘书长对秘书长负责,秘书长对省长负责,副秘书长分工管理。

沙：

(一)秘书长要领导副秘书长,办公厅。

(二)机关事物管理局加强,由闫抓。

(三)人事局、机关党由老彭负责。便于杨付省长考虑常务工作。

宗教工作可和王芳具体研究一下。

办公厅、党委、编委、人事、事务、莫干山

人事党委、编委,由曾负[责]第一道关

办公厅,王文长负责;房子汽车肯定要有制度,房价有两种,应有的低,超过价高,

车：

省委书记付书记,省长付省长外,其他合用。

副秘书长可决定的决定,决定不了的拿给秘书长,省长也是如此,开始不免有些摸不清。

曾：

办公厅成立一个党组即可。

沙：

请示省委的要通过我们。请示的要请示一个口，不要多口，各办的用人民委员会的名义的，至少要〈曾〉经过秘书长。搞错不要紧，退回去的你们也不要去管他，不存在越权与否。

三、机关党委会问题：

沙：

我考虑是要总党组领导，党组小组的责任由各口负责，由省委负责人直接抓。机关党委是党的基层组织，这党组就不能代表了，因此，机关党委会还是要把省政府的党组织搞好。工作主要：

（一）教育问题。

（二）机关中的群众团结工作。

（三）党的组织工作。

经过这三件经常工作，不断提高党员群众的积极性，提高觉悟，保证行政工作的完成。要研究机关的学习，党群思想情况，进行教育，发展组织。组织应是〈一〉以总党委的形式，基本上还是按各厅局分党委说〈反〉法，〈各〉个别的直属支部，人员尽量精干，质［量］高些，是否 20 多人，够不够，几个委员大些的办公室。分党委或总支基本上由政治付职兼书记，他［有］两任务：1. 做好机关政治工作基本上通过党委支部搞好些；2. 下面系统的政治工作垂直他可行政上搞。（曾：18 个单位，15 个分党委，3 总支。）

曾：

我们考虑还是不成立好，分口抓的问题，配合行政工作怕搞不好。

杨：

这是一个很重要的问题，机关的政治工作要搞好，主要靠党委会的问题，基本问题不是组织形式问题。主要是重视不重视的问题，业务不统一，学习上是可以统一的。问题是各口分工，主要是搞思想工作，而党委会也要搞，不好统一。

沙：

我对省府的意见，主要的就是对干部用而不教，这样下去非常危险。我曾考虑依靠省委，〈单〉但省委工作忙，抓不了这许多，要各口重视，要下很大决心扭[转]过来。因此我想要靠我们自己，下个决心，开一次各厅局长会，正职不能分工，即抓政治又抓业务，政治付职任书记，试验一下，抓几个单位。行政配合的问题不大，曾行政会都参加，意图晓得，过去我们布置工作太一般化了，现在根据不同的情况布置。

两个问题很重要，一个是机关党委，一是行政学院。

全面管一下，主要先搞好几个点，取得经验。

曾：

考虑 29 人。（沙：人要实事求是的考虑，精简原则。）成立部门好。

沙：

我提出意见大家研究一下，不决定，考虑好，请省委决定。

（文件编号：R138）

1954 年浙江省工作总结的讲话稿

1955 年 3 月 31 日

1. 报告。五四年工作的动力,基础不明显。

2. 成绩缺乏分开写,不清楚,成绩抽象,字句重,缺点具体,字句轻。

3. 今后工作不明确。

我考虑需要重写,讨论一提纲由唐写一下。材料一般有了,只文教部分太抽象。

提纲:

一、1954 年工作特点。

二、各项工作。

三、总结一下,提出今后工作措施。

一、1954 年工作特点:

根本特点讲全省人民在广泛深刻的教育下,进一步明确强调社会主义方针,鼓舞起了人民高度的社会主义热情,从而统一方向,勇猛的向前迈进的一年。

我们成绩的获得就是在这一基础上来[的],而工作上的许多缺点和错误也……一方面全省的人民激于社会主义热情高涨并初步懂得了如何走向社会主义,并在党和政府的领导下积极行动起来,用很大的步子向……迈进,因此一方面取得了很大成绩,另一方面特别是领导上,缺乏领导……经验,对主客观情况缺乏研究……因此也产生了许多的缺点和错误,前进过急快。

二、各项工作。

(一)农村工作包括农业生产互助合作,统购统销。

1. 生产问题。

2. 互助合作。

3. 统购销。

1. 生产上讲稻作经过了如何的具体措施得到什么样的成绩,特别去年是一大荒年,用了很大力气,基本上丰产超增运动,茶、棉、麻,基本上也是好的,是成绩,缺点是要求耕作制改变过快,六亿的增产运动没有具体研究,因此造成了很多损失。缺点,蚕桑养的太多,蚕子没有桑,搞掉,因此粗急。

2. 互助合作运动,农民情绪很高,我们经过了广泛反复地宣传情绪很高。加上训练了11万合作干部,强调各级干部亲自动手等,使一般农民,尤其是贫农,包括中农,非常积极,因此合作社发展很快,四五万个,大部份社基本上是好的。但也由于快多,我们步调中缺乏发展一批,巩固一批,再巩固一批,也产生了一些不健全的社,强迫命令,既犯了主观主义也侵犯了自愿原则,整个运动有自流状[态]控不住了。同时我们干部认识方面不足,阶级政策不完整,对富农简单削减,许多地方侵犯了中农利益,土地、农具、耕牛折价低。看起来是依靠贫农,单独满足贫农的需要,追求数字,造成了许多中农对我们不满,不仅是因干部干劲大,贫农积极性高,同时也说明了农民对将来的前途不够明确。信用合作性质同。

3. 统购销中成绩很大,1954年收购50亿,占粮数1/3以上,绝大部份地区基本上都做的好的,50多个县较正〈长〉常,固然有许多地方搞的很紧张,比1953年讲是好的,因此工作本身还有很大成绩。但还存在有很多毛病:有些地区和群众搞的很紧张,偏轻偏重,统销尾巴很大,有些地区影响到农民生产情绪。

从上面这事实看,工作上比1953年有大进步,如果工作上有很多毛病,如把互助合作成绩巩固下来,人民养成统购销的习惯,对今年的工作是有利的。

(二)工商业、交通方面:

工商业都得到了很大成绩,工业去年数字大大增加,商业在物质条件有困难下面基本上保证了供应,本身就是很大成绩。(具体问题。)工商生产抓的紧,增产节约,商业网更加发展,但生产抓的多,节约注意的少,强调数量,忽视质量,浪费很严重,私营工商业改造了一百多工厂。商业网的发展……资本主义在人民中是孤立的,这是成绩。

但工商业改造中对人的改造大大注意不够,尤其是商业改造,许多地方采取一脚踢,违犯政策,尤其是小城镇主要干部都搞农业,这方面注意不够,三年任务,一年甚至半年完成,不但产生了许多失业,更严重的是物资的流转受到了阻碍,基本上粗、急。

交通运输方面附带讲,基本上完成了任务,但一方面节约不够,一方面改造过急。

（三）文教卫生：

和杨源时同志对一下，主要是巩固加强，社会主义改造没有一脚踢，但改造方针缺乏有力措施，对先生的思想改造缺乏办法，成绩上讲办搞了医院、学校、中医。

（四）上山下水做了初步的研究准备，初步组织上改变（舟山，天目山）。

（五）政治问题。

1. 人代大会宪法宣传学习，准备今年的选举，人民民主的观念的教育，发挥人民民主的作用。

2. 治安，问王芳，简单讲一下。总的讲我们的政权在总的巩固。

存在的问题，整个问题还继续贯彻。民主生活不够，统战观念不够，干部守法观念不够。

3. 民政厅做了些救济工作。对解放台湾的支持。

三、总结起来。

1954 年的工作成绩是基本的，很大的，至于上面的缺点，来源本身很复杂，除领导上缺少经验（对条件了解不够）外，最主要的：

（一）缺乏对极端复杂的社会主义革命条件，缺乏深入细致的研究，缺乏深入的调查，作风上基本上存有搞政治运动的作风，没有随着革命的发展作风上也改变。

（二）我们的干部缺乏民主的作风，和群众商量办事的精神，尤其缺乏积极地发扬人民的民主作风，有的还压制，这实质是过去恶劣的传统，在我们工作中的反映。我们的工作还不能〈制〉置于人民严格的监视之下。因此主要的毛病还在于领导上，工作过程中没有采取必要的步骤教育提高我们干部。

今后工作：

1. 贯彻理论学习，重视干部思想教育斗争。

2. 建立全省工作调查研究制度和及时认真总结工作制度。

3. 大量调训干部。

4. 政权机关中要发扬人民民主，展开人民的批评。

在 1955 年中经过这样的措施使我们的工作中错误……

杨：这样写总的面貌更清楚了，另外各主要工作也清楚，结构上也好。

第一段把去年的主要工作提一下，去年上半年普选，下半年互助合作，统购销,城市对资本主义的改造。总的方向对了,成绩很大,毛病也很多,缺点是发展过程中的。

农村阶级政策分量上再写一些。

(沙:要点明确了,不够完整。)

沙:第一部份中把 1954 年几件工作的重大问题提一下,中心是生产和改造问题,其次是宪法宣传,再说明一概况,说明工作上有很大进步,多方面工作上进步很快。

进步中间的缺点:明确不完整,明确就是进步,不完整,出了些乱子。各项工农业数字基本上有了。文教政法也找些材料,简单一些。上山下水问题放在农村工作部份。

各厅局党组会议

交通厅	何永忠书记	付书记伏伯言
检察厅		
林业厅	正书记　亓汉三	付书记
粮食厅	■方明	严墨林
人民银行	苏明	
教育厅	刘亦夫	
文化局	黄源	王顾明
司法厅	张声华	四人
邮电局	孙子诚	
气象局	李瑞祥	
手工业管理局	书记李茂生	
公安厅	王芳	吕剑光

人事局的工作

(文件编号:R138)

关于文化部和文化局工作分工的问题

1955 年 4 月 1 日

出席：杨、黄、俞、沙

沙：

文化部和文教办公室，基本上搞在一起，由你们自己计划分，那些用党内名义〈那〉哪些用政府名义搞，难分的是党和政府的工作如何处理，可研究。总党组今后准备不要了，用行政会议代替，各厅局（文教方面）党组要你们抓。党和政府工作在概念上如何规定，是〈过〉个难题，三办和财贸部的分法可参考。真正工作的加强，政府应该是党的政策方针贯彻执行者。党的部门应该是更好的研究方针政策，并监督政府贯彻的如何。政府工作：1. 在实际工作中容易搞的头脑不清；2. 今天工作做的多，明天弄的少；3. 实际工作做的多，政策方针研究少。

党委要注意到这几点：党同政府分工不是性质上分，而是重点上分；党要担负起根本问题来；冷静的头脑。

你们三个人中间的力量要运用的更合理，文教方面基本上是人手不够。

黄源同志多负责文化方面工作，文化局工作。这方面工作问题很多。文艺戏剧方面，要考虑一下全省的文艺工作采取些如何步骤，搞好这一工作，现很混乱。

俞仲武同志一般行政上的问题或教育上的问题多负责，要有一大概方针计划，教育上计划如何订，要考虑到学校如何社会主义化，教学内容思想，这些问题都没很好解决，长期地但要有步骤的，明确的方针步骤。杨源时同志管常务，管部，综合安排一般的布置，具体的分工减少些，卫生工作、大专学校等你们要考虑具体分一下。

文化局和宋云彬的关系，这有些麻烦，当时我考虑时也有些粗糙，民盟内部有些问题，省政协委副主席工作不多，因此把文史馆交宋（云彬）领导。现在了解文化局不管文史馆可以的，但宋本身又带不好。这样也不好。因此我们考虑体委宋搞，宋主要搞政协委，配一强的秘书长，吴山民主要搞文史馆，宋云彬不管文史馆了。

革命历史博物馆基本上筹备，文化局管有困难，党内要组织一机构，以杨思一为中心，他在浙江搞的较久，我可搞一委员，把熟悉浙江革命的同志参加上，从五四［运动］到解放，另外还吸收两个党外的人熟悉辛亥革命等情况的。有计划收集材料，发些信，甚至开登报收集。分部审查：1. 情况完整；2. 材料真实，态度要保持严肃。

把现在的东西不对外展览，只征求内部意见。

沙：

先少拖几天，宋、王，都不给他谈，将来我们把协委配一秘书主任（准备要唐为平去搞）再给他谈。杨：1. 省委给我们的东西希望做为一部分解决。主要东西给我们，现东西不多（问题……）。

省委召集的会有重要的我们要参加一下有好处，不能参加的你找我们谈一下。

2. 党与政府分工的问题。党的工作主要研究改革思想工作，我们这方面做的少，感到队伍很大，落在后面。质量提不高，如何办，我们需要增加一副主任，搞日常行政工作。

3. 十日前把五年计划向沙汇报一下，是否向省汇报并请省委讨论一次。

（文件编号：R138）

研究关于历史唯物主义的学习问题

1955 年 4 月 2 日

出席：沙、吕、陈、杨、黄、刘、俞
研究计划。

吕（志先）：

这一组织是一公开的，这一计划把内部掌握和公开的混在一起，需修改。讲座上宣传教〔育〕组织一个，另外可根据不同的情况组织讨论，各专题讲座，〔讨〕论时我们可参加，在讨论中有好的发言，再组织专题讲座，讨论着重文教界，另外培养教员。机关干部中不要求组织讨论，将来再批判实际工作中的唯心主义。

刘：

目前中学校学习如何和其他学习结合问题，是否现在先在校长训练班中学，中学期再全面展开……

陈：

计划就党内外混在一起不清楚，计划中"教育"广大青少年，中央是"影响"青少年。凡是学习的人都发给计划，不必写，题目规定太具体，讲座五次大多，很不通，委员会人太多。

俞：

报纸上看，中央是从批判俞〔平伯〕、胡〔风〕展开的，现在插上讲座，有的地方结合批判了实际工作中问题。一开始基础性的一般性的大家听，以后再专题听，由广泛到逐步深入。

吕：

这个委员会主要是领导讨论为主，不是领导讲座为主，将来学习要结合具体情况，不一定完全统一。

沙：

　　有一个问题要研究，〈安〉按照中央的指示，要党内外都要了解唯心论唯物论的概念，有些部门可以〈有〉就某些问题搞清。如果是这样的话，党员不只是听报告而要叫他学习，自然我们不一定要求完全搞清，当然和我们目前理论学习有矛盾，因此党内我们有计划的放到明年，目前只听听报告，〈作〉做些准备工作。

杨：

　　计划是把干部和知识界合在一起。现考虑是否把计划加以修改，主要是对党外知识分子，〈做〉作为一启发运动的报告，另外党外和党内学习一定要联系着，否则我们就难以领导，因此党内也得搞。目前情况有的在看，有的还没看，党内外要求很迫切。沙省长作一动员报告上发展，先搞红楼梦，接着来三〔个〕讲座，每一个讲座化为很多小讲座，把师院的力量用来辅导中小学教师的学习。干部文化教育系统首先学好，应抽出一定的时间先学习。要有一党内学习计划加以补充。

吕：

　　党内学习也应有区别，文教界，做这一工作可以单独学，专门学，一般干部，不专门学，但要了解，要关心。

沙：

　　我们这里恐怕先学习一下唯物论和批判唯心论的东西，然后再转为俞、胡的批判，一面是斗争过程一面是学习过程。

黄：

　　中央指示文化教育部门提早，要求高一些。

沙：

　　计划搞主要是对党外的，文教部门先走一步，一般干部学习，不动原理论学习,只是吸收他们听报告,多看这些方面的书,干部自己也想组织几次讨论也好,不去组织他,也不阻止他,不动原[来]理论学习计划。

文化部门党内外要搞些讲演,基本上还是上次的三个问题,深入〈了〉领会,产生新问题,〈在〉再有计划组织报告,不要具体规定它,但这三课不是讲一次,反复讲几次,这一问题,党内一定抢先一步。

组织范围要缩小些,党内是做报告的,对外的组织党内少些,党外多些,不要太多。用"唯物主义学习委员会",如太多可组织一党委会。

课要讲好。

动员报告:

1. 大道理上讲,重要性。

2. 我们存在着些什么样的唯心主义的观点障碍着我们。

3. 我们如何做,学习研究,展开批评。

刘:应[将]重点放在唯物论的正面宣传,讲明它同唯心论的区别,正面为主,划开界限。

陈:胡适思想批判除一般的批判错误观点,还要把胡适的教育思想批一下。

黄:主要是老的问题,主要是解决要批判今天存在的主要的文艺思想。

大家把提纲尽快写好,大家看看,通过一下,我的提纲下星期一定搞好。

讲话之前正式召开一委员会谈一下,把我们计划变成他们计划。

宁波、温州暂不动,给他们打一招〈乎〉呼,他们主要搞唯物论学习,慢一步好,否则要乱。杭州可组织一分会。报纸抽[空]找他们谈一下,杨参加。

吕:出版社有关的书籍出版样本。

以后开会叫高光来。(沙:这样好。)

（文件编号：R138）

中央农村工作部杜润生在浙江的讲话

1955 年 4 月 5 日

杜(润生)的发言:

浙江工作是站在先列的,现在中央所关心的是在浙江农民中的有紧张的情形。

没有工农联盟中国走到社会主义是不可想像的,我们应该承认现在是存在着紧张,对此我们绝不能睡觉。现在全国各地农民宰猪卖牛已很多,且各处发生骚动,估计在春荒期间骚动还有增加可能。对此中央采取三个措施来缓和他:即减少粮食要求数字,减少合作社发展数字及农业生产增加的速度,这是与我们的要求是相反的,但为着避免冒工农联盟发生问题的危险,是不能不这样做的。

浙江在这紧张问题上现在尚未缓和下来,有粮食的紧张,有合作的紧张,粮食问题只要数字一减就容易转变,而合作社则是改造,这是带着根本性问题,是更深的革命,农民宰卖牲口,估计起来主要是由于合作化问题。而粮食问题则是在此火上加油,浙江的特点是粮食任务重了一点,合作化发展得特别快,超过了苏联的速度。此外各地方有过排涝、土改扫尾等等,这些虽不普遍,但都增加了对中农的侵犯,因此加紧了加重了你们的紧张,因此要转过来费力也要多些。

浙江抓紧社会主义革命的总纲,这是对的,但浙江把总纲与具体的政策没有联系得好,在方向定了后步骤没搞好,有了步骤,且还要控制,没有计划工作量与主观力量[的协调]。毛主席说,我们战略上要勇敢,战术上要稳重,因此我们光有勇气是不够的,必需有具体步骤。由于在这方面没搞好,所以有今日的紧张,发生了许多不可容忍的事情,如不许农民退社,这不是社会主义精神,社会主义决不能如此对待个体农民,我们之所以会从社会主义积极性出发而做出非社会主义的事情就是因为没有步骤。

次之,注意与贯彻阶级路线这是好的,但所谓阶级路线就是党在农村中的整个路线,即三位一体的路线。在一定环境下我们固然也可强调某一环,但强调时不能与其他环节抵触,在我们的问题上是对中农采取消极态度。反对依靠中农是对的,但对中农是应去积极团结的,不能消极的,抓两头带中间是[以]中立中农政策来代替团结中农政策。现在问题暴露得明显的是对中农问题,确实主要也是这个问题,但这并不等于说在其他方面无问题,对贫农的损害也是有的,不过暴露得不明显还不是主要问题罢了。至[于]对富农,对富农的反攻自应坚决打击,但不是我们要一举而消灭他,现在我们有想一举消灭富[农],用土改的办法来消灭富农的情形,这必然会形成对中农关系的紧张。苏联是把消灭富农放在最后,而我们则在开始时就想去消灭富农了。

依靠贫农是对的,但依靠须有十分艰苦的训练与组织工作,没有这个会使贫农平均主义思想发展,如果我们只鼓[舞]他们热情,这问题是解决不了的,依靠贫农会是空的。

所以贯彻阶级路线,依靠贫农不是大呼隆所能解决的,所以浙江是有依靠贫农的观点,但在现实中是不得其法。

因此我们不能以为我们现在阶级路线是已经解决了的,我们在许多地方阶级路线是有毛病的、不完整的,个别地方所发生的事情是不能容忍的。如某地委宣传部印发东欧消灭富农经验的小册子,与乱提口号,如"骂臭富农"就是不完整的口号。

浙江是紧张不得的。

我们工作中〈的〉外部紧张又必然会引起内部紧张,现在小偏不改正,明日会要大纠偏的,如果大纠偏,这〈只〉至少要大大伤害干部的元气(而且搞得不好会使右的思想抬头的,把问题弄得非常复杂)。

中央农村工作部对浙江的问题也多少有些责任的,这次来要我嘱托三条:

① 搞好生产。

② 把下一篇文章做好,做好前〈题〉提使能很好地深入下去。

③ 保护过去的成绩,但要极其严肃的纠正过去的缺点,在这基础上要团结全党。

在农村中,社会主义革命的中心问题就是改造。

农村中的阶级路线,在 52 年、53 年时,主要是不大明确,而在其后则有些快的倾向,全国合作社要求 60 万的数字太大,使下面有更快的情绪。

从种种经验证明合作社主要是一个中农问题,这是关系我们成败的问题,这是因为:

① 中农是乡村的多数,在土改后约有 60—80％的多数,这里毛病是没有把新中农与老中农共同考虑进去,因此只觉得中农只有 20％了,其实新中农既是依靠的对象,而另一方面又与老中农是处在一同的经济生活线上的,因此考虑中农中也应把新中农考虑进去的。因为中农是多数,因而是人的多数,联盟的对象,也是今天农业生产的主要生产力。

② 其次,中农也是今日社会主义改造的主要对象,因为富农经济在中国是不大的,过去本不大,而土改及合作化中又把他限制了,所以今天中国富农是下降的,不是上升的。在老区只有 1％,新区也不到 4％,这就说明富农作为资本主义的经济力量来说,已是不大的,用不到采取如土改的步骤来消灭他(固然作为未被消灭的阶级在消灭中必要抵抗破坏,这是应该警惕的),因而剩下来的问题主要是改造中农的个体经济了。

③ 中农是应该特别细心对待的,因为我们中国工业水准不高,不能以机械去代替现在中农的农具,这就加重了我们说服中农走向社会主义的艰苦性。

由于这三种条件,就说明中农成为我们农村工作的主要对象,要十分细心去做,但我们也有我们有利条件,这就是:

① 离土改近。

② 党在中农中,包括老中农中也有很大的信仰,受无产阶级影响强,受资产阶级影响小。但是这种情形并没有改变中农二重性的基本特征,因此他只能使我们合作化可以稍为快些,而不能以为有此一点就可解决中农的改造问题,忽视其二重性的特点了。事实上我们快了一些(沙旁注:是快了还是政策乱了这点应加研究),中农就不同意我们,使事情就弄得紧张了。

那么如何解决中农问题呢,就是:

① 要采取曲折迂回的过渡道路,就是说要肯定经过半社会主义的道路,就是说让中农保持一部份私有权,对中农的私有心让一步,使其在集体劳动中得到好处,再解决其私有制与私有心问题。所以现在半社会主义的章程硬是半社会主义的,不能变相把他改变。(如折价太低等)因为其影响所及不仅是社中的中农,并且还要影响到社外更多的中农。(我们的大弱点是粮食生产不足,因之农村中就一点波动不得的。)

② 坚决的自愿政策,合作社必须自上而下的领导与自下而上的赞助(赞助首先是贫农,其次也就是更重要的是中农),否则就不能成为群众运动。所

以合作化是共产党依靠贫农及中农自我改造的原则上进行的，现在我们看到我们在那里动摇，就是强迫群众，希望中农不动摇，强要他们入社，中农的动摇是不可避免的。但也有可避免方面，即〔避免〕人为的使他们动摇的方面，以为动摇的中农入了社会不动摇这是错的，到社内来他们还是要动摇的，且这种动摇不但会影响到社的巩固，且会引起社会上中农更大的动摇，这就危险的。因此我们的方针一定是要中农自愿，积极的说服他，如果说而不服则只能等待，"不但要等待多数，且还要等待少数"（少奇同志的话），现在我们的毛病就是只有积极的说而不等待。

那么我们说服中农靠什么呢，自然第一条是靠嘴，嘴说得不好就是强迫命令，如说"不愿北京就到台湾"就是强迫，反对自发亦如此，能助长下面的幼稚行为。小农经济的积极性就是自发的，而这自发性我们还要利用他，因此是反对不得的（如自发反对不得，就不能有所改造，问题是今日只能反对多少？）。第二条是靠办好合作社，使农民得到利益，有利才有自愿。

我们办社要一面〈按〉安排，一面办社，小农有多种的收入，否则中农一入社会失掉其多种收入的优点，而合作社却补不上，造成农民损失。所以如浙江的农民副业特别多的，办社就要特别小心，否则必然要降低农民的生活。我们办合作社必需要办好，把我们必需把办社的积极性与办社的可能性密切结合起来，因此在目前我们是宁可少些，但要好些。所以中央规定每一五年计划只许合作化三分之一，三个五年计划才完成合作化，超过这个界限就会办不好。因此过去三年合作化的口号，现在应该收回。苏联三年合作化，已造成大减产，而只好以机器来补救这个困难，但我们没机器就没有补救的余地，这就会使社会主义建设发生根本问题，所以合作社必需逐步办，要等待中农。

第三条，必需是要依靠贫农，但必需认识依靠贫农，是很严重很艰苦的工作，依靠新中农这个问题现在已经解决（？）但依靠现在贫农则很困难，培养一个贫农能领导工作的积极分子就很不容易。至于新中农，其中富裕新中农是难靠的，而依靠新中农中，则在经济上亦要照顾他，否则也会靠不住的，至〔于〕依靠贫农究竟是靠什么呢？只能靠我们的政策，而政策中尤要注意依靠团结中农（？）即要说服贫农也要照顾中农的利益，向中农让些步，使贫农有利益中农也有利益，而其中的界线就是使贫农不吃亏（？）否则贫农也不来了。

（沙旁注：如贫农只〔靠〕不吃亏，则将无积极性，或只靠政治工作办社了，这问题应研究。）

由于我们过去政策上这个界限不清，今天已有许多困难，不但中农不愿意，要退社，而贫农中也发展了平均主义思想，使说服他们成为更大的困难。

再则对富农的政策，必须把经济与政治分开，清算富农必需停止，现在贫农有 20％，而富农则很少，可知贫农是分散地被剥削，而不是集中受富农剥削。因此在这情形下，清算富农剥削必会反到富裕中农。

政治上与富农斗争，基本上是人不犯我，我不犯人（旁注：能一些不犯吗？）若以为富农思想是资本主义的，那只能当作思想问题长期地来解决，不是今天能斗得好的。

因此武装贫农，不但要使贫农有社会主义觉悟，且还需有政策觉悟，否则这问题是没有解决的。

关于当前合作社的工作问题。

现在看浙江合作社是发展得太快了，超过了我们的主观力量，而社的发展是有着很大自发性，即下面干部的自发性（旁注：不是群众的自发性？）大大超过了计划。这就产生了许多社：

首先第一条就是：办社，干部没有必要准备。我们训练的干部基本上多是形式主义的，但社依靠社的骨干，没有骨干就不行，而骨干不是简单训练就能解决的。

第二条是：政策上缺乏准备，特别是对多种经济缺乏安排。

第三条是：群众思想准备不够，去年社很少，多数群众没有看过样子。

所以应该肯定成绩是很大的，其中一定有一批能办好的，但还应肯定一定有相当数目的社是办不好的，办不下去的，这种办不好的社他不但有很大的坏影响，且也牵制了我们许多力量。

事到如今，处理办法是：

① 勉强维持，即到办不了时再转。山东曹县曾用此方针，但全县办了二千合作社，结果是 24％减产，35％不增产，只有 10％是增产的，其他是也有了增产而不够开销。但贷款等手段县已用了九牛二虎之力（这是县委的报告，而实际上还不如此），事实上现在许多合作社都办不下去，只好打算"转"了。所以这个办法是不能采取的，不是一个办法。

② 是大纠偏一哄而退，这在河北大名曾产生过的，这也是错误的。

③ 第三个办法是全力巩固，坚决收缩，即巩固社数巩固户数，收缩社数收缩户数。如果不收缩，必然会使今天可巩固可办好的社也办不好，我们是希望巩固的，但不收缩就不能巩固，因为我们没有巩固他的力量，我们必须明确这一点。

收缩为什么提坚决二字呢？因为人们在建社时很坚决，而收缩时常很不坚决。

收缩了的好处是：

① 缓和与农民的关系（这是党内战略要求）。

② 使力量能用在可巩固的社。

③ 对干部的教育有好处。可帮助干部联系群众，使干部积极分子好下台，以后工作好办些。但要收缩下来是一个很大的思想问题，须要解决，有人怕伤害积极分子的积极性，但问题是我们要积极分子的积极性是联系群众，如果离群众太远了，就必须退回来，否则积极分子的积极性也是空的。再则也有害怕搅乱，是的，我们不应搅乱，但如不收缩则必会大乱，应该说我们只能在工作上去设法不使乱，而必须来避免明日发生大乱，而坚决的收缩下来。

再则，也有顾虑脱离一部份贫农，收缩下来，贫农这种不满是必然的，我们应设法解决，但不能以侵害中农利益来解决这点。

下面积极分子是有两面性的，既怕为难下面群众，又怕不好下台被群众骂，只要我们有坚决的态度，解决他们这困难，他们是愿意收缩的。

中央农村工作部电报中所指的三万个社的数字是按浙江原来计划加上一部份"维持社"来计算的，并没其他根据。

以上是说方针问题，至于具体办法：

① 要级级贯通思想：a. 社会主义积极性与办合作社是好的，并没错，但不能离开实际条件；b. 每人如有自己特殊错误固然自己要负责，但上面方针及分配数字等上面应该负责，使下面干部不在群众面前被动；c. 巩固既得成绩，去掉虚伪数字，这并不是损失，大家应懂得这点；d. 要维护群众的积极性，并要有勇气听不满者的批评。

② 政策与群众见面，纠正把政策放在口袋里，应了解政策是我们最大的力量，不要迷信于政治及组织威力，这是虚伪的靠不住的，这点必须使干部明白（政策是干部的武器，我们必须给他，否则干部就会用别的武器）。

现在应有一个短短的时期给干部（主要是积极分子）作思想准备，以后应把政策大张旗鼓地迅速与群众见面。而政策中目前最主要的是入社与退社的自由，再则是经济政策，每个干部自省到乡，都应找到贫、中农共同利益的界线。

中农退社时会对贫农有意见的，应说服积极分子忍住这点。

再则，能巩固的社应首先巩固，应采取巩固一步，总结一步，再去巩固一〈部〉步，办一〈部〉步，把这方针坚持到今秋，对此我们应有专门措施。

最后，我们要借此机会深入工作，解决干部走群众路线的问题，解决大呼隆的〈作〉做法，这种作风必然要出毛病，不合政策的，要使干部懂得今日的群众路线是走社会主义的群众路线，是经济工作的群众路线，不是民主革命政治斗争的群众路线（？）

在这里书记开始应亲自动手，动群众路线之手，动具体经验之手，河北县书［记］有多不自己动手，官僚主义有发展倾向，是应该予以纠正的。

（沙文汉旁注：改造农村的群众路线，不应单看着是经济工作的群众路线。）

（文件编号：R137b）

卫生厅的工作汇报

1955 年 4 月 7 日

组织机构和任务不适应。

今后任务：

1. 支援国防建设：（1）预防；（二）组织力量；（三）①；（四）整顿康复医院。

农村中血吸虫治疗问题很迫切。

中医工作：目前学习中医表面接受了，实际上还有隔阂，研究强调领导上的研究，加强领导，办好中医学校，中医管理工作。要求杭市胡庆余堂争取 1954 年合营。

杨：

去年医生工作有很大进步。

1. 配合了生产。

2. 过去分散主义很严重，经过去年整顿，有了改进。

3. 面向基层有了改进，较深入了。

问题：

1. 政治思想领导较弱，贪污、腐化、个人主义，社会主义教育少，要抓，知识分子政策贯彻很差。

2. 组织领导差。

3. 中医问题，宗派情绪存在。

4. 医院整［风］未很好搞。

5. 私人医院社会主义改造没有列入计划。

6. 科学研究差。

今后工作：

是在去年基础上继续贯彻的问题。抓政治思想工作，中医问题要很好抓，28 综合医院搞好，科学研究工作着重为当前服务。

---

① 原缺。

╳同志：

中医工作放上去。计划问题贯彻党对知识分子政策应列上。

沙：

会是按你们的搞，杨意见很好。两三年工作有大进步。主要是讨论一般计划方针。

几个问题研究一下。

1. 把过去的政治工作总结一下，有需要可开一次会解决一下，加强中医工作，巴普洛夫学说学习。

2. 质量如何提高的问题，中医动员起来做事情，如何交流经验，杂志问题。

3. 浪费问题这次可以谈。

你们准备成熟后开会研究。

（文件编号：R138）

飞行集会发言提要

1955 年 4 月 7 日

一、一般工作情况：

正积极准备唯心论批判问题，这是当前二办这一口的主要工作，另外卫生方面正召开全省的会议总结工作，布置任务。

关于唯物主义宣传和唯心主要批判问题，根据中央以及省委所发的指示开了几次会，专门研究本省如何贯彻的问题，计划已由宣传部拟写。确定以文化教育部门为主，展开学习讨论。首先由沙〈做〉作为什么要开展唯物论学习批评唯心论的报告（干部、教授中），然后由刘亦夫、陈修良、黄源分别做关于什么是唯物论，什么是唯心论，批判胡适的反动唯心主义思想，批判胡〈枫〉风、俞〈评〉平伯文艺思想（这些报告一般干部都可自愿在不影响工作和理论学习的情况下听讲）这是启发性的。以后还要连续报告。然后再分头组织学术思想上的不同的讨论会。（重点在文教界，一般干部要组织学习也不阻止）在专业讨论会中发现有可以讲课的，及时组织有关方面的讲座，先文后理，高教界首先抓师院。

温州\宁波先不组织讨论。

沙的报告 15 号以前可能作，最近各人的报告提纲将都搞好，并准备在 12 月前讨论通过，马上就可行动起来了。

二、几个问题的反映：

① 中央高教部来电要沿海停止修建扩建。这一问题很大，已请二办找有关方面先研究。

② 海门建市、县问题，已拖了 20 多天未复。

③ 文件清退是否一季或半年清理一次。

杨：

1. 宗教工作对小群派的斗争。

2. 政法工作，最近要开一次会，法[院]、公[安]、[监]察。

3. 生产救灾下面很严重，回维区 200 多户 600 多户吃糠，全省 8 自杀，发放救济平均主义。

　　4. 转业军人问题。

沈：

　　1. 粮食，三月下旬 1 516 万斤（每天），去年 1 164［万斤］，增产。

　　金华市每人每天 3 斤，超一斤的 5 市 12 县。四分之三乡〈复〉更差了，但很多没解决问题。

　　2. 经济作物，桑种 51％，茶情况不好。

　　冻、虫害，高山减 20％，2 万担，茶入社作价低。〈采〉采茶雇［工］问题：全省 30 万工没粮，没有煤油，晚间不能操作。〈间〉种过多杂粮，影响生产。

　　税收问题，小商小贩税收太高。

　　价格政策。

　　3. 三定工作。三定贯彻下去反映很好，主要是心中有数，分到乡的较好，分到户的不好，中农有不〈想〉相信政府干部。

　　4. 团省委委员会。

　　新龙游发生四起妇女到供销社抢粮，择环区，3［月］31 日下洪乡 100 多人打乡支书，区副书［记被］包围，［群众］到区政府抢饭。干部烧饭，十几个妇女等着抢粮。三月份［当地农民］丢 23［个］小孩，卖农具、家具，地主把田交村不要了。有［的］村三十六亩田荒了，一个区三月份饿死四人。

　　合作社由 0.8％，到 63％，巩固 60％。

杜润生秘书长关于农村政策的报告

1955 年 4 月 8 日

一、党在农村的根本路线。根据这根本路线发展合作化。党在过渡时期提出了总路线,根据总路线又提出农村方面的根本路线"依靠……"首先包括〈化〉合作化的目标,另一方面打击的敌人。如果只懂得〈各〉个别方面的路线,不懂总路线,工作中就迷失方向。农村的路线就是实现合作化,完成下面三点:(一)建立农村中的社会主义经济体系,农业技术改造。(二)改造农民,使工农之间的矛盾消除。(三)[把]乡村资本主义和资本主义阶级富农最后的彻底的消除,使他永无复辟的机会。结果使我们的经济可以按社会主义经济法则发展。这是一[场]最后的、最深刻的革命,是我国过去革命发展的结果,是必争的前途,没有别的前途,只有这一个前途。第一个革命的果实,成为工人阶级的。当我们第一阶段结束,走向社会主义革命,全中国社会主义建设最重大的问题就是工农业平衡的问题。现在的基本情况就是重工业发展不足,从这方[面]着手,确定了首先发展重工业的方针,就是说发展不能赚钱的工业。首先就是资金的积累问题。苏联给我们机器,我们只有给人家一点农产品,农业上积累资金。重工业的发展一定要有轻工业的发展,粮食经济作物工业。几年来城市增加 1 200 万[人],城市增一个吃粮的,农村就少一种[地]的,产生了工农业不平衡,必须平衡。否则:1. 是影响重工业速度降低。2. 是市场混乱。所以中央考虑重工业确定方针后,农业如何发展。一是开荒,东、西北的荒要开了,等于一个地改。二是现在抓的首先提高单位面积产量。(1)战役的布置。(2)战略布置:① 因地制宜实事求是,改变原来的落后的耕作。一定要看群众,经济条件,更重要的要照顾群众历史的生产经验,不能采取粗暴,否则就是唯心论。毛主席讲改变耕作制很好,但要各地县委书记一定钻下去,搞出经济来。提出这一问题后,步子放的太急……。② 是保证第一条,就是合作化,大面积的增产。解决生产资料不平衡的问题。比较有把握的是合作化,发展生产巩固工农联盟就非搞合作化不行,不搞就犯错误。但必须了解合作化是一[场]最复杂深刻的革命。我们的毛病不出在这积极性上,而是出在如何用这种积极性,要知道革命,废除最后的私有制,我们是在乡村。城市中阶级关系简单,最后目的是把资产阶级生产资料归我。乡村中就不简单,富农资产阶级很简单,贫农也很简单,麻烦的是中农。是私有制者,从这一点出发我们要改造他,但另一方面他又是劳动者自食其力,团结他。Ⅰ.他是乡村里的多数,20%的老中农,40—60%的新中农,加起 40—80%。新中农和老中农政治上是不同的,经济上是相同的,他们的经济利害是相关的。他们占着乡村生产的主要部份,中农生产的提高[与]高低,标志着我们整个农村的生产的高低。因此不论考虑生产和发展合作社时,不得不考虑到中农问题。我们的国家基本趋势是中间扩大。Ⅱ.他成为我们社会主义主要的改造对象,我们乡村中富农经济原来就不大的,旧社会他受着封建社会的束缚,土改〈守〉受到一次打击,削弱。土改到现在又受到限制,我们说富农经济是下降的,(总趋势)缩小,在老区 1%占不到。新富农和富裕中农界限很模糊,新区原 4%的数字已很难维持。对富农不需实行大规模的剥夺,推翻富农不能成为最主要的任务,最大的任务是取消农村中资本主义支柱——中农。

　　Ⅲ.中农是一个需要我们细心慎重的对待的人物。我们需在中农身[上]最下力量,[下]最大的力量、最大的耐心。这段工作,两重积极性,两重倾向。我们必须按自己朋友对待,但又不能不按私有者对待。如果把小农经济的自发倾[向]都反掉很危险。我们如何认识这自发是一问题,如何对待又是一问题。共产党人最懂得农民自发,也是最会对待自发,放下你的嗜好,不要凭自己嗜好办事。新中农和老中农不同,富裕中农就和中小中农不同,如果增加 10%富裕中农是不会来的。不来就算,愿者上〈勾〉钩。分别对待,先收那些,后收那些,各种不同利益分别对待。不要一笔统。说服中农的条件还不够,我们现有了一共产党的条件,共产党在农民中威信很高这是政治条件。但我们经济条件不够,如果我们有机器、化肥我们就〈好〉说了。现农民有耕牛、农具等宝贝,要〈代〉带着宝贝入社,确很重要。只贫农办社就成问题。因为我们没机器。合作社办的很少,增产不多。不要瞎吹牛。

　　由于这些点,决定中农在革命中居有举足轻重的地位。他来了革命胜利,他走了失败,把团结中农应放在重要的地位。

　　如何对待中农问题:

　　1. 对待中农必须懂得走曲折迂回的道路,照顾眼前利益,把他诱导到最高的利益上走社会主义,〈即〉既有小恩小惠,又要有大恩大惠,小私有者的眼前利益。

商业上要注意，商业是最关系农[民]的眼前利益，是巩固工农联盟的主要环节。价格政策，一方面要给国家积累，另一方面也要给农民一点积累，还要给他一点贸易的自由。一点自由没有，他就没有兴趣了。统购就是和农民做〈卖买〉买卖。价格问题解决了，要多少的问题。限制数字就是 900 亿。合作社的问题，必须给私有制要有一点利益，半社会主义。土地、耕畜、农具，三方面在私有权上让步，名副其实。就是我们在社会主义制度中保留一点私有权，争取中农参加社会主义，对小私有让位，为了消灭私有，为了孤立大私有者，中央决定现在合作化运动主要是半社会主义的形式，不要跳过这一阶段，任何地方不办高级社，必经省委批准。农民只要实行集体劳动这一条就好办了。如农能争取中农参加集体劳动，就要对他实行必要的适当的让步。

2. 自愿运动，就是党自上而下的领导，群众自下而上的响应，大家一齐来，大家不愿来，算什么运动？ 社会主义思想是党灌输给农民的，要有领导，不积极领导犯右倾错误。如积极了但要看看农民是否自愿，否则就要犯"左"的错误。错误的根源就是从利害关系出发，群众说看看再来，你说来了再看，就成问题了。勉强来了也不积极，社中有五个人不积极就很难办。不通就要必要的等待，少奇同志讲那一中农不来，等一辈子。老子不来等儿子，儿子不来等孙子。不但懂得等待少数，而且善于等待少数 。我们没有办法强迫任何阶级对我们劳动，更不能强迫劳动者给我们劳动。强迫劳动人民，就是反对劳动人民，它会〈丧〉葬送我们全部事业。世界上最会强迫人民的是希（特勒）、蒋（介石），但他的结果是失败。如我们也强迫就可能失败。

靠嘴宣传，宣传工作真正[做]好，要有物质基础。农民就是实利主义，经验主义，就是要利用他的经验主义改变他的经验主义，这就是示范。办好合作社，宁可少些，但要好些。把合作社办成为〈即〉既是增加生产，又是向社会主义。办好合作社，就是等于我办了很多社会主义大学，一切空话无用。要把合作社的速度控制在办好合作社之内，不要超越群众的觉悟，不要超越我们的领导能力。快慢大少都要适当。少点好点，就是等待中农。

依靠贫农的问题，团结和依靠是解决两个问题。团结很重要，所以依靠也很重要，贫农是农村中的半无产阶级。我们党的政策要在农村中贯彻，首先要在农村中找到支持，这就是贫农。由于中国土地改革结束较晚，民主革命和社

会主义革命时期距离很短,因此在革命中有几[个]特点:

(1) 地主、富农土改后变成的贫农不能依靠。

(2) 新上升的中农除〈积〉极少数的富裕中农外,虽经济上相同老中农,但政治上相同于贫农,所以仍旧依靠的。依靠贫农时作贫农依靠,团结中农时又要作中农团结他。① 依靠贫农时首先要注意依靠现在的贫农。② 要对新中农进行教育。③ 依靠新中农时要同老中农一样对待。没有照顾就不能依靠,和他的利益一致的时候就可以依靠。贫农的最高利益,就是社会主义,眼前利益就是合作社。依靠贫农社会主义的积极性,贫、中农自动联合起来搞合作社,增加生产。现在看到贫农的困难是好的,如何解决这是一大问题,[不]解决不好,就是阶级观点变成非阶级观点。是依靠贫农和中农联合搞合作社,破坏了联合就搞不起合作社,搞不起合作社就没有联合,联合起来同富农斗争。办合作社就要对中农必要的让步。依靠贫农还要说服贫农的中农的眼前利益让步。是有条件的联盟。不依靠贫农就没有贫中农的联合。对中农让步要有一限制,就是不影响贫农利益的原则,中农有点便宜,贫农也要有点便宜,互利。一〈但〉旦成为集体劳动后,阶级关系就起了变化,但也有差别,不要抹杀这一差别,是为了削减这个■■的差别,不要认为社中阶级对立。

依靠贫农是一〈巨艰〉艰巨的工作,要依靠现在的贫农。① 乡村党支部要和贫农结合。现在我们的党支部有的一方面不依靠贫[农],另一方面自己面对面的和中农干。贫农是半无产阶级,他又是一私有者,支部要把贫农积极分子吸收到周围。② 通过党对贫农进行社会主义教育,懂得社会主义方向,也要懂得道理。③ 合作社中组织上要保持贫农的优势力量,这反映了阶级力量的对比,贫 2/3,中 1/3。现在组织贫农主要靠合作社,要培养贫农骨干,要坚苦的,善于发现。

经济上扶植贫农。

对待富农问题。

首先确定富农阶级本质,他是一个剥削、敌对的阶级。社会主义要消灭富农,它不能和平长入社会主义。经济上是在中农——小私有制基础上生长起来的。因此消灭富农,必须考虑到对中农的问题,他的剥削是与中农不同,但中农特别是富裕中农,不是一点剥削也没有。要晓得当中农还没有全部争取过来时,过早的消灭富农就必然打击了中农的积极性,因此就[要]采取限制排挤,将来逐步消灭。

其次,富农经济力量很小,不用采取斗地主的办法,可逐步消灭限制。从税收、高利贷商业等各方面限制使他不能发展,经济上目前不采取剥夺的办法。

政治方面今天不要采取斗地主的办法,否则是对中农的威吓。主要是要把富农孤立起来,破坏的法办。孤立,对农民教育,不是资本主义道路,富农要进攻我们时,我们就要打击他。合作社组织上对富农关门。

近几年来各地普遍提高了社会主义革命的积极性是好的,准备了党的队伍,思想划清了。方向有了,但没有具体步骤。有了战略方针缺乏技巧,对个体经济带有一定的盲目性:在执行中出了一些缺点,但有的抓了两头放弃中间就是错误,容易产生中立中农,下面容易打击到中农。不依靠中农是对的,但不团结或不积极团结中农是完全错误的。〈合〉和则两利,离则两伤。有的地方采取了过早的 采取 剥夺富农,我们绝不可怜富农,而是为了团结中农,绝不能把三个环节孤立起来。在任何环节上产生了错误就[会]造成农村中经常的紧张。

二、对当前浙江合作化工作的几点建〈意〉议:

现在到了生产季节,一切工作都要围绕这一点。脱离了这一点,就脱离了群[众]。过去我们是依靠互助合作〈代〉带动农民进行春耕种,贷款水利款,这些是需要的。但今年出现了新的情况,某种程度上的群众的紧张,原因:① 发展社会主义,而农业,作为私有者对社会主义有抵触情绪,往往产生骄躁。我们应经常缓〈合〉和他。② 由于我们执行社会主义政策时有些过急所引起,这种紧张是可以避免的,必须很快解决,全国范围两■款,由统购统销超过了界限,如统购 900 亿大界限。统销工作,数字群众解决。

合作化发展太快,中央提出停止发展,转入巩固,合理减少。浙江由原千分之六到 30%,超过了全国各地。

有的人说合作化很快发展,不但没有停止,还在发展,各方面很紧张。

基本上是好的。某些地方紧张,某些地方不紧张。

我的意见估计严重点好。紧张了我们就要有措施。紧张是工农联盟问题,而工农联盟是党的根本政策:(1)工农联盟〈比〉必须发展社会主义的工农联盟,没有社会主义就没有工农联盟。(2)没有工农联盟就没有……一定要巩固。

工农关系的紧张表现在：① 表现农民不满，生产上的消极，没搞头。② 农民到处卖牲畜、杀猪。这是对我们严重不满的警告。问题是我们在这种情况死不回头呢还是回头是岸。外部的紧张反映到内部也非常紧张。

现在结论要抓春耕生产，抓合作社。最主要的要抓政策，鼓起农民的积极性，如果有紧张就一定要抓政策。

抓什么政策？

1. 抓统销政策，粮食数字和群众见面，依靠贫农使统销合理化。

2. 抓合作，巩固起来，办得好，必要的、合理的减少。假如某一地方发展得很快很混乱，那就要特别的抓。有的到 60％，这多不多呢。多不多有一标准，干部敢不敢宣传自愿，这是多不多的标准。多了是什么意思？（1）越过了干部领导能力；（2）超过了群众的觉悟；（3）超越控制。不但多了还要乱，群众内部关系紧张。假如多了，我们思想首先承认有成绩。我们的历史〈绩〉基础是好的；是干的；增产工作是有成绩的，另外，任何工作都要承认我们工作是有缺点的。也许多了点，快了点，也许有些混乱。要肯定成绩严重，又重视缺点。

3. 假定多了，假定有些混乱如何办？

（1）一〈拱〉哄而退，显然是不好，否认成绩，不看前途，脱离了愿意合作的农民。

（2）就要维持勉强巩固，实在没办法的退社，好的多搞几个社；最适合区以上干部思想，调和。坏的将来有大批社减产，将来不能发展，现在巩固不了。要有干部，要有钱。

（3）全力巩固，坚决收缩。

选一些能办好的社，把力量集中巩固，一定办好；办下去勉强维持，态度是，如果他愿办选一部份办好。（不宜多）不愿的就退社。减少到能办好的限度。多少多几个。

好处：① 能真正做到巩固；② 稳定社会，恢复和群众的联系，以后好办事，把因合作化引起来的紧张缓和下来。③ 对下一步做了准备，下一步运动健康发展。避免工作的被动。

坏处：① 是不能很好的掌握这一界限；② 积极分子不好下台；③ 容易造成自流，这是最危险的。

困难：① 干部积极分子的思想问题，不好回头，这要上级给下级壮胆。中央农村工作部要把责[任]承担，这样下边就好交待了。合作化是好的，强迫命令是错的，你参加社是好的，对你并不吃亏，你看不愿就可退社。

② 干部思想上的问题，〈即〉既然搞起来了，为何退呢？退出错来还不如不退，将错就错是错上加错。现在搞掉部分社，这是我们的虚假成绩。我们不要虚假成绩，要真正成绩。如要虚假成绩就不可能巩固真正的成绩，是胜利的退却，不是失败的退却。为了发展积极分子的作用是联系群众，过去领群众前进，现在要领群众后退。事情不好办，是难办。真正的困难在于社的巩固工作。划清是非正误界线，不自愿互利是不对的，一哄而退是不能的。但必要收缩是对的，宣布自愿，农民有退社的自由是对的，强迫退是错误。

③ 群众有些困难，积极分子，出社以后有些问题要安排。贫、中农的关系问题，不要叫贫农吃亏，说服他现在少吃点亏，换取中农和我们合作，〈量力〉两利相权取其重，〈量〉两害相权取其轻。

发展起来有了合作社这起点，并不是终点。逐渐解决问题，一步步的传授政策。合作社中最严重的是培养骨干。能巩固下三万个社，拿出三万个好骨干来这是最大的功劳，以后办社要准备好骨干，不一定靠训练，平时培养。

要求：

1. 把生产搞好，一切从生产搞好，特别注意把社会主义性质的搞好。

2. 努力巩固成绩，严肃的纠正缺点，越快越好，要肯定我们工作有缺点。

3. 要为我们将来工作做好准备，为下一步工作准备好材料。

4. 全党团结一致，是非划清，正误划清，利害划清，远见卓识，实事求是。不同地区条件，有区别、有步骤。

（文件编号：J415）

浙江省政府党组干事会议记录

1955 年 4 月 8 日

李文灏同志汇报(中央财经会议)

地方财经预算:全国工商税削减 54 000 亿,浙江税收差额排了第九位,我们 30 000 亿差 1 700 亿。今天还不要讲肯定完不成,1 200 亿是很紧张的。全国支出也削 54 000 亿,浙江去掉 440 多亿,文教卫生削 2.5%,190 亿,到底削什么我们安排上报。1954 年结余如何处理,苏联专家意见要上缴,我们认为这样做效果不够好,最后意见还是按李富春同志的结论,但要求少动用点,事实上这笔结余都[在]国家预算总〈按〉安排上。根据需求困难照顾积极性,[这]次给我们 250 万(自己动用),我们机动费有 650 万,企业利润也很紧张。

行政经费中很难削。

文教经费扣的可紧些。

我们和苏联当时的压力大:1. 苏当时集中力量搞重工业;2. 苏联基础好。苏联专家对我们没有造成紧张气氛很有意见,陈云同志讲,"宽大窄用"就大错,经验不失造成损失不是什么问题,这是给浪费开门。

现在国营企[业]积累成为主要内容,国营企业工作必须加强。

国家资本主义也要研究,人民建设银行,专管基建,交通银行专管公私合营。

沙:

现考虑具体核减问题了。

李:

工业,削减 50＋36,86 亿。

交通、船泊建设等,86 万。

农业他们自己考虑。

行政。(沙:救济费要增加。)文教削 190 亿。(沙:基建、师院、杭医院、广播电台。)

沙：

放映队不发展了，多做巩固工作。农业、林〔业〕厅可以给他动脑筋，抽水站问题是否一定搞这样多，水库。

李：

互助合作训练经费，55 亿，我们考虑可自带伙食。杭江纱厂增加锭子问题。（沙：我们不同意。）

沙：

救济费要增加，钱要给他。恢复生产。

俞：

高中十二个要接过来，150 亿，小学学费 15 万太多。（沙，是否是学店、学店要解决。）

任：

建议省人民委员会要有一专管基建的机构，三五人，成立一小组，审查计划，批准。

（沙：这样很好，我同意，最好放到三办管理。）

沙：

可能顶浪费的地方就是生产观点，以生产做招牌，去乱〈化〉花钱。

税务系统反贪污的问题。

杨：

这是很必要的，这样做，问题是如何正确的做，现在很大漏洞就是明确反贪污，又有时间限制，很可能〈行〉形成运动，我意：

1. 主要提高思想认识。

2. 防止单纯反贪污，要学习。

3. 也可提反官僚主义。

4. 领导思想上要求不要过高，不要单从数字上看成绩，不要认为很短时间即可解决，对现已发现材料的要严肃处理。

李：

现在我们有三反经验，这样开展有危险。

1. 税务系统搞了，财经系统其他部门如何。

2. 基层干部（农村）也很严重。

是否目前不在全省范围内普遍展开，光搞重点，时间放长些。

沙：

我基本上同意杨的意见，各县里搞是不行的，是否考虑七个市先取得证明。这个问题要长期的：1. 依靠自觉；2. 依靠制度。主要把自觉的教育和制度建立起来，使得贪污范围〈所〉缩小，这〈迁〉牵［涉］到用人的问题，问题要严肃处理。检查要抓住重点的处理，这样可能不，不彻底，将来成为经常的。

任：

1. 反贪污的领导思想上没解决问题。

2. 材料不具备。

3. 谁去管这件事？没人管。

要反又要不影响工作，没有把握；有要解决问题又要不伤害干部情绪。

我们考虑：1. 划几个点，有条件的普遍搞；2. 学习；3. 组织政治辅职，检察干部搜集材料。集中力量在开发票上，整这一条。税务学校把所长付所长集训，一年左右划完。总结工作检查一下官僚主义有好处，抓到材料大张旗鼓的搞。

（屠宰、货物、交通税）

沙：

时间问题向中央汇报请示，办法经省委批准后，向财政部报告。

下边县里代表会选举要推选一下，和省委研究。

李：

党校行政学院等都去，经费是否在机关包干费、福利费、节余中出。机关中只给几个。农业劳模给他，工业劳模可不给。

（文件编号：R138）

在肺吸虫病治疗研究座谈会上讲话

1955 年 4 月 11 日

　　首先让我以浙江省人民及人民委员会的名义向远路而来的各位代表、科学名家表示欢迎。对这次会表示欢迎的不仅我们浙江人民，其他方面也会对这次会有重大的欢迎和希望，因为这种病不仅是浙江有，其他省、其他国家也有。

　　我们 在经济方面讲我们还是一个落后的国家，而经济或文化上的落后，是我们最大的弱点。我们政治上是进步了，政治制度是优越的，但经济文化上还很落后，由此还受到人家的威胁，如果我们今天像苏联那样的强大，那么帝国主义威胁就大大减少。因为经济文化是根本问题，工作方面我们已……。要使得我们国家强大，不受威胁，必须要高度地发展我们的经济、文化、科学。特别医务工作，也是很重要的一方面，我们不仅要在政治上，而且必须在经济上、文化上、科学上打下强有力的基础，但这是一件很不容易的事，因为我们的落后说明了打基础的重要，也正因此说明了这一工作的困难，也一定能〈作〉做到。因为科学文化不是一下就打下基础，要一步步地实现，就要我们这一代开始努力。

　　今天我们的卫生工作者不仅是为了解决今天医疗问题，而且也有责任为我们的医学科学打下强大的基础而努力。今天通过这一研究、座谈，至少是在肺吸虫病治疗问题上打下基础，因此这次会议开的好与不好是一很重要的关键，有很大的意义。这样的会议我们经验不够，第一次能不能开好不但决定于我们参加会议的专家在平时对吸血虫病的研究，也决定在这次会议本身能不能开的好。第一点是不成问题，大家也进行了许多经验成就，许多经验，开好是不成问题，但这次会议本我们缺乏经验，对经验交流好即做的好，能不能很好的组织统一起来，这有赖于大家的努力，有些代表还不相互熟悉，也可能〈障〉阻碍着我们应有的效果。也就是说如果代表们在发表意见中有顾虑的话，就不能充分交流经验，顾虑自己的意见不完整和提出不同意见是不必要的。会议要开好是不容易的，有顾虑也是很自然的，这里面有〈迁〉牵涉到人跟人的关系，过去的习惯。但这一点很重要，各种的顾虑都会影响到这次会议的成就,影响到大家充分交流经验,医学上本来有些学派的争论,中西医本来有些隔阂,因此也考虑到这次会也可能开得不好。正因为我们顾虑到这些有利的条件和不利条件,事先大家思想上都有准备,大家有把会议开好的决心,会议就可以开好。不完整也只管提,就是被人家驳〈到〉倒也不要紧,因为我们是对医学负责,任何东西都是从不完整到完整。因为今天认为是完整的将来可能不完整,人类的进步也就是由更完整的东西来代替过去不完整的东西,就是大家把意见都充分的集中起来也不一定是完整,这样就会消除我们怕意见不完整的顾虑。任何科学的成就实质上讲都是集体 的 完成的,是不断经验的积累,反复的研究,历史上的科学家也不过是在集体创作过〈成〉程中到他那里更完整些就罢了。过去的集体是分散了的集体,今天是集中起来,集中起来的集体创造方法更好些,用很少的时间得到更大的效果。大家提高,自己也提高。其次我们研究是对肺吸虫病,是事对事,不是人对人,因此我们是一切对事,不要对人,更不要夹杂着对人的攻击,所以我们要有意见就提,是对事,不是对谁有成见〈义〉意气,大家才能更虚心。常常当一事物没有完全完整前,可能有两个结论,〈什〉甚至两个以上的经验,这是科学的,因为今天的条件还不能完全证明他的确切结论,到底那个对,要以后〈整〉证明。但我们肺吸虫病研究如何我不知道,因我对这一问题一无所知,我们希望能得到一致结论,但也可能有分歧,不同的讨论还不是〈希〉稀奇,这不证明我们研究的失败,也是成功。总的是要我们谨慎负责,而另一方面也要不是简单粗暴的对待而是负责研究,我想有了这样的态度,这次会一是能开的好的。

（文件编号：R143）

关于唯物主义学习问题的会议记录

1955 年 4 月 18 日

上午

出席：沙、陈、刘、俞、黄

一、关于石志昂等同志追悼活动的问题。

沙：

根据中央的指示，我们不组织游行示威，但要组织报导抗议活动，是否可以，省委宣传部同统战部商量，无党派群众性团体代表人物组织一小型抗议会。下面如何搞，表示一下态度，以报纸为主，温、宁电话通知。

二、前次协委会召开的会议的意见。

黄：

对计划感到不明确，不具体，广泛的宣传和在某些单位进行讨论批判的问题不明确。

一方面把对胡风、胡适的思想批判深入开展开来，明确起来，各组要明确。北京是以科学院为主开展，分九小组。

陈：

1. 计划就是看不清委员的任务；2. 要求看不清；3. 建立机构；4. 组要成立。历史组只有五个人，组长说他们准备把这方面的人材集中起来，老年、青年，第一步学，然后分批研究，这一工作展开后问题一定相当多的。1. 文化系统的业务干部现已有的都不学党史了，现在这是理论学习和这一学习互相〈迁〉牵涉，这样不对头，建〈意〉议文教部查一下；2. 建立办公机构，由秘书长统一指挥，宣传部理论教育处等单位具体工作，材料问题，也要有人负责；3. 计划要充分研究，明确下，这是很重要的问题。

俞：

1. 党员思想也没有搞清；2. 办公机构，宣、教部，协委会组织。

沙：

计划重新修正一下。1. 一般宣传愈广愈好；2. 学习唯物主义批判唯心主义要限制在学术界。非党人士多些，但一定要有党员骨干，编组一般以单位为主，上面的组主要是帮助指导下面，开展就在杭州，别地方暂不搞，将来愈深入愈具体。宣传部提出学习问题，我同意，我们所讲的主要是指知识分子，头脑专门学习的人；3. 订计划不要定的太紧，防止再搞运动。

陈：

常务委员会要开会。

三、讨论提纲问题。

俞：

1. 第一段，正面强调革命的胜利都是唯物主义的胜利。

2. 过去我们思想斗争并不是没注意，注意的不够。

3. 认识论如〈何〉果不解决就是共产主义也还存在。

4. 对象不仅学术界，一般干部也可参加，不仅学术上的危害，而〈切〉且造成工作上的危害。

刘：

干部和党外的上层人物讲是否分开，如不分开干部恐听不大懂，下边的干部要求一般钻不下，不大懂，是否再浅一些。

黄：

报告对象是两部分，一部是文化界专家人物，另一方面是中级以上的干部。讲的时候正面的讲马列主义在中国革命中的作用，过去党领导新民主主义革命的胜利，今天社会主义革命，必须打下唯物主义思想基础。

1. 学术界建立马列主义思想基础。

2. 机关干部，工作中的主观主义。

陈：

我和大家有同感。好处是这提纲结合了中国的东西，但是要求不明确，对今天如何做,干部中的混乱,头重脚轻。要求对中央的指示多看一遍,研究一下,对干部如何讲话的精神,对干部要划个杠子,那些学习那些不学,应充分估计目前干部思想的动态。学习中的〈作〉做法这是要根据中央的指示重复讲,注意干部的急〈燥〉躁情绪和干劲。听报告的对象要规定。

沙:

1. 先明确对谁讲。
2. 然后再确定内容。

我意首先对各方面的负责人物讲,研究一下。

黄:

中央宣传是全面的,一般性的批评是全面的。

俞:

第一次报告,机关处长以上,大学中教师全体听。

沙:

我的意见还是上层人物为主的,各单位负责人回去传达。

1. 对象问题,第二部份讲不讲。
2. 工作是否要联系。

陈:

第二部份可以讲,但人名字要去掉。

黄:

要说清,这是业〈误〉务的学习,不打乱原理论学习计划。

这报告是学术界上层人物和党内水平较[高]一些的。

俞:

第三部份应提示,重点学习单位负责人,应要领导认真学习中央的指示。

沙：

1. 考虑是否第二部分从生活工作中看唯心主义观点。

2. 是否讲中国革[命]的胜利就是唯物主义的胜利，简单说明。（刘：要讲一讲，自认为这是唯物论的思想。）

3. 学习的办法把中央指示中的话对照一下，讲的更完整些，和理论学习的关系问题。

星期六上午讲。

刘：

报告

1. 今年有高小初中毕业生十几万后[无]处〈按〉安插，前途教育问题，劳动教育，让自修等，想在杭市试验夜中学，希望有关单位开个会。

2. 工农成分问题，工农 15 000 多，45％，小资产阶 10 500，30％，剥削阶级子弟，24％。工农劳动人民子弟间，20％以上是优秀的，要照顾，干部、教职员 45％要叫他升学，剥削阶级占学生中 20％。

沙：

我们注意阶级成份这是一个条件，但是学习成绩好坏一定要注意，干部子弟不及格我就不[录]取，有意见不要怕。

3. 学生的共产主义道德教育问题，过去不一致，有的地方粗暴，广州市委有一经验。（沙：重点要强调教育，不强调反对。）不搞运动，重点正面的教育，不着重找〈叉〉岔子。是一般的地方都可以教学，不限制，对有些东西深入了要进行一定的批判，这要有控制，要取得些经验，思想改造、三反的办法肯定不要，先生中不要叫学生反先生，批评先生。资产阶级失学子弟不管也不对，好〈地〉的还要用。

沙：

师院教师自杀问题应引起我们极大的注意。

（文件编号：R138）

浙江省党组干事会议记录

1955 年 4 月 21 日

下午

出席：沙、李、杨、曾、闫、余、燕

曾：

第四次人委会内容、问题。

一、慰问部队的报告。

二、1955 年财政预算的草案。

三、市场安排的问题。

四、文物管理委员会委员的安排。

沙：

这一名单本来很早就确定了，但内部有些意见，邵主张不扩大，五六人就算了，邵及叶不同意，我考虑吴山民是否可主要力量放在文管会。朱是一瓷器专家，在那里实际上受压抑，邵怕人多难办。我考虑朱要提起来，并吴排进去，委员会领导。

沙：

协委唐去好些。

曾：

关于小型水[利]的兴修的若干问题，由人民委员会下达，慰问解放军的材料已有了。

若干土地问题讨论，作为一初步意见研究。

沙：

要原则地讲，不像法律样的，应带有指示性的东西。

经省委讨论后以省人委的名义内部发下去。

行政学院的问题：

曾：

开了一座谈会，摸了一下基本情况。银行、工业、训练班（到了八个单位），八个单位 489 工作人员，干部 331 人，能训 4 000 多人。

领导组织等方面的意见。

合不合的问题，合起来的好处：（1）领导统一，便于解决问题，现在各业务系统的训练没有人管，问题不能解决。公安干［部］较强，一般的干部质量弱。另一方面训练班是各厅局的后门，开会等。合起来可分系，跟校工作的发展，可以重点训练。（2）人力方面节约。

沙：

政治教员要专业化，行政学院首先要解决，业务问题可考虑由各系统的负责人兼〈可〉课，要把一些政治教员调行政学院学习。现在的问题是在原有的基础上如何整顿好，慢慢把学校趋向正规化。

李：

召集各厅局政治辅职会议，首先要他们把训练班整顿作用，如真正能很好地训练三四千干部，是我们工作中起关键性的作用，如搞不好，下面工作上闯乱子。学校现在有些不负责任，过去起到坏作用，要很好整顿，教学计划要给我们审查，政治辅职要主要负责。每一期结束要作报告给我们，正规起来，有制度。小合并可以根据条件考虑，教学时间不要一致，专门教员可考虑统一使作，训练班不合规定省人委有权利撤消他。

杨：

提高质量。

1. 厅长兼校长。

2. 教学计划经批准。

3. 检查。

曾：

要兼付院长，我一人不行。

沙：

曾把意见统一起来，整理一意见给老杨。研究一下，再召集各厅局开会讨论。

（文件编号：R138）

江华在列宁诞生八十五周年纪念
大会上的报告记录

1955 年 4 月 22 日

列宁关于民主主义过渡到社会主义等学习应很好地学习以外,我现在仅就列宁关于党的学说和目前党内存在的一些问题讲一讲:

一、党,无产阶级队伍的最高形式。

二、集体领导是党的领导的最高原则。

三、党的作风。

一、党是无产阶级的最高形式。革命党是无产阶级领导的最高形式,是争取革命胜利的基本武器,党是无产阶级队伍最觉悟的先锋队。他应做好无产阶级其他组织工作,无产阶级领导只有经过党才能实现领导,保持党的组织上的统一,是无产阶级专政的最重要的条件。列宁这些原理对中国党[的]有很大作用,以中国三十多年的历史证明他的学说是正确的。

我们党现在几种情况(主要指浙江的党):

(一)我们党领导第一阶段革命的胜利。现是执政的党,工作复杂多了,在这种情况下,有的认为党委的组织■■工作才是党的工作,其他的不是党的工作,其他方面的工作就吃不开。这些错,党在解放区已有了,但没[受到]批判,带到这里来了,[现在]就应批判了,否则不得了。

(二)〈共〉另有的工作中,在口头上愿意接受党的领导,但实际上不愿接受党的领导,过分强调系统领导,这显然是不对的。

这两方面都是违犯党统一的原则。

我们的国家这样大,事务这样多,各项工作都是党的工作。我们要接受高、饶事件的教训。

(三)只肯定工作成绩,不喜欢人家指责缺点。粮食统购统销,揭发了主观主义不从实际出发的作法,就产生了放任自由,就落后,没有勇气了,必然迁就落后,向困难低头。共产党员面前没有"困难"两个字,共产党员如果怕困难,是他脑子中有资产阶级思想在作祟。

（四）不按章办事，随心妄为，这就是违反了党的原则。必须加以纠正，必须学习列宁学说，提高我们水平，改进工作。

必须把党的建设提高到党的政治路线上来，使党真正成为有组织有觉悟的先锋队。

二、集体领导是党的领导的最高原则。

集体领导和个人负责是一致的，相互结合的。各级领导必须坚持集体领导和个人负责的原则。

分散现象严重地存在于我们工作中。有的地方是党委员不尊重书记，这是少些的，更重要地是书记独裁，我们党内有个书记正确的空气，必须排除这种恶风。书记是委员之一，只能当个班长，只能站在委员之中而不能在委员之上。维护党的领导，只要合乎党的原则，就维护，否则要反对；另一方面，书记应积极带领大家，提倡启发批评与自我批评，发扬民主。另一方面，反对个人独裁。凡是对闹分散的，对下一定独裁，两者分不开的。必须加强党组织的监督。任何一[个]部门、人必须实行由上而下，由下而上的全党的监督。

三、党的作风。

无产阶级党等于同群众取得密切联系，只有如此，党才是不可战胜的。[这]是理论和实际相结合的作风，自我批评的作风。

领导上存在着主观盲目，脱离实际，脱离群众的作风。省人委要讨论如何保证社会主义建设，如何保证春耕生产，地主反革命分子集中起来劳改上山。

作风是共产党员政治品质，办事能力、组织观念的具体表现。

怕批评与自我批评实质上是资产阶级思想的反映。

（文件编号：F137）

李文灏同志由北京[回]来汇报

1955 年 4 月 26 日

浙江去年 12 月到 2 月暴动 28 起,四千多人。

1)四月份中全省每日平均[粮食]销量 2 千万斤,如不扭转,六月底有全面脱销危险。[原因:]① 产销量摸不到底;② 补课工作粗糙;③ 供应不均;④ 留种粮过多。

2)王醒[带]华东水电工程局到苏参观来信,反映参观情况。江[华]指示:① 新安江电站仍设计;② 黄塘口暂停。

3)金华地委检查,损失浪费资财情况。三反后,积压浪费盗窃 473 万,官僚主义损失 66.41%,积压 32.48%,贪污 1.11%。

（文件编号：F138）

关于审办文件的几则记录①

1955 年 4 月—9 月

备 忘 录

1955 年 4 月 4 日

日期　　　　　　　　　　事由　　　　　　　　　　备注

5/4 星期四（8 日）上午党组会讨论① 税务 |时| 反贪污问题；② 行政学院问题；③ 人委机关统战问题。

星期三、四　　　　　　　找卫生厅负责同志谈血吸虫防治会问题。

星期五、六　　　　　　　开一次会研究报告提纲问题。

最近找吴山民谈一次关于文史馆问题。

15/4 下星期一（十八日下午）　到统战部听汇报，55 年计划纲要。

21/4　　　　　　　　　　打电话给文教部谈关于浙大师院党群关系问题。

2/5 本星期工作安排

星期一　　　　　　上午　　　　　　　　下午

二　　　　　　　　　　　　　2 时听刘亦夫报告

三

四　　　　　　　　　　　　　2 时半研究统战工作的要点

五

六

11/11　　　　　　李厅长谈房子问题

① 事实上少了 50 张床。

② 王云山最好是借。

情 况 反 映

1955 年 4 月 5 日

① 金华一老太婆来闹的问题。

---

① 此标题为编者根据内容改拟。

② 浙江日报关于复员军人安排,报导不实问题。

③ 关于小商小贩的安排问题,宣传、税收、贷款。

④ 中央高教局电报关于沿海不建校问题,大中小学一律不建,首先要发挥原有设备潜力。缩额 10 日前上报。

⑤ 中央批转江苏关于统销补课的紧急指示。

⑥ 政研处各县委安排意见,统战部余的电话。

15 以下的 9—7 人,40—55 多 25 人。

15—40 多 21,55 以上多 29。

⑦ 李文灏要约沙谈。

4 月 11 日

① 四月 25 日中宣部开干部会议,讨论报告,文教工作干管情况和问题的规定,讨论中央管的名单。省宣、教部各二人参加。

② 国务院通知,必须对疯人坚决收、监管。

③ 中央通知,5.1 劳动节各地组织报告员向干群进行关于时事教育宣传,除京等八大市举行游行外,省会可举行干群集会,是否游行根据情况定夺。

④ 电杜绝因缺粮自杀事件。立即采取有效措施,作好灾救工作和统销工作。

⑤ 电温州要求增加 5 000 万斤粮,否则春花不计,购数再加 2 000 万斤。

4 月 15 日

① 互助合作组织不纯情况,常山、永、衢、镇、杭,等 15 县■社检查发现。

② 电要各地在 4 月底前上报兵役法讨论的意见。(告曾)

③ 电国、省辖市及县区乡各级人民委员会所属工作部门和下级机构,除过去国院规定外,今■。

④ 中央指示要各省市委召开党代会和传达党代会精神,并结合检查工作。

洪厅长家庭补贴问题,根据高教部指示精神,发一年原薪,一年过复发一百元一月。

人民群众来信

18/4 合肥市南外二中晏晦控告衢州邮电局长非法散除其职务信。沙示要邮电局查报我们，交信来组。

20/4 夏衍同志来信关于阮性威老先生安插问题，经与吴山民征询，将原信转他，结果待以后联系。

7/5 五四中学陈品钊来信转省委秘书处办。

13/5 杭市基教青年会钧志芳代表转来关于慈溪县观城区附海乡耶稣教堂负责人控告该地干部违犯宗教政策来信。转彭办，象山南区鹤浦乡二村董天成控告本村干部不纯违法乱纪案，转彭办。

江西康复医院舒栋材要求调本省工作（转彭办）。

〈肖〉萧山汤寅要求解决以前错判问题（转彭办）。

5 月 26 日：每日情况 87 期：平湖县血吸虫防治站沈克雄来信，揭发该站高站长严重不负责任事，告二办徐要他们检查严肃处理。

从沈祖伦处拿来六中全会文件：213、155、119、13、7、92、183、23、39、3 120 电报（13 号 12 月的）已退（12 月 23）

① 陈云同志关于协委会安排的报告记录，严拿去。

② 温地委批转乐清县四中全会学习检查的报告，退汪。

7/6 中央文件 93.04 两份（先后）退汪。

18/6 中央文件 119.06 一份汪明借去。

13/8 中央文件 19.18 交档案室、汪明带回。

26/8 中央文件 142 号交何祖苗同志。

23/9 中央文件 183.02 号转徐立炘交李阅，沙、杨、李合阅的。

省长办公会议

15 日协委会，重点，镇反和利润分配粮、合问题。

20 日人委会，粮食、镇反。

人民委员会只管机关事务管理局直属机构，开荒，机构整编，机关统战工作召集会议，办公室实际上是省委办公机构，对省委负责。

省长办公会每周一次，周四，着重研究人委会问题及直接管理的工作中问题。

和国务院联系，王文长。

徐同志、吕剑光秘书

① 陈觉非、陈天南、陈宗炎、陈阿庆向俞佐宸、宁市副市长或者请他了解（做汉奸时的情况，及历史上的反动行为。）

② 卫生部门反胡风学习问题，他们每天 4—6 时。问黄。要求在半月中解决。

金华：

① 解决干部思想问题，是做好统战工作的关键，目前干部有些摸不清情况，盲目叫喊困难。应深入下去以事实教育干部。

② 政策教育要和群众见面，贯彻多缺多供，少缺少供，不缺不供的原则。不论贫农或地主，只要缺粮就紧急供应，反对行政办法压缩。如金华全县采用限量供应，搞得普遍紧张。民主评议，据了解江山这样做是好的，评议张榜。

③ 抓紧恢复粮食市场，现在地方市场太少。

杭县粮食统销工作的情况报告。

① 该县计划统销为 12 800 万斤，三月底已销 9 935 万斤，第二季销的 2 865 万斤，但评定供应竟达 5 317 万斤。这数字按全县人口平均每人每天达廿四两之数。

② 双林乡统销后产生放手供应现象，不供应的供应了。

③ 统销补课粗糙。

上虞县朱巷合作社县社转组问题报告。

① 协商市场安排的总结。催问一下，其中一句，以便于政府同他们公开斗争，最好改为合作社，工会、商业等部门。

② 杭、温人委人选安排，交省委讨论。

（基本情况与前报告同）学生经常上课的不到半数，九所均半日制，地、富反而有饭吃。有的贫农说：土改为了贫农，现在不要我们了。

四、反革命很猖狂，放杀，打部，反动标语不时出现，杀了干部后上山当土匪。

五、村干部自私自利，徇私舞弊，村干供应较群众为高，据说为了"照顾干部情绪。"

六、干部脱离群众。（同前报告）

七、定产过高。1954 年实产 266 万斤。评为 484 万斤。曾提出"多购多供，少购少供，不购饿死不供"。

八、互助合作，成立了 28 个农业社，垮了 14 个，又垮四个，现决定巩固三个。

九、生产情况不高。

十、群众只向政府哭要供应，但尚未发生大问题。

统销问题：陈、商、宋宏来信反映金华粮食紧张情况，目前，金绍地区存在不该供而供应，该供应的反而没供应，该少供的多供了，过宽过紧。绍［兴］典型县比去年同期增 62%。

绍兴市决定以互合为中心并把统销工作作为重点。

③ 救济款发得不好，有的去年给谁，今年给谁，谁闹给谁，不顾情况打折扣，徇私舞弊的不处理，严重贪污很普遍。

④ 互济停顿，千万只手伸向政府要，有粮无粮齐叫供应。有粮者不敢露，露了干部就把供粮证收回，扣上"欺骗政府，有粮不卖"的帽子。父子不照顾，×人饿死前讨饭四五天，其子丝毫不管，只讨来毛芋四斤。死前见邻人走过，他讲"谁给我两碗饭，我马上就可起来"，也无人管，活活饿死。

⑤ 有的地方基层不纯，影响生产救贫的开展。

⑥ 地、富、反革命份子乘机造谣破坏。拐卖人，打干部，却找不到主犯。

第六次报告。

一、金华等区灾情：雹灾（4 月 13 日）

八县，东阳、兰溪两县最重。义乌、江山、武义、缙云、金华、永康次之。死 81 人（不止此数），伤 628 人，房屋、春花损失严重。

二、春荒情况：

困难户各地 10—20%，原因是：① 去年歉收；② 统购统销有偏差；③ 统购后农民有浪费。有的有供应没钱买，有的尚没供应。

现在卖家具，拆房屋，砍树卖柴，吃种籽，挖山粉，采野菜（33 种野菜）。金华岩溪小学下午停课，上课人减少，有四五十天未吃大米者，乡政府门前每天有人哭供应。小孩饿得软软地，大人躺床不起，其状甚惨。自杀外出，逃荒的。

龙游最紧张。

三、统销补课反而增加了紧张。

① 先在积极分子会上压缩供应数。

② 全部收回地富反革命分子供应证,尽可能压缩中农供应,收回部分贫农供应证。有钱农民不供应,可到城里买饭吃。

③ 召开大会,民兵插入监视。首先宣布地富破坏……,宣布收回那些人供应证。

很多农民哭:非常悲惨。

四、严重的后果。

(一)出现了人为的荒年。

① ×村断炊 15—20％,有一妇女生小孩三四天就外出挖野菜。孩子生下没奶吃饿死。补课后断粮的仍 96 户,284 人,没钱买米 28％。

② 出卖家具度日,供销社四月份 20 天中收购铜铁等 14 504。

③ 普遍砍柏子树。

④ 小偷增加。

(二)严重影响了生产。

① 贫农情绪低落,为生活而奔走,无心生产很普遍,1 个合作社参加劳动的仅 20％,其余砍柴卖家俱等。

② 大量吃种子。

③ 要求退社人增多。

(三)农民对党和政府很不满:"毛主席好,要我们吃,共产党口是心非"。有的反映:"现在不如国民党。"

第七报告:金华■塘区,岩溪乡

一、该乡反动基础较深,政治情况较复杂,风吹草动即乘机破坏。

二、我们工作基础薄弱,组织涣散,干部缺少方法,不团结。

三、基本群众饿饭,地、富有饭吃的不正常现象,七十户中断粮 11 户,有的断粮四五十天未供应,到江西逃荒,四五百人,出卖儿女、妻子,有一妇女离婚后带两小孩到江西嫁人,卖每一小孩十元钱,给丈夫七元钱养病。上王乡调查 1 064 户中 236 户断粮出卖家具、农具 237 户,出卖幼儿和弃婴 19 个。

四、金华市面看农村春荒情况。

一天上市的柴火 150 多担，流入市内的农民 594 人，建筑工人 673 人，日益增多，卖家具、乞讨、卖小孩。

五、对生产的影响。凡春荒地区耕地进展不快。

六、措施：雹灾区作了抢救，医治、慰问、救济、安置等。群众反映："到底还是人民政府"，省援助 100 万元。

七、问题。

1. 真正救[助]工作尚未发动；

2. 有的群干部群众观点很差。有的讲红军长征如何……。有的干部开介绍信："兹有人因外出卖小孩，特此证明，打临时离婚，如因生活困难同意离婚。"

[旧]时期，那时受苦还可买到粮，还可借到粮，现在借还无力，如何活？

有的党员说："这样不顾事实，不管群众死活，还是'退党好'，有的讲'我们讲明白，大家军队、工人要节约点。'"……

5 月 2 日文教工作会议延至 15 日举行，舟山地委就学生问题和省委谈。

5 月 12 日，农村紧张情况，国务院一办农村调查浙江组，关于浙农村紧张情况第五次报告。

金华县藕塘乡情况

紧张主要是粮食工作上产生的。

一、定产高，任务重，工作方法简单。

计算实产量为 287 万 5 千斤。定产为 436 万 9 千斤，征收任务 63 万 8 千斤，统购 134 万 3 千斤（只完成 66 万 1 千斤）。任务的确定就是在 52 年丰产基础上增加 25％。

各村找高产田为定产标准，直摸到达到任务数为止。因此普遍挖了农民口粮。

做法简单，开会宣布，挑战等，并威〈协〉胁、压制等。

二、统销开始紧张。

统购到一月，除非农业人口外，一律不供应。造成断炊，杂粮高涨。每日到乡府哭者 50—60 人，某党员把三农民带到乡，让乡长检查是否是饿坏的。这样才造册请供应,到区里区长批评右倾思想有问题,每日四两半斤才供应。

　　杨:金华雹灾,春荒。重灾六县 36,加一般救济 154 多万,向内务部要 250 万。5 月上旬,开财经会议。粮食少 4 亿斤,要补课。

审 办 文 件
1955 年 4 月 5 日

日期	来文单位	文件	处理记录
5/4	统战部	批复宁波市委民主人士安排问题	■发 12/4
5/4	人委	1954 年工作总结	
	统战部	省协商会议总结	批同意交杨烦 14/4
5/4	政研	人委关于各县人会安排的意见	5/4 交曾少东
14/4	统战部	新登、杭县人民委会人员安排	已批 14/4 交郦
17/4	统战部	淳安杭县人民委会人员安排	已批 17/4 给郦
18/4	工业厅	关于省人委迟不批文,使文件旅行 46 天的报告	给曾秘书长办
27/4	统战部	震水县人委会组成人员的安排	同意
		钟县人委会组成人员的安排	同意
		开化人委会组成人员的安排	本籍人太少,重新考虑
发 21/5		余姚人委会组成人员的安排	严■不参加人委换的人应确定
28/4	统战部	协商市场安排总结交流	同意
		桐芦人民委员会人选安排	同意
		绍兴人民委员会人选安排	同意
	文教育部大专学校	实行校长负责制的报告	同意
7/5	给邓	法院检查龙游问题的批示	方拟批语同意
		古荡西湖区问题	同意
		关于地主出身复员军人参加互助合作问题	同意

12/5 给邓 人民检察院党组小组关于当前工作情况和55年工作意见

王芳联系杨已批

沙可不批了

	开化人委安排问题	同意
	瑞安人委安排问题	同意
14/5	湖州人委安排问题	同意
	温州人委安排问题	同意
18/5	杭州人委安排问题	同意
	宁波慈溪人委安排问题	同意
	同意民建宁波市支会委员增加二资本家报告	
21/5	5—31	交郦瑛
	39—3	交郦瑛
26/ 5	新昌	
	镇海	
6/6	宁波民建支委调整问题	批同意给汪
	绍［兴］市人民委员会安排方案	批
	平阳人民委员会安排方案	批
	青田人民委员会安排方案	批
	宁［波］市人民委员会安排方案	批
11/6	嘉兴人民委员会安排方案	批
22/6	嘉兴人民委员会第二次补充改换	
	海宁人民委员会第二次补充改换	批
	审批去南京棲霞山，有关材料转宁市统战部	
25/6	温州民建机构问题	交汪
	温州人委人选问题	交汪
	杭市人委机构部分民主人士批准问题	交汪
18/8	批转教育厅党组关于中、小学毕业情况和	
	今后意见的报告	准发交汪（任送）
	批温岭县人民委员会人选安排方案	沙批
22/8	通报广西省灾荒情况的报告	

去年九月至今年四月各省各地未落透雨及冻霜,损失很大,统销工作未作好。10%的地区群众吃代食品,有五万多人浮肿,死亡 4 600 余人。

1955 年分配浙省高校生分配方案:

工科 54,农 58,林 5,财 21,政 25,医 88,体 8,新同 5,师 338,艺 6,共 608。医、师由卫教二厅分配,教 352。■88。

54 年 1 月至 55 年 3 月自杀案件

1955 年 6 月 4 日

共 4 202 起,已死 2 652 人。

金华、杭州最严重:金 1 343,杭 461 人,宁波 780,建德 548,嘉兴 462,温 203,舟山 88,宁市 133,温市 82,杭、肃、新三县 102。劳动人民 3 147,84%。

① 死人最多的是由于婚姻及人民内部纠纷问题 1 635,38.9%

② 社会尚未作好生活困难 812　　19.5%

③ 各项运动中 1 578　　　　　　37.5%

④ 其他 176　　　　　　　　　　4.1%

错　案

1955 年 6 月 6 日

全省平湖吴嘉等 16 县抽查结果一般错判 50%以上,多者达 90%以上。

① 对富农采取多捕重判,企图以法律手段消灭。

5 月 20 日统战部要求把唐为平调协委工作。

摘　记

杜的电报:

干部会议

① 浙江今年减产是肯定了,下决心退搞生产;

② 下面干部维持思想多,特别温州。

最乱的吴兴、龙游、开化。农村党组织上半年不发展组织。

沈:增产很少可能,群众思想不安定。丝、茶、油、猪。种子肥料问题。

12 月 4 日:

① 报杨省长：大陈移民，可以移，岛上民上陆可和军区商量解决。海门建县，沙意不建了，这只是名义上的问题，因慈溪没有批准，天目山有的县改变也没批准，北京有人有意见，应考虑。是否和温州地委书记商量。已告。12 月 4 日。

② 桐芦县窄溪环溪小学来信，管干开会要女教师唱戏问题，要教育厅查询，电徐局英。12 月 4 日。

(文件编号：F141)

关于文教工作五年计划的讨论

1955 年 5 月 1 日

俞：

中央开会要求

一、解决不全不透问题；

二、私人事业的改造问题；

三、地方领导问题。

补……

1. 和中央指标出入不大，有出入的是初级中学问题。浙到 57 年，低于全国 1‰落后中央指标不好。

2. 卫生部门出入不大。

3. 报纸指标稍大了点。中央要 30，我们 35。

4. 干部训练重视还不够。

一、全透问题，继续摸；

二、指标及这样；

三、现在全省凡合作社水平高的，我们都低，我们要发展这些方面；

四、文教事业已自下而上制定计划；

五、继续整顿；

六、小学名民办问题，新发展的可以，原公立转的要十分慎重。

刘[亦夫]：

沿海城市基本不再盖房子，两部制解决 70 班，尚 12 班没法解决。想逐步在县里建造几个中学，最少的是建总地区。省委批准造 3 个，今年降低规格可多造 5 所，明年就成问题了。小学民办问题很大，有的募捐（沙：一般要募捐）。一个小学一年至少 400 元，合作社对接办的很少，少的 3 元多的到 20 万（总的高于上海江苏）。

公私关系中问题，481 所其中 12 所高中考虑 57 年完全接过来。要用 40多万。（沙：这一办法不搞可补零）。

沙：

一方面国家整个方针，国防、内迁等，对这一方针应赞成，这是一面，这是我们的目的；但有一具体情况，就是沿海文化稍高，实际上需要多些，人民的要求事实上有不同，这一情况也要考虑。因一般讲浙［江］人口是多了，人口最密，但又不是建设重点。人口人多过剩，要保持温饱。浙江今天硬是存在着这一问题。因此浙江考虑有计划的人口 要 出口。因此知识分子到外面去，家属带出，这也可解决部分问题。变动［的］得太快了，对我们这一目的也不利，要讲明比数要低于全国就成问题，这是一社会很大的力量，这要和中央讲明，把我们扣〈的〉得太紧了不好。

我们的计划中有只看眼前，中学可维持的，主要在组织上人事配备上加强，小学民办公助可转〈的〉得慢一些，但就不是反对中央的方针。调整部分钱搞小学有好坏，所以中学不一定马上接过来。

小学：1. 能民办即民办；2. 有困难可国家补助；3. 合作社办有问题。大家慎重地考虑，有些问题和中央讲明。

俞：

财政厅抓〈的〉得很紧，学校学费收入要算在总收入中上缴。（沙：可和财政厅研究，教育机关是〈化〉花钱不是赚钱的）。

沙：

干部问题向中央反映一下，实际上整县的机构都变农村工作部，长期下去这样有危险。上面要表示一个态度，具体解决还是省编委解决。另外干部质量很弱，今天主要是如何提高问题，训练干部的计划是对的。指标问题不大。工农成分问题很大，教育为工农开门有问题。小学全省一教师平均 1：26.93，全省都提到这一水平可增 80 000 学生。民办问题真正执行有困难。合作社现在要他拿出 400 元是有问题，要向中央提一下要稳妥搞。

俞：

中学要增加。文化馆增加，不增钱。中技多医师、技师，少护士。高［等］技［师］少了。

沙：

学杂费为什么要有节余，节余是否合理？研究一下。应该用的钱还是要用。

一、教育：

初中超过 2 000 人，〈迁〉牵涉经费问题。小学超过和钱没关。（沙：初中超过和高中有没矛盾。高中超过全国水平，初中是低于全国水平。）

二、卫生：原卫生所增 16，经费不突破。

三、文化：文化站增 178，共 364，二十四重点县每区 1，其他县两区 1，县报增五种。

四、训练计划。

沙：

和中央交换意见，主要是小学民办和初中超计划问题。私人的文化事业改造问题没有提出。

（文件编号：F134）

唯物主义学习会记录

出席：陈、沙、干、刘、黄

一、学委会计划问题。

陈：

计划中几点修改意见。加上一条关于发现培养积极分子对文教学习计划的意见。批判胡适思想四周。胡风三月时间要考虑。

学习分甲乙丙组不一定适合。可不分，不要〈迁〉签到，全体干部自愿。星期三、星期六学习值得研究和前计划业余学习有矛盾。时间问题值得考虑可不要硬性规定。

刘：

联共党史的学习可结束一下再学，三四周学习时间太短，学校就更困难。

宁（波）、温（州）建立学委会等以后再讲。

沙：

主要问题是学校和机关中的学习内容的问题。是把原来学习挤掉呢？还是等原学习？

告一段落再加重一些。是否现可采取业余学，以后再加重些。时间也可研究，文艺就要三个月看情况。

黄：

文化局他准备甲组先学，以批判胡风思想为主，乙组可听讲，丙组不一定学。

沙：

看起来都需要是业余学习，听讲的多些，真正学习讨论的多些。

俞：

学习方面主要是参加学委会的几人，报告大家都听，时间长些没关系，学委会 50 多人，可再吸收一部分。

沙：

可以学习委会为主，征求一下学校机关的同志有兴趣的吸收参加。编组学习，不以资历为准，包括吸收部分青年。文化局、教育厅要很好学、但要经常发些参考资料。至少两星期内交接些意见。另一方面组织演讲，宣传要广泛，只要听懂的地方都可讲组织传达。文教、行政机关负责人当然非学不可。一般的干部还是自愿学习。不仅较高的干部、一部分有心得兴趣的青年可吸收参加。这部分人可不参加一般的学习。

（文教办公室修改这一计划）

俞：

我们有权利指配讲师团，党内外讲师团排一下队。我们抽一时间和他们谈一下。需 1 万元经费。调四人，理论教育处、机关党委，行学院，师范学院各调一。师课要给点钱。

二、刘亦夫同志的报告提纲：

陈：

注意不要孤立〈的〉地讲哲学，亚历山大洛夫的定义不要用，用马克思的定义。实践的问题要多讲一些。

黄：

简单地联系一下当前的思想斗争情况。

沙：

主要地讲前面一部分，哲学的阶级性。实践的关系要讲，应简单，提纲一般没什么问题，很简要，讲的时候应注意要使人家懂得辩证唯物主义是什么，好不好就在这一问题。这一课很难讲，几个要点要突出：

1. 是客观物质世界。

客观物质世界和人的思想关系。

2. 物质是动的，有它自己的规律，这一部分很难讲，避免用玄妙的字句，矛盾的问题、事物的矛盾。

3. 质变、量变问题。

（1）掌握要点。

（2）尽可能用通俗的字句。

这是讲得好坏的关键，懂的中间求完整。

（文件编号：F134）

关于 1954 年浙江省工作
总结报告的修改意见

1955 年 5 月 9 日

沙：杨副省长意见，第一部份三位一体的阶级路线不完整，原意不明确。一方面由于主观的盲目积极性和强迫命令的作风，和我们对三位一体的阶级政策了解的不够完整。

第二部份政治部份写的成绩多了，缺点少了，可找王芳联系，如何写。下面相当混乱，一则由于我们干部有缺点，另一方面政法干部有陪客〈客〉思想，有唯成份论。

第三部份，沙再写一下，按省委报告修正。

李的意见：首先粮产量数字要修改，对起来，统购数字，百分比。

对超额增产运动应批评的重一些，去年的灾荒要说的详细一些；逼死人的问题要提到。过去批评合作社"右"应提到，这是酌情提到。征购总数近 36%，担负是重的，信用合作中有强迫命令，贸易中公进私退太快，造成失业增加。由营业额原 7.2 亿，实际上 4.9 亿，但第四季有好转。交通方面问题很多，可写一数字，优抚救济有毛病，每年有很多款退回，文教卫生方面对知识分子缺乏有计划的领导与改造，小学劳动教育有毛病，好学生不升学，影响到质量。

（文件编号：R138）

彭秘书长召集各厂局党组
负责人研究机关统战工作

1955 年 5 月 11 日

彭：

根据中央和省委的指示，要我们五月底把统战工作检查结果上报中央。今天开这一会，请余纪一同志把工作方法步骤要求谈，然后再确定如何搞：

余：

① 首先谈谈党员应对统一战线工作的认识，统一提高思想；

② 交通厅的一些检查情况；

③ 如何检查。

一、中央统一战线工作的指示中开始即指示我们党目前[有]关门倾向：

① 存在清一色的思想。② 不重视政协，这种倾向的实质上是不符合党的统[一]路线，现存的经济基础和历史条件，统一战线是阶级斗争的主要形式。我们各方面的工作中都碰到这一问题，过渡时期是和平过渡到社会主义。我们实际工作中往往从好恶出发感情用事。（温州市有一七十岁人民委员拿一条棍子，有一干部说他资产阶级思想严重）。最近民进中央开了一次会，中委不愿代表资本家利益，打通思想后才了解，是代表资本家利益有顾虑。我们等于把阶级斗争引到合法地位，否则要暴发的。苏联到现在还是强调党与非党联盟。以上关门主义倾向是主观主义。

当前主要反对左的关门倾向，同时不要忽视对右的倾向作斗争。

二、中央指示下达以后本省情况。

领导上很重视，统战思想提高了一步。杭市党代会把检查统战工作作为一内容，宁[波]温[州]亦如此。另外因其他工作的繁忙，一般没有学习和检查。交通厅做了些检查。

交通厅三反以前较重视，三反后不太重视了。

我们估计可能较普遍。到省人委开会，沙报告以后有了转变，但只停留在厅局上层。

发现党与非党关系较紧张。

① 领导作风问题,我们是否诚恳态度对待他们,太严厉,个别人反映把他们当俘虏看。有"四怕"。向局领导上汇报也承认。

② 对党外人士的提拔上,三反前提拔了 78 干部,有 50 是党外干部,三反后,降职数很大 19 人,提拔就很少了。交通厅 23 个处局长没有一个是党外人士,所领导上认为处局是要害部门,不能安插,他们反映提拔是先党后团? 先青后老? 普遍认为只要保住就不错了。

③ 对技术人员的问题,200 多不尊重他们。批评多,帮助教育少,(51 年修桥,来飞机要避一下,有一干部要枪毙他)他们反映解放五年了,"鸡还是鸡,鸭还是鸭? 还背着留用人员的包袱,地主还可改变成份。"

三反遗留下的问题,他们很有意见。浙大老教授讲学校中党、非党、青老教师的关系要引起我们注意。政治历史问题,往往认为复杂有问题。我们认为六年了,根据现在的情况可以做出初步结论。

④ 吴化文和小老婆离婚的问题,五二年领导上研究和小老婆离。他们现不愿意。

⑤ 民主党派的作用问题,对他们的性质任务不了解,认为是小宗派,开会是去观察一下的。

检查的结果已和局中汇报了,一般是表现好的,但个别的我们下去,表示很冷淡,检查出问题,他们认为老问题,早知道工程局副局长不愿听汇报,认为他们不客观,自己不好,检查有缺点。

① 厅里自己没有组织力量,可能有些人认为是去找毛病。

② 没有很好学习,抵触情绪大。

三、今后如何检查。

1. 通过学习和检查,认识关门倾向的严重性、危害性,是不符党的路线政策的。统一思想提高认识。

2. 在搞认识的基础上检查,再提高认识定出计划,关门倾向主要表现:

① 工作是否和他们协商有职权;

② 提拔使用问题;

③ 团结教育改造的问题;

④ 对民主党派的领导问题。

根据不同情况定出计划。（吴化文开会有次要他做总［结］使他很窘）

方法：

首先学习，采取负责同志在党内做报告的方法，文件中央指示，1951 年做好机关统战工作，李维汉结合讨论、结合发现问题，研究后向党外人士公开报告，该统战的重要性，结合作些自我批评，启发他们提意见。同时请他们提出改进意见，小型会问题提出后，研究哪些问题需做深入研究处理。

① 检查重点问题，由各单位自己选择，省委尚确定几重点，工业厅、农业厅、卫生厅、办公厅、人事局（主要是党外干部政策问题）、建筑工程局和文化管理局，大专学校要检查一下，师院已进行，浙大是否也检查一下。重点由行政上掌握，各厅局属办掌握。行政上不推动是要落空的。

② 组织些力量（霍［土廉］意月底前尽可能先搞一批报中央）第一部份报告 25 份。

交通厅副厅长，［有］70 多高级人员。

① 交通厅在三反中造成了很深的隔阂，以后很多没处理，恶果很深。

② 吴离婚问题，处理是经过当时机关党委会批准的。

建筑工程局：

技术干部四百以上，开了一个会，传达了一下中央的精神，并汇报了一下情况，各部门几乎没有统战思想，统战干部的提拔，根本谈不上。省已批准的副经理，因历史问题调当副科长，但人事部门不批，要做出结论。有的工程师发牢骚，解放这几年还把我当工程师看。

时间太急，是否五月底前在党内动员，检查可延到六月。

林业厅亓汉三：

沙报告后，向处长以上干部传达一下，主要是强调了多从生活上进行照顾，问题很严重，关门迁就都有。

技校人员工作发挥很差，3 200 人技校干部。建德吴厂长 20 多年了，技术经验很高，没人管。

李士豪的确是不错的，给他们文件看的界限问题。有些问题不一定要党员干。开荒问题，杨讲省委开会，党外人士参加不好。

农业厅的技术干部占一半,如真正做好工作,还是靠他们,老知识分子苦闷,他们本身不团结。

1. 首先加强党内教育。党内看法① 只要准他们技术等级就行;② 不要做行政工作,以为影响技术;③ 要求说问题。我了解几[个]技术好的多少有问题。

农业厅下面反映(李),党员局长不如非党厅长,工作找非党员了,[而]地位待遇是共产党员的。提拔了一团员当组长自己也苦闷。

2. 以实际行动表示我们重视统战工作。

彭:

五月份的要求

五月份重点检查的单位:① 交通厅;② 林业厅;③ 农业厅;④ 省人委办公厅

一、要求四重点单位党组研究中央指示,党内做动员,统一思想认识,结合外部也适当进行动员,启发党外人士对我们提些意见,政策和群众见面,好的不好的情况都需要收集,要求根据省委五月的指示精神检查。

其他单位五月份讨论中央的指示学习,提高认识,内部做些准备,六月份再进行。

5 月 25 日重点单位要把总结交到省委,非重点单位 25 日前把准备思想情况汇报来。

二、各单位要分工对这一工作加以掌握,支部的力量也要利用上。

三、25 日前还要开次会,检查一下准备情况及问题。

交通局副局长意见:最好在主要干部中进行。

内部提高认识,外部重点人物座谈提意见。

关于胡风思想斗争问题的讲话

1955 年 5 月 15 日

沙：

① 排一个队，到底那是主要的，是否有幕后人。

② 主要人物监视起来，同时注意原来来往的检查。

③ 主要是思想斗争，不要以政治斗争为主。

你们工作讲起来，不要光搞政治斗争。

方冀今天要把他当动摇、争取的人，有步骤的要他交代，先浙江，后个人的情况。前途有二，可能是顽固的，也可能争取他起义，我们争取第二点。

有两点：a. 不能做政治活动，b. 不能逃跑。因此是否考虑隔离，暗监视争取不隔离，和王研究一下，真有危险可考虑隔[离]。

5 月 20 日

黄、方、冀已隔离

沙：

这样搞是否会打草惊蛇，可请公安厅研究，这样粗糙些。

黄：

文联星期日下午开会，如何把群众思想提高到人民日报按语的水平。师院原写的文章要审查后再发，不妥的不发。

沙：

各大学校中要开一座谈会谈一下。

黄的报告可星期三讲。（理论上的反马列主义，王把党 的 反党领导，问题的性质）

（文件编号：F138）

飞行集会汇报

1955 年 5 月 17 日

一、浙江关于批判胡适思想的进行情况。

一般情况,方、冀

准备两种做法

二、统战工作。

沈祖伦:

中央基本同意只交六亿斤,合作化是冒进了,但地区不同,粮食产量是增了。

镇反问题,民主人士〈给〉与我们距离很大,要求在人代会上讨论大问题,如何说服进行斗争。

巩固合作化的方针是否正确,结论是正确的,但领导上要考虑那些副作用问题,下边干部反映是否冒进,农村是否真是这样紧张。事实证明冒进不大,政策和群众见面后,好的社巩固了。转组问题不大,主要的是留下的如何巩固,领导力量很吃力。

孙定国六月来到这里学习二月,到莫干山,吕当班长,党校干训班,行政学院派人,哲学。

中央四亿为合作基金,给浙 1 200 万,自己留 200 万,准备 400 万帮助贫农。

上交七亿数字已分下去。征收、销售土产粮等,区上交十三亿(贯彻到乡)。统销还有百日难关。今年中央一株粮也不支援了。要由现 1 800 万压到 1 100 万以下。

谭讲:① 堵住;② 找;③ 节约。江来电话,中央八大字,乱子不少,大体较好。

向各省委汇报,一个月乡情况汇报不出。

团中委罗部长意见。①

王：

1. 对青年要求多，培养少，团干 14—20[岁]的少，超〈令〉龄 10％；
2. 对青年的组织工作关心不够，青年文化学习很迫切；
3. 团的工作方法要改进，多种多样；
4. 团的组织建设，组织很薄弱涣散 15—20％陷于涣散；
5. 当前农村团的工作主要进行爱社教育。

徐：

经济建设公债只完成 60％左右，1 200 万。职工超一点，工商 98％，农民 6％，交款 400 万。税收四月份 80％。开荒问题

彭：

中央来了检查组，书记处二办，帮助党代会的准备工作，了解情况较全面，谭七月初来。

吴反映宋情况不太好。

民盟问题吴可能和姜振中有些意见。

文管会搞工作有困难，〈厉〉郦不大接受他们意见，因他是委员。

参事室：

① 一个 如 找些事做；② 生活细节问题。文史馆 80 多个（公家供给）

有时要求生活上要提高一下。要他多在办公厅办公，文件等有些给他看。

（文件编号：F138）

---

① 原缺。

在交通文委机关党员大会上的报告

1955 年 5 月 21 日

人民民主统一战线是我们党的一项根本政策,是每一个党员的起码的知识。是检查我们每一个党员对政策思想的了解的主要方面。

一、为什么要有统一战线,为什么强调统战工作,统一战线是我党胜敌人的三大法宝之一。解放后不少的成绩可以说是统战政策胜利的结果,交通、文委两系统,党 910[人],工作人员 6 644 个。统一战线是考验我们各部门工作好坏的标准。

我们还处阶级社会之中,国内外阶级斗争非常尖锐复杂,因此统一战线更加重要。

当我们某一机关单位党与非党的关系紧张,非党人士〈做〉作用不大时,就应从统战政策思想上找原因。

二、目前政府机关中关于党的统战工作和存在的问题。

初步了解,一般说是重视的,我们党员在这方面积极地做了些工作,几年来机关中党与非党的联盟取得了些成果,不断的前进发展,是基本的、主要的。

但问题是有的,还相当严重,正如中央指示中指出,还存在着严重的关门主义倾向。这是我们倾向中的主要一面。当然也存在着右的一方,这不是主要的。

我们机关中表现:

1. 民主人士安排总是麻烦负担。(如起义将领的安排问题,他们的作用,我们党员不能起)大的不同可能有,但在我们机关来不了的,我们有精神改造社会上一切污七八〈遭〉糟的人。

2. 政协问题上重视不够。

三、如何解决几个问题。

1. 如何使党外人士有职有权

职责安排:

① 有职有权,名符其实,这种情况也有

② 挂名的

③ 挂名大多无所事从

④ 有职无权或稍有权

党与非党关系上：

① 正常

② 不够正常

三反以前一般较重视（正确否是另一问题）三反打完后把统战也打跑了。使统战政策贯彻上受到很大的阻碍。

帮助关心上看：有的不管不问，有的生活上照顾政治上不管。一方面我们认识上不明确，另一方面是骄傲自满，功臣自足。

我们要：

① 耐心帮助；② 民主作风多听从大家意见；③ 自觉的努力学习。

2. 对非党干部和民主人士的政治历史问题。当根据已有的情况该结论就做结论。由于这方面没注重，在提拔使用上也注意不移。几年来他们有了不少的进步，这是基本一面。

3. 如何协助民主党派的发展巩固工作。有他自己的工作，活动。

四、今后。

1. 加强统战政策学习，提高政策水准。

51年李维汉报告，周总理报告，15日中央的指示，少奇同志关于统战部份报告，从上而下，先从党内，领导重视结合本机关情况对照进行检查，同时根据现有的问题实事求是的解决。

2. 加强党与非党人士的团结合作。不仅自己工作做好，也要帮助人家做好，一视同仁。

3. 五月份工作问题。

关于了解一个厅或局的政治工作的意见

一、机关党的工作

1. 党委会对基层组织（党支部）的领导问题

① 组织领导

② 思想领导

2. 支部工作（以此为重点）

支部的作用：

① 支部在保证行政任务的完成方面的作用如何？是否行成了一核心。

② 支部对党员的思考教育问题和不良倾向斗争，及运动的领导。

③ 批评自我批评民主作风。党的组织工作包括发展党员，问题的处理等。

④ 党在群众中的作用，包括对工会、青年团及民主党派的领导问题。

⑤ 其他一些基本情况，如党群数字，党的工作干部情况。

二、行政上的政治领导问题。

1. 对干部的政治教育：

① 包括工作任务方针意图，对干部的传达教育，干部是否明确。

② 总结工作提高干部方面的如何？

③ 对干部的培养，提拔方面如何？

④ 行政工作充分依靠党的保证作用，通过基层组织贯彻和完成工作计划。

2. 和党外的关系如何？

① 对他们的关心培养帮助，提拔问题，政治教育问题

② 发挥他们的作用及有职有权问题。

三、目的：具体了解一下一个单位的政治思想工作是如何做的，以便吸取好的一面和发现存在的问题，以供今后对如何开展机关中的政治工作参考。

四、方法：以党的支部为主进行了解情况。

主要以个别了解为主，或个别找人谈谈，但要征得支部同意，必要的时候可在不妨碍工作的条件下，召开几次小型座谈会听取他们些意见，在本单位党组织领导下进行工作，了解情后向该部党组织进行汇报，并听取他们的意见。

结合整编工作，及时向秘书长汇报工作情况，取得指示。

话 剧 团 情 况

15 人

团员 10 人，一生产，青年群众三，群众三。

郑朝，政治上盲目性较大。

吴玉云，团员，本人历史较好，家庭较复杂（较好）。

江枫，较好。

孙明昌，较好。

万正栋，35 年文工团调来，翻阅笔记本，教学工作，资产阶级内容很明确，美中有丑，丑中有美，到团后表现自由主义很严重，社会关系复杂，社交很广。

学习中表现，他认为联系实际不好，不联系实际。讨论中往往抓住片言字语，拖延时间。发〈明〉言中抓住小资产阶级的两重性，他[说是]强迫与自愿改造相结合，他说话逻辑不通。他的材料最少。吹〈虚〉嘘自己。经常跑到李保章（群众）家中借准备学习为名，去发发牢骚。

群众：

汤建宁，较好，工作一贯积极，像汤恩伯的〈姪〉侄女。

杨奇，政治上很糊涂，家是资产阶级出身，哥在台湾，当空军。

董兴林，出身很好，意识较坏，一般讲还可以。

骆可，导演，学习表现看上去还好，一贯表现很圆滑，看什么人说什么话。社会关系较多。

胡世淼，国民党三青团员，曾捕过共产党员。挑拨离间，散〈佈〉布消极因素、打击领导威信，搞的大家不能工作，自己有一套办法。

学习时始[终]不联系实际。

今天他提出，反党不一定是反革命，如高饶。

写学习小结时找万[正栋]讲，王进去他很不自然。

李宝璋，上海人艺，有一张过到他家住了三天。大众歌舞团有一吴仁，学习开始经常来。表面上看脾气粗暴，骂人、骂领导。"不让老子干，老子哪里也能干。"实际上不一定，"老谈政治第一，没有艺术怎能表现政治？"

崔孟湘，他的爱人有问题。

张武同志：

胡世淼[说]，白鸥曾在国民党演剧队，他说当时剧团不要白鸥。

刘：

万正栋刚来时就接到华北话剧队的一封信，他们在乡演戏，不晓得那里来这么一个人，自称进步，你们要建团等，实际大吃大喝。

来到团后就提出"技术决定一切",小表演时取体裁乱七八〈遭〉糟。"美好的生活就是思想性?"今年二月来。他讲延安文艺座谈会上讲话,他讲领导上要首先肯定文艺为工农服务。另一面他讲观念形态。

生活上表现自由主义,学员反映每天在家,半天工作。棉布统购统销后,买了布写了一张条子,说是浙[江]剧团。团里去了解,他回来讲,他妈的居然有人调查起来了。

人民游艺场,一姓邱的给万打电话,说了通过他了解一个人的情况。华北话剧团曾给了他一张观摩证,后来又向经理要了一张,混到大众话剧团。

他自己曾谈到曾被国民党抓去过,他曾在上饶,很多同志从他那里走参加革命,他帮助钱。

王珂,胡世森曾经常和石港夫妇吵,一遇到运动就搞到一起了。有一次有一同志听到:"你再吵我给你揭出来。"

(吴桐,到万这里来,经常带了女的。这人很复杂。)鬼鬼祟祟,给外边人。交际处一姓刘的。

感到石、崔对付起刘。
二组　崔孟湘(李的爱人)
三组　石港(胡爱人)
万曾讲他以前团里的情况都了解。
汤建宁的爱人是欧克,是过去国民党的伞兵。欧克对学习很反感,她很苦恼。

欧克,对学习很反感。
三组石港,二组崔孟湘,一贯企图通过艺委会篡夺,52 年方案有很多毛病,建议重研究。
成立艺委时他〈两〉俩讲,这下子我们可解放了。
在艺委员会一直叫有职无权,陈团长算什么,还不是我们搞起来的。
破坏两陈团长的关系。导演必须了解演员思想情况。
建议陈西〈宾〉斌团长到这里来搞一部情况。

刘：

崔孟湘、李宝璋有一次跟一〈性〉姓〈销〉肖的关系搞坏了，李给〈销〉肖下了一跪，崔来把袖子一捋，讲〈销〉肖，你对不起我。〈销〉肖毕齐曾要求到这一团来工作。

万和■查关系问题。

胡苕子、宁子英，北影。

沙：

要省委发一通知，星期三党内负责同志都听。

浙江话剧团全团工作人员名单

赵殿鳌	杨宗铭	张骏声	邱星海	骆　可
王保玲	应若枚			
赵楚凤	陈训平	张履泽	胡定康	毛克勇
郭崇赞	赵泉水	金银树	盛阿羊	蔡桃龙
王　珂	刘明仁	张　武	李宝璋	
于爱如	吴绮云	汤建宁	杨　奇	寄群
胡世森	郑　朝	董兴林	江　峰	
陆　宜	孔　彬	宋家先	冒怀曾	朱荷生
周贤珍	白　欧	崔梦湘	金宁芳	
郑北京	戈　辉			
纪裕光	杨　明	邓立辛	俞立程	梁锦平
石　港	杨效兰	姚秀禾	欧　克	
戚文娟	哈国弥	邹善莹		
王宗昊	周渭康	杨其昌	石南海	周诵新
尤肇文	陈　杰	郎树森	吴柏林	钟学海
罗万多	陆登高	谢宗斐	高文达	李广民
万正栋	陈宏鹏	孙明昌	梅福根	陈升人

（文件编号：F138）

江华在浙江省委十八次扩大会议上的报告记录

1955 年 5 月 23 日

传达中央十五个省市书记会议情况。

四个会议[内容]：粮食问题、镇反问题、合作社问题、全国人民代表大会代表到各地视察问题。

（一）粮食问题，现供应面太广了，各地都有程度不同的紧张，各地根据中央的指示做了些粮食统销工作，趋势都有不同的下降，粮食问题党内反映紧张，党外也反映紧张。有些乱子，〈搅〉缴了口粮，产量评高了，供应不及时、不足等。全国范围看统购统销工作大体还好，但有的把乱子的一面扩大了，有的地区逃荒、卖小孩是有的，有的是假逃荒。事实是事实，但性质要研究，奇怪地是我们党内也有的看到这一点扩大了，乱讲，制造混乱，但不要忘记大体还好，这是一基本的方面，如果没有这一面我们搞统购统销是错了。双统有五利，一利缺粮户，二利六民（渔、盐、牧、林、船民，经济作物地区），三利灾民（成片的），四利工厂城市工业化，五利打台湾。现全国供应是 1 亿 4 千万，应该供应的是 6 300 万，乱子是有要分析他的根源、性质。

在分配方面如何合理，统购如何合理，把我们的工作比去前做的好一些。1. 我们也放一放，你那个地区真正缺粮户有多少？2. 假叫的，假的有多少，真叫的多少？回去摸底，七月一日前搞清，主席讲层层压下去，搞出一个底出来。这次会议也叫紧急会议，现在是心中无数真假不分，七八九月的粮食统购统销工作做好。底摸到了统购统销工作才能做好，否则做不好。六月间中央开粮食讨论。

（二）镇反：对联上层，提高警惕，肃清一切特匪；下层，防止偏差，不要冤枉一个好人。主席召集最高国务会议讲清楚了，重点是一切。宪法十九条，97 个字讲捕捉，要放的 8 个字，97：8 等于什么？昨天来了些民主人〈事〉士视察，其中就有镇反问题和粮食问题。他们要大赦特赦，我们是大捉特捉。我们要欢迎他们，不要怕，大体还好。

省市协商会要开次会，专讨论大赦特赦和大捉特捉问题，我们已经赦了不少,"五反"严重犯法户,浙江捉了十二万人,大部分放了,不要公开反对赦,就是如何赦的问题,问题是如何捉。也要有人出来反对赦。各县中要搞些材料,特别强调讲捉不行,多叫一下。党委负责审查,监察院负责盖章。

现在全国范围有七百多宝贝,宝放到海里要捞得起来,否则不放。各地方要做出计划,全省15 000多,第一季度1/3。

（三）合作社问题。

主席谈的主要精神要发展,特别是晚解放区,发展合作社是社会主义,社会主义是发展,全国也是乱子不少,大体还好,大体还好是肯定的基本的一面,如果我们不发展就要犯错误,犯错误将来要检讨,有些省分配了任务。

各地要分别不同情况规定办事,实事求是。发展合作社是不是会妨害生产,过分强调发展社就要妨害生产,也不好。生产好不好是农民的吃饭问题。三字经:停、缩(是指那些不自愿勉强入社的,要分析不同的情况。)十五户有五户要退十户办,五户要办就五户办,办就支持帮助,不办帮助他搞好生产,不要伤害群众积极分子社会主义的积极性。发,是指晚解放的地区,主要是发展,但也要分别情况,浙江由省委负责分析情况,有个别的进行。有一个的,两个的……各多少乡,搞清楚。

凡该停则停之,〈改〉该缩则缩,该发展的发。

自愿互利是我们农村合作社工作的原则路线问题,不互利就没有自愿,不自愿就没有互利,贫雇农团结中农目的是搞社会主义。贫农团结中农目的是搞社会主义,贫农团结中农保持自愿对贫〈对〉农有利,合作社工作中要做到完整不伤害中农利益。

社章中有一条伤害中农利益要修改,原来的社要退要保持。

（四）全国人民代表下乡视察。

我们的态度:（一）积极;（二）老实。

好的要他看,坏的要他看,一般的乡也要看,以后要帮助他分析。到县后情况要〈解〉介绍,好坏一般乡是多少,城市里的浪费。检查工作实际需要,提高了工作,对他们进行了教育。总之要肯定我们的工作基本是好的(各项工作)。

农村工作、粮、合作 社、镇反工作要搞好,要整党建整,大县要建立粮食局。

（文件编号：R138）

关于统战工作的检查汇报

1955 年 5 月 25 日

四重点单位统战工作检查汇报

办公厅、农、林业厅、交通厅

一、办公厅

（一）较普遍的情况是：道理通，具体不通。工作上给党外人士吵架，生活上也是没有很好的照顾，如对何的照顾，不是真正的照顾，是不得不做。只是上级交待这样做。对一般的就很差了，参事室为了半个公务员惹的他们很不满，他们反映，又配备了一个半个、两个半个不顶事。到现在还是。有一研究员于配华，女儿、儿子和他都在一个房子住，子女都十八九岁了。［对］高级［人士］照顾了，思想不大通，一般的就不照顾。有的参事反映，统战政策就是这样，还是执行不好。孙明权（徐州起义）："对统战政策的体会一天天不如了，开始有点热情，现在热情没有，闷死。"党员说了算数，王钦正："虽然要我们认真研究，事实 上主要我们长期〈修〉休养。"

吴景生：1. 统战要经常、长期统战，不要一阵风过去就算了。2. 统战了整个的长期的统战，不要上统下不统，少统多不统，群统党团不统。3. 有权有责的人员要克己一些，不要公自厚，而薄责于人了。这是代表性的意见。

文史馆，首先对房子问题很不满，出入不便太小，有的馆员把自己的著作送到馆又收回了，不满意，认为上海好，这里不好。上海对"翰林"的待遇高。有一周阳台说：如再找不到房子我就不干了。

我们党员反映这些人就是光吃饭不干事，和猪拦一样养起来，不要让他们乱饱。有的他们自己也反映他们是和猪一样养着算了。讨厌看不起他们。有的同志对章太炎迁葬 问题非常不满。

（二）清一色思想非常严重。如分配一非党人士去，就各方面找籍口。1. 编制。2. 怕麻烦。

人民群众来信组反映对高级民主人士经常介绍些坏家伙参加工作很不通。对吴山民在办公厅时思想上不尊重，吴也愿调出。

认为统战就是几个民主人〈事〉士，认为社会主义党的统战基础〈必〉比以前缩小了。有的同志(部队转业的)感到是一新问题,到底谁统谁呢?

李维民和参事室住在一起,半年多没有讲一次话。

有的认为统战就是参议室,民主人士。青年党员同志对新来的同志介绍工作,反映办事室四个任务"喝茶、看报、吃饭、睡觉"。参议的职责不明确。对文史馆没有一定人负责。有参事爱人没工作现,当会计解决了,但机〈事〉要局就是不算编制也不要。

二、农业厅

布置以后,召开三个会。(一)老技术人员座谈。(二)知识分子座谈会。(三)青年技术人员座谈会。

情况:

1. 政协现在作用没有过去大了,过去主席是毛,现是周。

2. 统战的范围不清楚。团结民主人士可以,起义军官不通。

3. 骄傲自满情绪存在。认为他们作用不大,如有一局长说他们仅起打旗作用,开会多喊几声万岁。水利局提拔了一非党人士当副局长。原第二副局长不满意,公布不积极,压下来不公布,后来谈话后才公布。

4. 技术人员做事少,拿钱多。

5. 过去我们打天下,现他们享福。

6. 对他们要求过高。

7. 对他们的教育少。

8. 清一色思想很严重。

徐志文吴一心副厅长来了没有工作做,又回去了。(杨:这都是高技专家,为什么不能工作呢?)

他们反映:

1. 老的工作好,青年待遇高,五级技术人员当领导、学习考试老的改不好就批评,政治情绪〈底〉低。

2. 检查政策雷声大雨点小,检查时是绵羊,检查后是老虎,青年团是电话筒。

粮食生产处,20个技术人员只有1个党员,2个青年团员。17个历史上有问题。

三反遗留的问题都没处理,是一大问题。

三、林业厅

问题。党内主要：

（一）上级提出来就重视，过去没有认识统战政策是党的根本政策，不明确。

（二）有的认为是利用，是对他们的统治手段。

（三）理论和实际不结合。

（四）解放后统战范围小了，是否重要。

（五）统战只限于几个人物。

（六）他们不解决问题。

（七）看他们缺点多，优点少。

（八）对吴化文局还当厅长，很不通。税务局如没有吴，我身上没有这些伤疤。

问题：有些处长感到李士豪当厅长有问题，去请示很不好意思，不解决问题。

特种经济处第二副处长讲：为什么单把张调到我这处当第一副处长呢？

造林处座谈中，起义的处长张则友，齐光远同志讲起义军官是〔被〕刀压着脖子，张的脸很红，并争论了。

提拔只提拔党团干部，森务局党员科长家俱房子不好，一闹就解决了。

杜林涛，有的党员反映他光拿钱吃饭，陈如生工程师反映我们是：小寡妇当家，说了不算。林业厅民主人士反映党员不懂装懂。

年终鉴定嘉兴化工厂要一讲党，王厂长全体干部大会检查制止了。民主人士反映：

森工局×人说：讲德我们不如党员，讲才你们不行了，不管如何努力反正提拔不着我。要求帮助他们提高政治。

他们反映〈民〉对知识分子思想改造要求过高（王耀水）。

四、交通厅：

（一）有的同志反映，机关中只有行政关系，没有统战关系，民主人士人民是被统的对象。

1. 对统战工作不够重视，对他们使用多培养教育少。

2. 帮助民主党派的发展不够，把民主党派和反动党团列为一类，非党干部要求参加民主党派认为是落后,有的怀疑他们的组织活动,参加他们的会是监视态度。

3. 我们只看到他们的缺点,少看他们优点,反映到非党干部方面是自卑,雇〈庸〉佣关系。

4. 党有党组织,团有团组织,他们没有地方反映。

(二)对非党干部的政治,原三反遗留的问题长期未解决,怀疑影响很大。

提拔了的干部因没很好帮助培养,结果不能胜任,又拉下去,因此有人认为:需要拉了来,不要时排出去,责任要负,待遇不给。

(三)〈非〉党群关系方面不够正常。

党内骄傲自满,清一色思想较严重,看不起非党干部,提拔非党干部往往党内不少阻力。在整顿组织,有一律把他们踢掉的思想。

狭隘复仇思想,如转业干部对吴(化文)。

对上层,敬而远之,对一般的是生硬。

非党干部要求科内去[找]党负责同志,否则党不相信,非党科长说了不算。

(四)有职有权也表现不够。

1. 请示了党外的厅长还要到副厅长处去,麻烦。

2. 不解决问题,有的问题不能决定,再请他到党员副厅长处去研究。

3. 接触有顾虑,反映多了不好少了也不好。

4. 文件性质,差不多的文件最有机密字样,非党干部看不到。有一科长要通过讯员去拿材料,结果上面盖上了"机密"不敢给他。给他看到有"机密"他不敢看。

5. 党组和行政的关系,许多问题就是"党组决定"执行等等,有的问题可以行政[解]决,但也通过党组。行政会议上是形式。

吴反映:朱厅长在时,他精神上较愉快。分工了,文件也不敢给他。×所长对房子问题很不满,6个孩子,两间小房。

统战部强调统战一面,要那方面强调那一面,反革命分子面扩大了,政策界限不清。两种要求互相矛盾。

三反遗留的问题。

彭:

1. 首先一个问题是今后领导上对这一工作的意识。

2. 应看到党外人士的[工]作好，如何贯彻统战政策。

3. 督促检查，摸出些经济负责同志要亲自抓。

4. 把我们党当前工作提高到党的政策水平。

5. 一定时间把情况总结一下写出报告。（27 日。）

提出今后工作的意见。

杨：各部发现的问题如自己能解决就先解决。

黄：生活问题。有职有权问题，但讲通政策思想问题也要注意。

（文件编号：F148）

霍士廉同志关于农村工作的布置

1955 年 5 月 26 日

现在农村的基本情况,党的农民的关系,大部分乡村中初〈部〉步趋向缓和,表现在中农的生产积极[性]有所提高。粮食销量到四月上旬超过 1 950 多万斤,比去年此时增 53%,5 月中旬降到 1 640 万。4 月 15 日—20 日平均 1 400—1 500 万,21 日是 1 500 万,总的情况是下降;转了一万多个社,转退社等也和中农有了缓和,虽然不是基本上解决,继续缓和下去,问题是可以解决,问题是我们继⋯⋯这阶段工作基本实现了。粮食问题应引起我们很好注意。地县委针对这些紧张情况进行了统购、销、三定的宣传,凡是政策和群众见面的地方,证明效果是好的,有收获,区书[记]以上的干部,亲自把党的政策向基层干部宣传。三项政策,阶级政策,粮食政策,合作政策,合作化政策宣传较深,而且还结合了过去的工作。起了初步发展群众的效果。互利政策过去很差,一般损害了中农利益,宣传之后,办社的信心提高了。应收缩的基本上收了,合作社的紧张的情绪开始缓和,特别是中农,更为显著,破坏农具现象少了,自愿互利政策中农是拥护的,这证明宣传的效果是好的。体现党的政策就是领导团结群众的力量,农村干部在和合作社的骨干初步教育了他们,了解了党的政策的重要意义,特别是侵犯了中农利益,恶果是严重的。很多同志体会到必须把这次教训总结好好教育干部,群众也受到了教育。群众积极分子也体会到社章是民主的,办社要公平是一原则。党的政策和群众见面,对办社都起了巩固作用,现收缩工作告一段落,在政策统一的基本上收获,过去有很多同志把工作任务和政策对立起来。不敢宣传政策,这是不相信群众的愚民政策,不宣传政策跟乱宣传政策都是错误的,事实证明是群众做的工作都要和群众商量,政策掌握了群众才有力量,当然宣传要统一的宣传,统一的认识,省地县委都要有自己的提纲。由于深入宣传工作,干部了解到我们的错误是严重的,要求把这一发展趋势停下来,这是牵[涉]到根本政策问题,这是关系到工农联盟的根本情况,而是较严重的。国务院委派了工作组来研究情况,那些是社会主义改造中不可避免的,那些是人为的,把情况摆出来后,我们的干部开始明确了。不少是因为干部对党的三大政策认识有偏差,有的是在工作中吃了亏不满。工农联盟受了伤,工作生产就受到很大损害,农村生产,中农是主力,我们只看到坏的一面而忽略了好的一面就要犯错误。我们发展社会主义是对人民有利的,因此基本上人民是拥护的。但我们的工作非深入不可。过去是否没有问题呢? 不是的,是因为我们工作深入了,发现问题多了,这是进步,只要我们不离开总路线,我们的工作就有成绩。

总的是,粮食合作,有了缓和,干部工作有了改进。

但这一阶段中存在的问题[有]:

上次会议的"全力巩固,坚决收缩"的方针在基本上是正确的,合作社的发展二年看基本上好的,去年 12 月会议省委是大力巩固是对的,但没有停止发展,这是估计不足,现在看应停下来,2 月份"大力巩固,停止发展,适当收缩"但这三个问题,会上没有把三不变成一完整的东西,实际上没完全停下来,因此 4 月份"全力巩固,坚决收缩"。现[在]看基本上是对的。4 月会议争取快一点缓和是对的,但会上估计方面有问题,强调了主观能动性、把群众的客观的作用看轻了些。一般合作估计重了,粮食问题估计轻了,造成了有的地方强迫退社。

到明年以前的主要工作:

1. 合作化方面,到春耕前应是全力巩固。(现■县收的工作基本上告一段落。)措施从巩固方面做。应该收的收,不是不收了,积极创造发展社的条件。(全省还有三百来空白乡,除落后乡之外肯定应积极准备发展。)到一定时期转入发展。

2. 粮食工作,统购、统销工作方面,应认真地做好秋收前的统销工作,否则我们没有粮了。通过统销工作,做好下半年度统购销思想工作上的一切准备工作。这样可减少下半年粮食工作的工作量。统销工作一定要逐乡、逐镇把工作做好。今年的粮食工作基本上是少销达到少购。争取在今年年内至迟一月份,把粮食统购销工作基本做好。

3. 征集兵役,大体上比今年多些,也要抓,明年二月份这一工作完成。三月份开始全力投入搞生产,对秋收前中心很明确。

4. 镇反工作应引起我们各级党委的重视,今年准备补一批究竟多少,各县要具体研究。

5. 整党建党工作,特别基层党的建设,干部训练工作要很好的研究改进。

一项具体任务：省委准备开一专门会，地县委也要开会。

其他工业生产，特别是小工业、手工业、商业很重要；政法问题也很重要；文教卫生也要管、计划工作，党委都要有计划地讨论研究这些工作，首先把他们自己的一套用起来，支持他们。

积极改进我们领导方法，单打一是不行的。

秋收前全党工作中心，是全力巩固合作社，加强互助组的领导，〈代〉带动个体农民，积极做好，生产工作，争取争农业生产任务的完成。

1. 具体工作要根据不同情［况］。粮食问题某些地区基本结束，要全力巩固合作社，首先从生产入手，整顿生产、组织修订计划、加强田间工作，争取单位面积的增产。防旱涝要准备；组织物质、思想的准备。通过生产解决互利政策。力争合作社巩固的好，争取社全部增产，同时对已转退的社也要帮助他们解决一些遗留的问题。根据情况，突出计划限期完成。并加强对互助组和个体农民的领导。

有的地区应收、应转退和留的继续宣传政策，该转的转、该退的退、该留的留，对任何强迫都是错误的。宣传政策既宣传自愿，也要宣传互利，这方面工作不宜拖的过长。应由各地区根据不同情况订出计划施行。这些县也是以生产和巩固社为中心。

有空白乡地方，要分析情况，对非落后的空白乡，分析情况和主观力量决定发展计划，地委批准报省备案，积极进行发展准备工作。

2. 粮食工作，确定组织力量，摸情况、认真领导三定、统购销政策的宣传，继续发动群众搞好统销工作。现粮库没粮，主要靠自己，以乡为单位，结合宣传政策摸清缺粮户的底。发动群众，公布统销数字，供多的适当退回一部分，少供的供，秋收前应减到 1 000 万少有出头，否则日子不能过。有可能在耐心的说服教育下争取能够退出一部分，千万不要强退。到紧张的乡搞工作，必须深入分析，问题在哪里，是粮食还是干部作风问题，统销要抓，但不能急躁，必需下苦功解决。

3. 党的建设问题，必须认真服务党的支部工作，党的领［导］，必须依靠互动合作为基础，这是我们完成任务必须依靠的可靠力量，否则任务肯定是搞不好的，必须引起各级领导注意，特别县委以上。

因此不能不考虑到如何巩固提高我们的党，县乡二级的领导是主要关键。

县委主要是如何加强集体领导,开展批评自我批评,发扬民主,改变书记一人负责的作风。支部工作问题安排,要各级党委认真研究,加强这方面的工作.如果每个乡发展好 1% 的党员配合 5% 的积极分子。500 个人乡,每乡 50 党员 200 积极分子,1 200 户,200 万户左右,20%。把他们的工作真正做好,提高、培养他们高度威信,我们一切工作基本上有保证。都这样,我们农村工作就建立在必胜不败的基础上,这是党的长期责任,目前就着手。各种组织要抓起来把党员放进去,党委要多下些功夫。要求两三年内做出显著成绩来,农村工作才正常[巩]固,农村面貌才为之一新。如果县以上党委没有这一先见之明,具体组织工作上,不能握住这一中心环节,农村工作是不可能搞好。要求各县党对基层组织建设要有 3、5 年计划。若干具体工作,干部训练,组织人员挑选训练干部等,要布置下去。

几个措施

1. 把中央这次会议精神写一教材,有计划的传达到党支部,通过党向群众宣传。组织全体农村工作干部学习总结一下工作提高干部。树立起积极搞社会主义的思想。认识到社会主义、合作社时刻是发展的,(总路线)三字经目的是为了发展,克服消极因素,对主观主义强迫命令等现象进行斗争。我们是要政策办事,地书(记)每年训两个月,县书(记)也训两月,树立辩证唯物的思想方法,把党的思想工作提高到党的首要任务。只有抓主要这一环节,工作才有力量。

2. 党的各项改革要不断地向干群宣传,为干群掌握了才有力量,三定、统购销——。首先宣传社会主义总纲,进行自愿互利政策的宣传,家喻户晓,人人皆知,深入人心。进行现有社的巩固工作,这是很艰巨的工作。解决互利政策,不要低估中、贫农民间的紧张。其次,粮食统购销工作也要建立在政策的基础[上]。

3. 强调了思想、政策工作后,必须加强具体的组织工作。目前组织工作最主要的缺点就是在一时期只要搞一种工作。实际情况在同一时期至少要做好两三件工作。

(1) 要有任务要求;(2) 要有一定干部指导;(3) 一定干部具体做。

建立合作粮食和党的工作三方面 除业务部门外,各地党委要固定一批干部专搞。提出方案。这条很重要。

4. 省本身据情况把中央的任务贯彻好。地县委是〈委〉执行机关、要确切掌握情况，调查工作，深入研究。每[个]党委委员，起码有二个月在下面。县下去好帮助组织（党群）。深入群众[中]去，超越干部一层。检查工作应首先了解群众情况如何。

（文件编号：F148）

林乎加在十八次省委扩大会议上的总结

1955 年 5 月 30 日

一、关于会议的讨论：

从实践论谈起，会议要求两重点：

（1）取得武器、能掌握主席结示。

（2）根据指示精神确定任务。

根据汇报情况，确定任务部份问题提的不多，取得武器部分问题很多。经过江（华，——整理注）传达主席指示后，感到有很[多]问题明确了，进步很多，也有一大部[分]同志有疑问、〈振〉震惊，经过讨论大都解决了，也有少部同志担心怕传达不清。

工作估计、合作化问题、粮食问题、工作贯彻安排问题。因这些问题过去曾在某些阶段有不同的讲法，有矛盾的地方，如何统一就成为问题了。工作估计上有把成绩讲的是主要的，在估计缺点方面往往看到乱子多些。合作化问题也如此，中央二次会议后我们讲了些加速合作化，但后来说多了要停。讲 57 年基本合作化，后来又讲慢些，现又提出大发展。粮食问题，乱子不少，有人提出统购统销政策的疑问。阶级政策有的讲中农不吃亏，现在讲完全不能伤害中农利益，如何解决贫农困难？

这是些思想问题，要求把这些问题讲清楚是完全必要的。否则工作中会产生偏差。为什么提出这些问题，〈整〉证明我们对这些新问题缺乏经验，那对、那不对我们还不完全有把握，对农业进行社会主义改造是一个新学问，这一群运规律我们还没找到规律，因此存在不同看法是难免的，对这些问题好好讨论，缩短摸索经验[的时间]是很有必要。土地改革过去曾摸了几十年，农〈十〉业社会主义改造是一新的，如果仍等于学习，等于总结经验，对我们的工作是非常必要。重点把这方面的一些原则性的问题搞搞清，找规律，不是无目的的，不是单纯地那句话，那个事错了，而是找到运动的规律，使我们进一步提高。

用什么方法来寻找规律，正确的方法就容易找到规律，这就是辩证唯物主义的方法，实践论的方法。

学习实践论,解决工作问题有两好处:① 掌握了实践论的思想方法就容易解决当前问题,就有了统一的语言。才可统一争论。② 推动我们学习理论,学习辩证唯物主义。虽然〈当〉党中央不断提倡学,但我们注意很差。过去学习感到有些神秘化,工作证明非学不可,决心学还是容易学会,学实践论为了解决我们工作问题,有目的的学理论要和实践统一起来。

杨献真同志讲:

1. 过去怕没有决心,看看丢下了,要下苦功夫,把绊脚石跨过去。多看几遍,消化他一下,抓住基本精神,要精读。

2. 掌握了精神后要联系精神,对照你自己的实际,发现过去自己思想方法不对头的地方在那里,应用他,苏联专家称赞我们学习杂志总结的学习方法。

实践论的要点三个部份:

1. 认识对实践的依赖关系。

人们如何认识客观世界事物发展的规律,就是要依靠实践。

2. 认识的发展过程。

① 认识的发展阶段。

② 感性、理性。

③ 辩证唯物主义认识的发展,认识的深化。理性认识依赖于感性,认识有待深化。这是辩证唯物主义的认识论。

3. 认识的发展和提高。

马克思主义不但是认识了世界,更重要的是如何运用认识了这一世界的客观的规律后,如何改造世界。实践(合作化、拔莠荠都是经验)

二、用实践论的思想学习中央的会议的精神和毛主席的指示,这次主席指示八个字,各方面都大体如此,浙江的工作也应这样估计,也是"乱子不少,大体还好。"就是成绩是基本的、主要的,缺点是部份的、次要现象。以合作化讲,我们发展基本上是好的。现在看绝大多数社,初步估计四万左右社可巩固下来。由去年秋收分配了 600 多社发展到 40 000 多个是很大的成绩。各地同志反映合作化生产优越性,培养了大批骨干,办社经验比去年多了。领导上也〈取〉确保了初步经验。这对浙江将来农业社会主义改造有很大意义,这应肯定的。乱子不少,主要是发展中失去控制,自流。① 过多过快,主席讲保证

90％质量,我们 70％。② 相当普遍地伤害了中农利益,中农积极性受到妨碍,但不是中农躺下了,不是基本方面。

粮食工作也是如此,也是乱子不少,大体还好:

① 完成国家收购任务 24％,春花还不算,算上春花差不多。

② 完成了上调任务。

③ 保证了城乡人民的供应。

④ 稳定了粮食市场,过去人民生活水平低,现在消费虽提高了,过去浙是入,现是出。

应肯定统购销政策是完全正确的、基本上是好的。征粮有的该减员者未减。征购任务是重了些,如果减少 4 亿的话会减少很多紧张,由于统购任务重,(影响)了统销,造成了某些地方供应被动。少数地方存在应供不供,这是不对的。

1. 过去工作上的片面性的原因在那里,这和我们的思想倾向有关,看到成绩多缺点少,骄傲自满工作出乱子,就反骄傲自满。只看缺点乱子,但反过来也容易使人感到一团糟,信心不足,反过来不要鼓励信心,讲成绩少讲乱子,又滋长自满情绪。重要问题要克服个人主义思想问题,如果工作估计,我个人主义联系起来工作估计一定不准确,如果党内汇报工作不是有意扩大缩小,教训是成绩要看足,缺点讲够。

2. 合作化:发、停、收。

要发展,否则是错误。工作中贫农很互利,中农让自愿完全不能伤害中农利益,发展是主要的。我们认为:① 三字经不仅适用于指导当前运动,也适用于今后工作,今后合作化运动。根据浙江合作化的发展来看,是一群众运动,工作靠乡村干部就是群众。18 000 多乡干,10 万多群众,思想是各种各样的,基本相同,有所不同,要统一语言,现在还办不到,要几年功夫。群众性的发展,就必须有领导,否则一定有偏差。我们就放松领导,跟着群众跑。发展中对侵害中农的具体问题我们不严肃。到一定时间一定要有一定停,我们过去就是没有掌握这一"停"。

"缩"也很难免的。总有一些不自愿勉强来的,不具备条件,缩是必要的,应缩。

我们没有掌握这一规律,没有及时解决这些问题。该收时不够有力,到四月提出坚决收缩,结果变成动员收缩。〈总〉懂得这个规律后就容易沟通。

②　工作路线,中农利益是万万伤不得的,自愿互利是合作化的工作轴线,一点不能违犯,如妨害了中农利益一定要严肃对待。

今后发展是主要的,应主要研究规律,过去不得不付学费20％废品。

3.　统购统销。

①　广泛宣传互利、剩余粮户、六民、灾民、工业化、打台湾。

②　重点搞好统销工作,谭讲鼓励生产、控制消费,少购、少销。一定要少销有了保证,才可能少购,使生产者有部份余粮,鼓励生产。现在相反,农民挖的太重,应放手供应。现搞了52亿,购问题不大,关键是统销没搞好。主席讲统销大有文章,中央统购降20亿,销降58亿。

③　工作关键在于摸底:a.产量要摸清,定高低的乡各多少,高多少,低多少,首先大体摸清;b.缺、余、自给户各多少,分类缺多少、余多少、各占多少;c.不缺叫缺多少户,原因在那里。

教训:

①　我们也走了些弯路,开始第一年宣传了政治工作,忽略了法令。今年注意了法令,忽略了政治宣传,现在看互利一定要宣传,不能忽视。

②　重购轻销、多购多销,要转为重购重统,主要是重销。少购少销,主要少销。

③　没有摸清底。

4.　镇反:

①　提高警惕,肃清一切反革命分子。

②　防止偏差,不〈怨〉冤枉一个好人。

第一条主要对全体同志讲。

第二条主要对公安机关党委讲。

过去我们主要是麻痹大意,这一条大家提意见很少。

5.　人民代表检查工作,积极的态度、老实的态度。

党应主动地争取人民群众的监督,人民愈监督的严格,我们工作就愈深、〔愈〕好,帮助我们做好工作。

紧紧掌握主席的指示,可更加加强工农监督,提高党的工作水平,加强和人民群众的联系。

过去的问题证明：部份同志没有掌握辩证唯物主义的工作方法，没有掌握最主要要点，往往钻在些小问题中纠缠不清。不宣传政策，就是问题，如果只看到好看不到乱子，就有问题。许多同志在讨论中强调我这里对不对，不宣传是布置的问题。他不是去找工作规律，而是去找我对了你错了。这些同志是没有懂得找规律的重要，没有实践论的观点，不抓主要关键点，计较是非，是非就没有标准。有了主席的指示我们就有了标准。（思想方法论 191 页）

三、态度问题

1. 对实践的问题的学习就是科学的态度。坚持真理修正错误，对我们这些党员，重要的是要有老实的态度，虚心学习，有准备的修正错误。现在是有了一点就沾沾自喜，骄傲的态度，杭县的拔荸荠就在这里，骄傲。批评自我批评掌握不起来，不喜欢批评，不愿暴露缺点。付了"学费"得不到知识。骄傲自满是我们接近真理，前进的最大的敌人。

2. 盲目〈符合〉附和，不坚持真理，不根据时间、对象、地点乱用，要坚持努力，追求真理，夸大个人作用是完全错误的，是降低了群众的积极性，信心。但一定的个人作用要承认的，社会的进步就是靠这些进步事物努力发展的。我们要努力向这些人学习。

第二部份　七、八、九月份农村工作任务

秋收前全力巩固农业生产合作社，同时做粮食工作。

一、关于农业生产互助合作问题

生产问题，总的问题要解决思想问题，现在同志们思想[是]搞粮问题，注意搞好生产是解决粮食问题的关键，不要只抓粮不抓生产，这是错误。

1. 提高现在耕地单位面积产量，争取丰收，[这是]主要方面的。

2. 扩大耕地面积，加强对开荒工作的领导。

从工作讲，中心问题是经济改造，搞好合作化问题。但在政治中不要挫折个体农民的积极性，特别[是]中农。

（1）提高单[位]面[积]产量。

① 做好战胜自然灾害工作。决不应麻痹，七月份前主要是涝，以后主要是旱。[农业怕涝七百万。]怕旱主要问题是水利，认真搞水利，逐年缩小受灾

面完全可能。把当地群众经验总结起来教育群众,[是]主要的。

做好思想上、物质上、组织上的准备工作,各地应有〈长〉常年兴修水利的计划。

虫害,二化螟很快,应很好防止。

② 积极发展高产农作物,积极有领导的提倡超额增产运动。去年的增产运动也是八个字。事实证明,凡是实践有经验的有领导的推广,是好的,盲目搞的就坏了。

凡是有经验的大力推广宣传,凡是群众自愿的是好的。强迫命令,行政安排是坏的。

掌握这两条再搞一[次]增[产]运动是好的。提法上可研究。六月底开始,我们过去没好好抓生产,具体要求各地委研究。

③ 当前要加强田间管理,各地要补课。

(2)扩大耕田面积。

① 群众性的开荒,是主要的,容易发动,但破坏水土保持。要领导,不能自流。保持重要河流水土有关的不能开,可开的划一区再开。

② 国家组织的[开荒]正在研究。

(3)经济作物生产要很好抓,省强调搞油茶,潜力很大。恢复一亩荒四动就够了。

春蚕、春茶都减产,对外贸易影响很大,夏秋蚕、秋茶要好好研究。

二、合作化

(一)贯彻全力巩固农业社。

1. 搞好社内生产,生产应有明确方向,一两年内要争取超过当地先进生产水平。

2. 逐步〈作〉做到社内整、半劳力都有工作。

抓住当前的夏收、夏种,多种多熟,开展增产,推广先进经验。

检查生产管理,国家耕作区实行责任制,推广。

(1)改[进]包工的办法,改进劳动工分定分办法。

(2)广泛宣传互利政策,掌握群众路线,讲清政策后社员讨论,改不改。下[一]步骤做春花预支、预购问题。

(3)建立改进会计制度,负责制、规定奖〈成〉惩办法。

（4）社内骨干普遍进行一次审查，有计划地培养、提高管理领导水平。不纯的经群众改选。

（5）加强社内思想工作，中心：个人集体利益一致性的教育。主要依靠党团支部。

（二）加强对互助组的领导，切实帮助对互助组解决的困难，搞好生产，准备今后［向］合作社的发展，特别是要研究转退的组。准备发展的空白乡、较少的但互助合作基础较好的，以乡为单位研究。准备工作：县［委］定计划，地［委］批准报省委。

第一，搞（一个乡）二三十户，拎架子、根据骨干；

第二，挑选骨干，准备会计，训练骨干，办多少训多少；

第三，办好互助组，特别常年互助；

第四，思想准备，广泛宣传互助合作优越性。中小学毕业生都上一课，讲清政策。

（三）收缩。

1. 已经宣传政策进行收缩的，主要搞生产，如再退社后退，重点帮助退社的组织互助组，退了又办的，应审查，合条件的批准；退了以后又要办，一般地说明事实后再办，坚持的动员他加入适当合作社中去，转退的要特别看待好好照顾。

2. 没有宣传政策、没转退的，应全面宣传政策、社员讨论解决互助问题，如社员不自愿要求退，应批准，五［保］户愿办也帮办。

（四）加强经济部门的领导，组织各部门为农业生产服务，主要为互助合作服务。加强这些部门的政治工作。

三、粮食统购销工作，总的情况很紧张，主要是供应问题。六七月要认真抓一下统销工作，认真整顿统销工作，合理压缩销量，争取六月份基本上销量稳定下来。

① 宣传政策，群众评议，不该供应的供应了，该收回；多供应了，收回；该供应的没供应的，供应。抓住城镇，对投机造成破坏的反革命分子依法处理。防止平均压缩。把国家领导的粮〈食〉市场组织起来。

② 做好春花收耕工作，春花已列入口粮的不要收购。任务有困难的上报研究，早稻一熟征购一部［分］。

③ 切实做好粮食摸底，收割前订下来。

抓住重点宣传互利，揭发投机分子，对坏分子要惩办一批。

四、镇反问题：

重点是城市乡镇，交通沿线，山区落后乡村沿海地委要进行摸底，捕重点残余漏网反革命分子、贯盗贯窃、流氓。对机关内部，特别文教卫生、基层合作社中的残余分子也要处理，主要是提高警惕。党委组织连同司法部门做好准备工作。

五、加强党的组织建设和思想建设工作：

（一）适应调整编制，省委初步［决定］省级确定要砍 15—20％，总的编制提出意见具体研究，主要是提高干部责任心，合理。

县以下主要加强合作生产、粮食、党。区、县应确定三个干部去做互合①工作，准备训练互合辅导员。粮食战线发挥合作社作用，县长、副县长专管粮，区、副区长专管财贸工作。把财贸干部管行政状况改变过来。县粮局区粮管所业务建立起来。购销粮数字；购销粮证、手续；管理；统计；党的工作要加强干部教育管理，领导人民团体工作，一定期间有一定任务。

（二）加强支部工作，主要是加强支部工作战斗力，介绍好的工作经验，〈论〉轮训，必要合作，开会党费可以用，县委造预算。

重点合作社中政治工作和统购销政治工作：抓紧时间对基层党的整顿工作，对混进党的坏分子洗刷出去。党员少的地方应有计划地发展一批。

（三）干部训练工作，6 月 16 日前地委书记到省报〈导〉到，共 40 名，宣传部筹备。以后有重点调一批县■。

贯彻地干、县导计划。

六、秋收前各项工作安排

1. 重心是抓生产，整社统销工作都应围绕生产搞。夏季增产运动由地委为单位提出。

2. 主要应根据各项任务的要求，从实际出发。

3. 安排工作中心问题：是力量和任务的问题，把主要工作抓起来。

部门工作地县委要善于安排他们的工作。抓支部工作。

---

① 互助合作社的缩写。

重点县试验编制,地委确[定]。

4. 各季工作的准备工作,粮食、兵、水利、干部训练。

第三部份　党的领导问题

1. 县以上的干部认真提倡马列唯物主义,先看小册子,要有经常学习。

2. 政策问题,党的会议上要认真讨论,〈安〉按政策办事,违犯了坚持纠正,和违犯政策做斗争。党的会议上不要过多的纠缠在步骤方法上,着重放在政策正确执行上。

宣传工作中,县以上的党委要都抓纲、党委检查工作主要检查政策执行情况 。

3. 要教育干部走群众路线的观点,成为各级党校的主要内容之一。

4. 调研工作,从摸底中逐步建立起来,通过有关部门出一定题目,逐步对各项工作的主要情况有正确了解,主要任务放在地委身上。

5. 党的集体领导原则必须建立,力求做到县以上党委执行政策基本是正确的。

(1) 党委会上,经常进行批准自我批评。

(2) 审查培养干部问题。

在党的领导下,发挥部门作用。

(文件编号:F147)

浙江省一届三次人代会开幕词(节录)

1955 年 6 月 8 日

各位代表：

今天是我们浙江省第一届人民代表大会第三次会议的开幕，本来我们全省代表共为 451 人，由于乐清县的洪式闾代表，余姚县的毛契农代表，黄岩县的朱文劭代表和杭州市的黄宾虹代表四人因病先后逝世，原选举单位还没有补选，所以这次会议应出席的代表是 447 人，到现在为止已经报到的代表有　人，因事因病请假的有　人，虽已报到今天临时缺席的有　人，所以今天实际到会的人数是　人，是合乎法定开会人数的。此外，列席这次会议的有省人民委员会各工作部门的非代表的负责干部　人，并且邀请了四位全国人民代表大会代表列席这次会议。①

这一次会议，我们要讨论的主要议题是国家第一个五年计划怎样在我们浙江省来实施[的]问题，另外，我们还要选举一位全国人民代表大会的代表，以补足因洪式闾代表逝世的缺额。

大家都知道，我国发展国民经济的第一个五年计划，已在今年七月间全国人民代表大会第二次会议上正式通过并且公布了，这个计划三年来执行的结果，已开始使我国经济上政治上各方面的面貌大大地改变，随着国家工业化的迅速进展，和人民社会主义觉悟的不断提高，许多事情我们不但能够按计划完成，而且是超计划地在完成。我国的生产力是正以空前未有的速度在发展着，我国社会主义经济成份，已在一切经济领域中占得了确定的优势。随着国民经济这样的发展，我国人民的生活水平也逐年在提高，一切的事情都说明我国正沿着富强繁荣的社会主义康〈壮〉庄大道在前进，很快速的前进！

各位代表，我们浙江省是中华人民共和国的一个省份，从总的方面来说，我们浙江的情形是和全国的情形一致的，在我们的各个经济部门中，不但社会主义成份也开始占到了确定的优势，我们生产力也都有很大的发展，尤其是值得我们注意的，是今后我们各种经济成份的社会主义改造和各个生产领域中

---

① 数字原缺。

的生产力，还将有更迅速的发展和提高。

从去年秋冬间开始的，尤其是在今年下半年继续发展昂扬着的农业合作化运动的高潮，它的来势简直像我们钱塘江的怒潮一般，在震撼着我们的一切。我们所处的情况和工作的条件是飞速般在变化着。昨天认为做不到的事情，今天已完全有条件可以做到了；昨天认为不成问题或者可以慢一些搞的工作，今天就非加快速度赶上去不可了。这样的事情几乎是随时随地都在产生。过去我们常听人说，几千年来农民旧的生产和生活习惯是不容易改变的，但是现在事实证明，他们改变得比谁的意料都来得快，他们热爱社会主义的集体生产，而迅速把个体小生产的习惯丢弃掉了；过去我们担忧农业生产力不容易提高，但是现在事实证明，在全省绝大部分的田地上，每亩长一百斤皮棉，一千斤粮食与一万斤蕃薯，已不会是很远的事情了；过去我们担心的是农业发展跟不上工业化的要求，现在，在某种意义上来说，反而是工业生产适应不了农业发展的要求了。明年我们〈只〉至少将要供给十万架打稻机，八万架双轮双铧犁，一万只农船和一千架抽水机给我们的农民，使工业上感到制造这些生产工具是很吃力的；过去我们以为浙江的文化教育卫生事业还算发达，许多事情可以按部就班来做，觉得实现普及教育、扫除文盲和消灭血吸虫病等地方疾病都缺乏条件，现在事实已经证明，我们不但开始有了解决这些问题的条件，而且还必须设法很快来解决这些问题：对于私人工商业和手工业的社会主义改造也是这样，由于生产工具和社会消费品的需要不断地扩大已使这些资本主义的和个体所有制的生产制度和整个社会进步的矛盾也愈来愈尖锐，大大地妨碍着我们生产力提高和按计划制造与供应的需要。总而言之，我们所处的情况和工作条件，都迅速地在变化，社会主义的浪潮是汹涌澎湃地在发展，随着生产关系的改变与生产力的提高，在一切的领域内都得迅速改变它的现状，去适应这新形势发展的需要。那个方面落后，那个方面就会妨碍我们社会的发展和进步，因而它也必会被社会发展的浪潮所冲掉。

四月间，由于布置农业生产任务的急迫，和粮食的统购统销方面存在着相当多的问题，〈即〉急须我们去解决，我们曾经企图把农业合作化发展的速度弄得慢些，采取了退缩政策，但是结果，不但许多农民对我们不满意，反而把我们工作也搞得更混乱了。及后，到了毛主席纠正了我们这个错误，一切的事情也就顺利了，好办得多了。所以这是一个很深刻的教训，说明在客观形势飞速进步的前面，要是谁想去阻挡它或者是只想慢些，按照自己的老习惯、老速度来办事，那谁就一定会糟糕。

　　能不能这样说，这个严重的教训我们大家都已领会了呢？是不是可以这样说：在客观形势飞速发展的前面，没有人想按着他自己的意志，按部就班地慢慢来搞呢？是不是没有人怕快了会生乱子，怕快了经受不起呢？我想应该说是有的，一种人可能是因为看不到社会主义革命高潮的已经到来，即看不到客观形势是一日千里在变化，另一种人可能是被这高潮所激荡而觉得不好过，在埋怨高潮，希望他来得慢些。

　　（沙文汉旁注：速打，打好后给江、李、杨、吴、余、方各一份，请他们审查改正，于今晚给我。）

　　　　　　　　　　　　　　　　　　　（文件编号：Q31）

省人民委员会听取来浙视察人民代表的意见

1955 年 6 月 14 日

梁希:

宁波组,七种观感,两种体会,三点意见

七种观[感]:

1. 得到了政治的意义:我们来的目的是比较深入〈的〉地了解农村的生产生活情况。这次农民群众都把我们当作毛主席派来的人,向毛主席问好。

2. 浙省农业欣欣向荣的情形,和解放前大不一样,除历史上山开到顶外,另外都是封山育林,水土保持的好。

(1) 水稻每年都增产。慈溪原因是■改变,解放前该地区粮是输入,现输出。

(2) 棉花增产的关键是改良种,耕作方法。

3. 农民的生活大大地提高了。农民反映最好多给点大米,少给小麦,这也证明农民生活提高了,过去农民吃糠菜。

4. 农民社会主义觉悟提高了,拥护社会主义;对阶级敌人警惕性很高,主人翁的感觉。

5. 部份农民文化水平提高了。

6. 农民对党政府毛主席是拥护的,对政策拥护信任。

7. 农民看到了互助合作的优越性。

两种体会:

1. 一种学习到走群众路线是工作的重要关键,工作上凡是走群众路线的工作就做的好,否则就不好。

2. 偏差问题,工作中偏差免不了,但有大小之分,毛主席讲是"大〈至〉大致还好,乱子不少",错、改、进步。

一个镇,一年生 92,死三人。

三点意见:

1. 乡干待遇低,绍兴十三个,187 个区干,172 积极的。每一乡干十六元多,建议反映到中央,乡村干部待遇提高一点。

2. 镇反问题,希望能肃清反革命分子。

3. 农民群众要求抽水机,适当发展一点。

马寅初:

四点意见:

一、1. 合作社入社的,社内外互相仇视,瞧不起。自愿方面的工作已做好了,互利工作还没入手,应从互利入手做起。这一点对团结中农有很大关系,过去依靠贫农多些,团结中农少些,坚决收缩做了,全力巩固做的少。

2. 思想教育不够,生产节约,支援前〈防〉方,应加强。

3. 尾巴太多,很多遗留问题没解决。

二、工农联盟关系。

温州农民对城市居民浪费粮食很多意见。为什么他们吃米我们吃杂粮,房子太漂亮。

嵊县农民意见,粮食卖了换油盐酱醋不合算,价太贵。城市有客车,农民无客车。温州一个地户盖工人宿舍,圈地,稻不熟一定要割,等几天也不行,工人亲儿子,农民是干儿子,农民当兵,工人不当兵。开联欢会参观工厂的办法可解决。

三、农民对有些地方减少体力劳动,很满意。但农民希望一天天大,他不满过去这一点成绩,要机器,要肥料,他们对这方面困难不清楚,要讲,也要年年给他新东西。

四、干部待遇低,应提高。但大多是新干部,经验不〈过〉多,乱子很多。扣帽子,打击报复,强迫命令,表现在合作社和统购、统销工作上。干部分四类,公道能干,不公道能干,公道不能干事,不公道又不愿干的。农民赌博很多,要求政府禁止。

何老:

浙江地少人多,政府应考虑一下移民的问题,浙江应大力发展蚕丝业。

张絅伯:

我这次到淡水渔民区去。

海捕鱼:近海、远海。

渔民要求：远海捕〈渔〉鱼的粮食；日本渔轮有意识捣乱。

五多四少：

1. 互合多；2. 增产，但互助合作不互利；3. 借贷多；4. 生产资料增多；5. 积极分子多。盐也增产。盐民要求：要求少吃杂粮，大小口一斤三两差不多，但晒盐时不够，盐价低了。60％有沙眼，如何治疗。

体会：

1. 每到一处看出政府同群众打成一片；

2. 任何一样政策都是新的，不免发生偏差，问题一方面在克服，一方面在产生；

3. 治安问题，殴打干部，暴动。

许宝驹：

金华区：首先肯定该区是在向社会主义道路前进。合作社由去年 400 多发展到 11 000 多，现 8 631 个，农户 21％粮食增产。生活、生产资料 54 比 53，提高 73.63％。

干部水平的提高赶不上社会主义改造的需要，偏差是难免的。

1. 发展合作社中有强迫命令，违犯自愿互利［原则］，侵犯中农利益现象，生产资料一般折价过低，还期过长。金融财务管理混乱。

2. 统购统销情况，人民是拥护的，54 年定产稍高些，供销不够合理，有的挖了农民口粮，定产不实事求是，购主粮多，农民多留杂粮，反映多种杂粮吃杂粮，不种杂粮吃大米。

3. 供销：缺余不清，一月前紧，一月到四月 ■86％。很多人为此紧张。有一些工人和农民反映不够吃。

粮食品种调剂做的不好，如糯米，要求给老、小、妇女调剂一些来吃，有的地方要求多设供应站，供应站工作同志不严肃。统购中少数干部强迫命令，较普遍地搜仓现象。

粮食市场没有很好组织，影响互通有无。

对农民的社会主义教育不够。

① 治安情况，镇反工作是有成绩的；

② 残余反革命分子破坏活动,反动标语;偷窃犯,第一季 2 000 起;

③ 地富破坏,收买拉拢,混入互合组织,囤积反抗政府法令。

意见:

1. 加强调查研究,摸清情况,目前集中力量做好三定工作;

2. 加强对农村干部教育,提高群众观念,克服强迫命令;

3. 加强和群众联系,经常关心群众生活,听取意见;

4. 加强农村治安工作。

宋云彬:

嘉兴专区

1. 统购统销:这一工作做的好坏,关键在于生产,这一地区一般生产过高,是根据历史情况评比调查划片,但找典型田偏高,总路线教育工作不深不透,农民不愿把余粮卖给国家,摸底不透。

统购先紧后松,积极分子卖的多了,调皮不老实的少卖了。

统销:一般干部重购轻销,先松后紧,叫的紧的先供,造成了供应量面大,没有办法了,紧一下,造成应买的缺粮户反而得不到供应,缺粮、余粮户都叫。农民农忙吃杂[粮]不满意,但无论如何,就是灾区人民也没有惨色。现三定政策已定到乡,但群众还有怀疑,农民顾虑摸不到政府底,怕不实〈是〉事求〈事〉是,三定是好的,要求供商品肥料。

三定九好:

① 心中有数;

② 不会浪费;

③ 不致再顶牛;

④ 加强党同人民政府的联系;

⑤ 供应户少了;

⑥ 合作社生产情绪高了;

⑦ 供应更合理了;

⑧ 统购任务可提早完成,国家可预先安排;

⑨ 合理供应城市。

2. 互助合作方面。

三种情况：

① 土地人口相称，人口合理，领导强，生产很好安排；

② 土地人口相称，但农具扣，价不合理，不自愿互利，生产受到影响；

③ 凭〈各〉个别人热情，宣传少，不成熟，如遇到问题，不容易克服，一般生产比单干好。

问题：

① 合作社发展快，干部跟不上；

② 自愿互利原则，执行不够；

③ 没有能和社员算旧账；

④ 对退社社员缺乏照顾；

⑤ 老社有的太大。

乡干绝大多数是好的，刻苦耐劳，当然〈各〉个别也有坏的，建〈意〉议给乡干代耕方法解决生产上的困难；领导布置工作急，多到下边〈行〉形成粗糙。领导上也有强迫组织现象，有的转组形成单干，有的多数人不愿转，但一定要转，积极分子情绪很低。

3. 治安。5 时去吴兴■湖，8 时发现了十多张反动标语。

吴兴　22％

嘉兴　54［年］桑种 77 391 张，每张 41 斤，今年 61 000 多，48 斤。单位提高 16.18％。

海宁　54［年］　10 382，每 32。55［今年］　970 293　51 斤，提高 31.77％。这三县发蚕种占全省 44.37％，产量增 10％。

战前　嘉兴　1936 年 11 万担，今年 3 万担，只 1/3。

意见：

1. 今后如何巩固蚕丝的成绩，以后提高，建〈意〉议省检查 9 万张蚕种，未发出，是否没发足。

2. 个别地区养蚕技术很差，有一社倒三十多张蚕种。

3. 吴兴桑叶产量好的 22 担，一般七八担，因为他每年施四次肥，现一般海、嘉每亩只两担左右，主要施肥太少，间种杂粮等毁坏桑田。要和农民算账，提倡养蚕，桑树上山，不要扩大面积，发挥潜力。浙江占全国 38％以上。

吴兴养淡水鱼，收入很大，现鱼秧买不到；扫盲现在没有了，恐怕要搞起来;血丝虫病很严重。

沈兹九:

杭县

1. ①

(1) 经过了解我们感到农村工作是不容易的,但靠了我们吃苦耐劳的干部是能做好的;

(2) 农民生产情绪很高;

(3) 农民是积极响〈影〉应国家的号召,组织起来的道路;

(4) 妇女生活工作的情况。

几个问题:

(1) 合作社问题,偏重了坚决收缩,全力巩固做的不够,甘蔗价贵有一户退社种蔗;

(2) 中、贫农的关系不够正常,表现在社中农具折价低,还期长,有的100年;

(3) 粮食问题,过去存在很多问题,现在解决了,就是□吃杂粮问题,要对农民进行宣传;

(4) 待遇问题,请考虑。

2. 治安问题。

反革命也是很猖狂,要求镇压。

3. 连作稻的问题。

希望:

(1) 对合作社优越性多宣传;

(2) ××高级生产合作社是一旗子,要很好巩固;

(3) 是否乡干中有专人领导互助组。

俞平伯:

1. 感到农民是热心健康的,积极响应党的号召,这是好的,但也有怕吃亏,不自由的想法。互助合作办的好增产,但办不好,也影响生产。

2. 整社时重了收缩,有一社动员退三次,结果都剩了贫农,只好动员大家

_____

① 原文无内容。

转组。我们的干部执行政策是坚决的,但反映群众要求不够,领导上应多鼓励他们反映意见。

王国松:

粮食问题较多些,有的农民讲共产党什么都对,就是粮食问题不好,对三定政策怀疑农民对吃麦子感到麻烦,小麦是 8 元 5 一担,谷六元 5 一担,一担小麦加工要三元,吃一担麦损失五元。肥料是统一分配,不能互相调剂;农民到城里做工后,回家嫌落[后],肮脏,有的不回家了;粮食分配可多给些米,过节排队买糯米,现在配给糯米,粮食问题全国可总调度一下。

李士豪:

温州市的零售额 1950 年 100,54 年 202,人民收入增 46%。下边干部很努力,群众民主精神培养出来了。

粮食问题,定产,划片定产,评两次定中间分法是好的,问题是标准田的问题难掌握。区乡干部反映是定产只低不高,据我的看法[这]一般是高了。永嘉乐齐乡,富中农免购额 490 斤,贫农 430 斤,贫农不满。100 斤麦 80 斤粉,100 斤谷 90 斤。

建〈意〉议对粮食市场加强领导,价格可稍高于统销价。

开荒问题:

黄振东:

侨汇问题:青田,永嘉 3 000 多人。浙的特点:

(1)侨区集中,在外的地方也集中,新、马 80%;青田集中在欧洲;

(2)绝大多数是劳动人,大多数都回来,侨汇数目很大,温州总数 50—54 年共 380 万元,每年 75%,平均每人每月 15% 元多,青田占公粮数 60% 以上。

不够重视。

杨思一同志总结发言:

大家都抱了诚恳学习的态度,很客观的反映了我们工作中的问题,提了很多宝贵的意见,给我们工作有很大帮助。工作情况认识是一致的。

对农〈存〉村的干部给了很大 的 支持;我们的工作仅是"大体还好",不要自满要努力做好工作,人民提很多要求是好现象。

粮食问题:1. 我们准备首先搞好三定政策;2. 七月份前把供应数下达;3. 干部加以训练,全面进行政策教育。

合作化的问题,快了些。

特别是自愿互利方面没有很好贯彻,是否冒进呢,我们考虑暂时还不下这一结论。现存在强调了收缩一面。

1. 很好贯彻互助合作政策;

2. 训一批办社干部,3 000 个;

3. 办好中心社;

4. 经济支持。

根本问题是教育干部的问题,另一个是教育群众,特别是中农。

另外加强治安工作。

代表反映的情况综合

一般的感到解放以来农村情况大不相同了。浙省农业生产欣欣向荣,农民的生活大大提高了,物质文化水平提高了。社会主义觉悟有了很大的提高。一般对党、对毛主席、人民政府是信任的,走社会主义道路,互助合作情绪很高涨,特别是乡村干部吃苦耐劳,都给他们上了实际一课。

他们体会到,工作方法凡是走群众路线的工作方法,工作一定〈作〉做的好,凡是主观主义不听群众意见强迫命令的,工作一定做不好。

一、互助合作方面:

1. 农民社会主义觉悟是高的,发展很快,干部领导水平和骨干的培养〈根〉跟不上工作的需要,因此出了些废品。

2. 自愿互利政策贯彻不力,有些地方侵犯了中农利益,农具折价过低,还期过长,有的 100 年。

3. 全力巩固,坚决收缩,有些偏了收缩一面,对巩固注意不够,保留的社中有很多问题,计分、管理、互利等;有的动员退社、退社转组,落 放松了领导,有的对转退的歧视。

4. 中、贫农关系有些紧张,过去依靠贫农多,团结中农少了。

二、粮食问题,统购统销。

农民一般对粮食政策是拥护的,也存在着问题。

1. 定产一般偏高,有的地方挖了口粮,过紧。

2. 统购是先紧后松,统销是先松后紧。

3. 供应不够合理,该供应得不到,不该供应供应了。

4. 对品种调配有意见,吃杂粮太多了些。

5. 收购统销农民底摸不透,〈呈〉出现了严重不均现象。

三、镇反治安问题。

一致感到反革命分子很猖狂,到处破坏杀干部积极分子,破坏生产,〈什〉甚至代表到了,马上出现反革命标语,要求加强治安工作。

四、蚕桑今年丰收,建〈意〉议不要破坏原桑田,增高产量,另外在山上发展。

存在的问题及意见:

1. 农民教育不够,建〈意〉议加强对农民教育工作。

2. 干部待遇太低,建〈意〉议统一考虑。

3. 工农关系,有些地方有问题,组织参观,联欢等。

4. 机器农具适当考虑增添。

5. 加强治安工作。

6. 干部有强迫命令作风,不走群众路线,建〈意〉议加强对干部进行政策教育。

7. 建〈意〉议领导机关多加强和群众的联系,多听从群众意见。

8. 加强调研、摸底工作。

9. 盐、棉、麻、米日用品的比价问题。

华侨问题。

陈部长作风较好,吴省长叫人感到不大易接近。

（文件编号：F150）

谭震林同志关于农业改造、镇反和党的领导的报告

1955 年 6 月 17 日

农业改造一是粮食，一是合作。

一、粮食问题

要把农业改造成为社会主义农业，也就是要把分散、落后的农业改造成为先进的集体农业。[就]工商业、农业两个改造看，农业改造困难。11 000 户，五万万农户。和我们斗争最尖锐是资本家，但他人数少，工人是[站在]我们方面。他的基础是沙滩，只要我们把工人团结起来，我们什么时候要他死，他就死，活就活。工人、原料、市场是我们的，说明他没有力量。相反，五万万农民是脚踏实地，如得罪了他，他就不理你，发展他自然经济，退后一步，因此农业改造是困难的。他脚踏实地，劳动人民，不能用市场等办法。反过来说，我们把农民组织起来，改造好，资本主义就无路可走，统战少做点没关系。起决定性作用[是]粮食问题，合作化问题。其他问题有也重要，但关键是这两个。而当前讲粮食是基本的，只有解决了粮食问题，[合]作[化]才能大大前进。粮食问题解决不了，他们都是空的。两年的统购销的经验，线不能拉得太紧，紧了就要断。原来 55 年征购 950 亿斤，现经反复研[究]退到 900 亿，又退到 870，再不能退了。统销方面也要退下来，这叫"少购少销"。县区以上的干部可讲，具体情况有的地[方]少购少销，有的地方多购少销。基本做法叫"三定"：定产、定购、定销。就现在全国范围看，证明方针是正确的。哪个地区三定宣传做得好，哪里就不紧张，反过来哪里不好就紧张。老百姓叫"四定"，加上了定心。人心安定，结果是积极性提高了，把三定定到户，具体算〈帐〉账。过去干部都叫粮食围困住，打不出。浙江全省宣传三定的 12％的乡，二定的 70％，10％的乡不敢宣传。中央规定十天宣传到乡，三月底一律到乡。今天六月底不一定能到乡，就是因为不了解三定的好处。中央是了解，三定是安定人心，只有人心安定了，粮食市场才安定。市场安定，安心生产，搞互助合作。浙江和全国一样，只要三定贯彻下去同样是定心，减轻粮食紧张。当然除了反革命分子当权及违法乱纪分子掌握的乡，定不下不解决问题。这种乡 10—15％，这

些乡定不了，人心可定，鬼心定不了。不要迷〈心〉信三定，不一定全省都是好。只要我们贯彻到 80％的乡，剩下的 20％再来一补课，问题就解决了。如果粮食问题解决了，我们就有时间搞生产，合作化。弦子放松些，产量不要高，留粮要留足。高产量区定实产量 90％，最多不超 95％，留足 500 斤，完全没意见。产量减留量是统购数，结果没有供应户了。低产粮区要低于 90％，种子饲料农民就不太争了。如这办法下定下去，今年可买的比去年多 5 000 万斤，统销至少减 1 000 多万斤，甚至 2 千—3 千万。市场也可收 2,3 千万斤，一个嘉兴县可多收一亿斤。如有了灾害减了如何办。今天粮食国家收支相抵，54、53 年余 90 亿，55 年要掌握点余粮，以备灾害。同时，如一个乡减，其他地方商量少提高些，让群众商量，是可做到的。如不到 25％的受灾户，国家任务不变，互相调剂解决。55—56 年浙江 145 亿斤，叫定量，实产应加 8％，11.5 亿斤，120 万人口，高产量户余粮户。经济作物区，每人五百斤算，城市是低量区 500 斤算。

过去我们工作被动主要是：① 心中无数，支部书记是心中有数。② 没有经验，包［括］支部书记在内。有经验的，陈云、毛主席，三定是主席提出，陈云拥护，中央通过。③ 工作不可能做到 100％，苏联现在还有落后农庄。现联共中央派干部到农庄去，争取当主席。全国如此，省县乡都是如此，但工作还是要争取做好，尽量把做不到家的面缩小，心中无数要做到有数，没有经验的要摸经验，工作不可能 100％的做好。但要争取做好，主观要求做到百分之百。从最困难出发，向最好的地方争取。任务重不重是相对的，不是绝对的，任务重 3 亿斤，产量是高了点，下面有一个情绪，说省委产量定高了，你们才代表老百姓是不对的。省委照顾全面情况，克己出发是对的，情况不是完全省委负责。我看，省委也要负一部［分］责任，下面也要负责，中央也要负责。批评省委讨好上级是不对的，有实际可能的基础上照顾全国是对的，超过可能当然不好，实际是可能的，就是工作没做好。粮食工作的好坏是关系全党全国的社会主义事业问题，不是简单的粮食问题。解决问题的基本办法是三定，三定一下定到户，过去以为是困难的。现在看来是可以定到户。嘉兴县大体上七月底定到户。七八九月大部份可以定到户。定到乡，群众还不大放心，定到户，主要是两条，一是产量，一是留，要低 5％，10％或 100％。要有一条〈贡〉杠子，县乡都要有〈贡〉杠子，应留量不顶牛。要深入摸产量，〈贡〉杠要定实际。至于乡定到户，要看具体情况。地富的产量要少，低一点就够了，不要和农民一样，不太麻烦,村干完全有数,一条〈贡〉杠不行。然后讨论种子、饲料问题就不大了。猪六〇斤。只要乡村干部是好人就不麻烦,坏人如何办呢? 就结合这一工作改造,强调产量问题,结果要吃亏的。粮食缓和一下,换取一个合作社。农民手里粮食多了不要紧,将如需有意识的来个支援,农民是可以拿出的。把党委八个月做粮食生意的功夫托出来,省粮食厅在统购销时就是省委的办公室,厅长就是办公室主任,专置粮食部长就是地委的办公室主任。不能只搞业务不问政治,每一个参加粮食工作的干部,必须懂得三定政策,统购销政策。要考试,不及格的不要,要完全清楚自己范围内哪是余粮户。七八九三月粮食工作要搞好,粮食战线的干部暂时不砍 ,只是把表面坏分子去掉,但党委是不是就不做粮食工作呢? 不是,统购统销是全党动手,明年统购销还要补课。统销补课每年两段,春秋。五七年要增产 38 亿斤的计划,如完成就好办了。抓紧粮食增产,现在是稳定下来缓和了,如不努力增产,缓和就不能巩固。

二、合作化问题

粮食退一步,合作社进一步,要大发展。全国可能由现 60 万社到 100 万社。浙江是先进,"冒进"帽子去掉了,成绩是巨大的,由去年秋收后 1.6％到 18％。合作化可以放手发展,农民要求合作化 25％。贫农积极要求政治上经济上积极的。中农是政治上积极,经济上不积极。还有一部分中农在经济上是积极的,35％的下中农、中中农 20％,可与不可均可。富中农 10％不大赞成的,加上地、富 10％。① 合作化的基础是建立在 60％以上的积极要求的。② 有了一定基础。③ 有了相当的干部。有了客观、主观的因素,放手大发展是可以的。冒进的县是土改扫尾,合作化,粮食问题三位一体,一哄而起。成绩也是相当大的。如龙游经过退社还留了 24％,既要批评他冒进,又要肯定他的成绩很大。去年大发展是对的,正确的。个别县地区有冒进原因是三位一体。冒进的一面要批判,但也承认他成绩,实事求是。四月会议在当时的情况下开的是对的,因当时停不下来,矫枉必须过正,这叫做发展规律。

今年有四月会议,明年也可能有,这叫做运动规律。革命的发展是曲线的,运动是向前的。没有四月会议就没有再继续发展。运动中带来了若干毛病,不怪谁。经过退了,以后可能还退。但是可能巩固的,生产一般是搞得好的。巩固社① 贯彻政策;② 搞好经营管理。要有干部,学宁波办法,抽 1 000

多干部搞中心社,其他地委也可以抽,这不等于全部解决了问题。经管理的社1/3解决了,政策问题大部未解决。这批干部只管合作化不管其他,因为农村粮食问题缓和了,主要问题就是合作化,三个五年计划完成合作化是宣传。事实上是提前,有主客观条件,要搞好合作化① 干部。② 增产。关键:1. 三年定产,几年之内不变;土、劳分红,除公粮之外还要有一点粮食,几十斤。但缺劳力,孤独等〈安〉按这样标准不能生活,要采取办法解决一下。2. 经济作物,桑茶,水果等,有些经验要通报下去,必须贯彻。3. 农具,贫农向中农让一两利,中农向贫农让一自愿,不看小利,争取大利,合作化,提高产量。要揩中农油的问题,中央也要负责,群众有这种思想,负责干部也有这一思想。打通思想,执行党的决定,一面打通思想,一面必须执行党的决定,通不通都要执行,能否政策贯彻下去,是能否巩固社和今年下半年能否发展的关键,不能动摇,必须坚决,坚决克服困难,不允许摇动。共产党是一战斗机关,不是一学术机关,这点贯彻了,才能发展。浙江省存在着发展的可能性,不发展就是机会主义,要做思想组织准备工作。

发展(1) 现在社的发展,巩固了的,每社发展十户,小社几户十几户的多发展几户,全省可增加 30 多万户共 120 多万户。20%。(2)建立新社,建立在三定完全贯彻下去,粮食市场完全稳定的基础[上],有了这些条件,再发展。(3)发展不足的乡村可发展,23 高产区的县要做为重点,抓紧一些。发展20 000 户,留一点自发,25 户一社 50 万户,总的占 30%,这样到 57 年 50%,几点 是可能的。讲是第一个五年计划 30%,实际指导要大大地超过。计划上写低一点可以。大发展中带来若干问题毛病不要怕,但要心中有数。〈带〉戴帽子要快,摘帽子要快。争论是不可避免,原则必须坚持,具体办法尽量妥协,可能你的对我的也对,不是你错我对的问题。具体工作的毛病不要斤斤计较谁的责任,原则问题保持距离,具体问题善于妥协。浙江问题所以有些争吵,问题就在具体问题上,这些问题主要是经验不够。

三、镇压反革命问题,有高潮、中潮、低潮

几年来一些公开的显著的基本上搞清。但现在也有些新的问题暴露,上年反革命杀我们干部 6 000,我们只杀了他 10 000。因此要来一次大张旗鼓的搞,全国准备在五年内抓 150 万,每年 30 万,浙江现有 50 万份材料,这还不够,可能有 100—200 万份。抓起来但〈小〉少杀,一般不杀,不杀群众不愿的要杀,不杀要升级,先搞社会主义劳改,办国营农场,镇反运动和纯洁我们的警惕相结合。提高警惕,肃清一切反革命分子……。报纸上每天都有登载,那些人没看。我们要考试学习,不识字的要读,一读二讲三讨论,然后发动自我交待。杭州地方胡风分子有九十多个,胡风分子即是国民党特务,又是日、美特务,混杂的组织(各种特务)。从 33 年就开始了,38 年大发展,(知识分子到延安)48 年发展得更大,解放战争胜利的一年,把一切特务分子都要肃清,不限于胡风分子。军区有一个和胡风没关系,但有问题要交待。这里有一界限,忠诚老实从宽,坚决抗拒从严,过去几次运动有很大成绩,但也有很大缺点。这次不允许有缺点,问题是严重的,有各种问题的人是不少,但是极大多数是好的,95％。但好人中也有问题,5％左右是有严重的问题,这个数字不少,全国自首份子有 500 万。国民党工作人员 1 500 万,几十万人有严重问题。靠这个运动弄清,首先从省市开始,地委直市委都要组织起来,一读二讲三讨论,尽量暴露,暴露出来的问题,报省,即抓到问题以后再讲,县里也要这样做,但不允许任何一个人惊慌失措。不要因为暴露了问题紧张的不得了,没暴露以前你跟他在一起,他暴露了你何必惊慌呢? 解放以后档案很完整,过去国民党的特务负责人大部还在,一切查旁证,想瞒是瞒不了。

四、领导问题

四中全会以来,浙江党领导作风上有很大的进步,表现在民主作风方面,贯彻四中全会决议,发扬党内民主,也带[来]了一切〈些〉副作用,就是集中不够。通过民主没有达到集中就是极端民主化。在贯彻民主方面,产生了若干分散主义现象,也不要奇怪,矫枉过正。少数服从多数。多数服从少数这是办证的,少数服从少数,多数必须尊重少数,多数服从少数,少数又必须尊重多数。浙江在四中全会以前,民主不够,出现了小广播自由主义,那是没有批判民主作风不够,相反批判小广播自由主义,莫干山会议是错误的,[要]推翻。贯彻四中全会后批判了民主不够以后,集中不够,主要分散倾向。贯彻四中全会的会上把省委批评得天下老鸦一般黑。以后有三位一体搞,不经省委同志自己搞。依靠贫农是依靠他容易接受社会主义的积极性。浙江既不存在富农、中农路线,也不存在贫农路线,但是违犯中农利益,搞的这样紧张,省委部门中有分散主义。地县也有。省委是三定到下面就成了两定，一定。各地区有各地的特点，照顾地区特点是需要的。各国有它的总的路线，强调一地区的特殊就产生反动路线，[如]高、饶。不研究党的指示决定，钻到自己牛角尖中，就犯错误，粮食紧张，任务多了点有关系，但主要是人为的。嘉兴500定高了，后来到400，结果还是吹牛，肯定是人为的。总的一点就是得罪了中农。认为照顾中农就是中农路线这是错误的。没学会马列主义，对小农要善于等待，中国情况和苏联有所不同。对这样一分散主义现象不克服，什么东西都贯[彻]不下去，不相信省委，〈中四〉四中会全整到了一条不民主。但另一条骄傲就没整到，骄傲自满就相当普遍。新登一个县委书记，中央检查工作提建议他不听，这种骄傲自满不克服要犯大错误，克服分散主义，主要要克服骄傲自满，克服骄傲自满是党性的锻炼。工作做的好些就骄傲自满，不好就差一些。主席反复讲，力〈介〉戒骄傲，〈介〉戒骄〈介〉戒躁。党的任务粮食合作化任务很重，要完成一定要克服骄傲自满，希望我们这一会议要展开一定的自我批评。到现在三定政策到县里定不下，有县委认为中央的政策不正确，他代表贫农，中央代表中农，这是很不民主的。当然不是说中央是机械的，没成决议要大家讨论修正当成了决议就要执行，有问题反映。原则不能反对，不能反对，我们有些同志就反对合作化的原则，认为合作化就是贫农占中农的便宜，萧山两个县到这里开了会，还不通，研究一下。这就是骄傲自满的严重表现。群众通了，干部通了。但县委书记不通，究竟为了什么，这就是个人主义，不是马克思主义。克服了分散主义，三定合作社问题可以解决。县委书记虚心点，到乡中摸一下究竟是谁对。当然有一些同志有盲目性。

林乎加关于粮食问题的传达和报告

1955 年 6 月 17 日

[传达]李先念报告

大体尚好,问题不少。

统购统销保证了供应,不是说问题不得了了。

当然工作中也有些缺点,留量少了,该供应不供应,是有。但更多是不该供应的供应了。主席〈出指〉指出统购上购过和少购是半错误,统销该供应不供应,不该供应供应了。统销 1—4 月比去年同期多 70 亿,5 月份整顿反比四月少 11 亿斤。

1. 没有抓住统销环节,重视不够,没有抓住农民先吃国家,后吃自己的特点。

2. 不摸底,余目不清,混乱。

3. 主要依靠全党动手,没有具体办法遵循。主席指出统购统销是完全正确的,今后要购销结合。购需兼顾,购销并重,建立制度。提倡节约,根据需要可能坚决压缩销量,适当减少购量以发展生产:

① 今年 873 亿 64 万,并向农民宣传五年不变。

② 销售 753,减为 680。其中城市压缩到低于 1953—1954 的水平,销售数字尽可能减少不能突破。

③ 根据需求可能,制定切实可行的办法,城市定量供应,购销结合,分销余缺,合理供应。

讨论要点:

① 如何定产,划分余缺。

② 如何管理粮食市场。

城市,以人定量还是以户定量,如何管理熟食业。

本省:

粮食问题,各地情况很紧,嘉兴 8 月份就没粮了,停止供应,动员吃春花,各地都采取突击办法,很少抓生产合作的。粮食工作是有成绩,基本保证了供

应,但现在还很紧张,主要:

1. 贯彻三定政策存在很多缺点,对贯彻中央的三定政策不够坚决,我们要负责,定不下去,20 多县是省委的事。两定我们也负责,我们发了一通报就有意识搞了两定。这条是一根本原因。不从宣传政策入手是本末倒置,余粮不合法的影响,去年就做了,有影响。

袁××同志,3 种思想:(1)供应户怕不供应了。(2)收到供应证的怕退出。(3)怕压缩供应。(4)余粮户怕延续购。

中央有两个通报,解决紧张的经验,就是抓三定,余粮光荣,而我们抓压缩,吃春〈化〉花,我们只看表面现象。这和我们对过去执行政策上的偏造成影响有关。

七八九月份计划供应 7.5 亿,不行,要增加 1.5 亿。(1)政策思想且有缺点。(2)和小农打交道经验不够。产量不能过高,留量不能过低,否则适得其反。

2. 工作上的漏洞(1)计划偏高偏低,失去作用,购高,销低,结果办不到。(2)计划没有控制,购粮证,因粮证失去控制。嘉兴发了 3.5 亿。(3)没有执行计划的责任机构。

今后统销工作:

1. 抓住三定,正确执行统销政策,有些问题要讲清。

广泛宣传互利、三定,纠正过去执行粮食政策的偏差,达到余粮合法光荣,有饭敢吃,各地委把各地人为的紧张加以检查,写成提纲,广泛宣传,把三定余粮合法用布告的形式张出。

2. 具体搞三定,七八九月份根据不同情况,逐步定到户。先到乡讲清意图,了解情况,先从合作社入手,产量不能过高,90%左右,留粮不能过低,产留量同时宣布。政治业务工作密切结合。

搞法采取一推一跳的办法,重点带外围(谭:推、跳、带、帮)。

3. 领导上如何保证完成任务。

中央分配数大概 47.67。

二、计划指标,要发文件:① 对 1954 年粮食情况的检查。② 55 年度粮食计划供应的说明,不包周转粮,确定 37 亿。中央给 38 亿,以后十、十一、十

二、一、二、五月尽量压,留一数字应付下面几个月。七八九月八亿七。③ 预征派购计划,去年早中稻收 14 亿,去年午中稻 51 亿斤,今年可能 60 亿斤,完成中央规[定]15.5 亿。

(1)缺粮户不征购。(2)余粮户吃不到晚稻不购。(3)余粮户只征多余部分。(4)调运,中央调给 3 600 万。

总之靠大家努力积[累]出 3 亿的数来。

准备实施证票两用制。

粮食系统的编制问题,全省 22 000 人,县机构问题不大,区乡要改靠,每乡成[立]粮食委会,村成立小组。群众评议后责任机关发证。粮食机关的政治工作,县里一个付县长管财贸交(通),财贸部长管政策,思想,干部工作。① 当前干部配备训练,整编。② 研究政策,三定,粮区,检查粮食系统政策执行情况。③ 政治工作如何做。整编七月份搞完。

1. 关于政策的检查,大的市也可以这样,专县不这样〈作〉做。县财贸办公室,一个机构两块招牌。

2. 农产品收购部问题,八省,河北、南、山东,辽宁,湖南、北。

3. 大城市一商业,商有困难。上海市四个,杭两个,商业、工商。

4. 区设一委员,乡设一专职。

统战部黄部长来谈工作

1955 年 6 月 21 日

私营利润分配问题(沙:如不同意分,要向中央请示)

各地统战部的人要调帮助工作就调(沙)

(文件编号:J415)

中央关于垦荒、移民、扩大耕地的意见

1955 年 6 月 26 日

解决粮食总是有二种办法，一是扩大耕地面积，一是提高现耕地产量。后者是主要的，但也要同时搞前者。

① 组织目前农业机器队开荒，开好交移民耕种，动员青壮年去。

② 地少人多地区劳力不足的合作社也可吸收■农人。

③ 各省均有部份地地可开荒和一般隙地，组织国家贷款扶持。

④ 国营农场周围有地开的，开一批给农民耕。

⑤ 边疆战士复员最好动员就地开荒。

⑥ 劳改役。

估计边区机关每收三四元，花费四元十元安插费，国家可列入救济。

1. 中央关于厂矿企业局编制的意见（批转北京市委）估计 20％左右。

办法：① 增加班次；② 组织轮班学习。

全省去年开公审大会 189 次，到会人 250 万，金华经地委批准捕的 519 人，312 人放回。

2. 粮食等问题。

3. 对资产阶级政策方面，有轻有重。

4. 对反革命管制份子过草过■的处理。

5. 盗窃一般判得太轻。嘉兴 47 件中 57.4％都过轻，有的九纵。

干部作风：

1. 主观，不调查研究。

2. 逼供信。

3. 贪污，腐化。

4. 轻敌，麻痹。

5. 压制民主。

6. 打击、陷害。

公、法、察干部互不服气。

统销 5 月中旬平均 1 562 万斤。

一、祝贺。

二、社会主义建设改造，包括经济文化、医学科学是很重要的一种。

三、祝贺。

半年来浙江工作的概况

1955 年上半年

一、从实施国家在过渡时期的总方针的观点来看浙江的情形,我们觉得这半年来,浙江的情形也和全国各地的情形一样,变化是很大的。

(一)社会主义革命形势发展得很快,大有使人跟不上这个形势发展,好容易才跟上去的感觉。

1. 这不但表现在广大工人、农民的社会主义积极性,同样也表现在手工业者等其他劳动人民,从而使整个社会主义河流的流速日益增大。社会的各阶层、各方面都在围绕着这个形势发生变化。ブル动态,鄞县人代会的热烈情况。

2. 这不但表现在政治方面的,并且也表现在经济方面的。经济上社会主义的成份提高和生产增加,尤其是农业变化,合作化与生产的增加,使我们各项经济工作都有跟不上之势。农民所需物品的生产与供应都紧迫起来,随着必然还要出现的文教卫生方面的紧迫状况。

(二)同时在另一方面,在革命与反革命的斗争方面,这一时期自然也是尖锐的,而在人民内部思想的进步固然是快的(这是主要方面),但同时,混乱分歧也难免增多(因为形势发展得太快了),对粮食统购统销、农业合作化、肃反斗争等等。

二、农村工作问题

(一)就大体说来,重点在平原的粮食及经济作为主,渔盐分了一定的力量,山区已开始去注意,这是工作及力量使用上不能不有先后 有些 所致的。

(二)农业生产

1. 生产情况:

粮食:去年 152 亿 6 900 万斤,今年 141 亿 9 500 万斤,增 7.57%;

棉花:120 万亩,皮棉 70 万 7 242 担,完成计划 151.12%,比去年增 40%,去年为 45[万]8 194 担;

络麻:65 万亩,麻皮 261 万 5 325 担(去年 146 万 2 347 担),完成计划 88.97%(原计划太大);

蚕丝：去年 501 381 担,今年 549 900 担计划数,今年实产 512 081 担,达计划 93.12%；

茶叶：38 780 担,完成计划 88.13%(去年 415 295 担)；

油料作物菜子,单位产量减 14%,总产量增 23%。猪,四五月间一度减至 203 万头,比去年减 45%,猪原缺,年底只能达 311 万头,不能达计划数。

六月份统计除茶及猪外,生产都是增加的,尤其棉和麻。增产原因,除合作化外,与农民生产积极性之外主要是依靠：

① 改〈出〉良〈种品〉品种及耕作技术。

② 稻,间作改连作 92 万 5 066 亩。比去年增 65 万 6 578 亩,连作比间作约增稻 132 斤。单季稻改双季稻 61 万 9 145 亩(去年十万亩),双季比单季增 150 斤,中稻改晚稻,籼稻改粳稻为 116 万亩,每亩约可增 100 斤,乔麦马料豆改种玉米秋蕃茄。

③ 棉花推行良种岱字棉(可增皮花十二斤)。麻新育了"新丰""青口""白莲芝"三种良种,每亩可增 4 080 斤皮麻。

④ 改进技术,小株密植,施用穗肥,玉米人工授粉,蚕采用了杂蚕高温,感光,多回给桑等办法,茶推行了采摘二三茶。开班了各种技术训练班,农共一百余万人,畜 3 500 人指导骨干。

⑤ 增肥,除虫。除虫全省供应"666"3 239 吨,比去年增 2 189〈Ton〉吨；土药：烟叶 7 994 担,茶饼 8 266 担,油类 3 873 担,共二十万担余。推用新农具,并大量贷款。棉花预购 335 万余元。麻专用贷款 128 万元,又加药械短期贷款。

2. 水利

① 去冬今春投资增 15%,扶水利工程 241 处(其中小水库 120 处),做土方 483 万方,用人工 487 万余工,受益 88 万 7 000 亩。

② 群众自修工程。15 万 5 000 处。用人工 1 354 万工(增 49%),受益田 469 万亩(增 10%)。

③ 机械灌溉站,去年 9 个,今年修 25 个,共有 34 站。

从上述情况看,合作化不但[不]影响生产,生产反而是增加的。若说年成好,对棉花来说,确是如此,但对其他作物来说则今年并不算好的。稻受过水旱,麻受了寒,合作化则增加了抗灾的力量。

3. 造林开荒、渔盐业

渔业：

① 今年夏渔汛期全省出渔船 2 万 6 348 艘,渔民 12 万 3 509 人。

② 淡水类鱼 65 万 8 490 亩,投鱼种 6 218 万尾;共产鱼 772 万 7 000 担,其中海鱼 642 万担,淡水鱼 113.7 万担,贝壳类 17 万担。

③ 渔民互助合作组织。

海洋鱼区至九月份已组织 6 万 9 084 户,估 9 万 15 441 户的 75.5%,其中渔业生产社 282 个,渔民 32 169 户,互助组 2 483 个,3 万 6 915 户。大量渔民中,105 社的统计,比互助组增产的有 102 个社。

④ 生产措施。

a. 舟山温州、宁波成立了渔盐部,专署主要县成立了水产局。

b. 渔期成立了 15 个渔业生产指挥部,抽调了一千余名干部。

c. 加强技术指导,发展远洋作业,侦查鱼群回游规律等。

盐业：到十月底止,共产盐 549 万 0656 担(计划 5 350 000 担)即已完 102.62%。除天时有利外：

a. 发展了 260 个合作社,占盐民总数 37.84%(若以单干户生产为 100,互助组 103.94,合作社为 108.26)。

b. 在巷东第三区及岱山建了二条海塘及七座水闸(塘共产 12 500 公尺)以调节海水。

(三) 农业合作化的情况：

1. 由去秋三千八百多社,发展至五万二千多社,四月后缩了一万五千多社。减至 3 万 7 507 社。

2. 八月纠正了"坚决收缩"的错误,至十一月,初步整顿了全部老社,按全面规划积极领导方针,全省在 5 664 个乡中已完成了第一批扩社、建社计划的有 2 371 个乡(41.86%)。正在发动群众扩社建社的有 2 416 个乡(42.65%),还没进行的 877 个乡(估 15.49%)。

3. 现有总社数 7 万 6 130 个,户数 205 万 2 506 户(估 41.5%)。已有十七个县入社,农户已估 50% 以上。新社的情况据富阳 77 乡调查(901 个社)。40—50% 是好的。(有领导有规划的发起,发动了群众,骨干也好,能合理地处理政策与安排生产等)。30—40% 基本是好的,但都有若干缺点。10% 左右,是缺乏规划与领导下群众自办起来的,存在的问题很多。所以今年的社基本上都是好的,肯定可以巩固下来并搞好生产。(去年崇德中富乡,由一个社发展至 22 个社,一人都不肯退社,而今年 22 个社都增了产,巩固下来了。)(全省 37 507 个社,增产的占百分之九十以上,减产的 7% 都是受灾害影响。)

4. 现在工作主要在巩固第一批社,但到明春为止,大约可发展至 87 000 个社,250 万户(占 50.55%),到明年秋前约可发展至 385 万户(即 77.86%)。

5. 合作社发展与农村阶级动态:

① 社会主义积极性空前提高,农民看到了当前好处,也看到其光明前途。贫农、新老下中农都很积极,富裕中农在矛盾激荡中也渐渐倾向过来,富农一面安了心,一面则又很矛盾。

② 地富的破坏活动。

6. 粮食的"三定"问题

① 粮食在上半年是一个大问题,各方面反映很多,工作上确也存在着一定的毛病,部份地区确也显著了一些,以致销售量月月上升,最紧张的情况是在三四月份。一月比二月增 15%,三月比二月增 39%,四月比三月增 21%(比去年同期增 27%)至五月开始下降,五月比四月减 17%,六月比五月再减 30%,七月以后继续下降。七月至十月,实售为 10 亿 7 528 万斤,比去年同期少 2 亿 7 074 万斤。

从上述情形看,粮食紧张主要是人为的,一种反社会主义的逆流。青黄不接时粮食销售反而大减。"三定"贯彻后,许多地方老百姓卖粮增加,且要求存陈粮作今年公粮。若真的粮食征购过头,三定也不能减少今年的销售数。

三定工作情况——见原稿。

三、工业

工业生产的消长(与去年相比)

1. 工作的要点是节约与提高商品质量,为农村服务;改造。

2. 节约与提高质量:

① 全省棉纺节约花 329 202 公斤,比中央节约指标超额节约 16 万 9 504 公斤。

② 酒厂(白酒)用了 38 种代用品及废料,产白酒 1 千 226.45〈Ton〉吨,节约粮食 2 335 吨。

③ 二三季度 52 个主要用煤厂,节约煤 5 千 947 吨。

④ 纱厂每公担丝用茧从一季度 341 斤 19,降为 288 斤 61。

⑤ 管理费用重点厂减少 1.52%。提高产品质量方面,一般都有进步。

⑥ 纱的正品率提高 6.83%(比去年),达 94.7%,而浙丝三厂三季度达 100%。

3. 为农村服务:

基本上是生产工具,新产的有 14 种。肥料及更多的日用品。

4. 资本主义工业的改造——见原稿。

到九月底合营了 128 户,职工 12 675 人,产值 8 085 万 3 000 元。到年底合营了 216 户(连前共 294 户),四种产值可达 73.11%。

四、商业的统筹安排和社会主义改造

(一)统筹安排下情况的改善

1. 今年一至十月份营业总额比去年同期增 1.55%,〈另〉零售则增 12.04%,十二个主要行业则为 9.73%,零售则增 19.15%。除货源缺乏(日用陶瓷,国药,五金器材等)外余均上升。

2. 盈余金额增加。

七个市一至九月份,413.047 元,第三季度又比上半年增加,上半年 248.804 元,第三季 162.045 元。上半年亏的四个行业在第三季只仅五金,但又增了猪肉,这都特殊的。

(二)商业改造

1. 七个市场改造了十余行业,百货、新药、茶业、图书、文具纸张、油、盐、烟、酒、木材等及前已改造的棉布,粮行户数共为 1,183 户(挂牌为经销与代销店),占总户数 13.04%,劳资双方从业员为 20.89%。

2. 改造后的情况:

国家资本主义销售额比重增加,第一季 34.26%,第二季 36.70%,第三季 41.16%,九月份 45%。

资金增加,费用降低(统战部材料第 16 页)

五、文教

(一)增长的情形。

(二)存在的问题,主要是质的提高,尤其思想提高不够,纯洁内部亦甚重要。

六、反敌斗争

今年七至九月,先是美蒋特务间谍捕了 144 名。有组织反革命案有 5 起,反动传单标语 1 210 张,反动证件 1 160 份,反动密信 798 封,手榴弹 27 个,炸药 29 斤,收发报机 1 架,田契 360 张。今年,纵火烧合作社仓库 63 起。

【讲话目录】

Ⅰ. 总况

是今年在全国社会主义建设和改造迅速发展浙江的情况变化及很快使人有跟不上形势的感觉,我们走过弯路。

Ⅱ. 情[况]概要

1. 农业生产

2. 粮食三定

3. 农业合作化

4. 工商业生产的改造

5. 文教卫生

6. 与反革命分子的斗争

Ⅲ. 总结

1. 就总情况说今年的进步是很快的,相信以后还要更快。

2. 二种社会交替,过渡加速下,社会各方面都在激荡,同时使〈敌〉地下斗争也更尖锐复杂。

3. 由于经验不足,进步又很快,在总的成就下缺点是很多的。其基本特点是工作粗糙,许多问题都还来不及妥善解决,其原因主要是在我们地方领导上。

四月会议的弯路,就是一例。许多问题也来不及深入研究与组织必要的力量。

（文件编号：F183）

×××关于体育工作的讲话记录

1955 年上半年

一、目前形势和任务。

谈起谈到体育工作对国防和社会主义建设的作用,现在干部认识是好的,要提要高一步,是国家一项新事业,是社会主义建设不可缺少的一部份,加强体育工作总路线[教育]。

二、搞好体育工作,加强体育工作的政治领导,学习苏联先进经验是很重要的。现在体[育]运[动]中资本主义思想较严重,锦标主义,有的单纯培养选手,不注意全面发展。体教中还有不团结,不重视政治的倾向……。

三、体育工作要搞好,要求各方面重视支持和配合,要求团、教育厅,工会要很好的负担起来,建立组织。

省体委也不断加强,并希望各地领导也注意抓组织建设工作。

体育工作是随着政治经[济]……①

现专、县还不建机构,但不等于体育工作不要搞了,决[定]专由文教科领导,各级领导很好的配合支持。

(1) 一部分人存不正确〈人〉看法,可有可无,影响工作,有个别的党员认为搞体育不务正业,体工同志也有搞这一工作不光荣,[是]四等干部[的思想]。

(2) 加强思想领导。

1. 锦标主义,很严重;

2. 不问政治,总路线,体教学习最差;

3. 体教骄傲自满,不团结较普遍。

运动员有的想特殊,部分运动员工作学习不好,800 公尺省〈记〉纪录保持者是二年留级,运动中铺张、形式。

(3) 机构:到现在,嘉兴、金华尚未建体委。省府去年已有指示。已建的湖州市没领导干[部]。绍兴 1 干[部],杭州市中办公室没有一党[干部]。其

---

① 原文后缺。

他市主任都是兼职,温州五二年开一次成立会,到现尚未开会,省开[过]一次。

工会具体负责领导工矿体工;

教育厅负责学校,(尚无专职);

本市工教中尚无专干;

青年团是重视的;

专[区]、县没有机构,也没专干,到底何人管;

专区、科长、市文教局、科长。

(文件编号:F137)

农村工作汇报记录

1955 年上半年

为提高我们干部思想,正确贯彻政策,方法在总结个体工作肯定成绩的基础上提高,担子我们担起来。

对省委的意见:

1. 加强集体领导:(1) 加强思想领导,加强学习,学习是不够的;(2) 统一思想,展开思想斗争;(3) 加强学习,全党学习。

2. 三四个人不做具体分工的具体领导,秘书长可不做具体分工,集中力量研究当前重大问题。

3. 发挥部门作用问题。

4. 工作有计划性。

5. 财政贸易部很重要。

张敬堂:

杭县开了一个乡干会,三个乡干想自杀,230 中 44 个干部哭了。"毛主席像太阳,县、区党委像座墙把太阳遮住了。"县委检讨诚恳。

侵犯中农利益,贫农让中农给他交贷款公粮,12 个合作社五个中农投资吃光,五个吃了一多半。〈把〉打击富农吓中农的办法,值得研究,有的没有事实就判。×区布置三天必须要打击富农,找不到材料,把三乡的富农粮食三袋〈按〉安在一个富农身上,临平区全部农民搜查家,去年限制种菜叫种菜子,现供应上要发生问题。

我们对经济问题上表现没有知识,没有入门:① 〔缺乏〕队伍;② 〔缺乏〕经济理论知识。

农民问题。中国农民的特点和西欧不同,私有二千多年,从我们目前和农民的关系,干部问题,我们的任务看,1955 年的计划很难完成。

杨源时:

1. 对一九五四年工作的基本估计,总的讲我们通过了一系列的工作和农民的关系一天天的密切。（1）通过了教育，农民觉悟有了很大提高；（2）合作社有了很大发展，大部份都巩固下来；（3）认为粮食统购统销工作是必要的。

2. 一年中也存〈存〉在着一些严［重］［问］［题］，工作中有左有右，但当前左的倾向主要的：（1）征购中过重，大多数扣到了口粮；（2）合作社前进的太快；（3）价格政策上控［制］的太紧。我们有脱离同千万农民的联系的危险，农民自杀（有的全家），积极分子自杀，后果是生产消极，党与农民关系很紧张，党的干部上下紧张，看上去无形中是广大的战线上向农民进攻，党与农民的关系主要是和中农的关系，中农对我们很有意见。

原因：

1. 思想方法的主观片面，强迫命令、左的情绪是在反右的情况下产生的，对个体农民的积极性不要伤害他。

2. 缺乏经济，增产及办社［经验］。

3. 组织建设和任务不相适应。

（1）互助合作是建立在自愿的原则［上］。

（2）看我们的主观力量，有领导、有计划、有步骤前进。急躁冒进总的讲要有区别有分析，第一二批是好的。

意见：

1. 提高干部水平。

2. 抓春耕生产是搞好互助合作的关键。全党抓：（1）粮食，是目前和农民紧张的焦点。很好地完成粮食统购统销。（2）实事求是搞好供应，适当放宽。（3）饲料问题。（4）灾区供应。互助合作抓计划生产、投资，搞好样〈子〉版。

3. 价格问题：建议省委专门成立机构研究。

（文件编号：R143）

笔 记 几 则

1955 年上半年

关于台湾问题的宣传电报已退(杨收)4/3

美钞 1 比人民币 23 430 元

港币 1 比人民币 4 060 元

情　况

1. 新币：有的干部要趁新旧币兑换时，摸清富裕农民底。有存钱的[弄]民情绪恐慌。

2. 党代会，代表 12 日在京报〈导〉到。

3. 统销情况。一般购过头的面大量小，部分面大量大，如寿昌购过头的占 37.29％。

供应过紧，有的农民已吃种子，有的集体到杭来卖面条，有的要打区干部。去年四五月才发现有这种情况。

根据检查调整后，一般反映是好的。问题是今天对供销问题大部集中不起情况来，副食品黑市。

(1) 对粮食扫尾工作下面不够重视；

(2) 对复查工作如何做心中无数；

(3) 嘉兴只完成统购 71％，仍吹牛局面。

发证全省 6 021 乡已发 5 007 乡，83.15％。二月上旬每日平均销 1 050 万斤，比一月上旬 809 万斤增 29.8％，比年同期增 7.8％，正常的和基本正常的占 80％左右。

全省征收 20 亿 9 千 331 万斤，11.47％；

收购 28 亿 1 686 万斤，88.21％；

销 23 亿 4 226 万斤，63.3％；二月下旬比一月下旬每日平均降 6.4％。

章太炎先生迁葬事

1. 原拟本月十三日，恐需延迟。

2. 营葬时政府和有关团体是否有表示。原拟坟场搭建,灵直送坟场,事前以治葬委会登报。

(1) 机关具体如何表示。

(2) 民革、民盟以党派或个人名义出面,[有]何个人。

(3) 省府送一花圈(要与■方商量)。

3. 经费本 5 900 万,现具体执行中 3 168 万,省出 2 000 多万,杂 500 万元。

4. 机构。

合作化(情况)

金华 10 600 个社(3 458 个自发社),占总农户 29.4%。

基本合作化的乡 230,高级社 22 个。

[肃反]运动中的保卫保密工作

省人民委员会情况:

(1) 人员混乱,三个门,现出入不要证明。

(2) 楼上没有警卫。

(3) 会议混乱。

1. 审查首长周围人员,按级签字负责。秘书有警己责人。

2. 明确职责统一于警卫处,总的由朱秘书负责。

会客制度,除常委外,一律通过秘书。

出入卡统一规定。

送信统[一]通过传达。

保密制度,凡借出文件一定通过首长,自己知道的不要告诉别人。

严格警卫人员守则,普遍教育一下。

开会不带枪。

汇报制度要确定。

关于发行新币的问题

国务院准备自三月一日起发行新人民币,这是一件大事。新币的比率是一元折人民币一万元。

一、为什么要发行新币？

旧中国金融的混乱，物价暴涨，国民党反动派就靠此来剥削人民。

旧人民币是在物价还不稳定的情况下发行的，所以不仅票券版样多，劳动人民不易识别，纸张较差，易破损，而票面金额大，单位价值很低。名义上以元为单位，实际上元早已失去作用，这是旧社会物价高涨留下的残余影响，使我们在清点、计算[方面]很费事，国家开始社会主义建设，感到越来越不便，为了适应国家经济建设，国家决定实施更好的新人民币，这是很适时的。

二、新币的好处。

1. 这是物价稳定的结果，表现了我们国家社会经济制度的优越，经济力量的雄厚，对社会主义建设起良好作用。

2. 新币票面小，便于计算。

3. 各角种票券新币，只用一个图样，一样颜色。不识字的人们也可根据颜色和大小认出是多少钱，纸好，便于保存。正面是汉文，背面有汉、蒙、维、藏四种文字。便〈于〉全国各族人民应用，发展少数民族地区经济，有重大意义。

三、新币的种数。

一元至十元称为主币，角分称为辅币。

主币一元、二元、三元、五元、十元，五种。

辅币一角、二角、五角、一分、二分、五分，六种。

四、新币怎样发行？旧币如何收回？

1. 三月一日起人民银行一切支付一律用新人民币。同时各种货物标新币价格。用新币计算，借还也用新币计。

2. 中国人民银行按比率回收旧币，在银行存款由银行代替折合。

三月一日到三十一日旧币，五一以后物价可流通，小票流通时间较长，四月中大票仍可兑换。

① 集体兑换，百张一捆。

② 个人兑换。

五、大家要作好三件事：

1. 收兑期间旧币一月中（大的）仍可应用，二个月的收兑期，人民银行保证把旧币全部收回。不要怕兑不着，有怕物价波动的顾虑。去挤兑抢兑，在旧币流通期间任何人也不能拒绝使用旧币。严防坏分子欺骗。黑市价对换等。

2. 人人都要提高警惕，防止敌人破坏造谣。

3. 爱护人民币。

（文件编号：F137）

全国人民代表大会一届二次会议记录

1955 年 7 月 2 日

大会议程：五日开会，九日为止报告，十八日前讨论发言，十八日报告兵役法。

大谭（震林）计算数字：

总产量 145 亿斤（五亿斤不能作粮食的豆类在外）。

自给户每人 600 斤以 1 200 万人计算为 72 亿斤

缺粮户每人 500 斤以 1 100 万人计算为 55 亿斤

合计每年所需总口粮计 127 亿斤

酿造、复制、财政粮 6.5 亿斤

共计全省每年必需粮为 133.5 亿斤

145－133.5＝11.5 亿斤

农村每人 600 斤，1 980 万人计 118.80 亿斤。

市镇每人 480 斤，320 万人计 15.16〈以〉亿斤。

共计 134.16 亿斤；酿造复制业 6.50 亿斤——共为 142.66 亿斤。

145－142.66＝2.34 亿斤。

（文件编号：R137b）

陈毅在全国人民代表大会上的讲话记录

1955 年 7 月 3 日

社会主义革命展开后,各种情形,包括粮食及思想等叫嚣等,说明一个形势,即对社会主义的抵抗。

① 对五年计划,可能意见以为太大、太快,也可能认为不够大,可能否认苏联援助的作用。资产阶级要利用我们工作弱点,来掩盖他们提出反社会主义的意见,而我们也要反对官僚主义与自我批评,只有这样才能反对资产阶级利用我们缺点,来反社会主义的企图。

② 农村要坚持粮食统购统销,建设要坚持节约。

苏联对中国援助确是头等技术,甚至在苏联也还无中国那样的厂。

③ 再则,五年计划必须有思想及公安战线上的保证,胡[风]的批语都是毛亲自搞的。过去搞得过大,打错人的,现有不敢动手的思想,而被搞错的人则不相信谁是反革命分子,因此只剩一些急〈心〉性的青年,这情形要注意。因此领导上必须很好地从思想上、政治上去掌握他,〈辩〉辨别他。

张云川、黄炎培在江苏安徽的视察:

全省粮食总产量 145E 斤,人口 2 300 万人。

每人平均粮食为 630 斤(比全国 560 斤多 70 斤)。

农村余粮及自给户 1 200 万人,每人 600 斤,计 72.00E 斤。

农村缺粮户 780 万人,每人 540 斤,计 42.12E 斤 。

城市人口 320 万人,每人 480 斤,计 15.36E 斤。

酿造复制及财政粮, 6.50E 斤

合计 135.86E 斤

145E 斤－135.86E 斤＝9.14E 斤

若农村缺粮户每人为 530 斤,则余粮为 9.92E 斤。

(文件编号：R137b)

全国人民代表大会讨论记录

1955 年 7 月 4 日

周总理：

燃料工业部撤销，改成三个部，另增农业收购部，又撤销热河及西康省。

① 政府要对人大负责，要答复问题，涉及于各省市的问题，省市负责人就要回答，这是很严肃的事情。

② 政府应帮助使代表弄懂并弄清五年计划及财政预算等，拟派人读文件，并作解释，如此，加讨论可能要十天。

各办分别有人发言，周拟较后发言。

发言主要有二面：一、分析回答不正确的意见。二、对错误应有自我检讨精神。

③ 节约，七八月继续施工，为应节约窝工而造成浪费。大节约下，各部可考虑新建设项目，各办发言中应贯彻节约方针。

各省市发言由各省市自定，须要政府解答的，则可告诉政府。

为了节约，大会后要请各省市县对中央提意见，大约要开两天会。

彭德怀：

兵役法公布后，全国有三十一万青年要求参军，参军中报名的有一百多万人，而上海等三市未有征兵任务，则群众表示不满。

少数民族要求征兵中予以照顾，如少数民族不征兵，在法律上规定是不好的，但实际上现在是可照顾的。

五万多封信中，只有两封表示反对：

① 认为征兵与和平政策矛盾。

② 骂彭为魔鬼。

周恩来：

安置复员军人是各省市在这三年中首要任务之一。

货币工资制方针已确定，迟迟不确定也可说是右倾，我们是被两万高干所动摇,而忘了四万下级干部。

实行按劳取酬,这是必要的,不会管家岂能管国。

① 四月会议之前大家都有多了、乱了、要巩固的思想,[合作]社要坚决收缩,就接受了他,变成方针上的改变了。

② 四月会议之前,社的发展中是有毛病的:a. 政策乱;b. 发展而无巩固。但这是工作上的毛病,不是方针上的毛病。

③ 对于当时农村紧张的看法,合作社还是粮食,以及对这情况的对策(紧张影响到生产)。紧张不退粮食而退社,说明我们社会主义兴趣不高。

④ 中贫农问题上四月会议中有屁股坐在中农方面的倾向,而不是从贫农利益上去解决中农利益问题。

(旁注:全面规划积极领导!)

(旁注:45 县,69 万亩荒地(30%以下))

(文件编号:R137b)

江华同志传达毛主席关于合作化的指示

1955 年 8 月初

一、思想：我们是无产阶级的政党，共产党不是民主党，他的理想是把中国变成一[个]共产主义社会，我党的一切工作要围绕着这一理想的实现而奋斗，我们的思想也必须从此出发。我们必须把社会主义总纲思想牢牢地树立起来，在任何工作部门任何工作岗位，〈等于〉都要关心加强党的思想领导。我们搞社会主义，工作中不加强马列主义思想领导是不可能的，任何一个部门如果马列主义不占领阵地，资本主义必占领。另一方面，党是工人阶级专政的领导者和组织者，农村、城市中要大力宣传工人阶级专政，工人阶级专政就是共产党领导，专政是一场激烈的阶级斗争。社会主义改造是阶级斗争的一种形式，社会上的阶级斗争不可能不反映到党内来。高饶事件说明了党内的资产阶级代表人物反对社会主义、工人阶级领导，最后叛党。① 帝国主义间谍，蒋匪特务。② 被消灭地主阶级的坚决反抗社会主义分子。③ 资产阶级中的反动分子，反抗社会主义改造，这一切都要引[起]我们全党高度的警惕。

二、关于互助合作运动方面：

互助合作运动是割断农村中和资产阶级联系，搞社会主义。

社会主义就是专政，没有专政就不可能有社会主义。

三、省委讨论毛主席指示的情况报告。

浙[江]合作化运动情况：四年来经过了三[个]发展阶段：

1951 年中央发出试办合作社决议后，方式，1953 年发展到 240 多社。

4 月 11 日会议指出省委的急躁冒进是有根据的，根据就是翻了几〈翻〉番。

浙江挨了两棒教训是深刻的，省委四月会议决定的"全力巩固，坚决收缩"的方针是错误的。

杜（润生）秘书长讲，浙江地区除一般地紧张还有特殊的紧张，"合作社是超越领导、超越控制发展起来了"，政策上缺乏准备，对小农经济生活的复杂性缺乏研究。六十万个社中央决定数字定高了，冒进了，要提高我们自觉，把这些文件打送中央。

省委基本上是改组派的方针。要普遍向全党党员讲四月会议的方针错了。

　　要积极地热情地大胆地放手指导运动，社会主义总纲思想牢牢地不要放，不打无准备无把握之仗。

（文件编号：R143）

林乎加关于浙江农村工作的汇报

1955 年 8 月 4 日

Ⅰ. 土改：

① 和平土改。

② 农具分配，大农具不准动，请示华东后，华东不同意动大农具，没收土地照顾了原耕农民，而少土地农民的所得土地很少，且是坏田，至于房子，则规定地主不换房子，家俱随房子，而余粮又不准追，使贫雇农生产有许多困难。

土改复查未进行，据嘉兴材料，许多地主是漏划了。而规定四十亩土地以下不算地主，是把许多地主漏划了，土地改[革]不复查（饶怕节外生枝）事实证明一次土改，不复查是不能改清的。

退押租问题，退了一下，就被饶阻止了，我们只好说服下面不退。

又划阶级中，华东指示贫农中农不要斤斤计较，这与分土地虽无大关系，但和组织路线则有很大关系。

农村建党，在饶指导下是慢了，至少慢了一年。

又饶要每县副县长要搞一个开明地主，这点是没有执行的。

Ⅱ. 富农路线：

标准是十大政策，县是宣传到家喻户晓。

温州地[委]书[记]说富农路线虽无理论但中农路线则有理论，以为中农是贫农的方向。

土改后的四大自由，依靠生产积极分子和不要党，这就是富农路线。

但农村中依靠贫农团结中农的中农路线尚是贯彻的，同时农村互助力量也是发展的，所以农村中资本主义发展是遇到很大阻碍的。

城岭区材料百分之九十几的贫农发展成为中农，而去年莫干山会议估计是百分之六十以上贫农上升为中农了。

由于依靠生产中的积极分子和认为贫农上升为中农是农村发展的正常状态这就有了问题。现在证明凡中农做互助组长的，要继续提高一步是很费力的，而由贫农领导的则就完全不同，社里由中农领导的常对中农很有利。

在依靠生产积极分子的口号下，许多土改中的贫雇农积极分子是消极了，而领导成份中,中农的成份亦随之增加,在临安开会时乡干有一半是中农。

对富农认为力量微不足道,是放任的,没有限制他,到购粮时才察觉起来。

由此可以证明我们受饶的影响的毒是很深的。我们执行了中央的指示,他执行了饶的指示。大家觉得以上是否是富农路线,则必须请示后再确定。

Ⅲ. 对富农斗争问题:

中央指示是对有严重破坏活动者,严格掌握,杀一儆百的策略。一般可用法律去裁制打击富农。

浙江逮捕了富农 800 多人,中农 68 人,贫农 118 人,(公安部材料)据浙江统计则有 3 000 人。富农斗了的结果,一般是贫农高兴,中农靠拢,富农孤立,但发展不平衡,有的对富农斗得很不好,是干部包办的。未能真正发动群众,而少数地区则亦已有乱斗乱打的事情发生。和过去斗地主一样,有捆绑关押的。

我们觉得只就粮食问题上斗富农是不够的,缩小了群众可动员的面,而事实上富农的破坏是有三方面,一是破坏粮食;二是破坏互助组;三是政治破坏,因此可以定三方面来斗富农。而斗的方面,则凡法律解决的,不开群众大会(宣判大会)而互助组问题上则可在组里开会揭发。

如何限制和逐步消减富农,下面提出了这个问题,显然把限制与消灭分为二个阶段是错的。我们考虑,对富农的限制是用荒地征收,雇工提高工资(现比原来低得很多)。高利贷利息不得超过 30%,消灭则现在考虑是在互助组中去消灭他。

Ⅳ. 土改尾巴问题:

准备互助合作运动中随发现随处理,同时要求大农具没收(中央主张征用,并分地区另打碎敲法征用)。

关于退押问题(中央认为可以考虑补退,但是有对象的。即在农村中尚有钱的可以补退,而不搞运动)关于小土地出租者,土地不多的则准备征收。但恐不能全面当运动搞。

Ⅴ. 城乡领导重点问题:

我们过去认为农业生产是带动一切的关键,即变成农业带动工作的,这是不对的,因此在过去工作中事实上对城市工作是没有很好管的。

（文件编号：E26(1)）

省长会议记录

1955 年 8 月 11 日

[出席：]沙、杨、王、任、闫

一、省人委开会问题。

二、向国务院的报告问题。

三、山林开发问题。

沙：

八月份人民代表会问题。

开始对前两月没有开会的问题要交待一下。

王：

三定工作可谈一下，到八月底可搞一千左右。

杨：

镇反问题可谈一下。

沙：

在这以前关于全国人代大会问题先开一座谈会，下星期中，把大会要点谈谈，下半月开人委会。

人委会：1. 粮食问题，三定问题。2. 镇反问题。（反胡风问题的学习也可讲一下，不要见文字。）（沙：有两种讲法。1. 是把我们的做法、决心、政策讲一下；2. 是讲讲情况。）

王：

三定文件任（一力）搞。镇反王芳搞，廿二日开会，一个星期交稿提前三天发给他们。

沙：

三定问题，从粮食问题讲起，过去统购销的情况，今后的措施。

王：

上半年的工作，总的有很大进展，特别农业生产，早稻丰收，中稻有把握，晚稻丰收在望，问题是互助合作退了一步，这是一帽子。

第二部份：

1. 农村生产问题。

2. 合社问题，53 000 到现 38 000，把全力巩固坚决收缩问题提出来。

粮食问题，先松后紧。

城市：主要是增产节约。

3. 今后措施：

（1）保证完成全年生产计划。

（2）完成镇反工作。

（3）干〔部〕学习提高问题。

沙：

提〔议〕半年工作作专题报告，全年报告全面的，有重点，农业生产、合作社、粮食、上山下水的规划；城市里生产与节约问题。选举问题因什么原因推迟了，说明交待一下。

杨：

今后工作。首先是宣传学习五年计划。

沙：

生产建设社会改造中还存在什么问题；农业上如遇不到大灾害，大体不成问题；合作社经过波折，但要延续，巩固发展；要动〈原〉员人民学习宣传五年计划。

任：

公债农村仅 16％，税收有完不成的危险。

沙：

要事先向中央讲一下。

任：

增产节约也〈作〉做一措施讲一下。

沙：

国务院的报告考虑可发给委员一份，要他们提意见。

杨：

开荒。45 县，69 万多里，金华建设更具体些。地委都做了计划，有的县也做了计划。

有的地方开始行动，一部是发动群众，一部是劳改搞的，劳改准备扩大十万亩。

动员条件：有劳力，政治上不是嫌疑犯。妇女不［超］过 20％。干部：脱产干部不超［过］1％，要有生产经验，干部要训练，要有社章，要有材料. 供给，暂时原机关供给。

资金：国家贷款，20—30 万，救济费 200 多万，机动〈舍〉费 300 万，共 500 多万，生活资料国家要负责（救济费），生产投资国家贷款。

预算根据什么标准。（农人顶省钱的标准。）

沙：

大家对山区开发问题有何意见？

任：

至少要准备一年的生活。

沙：

工作做了一些。形成边开边计划，开发山区工作，开荒是很重要的一部份。

重点在开荒，但对整个山区经济规划缺乏全程研究。

1. 山区开荒，林、农业厅，是否大体先搞一简单规划，大体集中一下，心中有底，那些地方适合什么，合作社有规划，省也要有规划，北京有人反映我们乱开荒,破坏水土保持。省里调动一定力量〈合〉和开委配合。

　　2. 农、林业厅可了解一下,有的山区〈按〉安排的好,收入很好,有的地方有经验(温州),凡是有参〈供〉考价值的经验,有计划调查一下,累积这方面的经验。

　　3.〈积〉基本上不是办国营农场,而是高级社。

　　4. 考虑国营农场的拖拉机抽出一部帮助开荒,组织合作社。

　　5. 经费要具体计算一下看。

　　6. 各地经济开委[员]会要开座谈性的。

杨:

　　王(文长)办可搞一社章(纲要),和宣传教育提纲。

　　王办最近把事情收集一下,向我们汇报,后天下午汇报。

　　莫干山外[国]人及私产问题,194 幢,44 外[国]人的已处理,国内 164,18 幢公产,已处理,128 现已由法院处理 23 幢,105 未处理,49 是资本家的。

(文件编号:R138)

俞仲武汇报二办工作

1955 年 8 月 13 日

俞：

最近杨、黄主要搞镇反学习。

中央文教工作会议还没有传达，本想按会议精神布置工作，学习紧张了也没贯彻，抓了一下节约。

当前教育厅主要抓招生，今年有些地方比去年紧张些，今年自杀：杭州师范 1，神精失常 1，宁波自杀 2；流浪：绍兴 16，嘉兴 10，温 20。

反革命份子挑拨、家庭压力。教育厅党委抓了一下，七市自学，农〈存〉村动员生产。

向工农开门好了些，剥削阶级子弟技校不超 8％，财经不超 10％，普中不超 20％，技校比去年[少]10％。（工农子弟）普中增 4—10％，纯工农成份：杭工农学校 52％，剥削阶级子弟 2％，杭州工农子弟[录]取 46％，其他 31％，剥削 14％，温市工农子弟 38％，剥削 19％。

成绩：工技等校，各科 80 分以上不分阶层，除政治身、体外，工农子弟 50 分以上。因经费关系，最后工农成份可改变，考试中教员的抵抗〈交〉较严重。卷子泄密，口试泄出，如×校一教师口试中问一女生你在校曾说"无论如何不嫁大老粗"，并把原班主任的材料拿出来给〈他〉她看。（沙：要查一下。）工农子弟与非工农子弟关系较紧张。

七个市搞自学，其他搞生产，杭、温较好。

干部子弟小学如何办，是否停止招生？（沙：可研究。）

卫生：主要研究血吸病，腹水等问题，18 病人有的腹水小了，但虫不见少，医生信心不高，叶熙春也试，■麻杀虫试验有效。

中医工作：杭市中医贯彻情况了解了一下，联合诊所一般不好。发现了新问题，任务、待遇提高等。

目前问题：如何把下半年工作统一布置下去？

沙：

现学校有几问题要研究。

1. 为什么要闹，打衙门，是社会主义改造的关系还是坏人挑拨，很好研究，采取些对策。（俞：我们高等学校、中技公费问题有影响。）

2. 工农比例问题，原则上讲工农比例增加是好的，但现在有些强拉。如太勉强了，是否亦增加了闹的问题，增加社会对我们的不满，甚至有的铤而走险，政治上一视同仁是错误的，不是说方针有问题，但有些要研究的问题。

3. 关于教员在考试中抵抗问题，两可能，一是过去的习惯，有一视同仁的习惯，只是坏份子，结合镇反学习搞一下，以后招生了挑选好的老师。

中医问题：

我们是否考虑一下，动员几个西医志愿研究中医，把他们调到中医院中工作。现在有一种情绪，似乎中药有道理，中医没道理，这样分开没道理，要找到道理。

文教部门有一问题，摊子大。我们准备的力量大，我们要考虑到一问题，不但那里工作做不好，有的我们的党员可能烂掉。要很好研究。

俞：

中学尚有 40％以上没党员校长，这是华东没有的。

干部教育很落后，最后倒数第二位。党委抓的不够，机关党也抓的不够。

沙：

大学中教学工作如何提高质量问题，要研究。教育界反胡风的斗争，是否思想斗争的成份强一些，这样是否对学习有妨碍，美国派的教育在学校中影响很大。

1. 从思想斗争发展到揭露反革命，但时间长，全省方向讲领导有困难。

2. 先开展一些〈斗〉思想斗争，快一点［发］展到镇反问题，然后再批判思想问题，这样就是有些重复。

俞：

中央宣传部来了二人，了解了我们的科学工作，意见：

1. 浙江特产问题没研究。
2. 科学研〈研〉究〈科〉和实际联系差。
3. 对科学家的思想工作问题,没有很好解决。

沙:

　　你们规划一下,山林、畜牧、水产问题,组织规划一下,研究一下。博物馆要规划一下,地质博物馆,浙江的历史、特产,很好搞起来,来宾可参〈加〉观,明年文化局的预算可选上,表现出我们有很高的文化来。

(文件编号:R138)

关于合作化的讨论

1955 年 8 月 15 日

土地报酬太低反而也吃亏了贫农（现贫农有 50％是因为缺劳力）。

在合作化乡中，各阶级未参加合作社的比例最大的，反而是贫农，因为现在贫农主要的是缺乏劳动力。

去年对土地报酬之所以压低，是我们社中许多干部是新中农，他们有劳动力，而并非是农民的主张——所以压低土地报酬不是贫农主张而是新中农主张。

江华：

① 凡是方针政策必经深思熟虑并及时向中央报告请示，四月会议是得到这教训的，对部门的指示省委应研究，不可机械执行。

② 合作化高潮的趋势问题，全国来讲今年可能还没有全面的高潮，在浙江来说，今冬明春有的，而省内部份地区肯定会有的。

③ 1957 年做到应搭架子都搭起来，但十万还十一万则可研究，但组织农户是否到 69％，还是说 70％，而允许修正。

④ 实现这个规划，以下问题必须跟上：

a. 整党、建党平行；b. 三种合作社巩固与发展（每年整三次）；c. 镇反。

⑤ 思想斗争：

a. 对外一定要宣传社会主义反对资本主义，包括党内与党外。

b. 党内思想斗争思想批评不够，资本家、地主及富裕农民的思想在党内影响是肯定有的，但思想斗争要为着教育干部，要同下面干部同命运、共呼吸。

杭州有三十几个地下合作社，嘉兴新区有四十。

五年计划，投资总额每人平均为 127.66 元。

每人每年平均为 25.53 元。……

浙江工人工资每月平均为 38 万＋。

全国工人工资每月平均为 46 万＋。

生产合作；粮食三定；镇反；征兵；整党建党；县市选举。

有旱灾：120 万亩，八月十九日止，平均雨 47.4。

在社会主义革命的发展前途上,基本上是右倾的危险,在农村合作社及镇反上已暴露有些思想,在其他方面同样也必然存在的,庸俗的技术主义和单纯的怕偏差、顾上级也是右倾思想的一种具体表现。

今日各项工作的领导第一个就是思想问题,各部门必须好好抓住思想,展开思想斗争,不要庸俗化,〈将〉让工作把思想斗争压死了——繁重的工作是容易把思想忽视的。

九月上旬先开县书［记］会议,再开城市工作会议(九月底),省委在开市会议准备好后,拟抓一下文教工作,其中反革命情况很严重,使十月初中央会议能具体解决文教问题。

十一月十二月间开人代大会,讨论省五年计划,党代会拟在人代会前开(拟在十月中下旬)。

开荒

国营农场一个,石门,高级合作社六个——3 371 人。

已开 3 326 亩,总土地 40 000 亩,劳改 3 000 亩在外。

计划:

① 明年上半年为止,了解全省 150 亩以上的荒地,今年了解 300 亩以上的荒地并作出开荒规划。

② 开荒今年十万到十五万亩(劳改开荒十万亩在外)。

③ 经费预［算］,今年 300 万,即每社三万元 。

① 生产的思想,国家是补助的,依靠自力更生

② 开荒及生产合理化,及时总结经济

③ 经济——生产及水利的规划

④ 起初要强劳动力,否则资金补助也吃不消

⑤ 高级合作社方针是肯定的

1. 来者不拒,因而工作无中心,对重大问题抓得不紧。

2. 对省委领导上考虑不够,与其他同志在这方面交换意见也不够,主要提意见也显得不够。

（文件编号：R137b）

省长办公会议研究抗旱问题

1955 年 8 月 16 日

下午

汇报。防汛指挥部。

上次 166 万。

15 号全省(昨天)受旱 330 万亩,较严重 1/3。

宁波 144。

金华 43。

嘉兴 40。

建德 21。

肖山 7。

杭县 13。

温州 45。

杭州 3.5。

雨量:半月平均雨量 16.8。正常平均 156,最近尚无普遍大雨。

目前若干县尚不够重视,如乐清,尚在开三级会,有的地区由于水车负担问题没有合理解决,影响灌溉。杭市抗旱中有的生病了。奉化死了十多条耕牛,〈各〉个别地区坏分子操纵迷信,反革命分子破坏水塘。

防汛指挥部下去检查工作:分了宁波、金华、温州三个组,另外建德一个组。

抽水机已发了 50 台,大部已用上了。省现〈有〉在还有 4 台,上海供 9 台,江苏 50—80 台。运、修理等费每亩大概一两元,一匹马力,一天仅 6 亩,动力 1—1.5 元(每亩),160 台,大体 50 万费[用],解决 18 万亩田。(沙,嘉兴的水机考虑不抽他的。)

1. 嘉兴机。

2. 苏州的要不要。

费用总 362 000 元,修建等 26 万。

修理百姓水车等 1 万。

电话费要解决,估计 22 000 元。(沙:是否可采取和电话公司算账,总的报销。)

农村工作部批 6 万的年费问题。

意见:

1. 是否要明确旱情严重地区以抗旱为中心,一般预防。

2. 负责同志是否〈作〉做次广播。

3. 机器,嘉兴江苏机器是否用。

4. 用费问题要肯定下来。

5. 银行、供销合作社要配合起来。用具、〈令〉零件供应。

全省 160 台—2 610 匹(包[括]嘉 30 台),农民所有 8 000 多匹,我们 6 000 区。87 台有动力,石油仅供 160 台一个月用,如调江苏的要和沪联系。

沙:

抽水机是否每亩灌一月三元钱,超过公家账,用于高产量区,少了少拿。如到了公粮全免程度费用不要了,具体规划一下,要灵活。

原则:1. 抽水时间长短;2. 产量的情况。

1. 应做严重打算,打算上个把月,思想上要做准备。

2. 今天真正解决旱的问题是动员老百姓解决,只靠机器不解决问题。今天看各地对这一工作有了重视,省委发了指示,我们增加措施,检查联络,及报纸上电台上号召,技术上的指导,基本上可扭转的。有些三级会议是可开利用机会动员,问题是加强联络。全面动员不一定好,搞的不[好]会起付作用,但做些技术指导性的是可以。

3. 抽水机,如嘉兴自己也用,是否考虑可不抽。上海烧油是不要了,苏州烧柴油的搞来。

(1) 用到有水源大片田地的,保持老百姓用水,大大发挥。

(2) 用到高产量区。

(3) 晚、中稻和麻的地区,晚稻防旱力强。

用到刀口上,把抽水机力量最大的发挥,指挥部要经常检查各地用的是否合理,据上面三条件,等于调拨。

4. 合作社供给等配合集中准备的地方可以考虑,民政公安干部要到严重地区加强工作,搞不好要打架抢水。卫生厅防疫,有关单位对自己工作要发以指示,配合抗旱工作。

5. 钱不能不出,就是如何使用的合理的问题,运输、电话、修理钱要给。

有机器无马达的,本地可配的尽量在当地配,如一定要配的和农工部研究。

杨:

下去的人要多加强联系,有什么问题,有问题要发内部通报。

供销社:生产资料处,大部办量都拿出了,对下面的指示。积极做好物资供应,并做今后的准备工作。

防指部:嘉兴30台希望调。(沙:如这样合理,我没意见。)

五办:1. 当前反自满、麻痹、右倾情绪是主要的,现在看各地越是灾情严重的,混乱思想就越严重。

2. 各地迷信活动及反革命破坏活动越来越多,有关部门要加强联系、检查。

3. 合作社:如宁波社办不了解情况,这样看,有关部门没有加强支持。

银行1953年〈化〉花了657万,现省农银行尚有400多万,需大力加强支持。

油料供应不成问题,是否是各地区民用的也包括在内,联系一下,应通盘考虑。

沙:

有关部门自己要把下面情况很好了解一下,究竟下面工作做到什么情况,都要联系一下,就自己部门工作做些研[究]、检查,适当时期向各口汇报一下。

杨:

把具体材料收集起来发通报。

经费由农业厅统一规划,交财政厅审查一下。

杨:

水利局和防汛办公室统一起来,和下面联系,发指示。

沙：

力量如何支配，你们研究一下。

星期五下午再开。

（文件编号：R138）

民政厅牛玉印汇报上海〈迁〉遣散人口情况

1955 年 8 月 16 日

下午

浙江迁回总数 82 000 人。我们原则上接到农村，个别在城市里。

如生活生产有一定困难，帮助解决，一般一口不超 25 元。

陈丕显同志的要求：

1. 通过三定结合将他们定下来。

2. 上海动员中不可能没偏差，浙江〈按〉安插也不可能没偏差，及时和上海联系。

3. 如何控制。

1. 现回的 4 200 人不要再返回去

2. 回来人的情况

准备在 25 日召开各专县民政科长会：

1. 传达上海会议精神，〈按〉安插。

2. 防止农民流入城市问题。

3. 回来农民的情况。

杨：

事先要了解回来〈按〉安插的，情况如何。1. 发通知了解，也可用电话联[系]；2. 几种可能发生的情况，估计一下，有家的没家的，〈按〉安置、教育、救济等问题；3. 办法指示，群众[工作]。

沙：

来了以后我们要对这些人的情况了解一下。

（文件编号：R138）

省长办公会讨论抗旱问题

1955 年 8 月 19 日

下午

基本解决的,117 万亩。

和缓 147 万。

尚旱的 120 万。

嘉兴是发展的,40—47 万亩。

宁波 144,已解决 70,后 50 万,尚有 10 万。

建德基本解决,过去 20。

温州 45,解决 25,缓 15,尚 7.7。

金华 43,解决 16,缓 6,尚 36 万亩。

舟山 1 304 千亩,尚 19 万亩。

直属县市没什么问题。

气象。

各地情况。

嘉兴 15 万 8 千,水车 39 551 部,抽水机 371 台。

派下去的组,只金华一组联系过。

抽水机苏州的派人去联系,嘉兴的决定暂不调,14 万已由省委批准,用于抽水机修理装配。

向下〈连〉联系汇报问题。农工部、五办总的搞增节运动,防汛指挥部只搞防旱。中稻今年大体是好的,麻是好的,重点区解决问题了,总的讲雨是不够的。19 日上午平均雨量 47.4,原来平均雨量(8 月)150—160,并不多,此次河流水塘基本上没接水。从这一情况看抗旱还要注意,特别嘉兴、金华、温州地区。

杨:

基本情况是旱情未解除,有的尚旱,而且高气压还来,因此要告诉大家不要松劲,特别是较严重的地区,水车问题,同意这样调度,气象报告要作。

沙：

　　总的情况因下了这次雨有很大缓和，早中稻、麻受益很大，但旱情并未解除，一方面某些地区有〈尚〉旱情，另一方面河里没积水，从整个气候情［况］看还是缺雨的时候，因此总的情况不能乐观。

（文件编号：R138）

在省委人民委员及政协会议上沙省长
传达第一届二次人代大会情况

1955 年 8 月 25 日

这次的会议中心问题是全年计划，也讨论了预决算，所谓预决算也是五年计划在去年的执行情况及今年的打算。黄河的规划，在这次会上使大家非常兴奋。兵役法实际上是使我国的兵役制度正规化，加强国防，保证社会主义建设。

7 月 5 日开始—30 日闭幕，多半时间都在小组会中，先作了报告，然后小组研究讨论。每次大会不但常务委员〈安〉按时出席，就是毛主席、周总理、各部部长都自始至终出席，会议自始至终是在严肃紧张热烈兴奋中开的。

关于五年计划：

五年计划是一规模很大的国家的建设和改造的计划。自 1951 年开始到今年 2 月完成，3 月在中共代表会议上通过，然后再提到国务院最高会议上讨论通过，在全国人民代会大会上讨论，已是第三次了。在计划本身已是很完整的，除〈支〉枝节上有几处改变外，计划本身是按原计划通过了。但这不等于没有很好讨论，每天都讨论，非常热烈，比去年讨论宪法时更紧张，结果讨论了还是感到原来的好。讨论这一计划是已执行了两年半了，因为首先中国一向计划资料非常不完整，增加了计划上很大困难；另一方面我们没有经验；第三，是计划开始时国际局势不稳定，志愿军还在抗美援朝。所以到计划执行了一半过去了才讨论，实际上我们的计划是在一面边打，一面〈作〉做的条件下制的。计划的规模是非常大的，一方面经济文教建设投资很大；另一方面社会主义改造规模也很大，5 年投资是 766 亿，折黄金七万万两，中心投资是工业，特别是重工业，毛主席讲：没有工业便没有（社会主义）。

工业部分 313.2 ，4；农林 8%；运输交通 89 万 9 千，11.7%；贸易银行物资 21.1，2.8%；文化 14.2；城市 2.8%。工业方〈便〉面主要是重工业、矿、原料、动力、机械投资 75.9%，使我国 5 年之内在限额以上工厂 694 个。包括苏[援建]156，限额下 2 300 个左右。新建近三千工厂，〈象〉像鞍山工厂不〈至〉只一个，一〈顿〉吨钢要七〈顿〉吨运输，鞍钢的铁路比北京铁管局的铁路还多，如果把文教建设也放在内就有 6 千多。部分工厂,到第二个五年计划才能生产,到 1957 年后工业增加 98.3%,每年增 14.7%,即有许多现代化的工业,我们从来没有的工业,包括原子[能]工厂,使我国在经济上逐渐打下独立的基础。如钢铁,1957 年底,钢 412 万吨、铁 460 万吨,解放之前最高 40 多万吨,到第二[个]五年计划完成到一千万吨。日本帝国主义侵略中国的时候才 700 多万吨钢,现世界上千万吨钢的只才五个美、苏、英、法、德。

从表面上看好像轻工业、农业建设投资太少了。比率上少了是有原因的,中国轻工业现有 5% 的力量没运用起来,潜力很大,同时轻工业投资多了各方面的原料跟不上;另一方面,是为了使工农业更好的发展才集中力量发展重工业。轻工业原料条件受很大限制,但我们轻工业发展的规模也是空前的,五年计划完成的生产额,生产资料增加 126.5%。生活资料增 179.7%,农业投资 8%,实际上五年投资总数 184 亿。农民自己投资 100 亿,开荒有 5 亿,五年内农业生产[增]23.8%,逐年增 4%,粮食 17.6%,逐年 3.3%。打的比较保守的对灾害的估计,打上了每年三至四千万,灾荒人口在内,农业生产速度,就农业本身讲速度是相当快的。轻工业农业在工业发展相当快的时间内,相当长的时间内,相对的生活资料的欠缺是不可避免的,这个现象是好的。今〈今〉天中国是要工业化,生活资料绝对是增加的,人民的生活还是不断的提高的,要自觉的了解这一问题。但这是一个过程,农业要提高,要归结到高度的工业化,大规模的生产,要等到工业从技术上大规模地支援农业时,这一困难可能解决了。

另外,五年计划是生产关系大规模地改造。随着国家经济的发展,生产关系也必须有相应的改造,生产关系一定要适应生产力的发展。现在的小农经济的生产关系是障碍着农业的发展,如不改造就障碍着农业和工业的发展。私人工商业也是如此,一方面障碍了生产力的发展,国家不能统一规划,会引起国家的经济混乱,自私自利,同时也不公平和合理,因此必须对农业、手工业和国家资本主义工商业加以改造。农业改造大体三个五年计划,工业大体第一个五年计划中完成(国家资本主义主要是加工订货),商业大概改造一半,批发 63.2,另售 33.4。这个五年计划实际上是一大规模的建设和改造的计划,毛主席讲我们所做的事情是改变我们国家的面貌,改变我们国家历史发展的方向,大概需要三个五年计划我们才真正打下国家高度工业化的基础。

就我自己对五年计划认识上的几个问题：

1. 五年计划具体的讲就是社会主义工业化的计划，社会主义革命的计划，是总路线具体化的计划，总路线中指出……五年计划具体地体现总路线，计划的实现本身就是阶级斗争的深入，也是世界上社会主义阵营力量的壮大。不光看是技术工作，技术本身就是有阶级斗争的，忽略了它的阶级斗争的深入是危险的。如不能现实这计划社会主义事业就不能成功。帝国主义不希望我们计划的实现，用特务、用武力破坏我们的计划。国内讲不能〈相〉想像地主与反革命阶级会希望这一计划的实现，因为我们计划实现了，他们就永远不能复辟，也不能想像没有人对于社会主义改过不发生抵触。和人民对物质生活相对的不足情况下没有意见，因为计划本身就是社会主义革命，计划实现，革命就胜利，否则就要失败。我们必须时刻提防帝国主义突然的〈时〉袭〈机〉击，对国内的反动阶级斗争。

2. 中国之所以能有这样一个社会主义革命，这是和我们的国家在工人阶级领导下，人民自己取得了政权，和苏联的援助的条件下，我们才可能实现建设我们的国家，没有这些条件，中国〈这〉就不能有这样的建设。

3. 这个五年计划是完全根据马列主义理论的经济学的发展规律制订的，生产资料优先发展的原则。

（1）中心是工〈化〉业发展，尤其是重工业，文化、卫生、农业等等都是适应着工业发展安排的。

（2）把人民生活的提高、轻工业的发展，也是围绕着重工业发展〈按〉安排的。妥善的照顾，照顾人民的积极性，但这个提高不能超过生产资料的提高。

（3）人民眼前生活利益和长远利益加以安排，今天苦点是为了将来更好。

发展是主要的，照顾是为了发展。

五年计划全体通过，但这并不等于所有代表一开始都完全同意这个计划，有很多争论。看法不同的主要：

1. 觉得五年计划中生产资料投多了，人民生活资料方面觉得不够，起初有相当多的人不同意。有关眼前人民生活的照顾少了，实际上就是重工业换资多了，认为中国人民生活水平很低，甚至不承认中国人民生活水平有所改善。当然我们承认中国人民生活很低，但不能讲中国人民生活水平没有提高，浙江商品比去年多销 11％。提这些意见的人是不承认人民生活水平逐渐提高,他只看到地主、富农劣绅生活的降低,要求人民生活的提高快些,实际上想〈减〉降低工业化的速度,五年计划正是为了解决人民生活的贫困问题。

2. 认为今天工作有许[多]困难,尤其是干部条件有困难。如〈果〉此这样的大规模建设怕出毛病,因此感到太快了,要慢,条件不够。快了和毛主席的兢兢业业精神相违背。事实他们是从另一个角度提问题,没有看到六年来伟大的成就,实际上是代表着地主反动阶级看问题,代表着社会阴暗的一面。我们讲发展中可能有些粗糙,有些问题,但整个是快的,是发展的,发展中的缺点,正因为快了,可能有粗糙。所以要提倡实事求是,革命队伍是从革命中训练出来的。

3. 有人讲现在失业工人很多,考虑如何使他们生活好些,从限制生育方面解决,而我们是从发展生产方面解决。今天人所以贫困,是因为人的生产力很低,今天没有工业化不能把大批劳动力都发挥出来,要发挥出来只有工业化。有些人把资本主义工业化的结果用到社会主义工业化上去是绝对错误,这是一社会制度问题,不是人口多少的问题。

4. 五年计划地区之间不平衡,这是落后的地方主义心态,建设是全国人民的,任何人不能私有。

这些思想经过反复地讨论才搞通,五年计划全国人民绝大部分是赞成的,一定有〈各〉个别的人有些地方不同意。五年计划本身是阶级斗争,敌对阶级和反动分子不可能不利用这些不正确的思想对五年计划进行破坏。

随着国家的社会主义革命的前进,国内外阶级斗争的日趋尖锐复杂化。这一点,我们一点得很明确,必须把这一观点看成是对一切问题的基本观点。阶级斗争的发展尖锐复杂化是一根本的问题。我们要有信心、有力量,在中国共产党毛主席的领导下,完全胜利地建成社会主义,其次,我们应广泛地宣传这一五年计划。实际上我们每一件工作都围绕着五年计划进行的,动员人民宣传五年计划,展开思想斗争,坚决地进行节约,在人民中间提倡〈坚〉艰苦朴素精神,反对浪费,认真地贯彻镇反运动,保证五年计划顺利地完成这是一很重要的条件。浙江在农业上、〈出〉山林开发上、棉麻等能不能很好完成计划,对五年计划完成上有很大作用。工业方面浙江原有设备不差。如何很好发挥力量,争取五年计划的胜利完成,因此我们浙江如何很好规划一下是很重要的。

（文件编号：R138）

文教部杨、黄部长汇报情况

1955 年 8 月 28 日上午

杨[源时]:

省级机关进入学习二所一局、话剧团、人民出版社、广播台、文化局、行院等全力学习。体委、科普联清理出来的反革命分子 152 人,重大嫌疑 200 左右,共 350 人。23 个集团,150 多人。集团是开始气味相投,在反革〈命〉反领导活动上一致。浙江日报刘寇英为首的反革命集团,这是反革命组织,和台湾有联系。另外一种反革集团没有联[系],现有材料证明在反党上一致;另一种是反革命分子操纵的;流氓集团,偷盗,搞女人,浙医。

运动中看敌情很严重,如浙江日报 26 人,已定案的 20 人,新发现 48 人,看情形要超过 10%。因为它原封不动,大部是东南日报的,我们 26 人接收的。运动中从开始搞较暴露的反革命分子,进入到已接触到敌人核心组织。广播电台也超过 5%,文教系统胡风分子 30 多个,浙江日报的政治事故是严重的,凡是有关党的领导,毛主席等都删掉,说是公式化;帝国主义分子,现还没有大搞,我们准备组织一战役。有隐藏很深的;托匪分子;被捕自首,被敌人利用。这一问题我们已严格控制。

特务:1. 北方流亡学生要注意;2. 隐〈避〉蔽组织;3. 派〈迁〉遣。

目前第一战役基本上结束,有些尾巴。对 90% 和 5% 的问题,很模糊,现我们把这一些划的具体的搬出来看看:① 5% 的观念不强;② 扩大了 5% 的面,把思想问题及历史问题和反革命混起来。现正整顿队伍,10 月 15 日左右结束。现在的问题是工作和学习还有矛盾,没排开。

大学的情况有些不同,这期毕业生很复杂,学生的反动分子很多。向工农开门,师院很抵触。大学中的阶级基础很成问题,一般的反革[命]分子都是经过高[中]时期的,大学中如何搞没有经验。大学教授始终搞,如于文光,搞了以后没人教书。机关是三人小组一把抓,大学我们采取党内外一把抓,统一战线的方式搞。这样搞很好,有些问题不让他们搞,他们情绪很高。另外,党的基础太差,今年只能搞毕业班,今年可考虑把职员和工人搞一下。教员和学生考虑在寒假或暑假搞,中教嘉兴、杭州搞了一下,小教杭州、嘉兴 1 000 多教员中 180 多,托匪,隐蔽组织,放火、放毒,cc;嘉兴二中原美国办的,帝国主义案,市沪杭别种纵队,党员派进的也很差。中教寒暑期结束,小教后年(县解决了以后)。医院准备搞一个。中学准备调一批强的力量,搞了〈一〉以后,就派进去。

沙:

文化部门弹性大些,搞掉这批人后顶多质量低些。卫校,大学中要考虑如何搞。张克诚老先生告诉我,说他在杭卫生学校当校长时,卫生厅中有人排挤他,他认为是浙医派。上边派了二个好党员做政治工作,做的很好。其中有一好的,卫生厅一定要把他调出。他向卫生厅提意见,李蓝炎也没有办法(杨:卫生厅教育科是一反革命分子操纵的)。

整个布置我没有什么意见,分几个步骤搞好些。从嘉兴第三医院看,不能只是医院,可能也有许多学校,学校中社会主义革命很模糊,三个方面:

1. 清理反革命分子。

2. 学习中党的领导,党的工作,学校中非社会主义思想相当严重。

一方面整个工作,另一方面我们不会领导,不会做政治工作,如何建立党的核心作用,实现党对知识分子的政策。

3. 如何学习苏联和中国情况结合。

这三个问题解决了,学校基本社会主义化。

① 以第一个问题为中心,这一问题解决了,另外两问题较[容易]解决。有一很重要的问题,在肃反中如何和其他两问题将来能结合起来,意识到加强党的配备,加强党群的关系,多数团结起来,反革命分子突出了,留下的我们的队伍更团结。目前不能强调这一问题,如同时提出是不对的。但我们领导上要预先意识到这一点。从斗争中提高培养新干部很重要,结合起来。

② 学校医院搞采取较慎重的方针是正确的,有几个问题。

大学的主要干部骨干搞起来基本上不成问题,中学大城市中也没大问题。主要要考虑到小城市和下面成问题。基本上要调一部分人去。因为学校和机关不同,敌情相对的,可能很严重敌人占优势。搞的不好,敌我斗争中有很大一部份中间势力有一定时间中被敌人争取了去,学校中解决这一问题[是]很重要的任务。好歹明年搞。我们在这一时期中如何很好地对他们进行陆续的、有系统的教育，以便这一工作开始打下好的政治基础。

③ 预先排队，有计划的进行一些调查。

我只提一个意见，你们提到八人委员会上考虑。必要的时候和学校中负责同志谈谈，要他们事先有一思想准备。如我的党员干部必要时可进行些学习，如东北财经学习院 反革命分子思想放毒问题，考虑可给学校党委中的可靠的负责同志看看，进行些学习。

另一方面对这些专家的政策问题，不敢动肯定是不对的，如何动也是一问题，问题是如何搞顶好。学校中和党外人士一道搞有好处，但选择人要注意慎重，有些问题可以分分工，工作安排中把他们安插好。

杨：

几问题（和省委打交道）：

1. 医学院院长问题，我们提〈意〉议周任院长，王仲晓副院长，王任副院长直到现在行政上未公布，省委要想找王仲晓当院长，我们考虑周是比较强，威信很高，能团结人，学习很好，现在毕业生文凭盖印就没有了。（沙和省委意见要取得一致）

2. 郑汉杰自杀后没有台长，孔鲁现宣传部长，原宣传处长暂要代理台长，是否省长可委，现副台长是全省右倾的典型，副台长也不能当了。

沙：

省委九月初开县委书记会议，准备在会议后研究一下文化工作，你们做一准备。（杨：我们先准备一计划）

（文件编号：F151）

江华关于反右倾的讲话

1955 年 9 月 6 日

今日的问题,无论在城市与农村,无论那项工作中都是谁战胜谁的问题,我们同志对此都不是很明确了的,有的人是模糊的,有些人是抽象的认识,有些人就连意识都不曾很好意识到过。我们机关被人家占着,我们许多人都不关心政治,不关心思想,我们每个部门每个党组都可以检查一下,党员与机关是否纯洁,我们的思想是否健全,大家是否关心党及政治工作。

事实证明连我们组织部都有六个反革命分子。

现在我们又只想把业务搞好而不注意党的领导,他们是不要党领导的,违反党是革命的组织与领导者的基本原则的。有人怪组织部没有派好的干部去,而不问自己有否去领导他们。中国是工人阶级专政,这一点我们要向广大的人民宣传,统一战线是并没有削弱与否定这一本质的。

Ⅰ. 我们现在所处的环境是阶级斗争的环境。

① 我们还是受着帝国主义的包围,尤其美帝是决不愿意看到中国强大起来的,他们军事上在积极的准备中。

② 在美帝〈袴〉胯裆下的台湾与其潜伏特务是无处不在想破坏我们,他们还正想有一天能复辟。

③ 已被消灭的地主阶级分子及各种在社会中受到打击的分子,这些分子和他们家属中许多人是心怀仇恨,企图报复的,他们一定会同美蒋分子勾结起来的,进行破坏的。

④ 我们到现在还同资产阶级采取联合政策,资产阶级当做一个剥削阶级是不会自动退出历史舞台的,在社会主义改造过程中,说没斗争这是不能想像的,这种斗争且必然会日益带上政治性质的。

今天我们同反革命分子的斗争是已进入到日益尖锐中,他们愈来愈用暗藏在人民内部与两面派的〈作〉做法,来破坏我们各项社会主义建设及政策措施。

我们必需懂得我们是处在阶级社会里,处在阶级斗争极尖锐的时代,因此在一切地方,一切工作里都有阶级斗争,不了解这点,就是违反马列主义原理和革命的根本事实。我们必须以阶级斗争的实际知识把我们 的 武装起来,去团结广大人民来进行这个斗争。

在这里我们存在的主要问题就是右倾,大家应该明确我们的一切工作都是为着社会主义,必须克服各种右倾思想。

Ⅱ.什么是右倾错误思想。

敌人破坏的方式主要是暗藏的,用二面手段的,宪法及五年计划通过后,公开来反对国家的总路线与计划那是傻瓜。因此,主要地他们将暗地里来,将在执行中来破坏,今年我们浙江是受够了这个教训的,反正都说成我们浙江是顶糟的,有人说在义乌连草都吃光了,我们是上了当的。

但如果粮食不统购统销,粮食市场就不能稳定,国家建设就没有基础,如果农业不合作〈社〉化,就不能割开农民同资本主义的联系,这种叫嚣根本上都是地主富农的叫嚣,我们也被这叫嚣所动摇过的,这是极其深刻的教训。

我们在工商业改造等问题中也可能有右倾思想的。

资产阶级为着保卫他们的既得利益,反革命分子为着反对我们,对我们社会主义建设进行各种各样的斗争,这是很自然的(右倾是没有从这样基本观点为出发点去考虑问题,而受他们的影响,或错看他们的行为,以为人家是善意的——自然这并不是有意见的人都是反动的)。

Ⅲ.怎么办。

为了动员我们全党及全省人民起来实现五年计划,必须在我们党内充份进行宣传工作,层层搞通思想,统一思想,建立社会主义思想,批判资本主义思想(由外到内来进行)。

当然思想工作是要长期搞的,但今年下半年一定要搞出成绩来。

干部方面:

① 对国家五年计划,农业合作〈社〉化(以毛指示、李富春的报告、中央八一肃反指示为中心)进行有系统的学习,学习这里面的政策、方针、任务。

② 我们所处时期是改造时期,在国家机关做事的人应具有以下条件:a. 熟悉业务;b. 对国家忠诚,包括警惕性在内,要有自我批评精神。

③ 国家机关的领导者的党员干部除有上述条件外,更要了解党的方针政策,特别还要善于选拔与熟悉干部,帮助他们改进缺点,在政治上提高起来,不能这样做,就是不能按党的要求与领导这个部门。

　　事实上,告诉我们,我们在这方面有很大弱点,忘记了从业务能力与政治品质二方面来考虑干部,往往把政治品质忘掉了,我们领导人对干部的政治状况多无所知!

　　我们必需建立每一个领导者对自己的干部要负政治责任的制度,以后各机关提拔干部,必需经过部厅长的签字,肃反后各机关的干部主要将依靠提拔,而提拔则部门负责人发展熟悉这个干部。领导人必须熟悉干部,这是完全必要的。

(文件编号:R137b)

1955 年大专学校毕业生
未分配工作的处理问题

1955 年 9 月 10 日

［出席：］沙、扬、俞仲武、燕一民、李国珍

燕：

我们的方案主要是集训，20 多干部；绍兴速中有条件搞五个学校。师大、浙大学习结束了，集中了 60 多个，另外，医、农、专等未搞，到十一月才结束。浙大电机系就有 18 个，有的是海外关系较多，另外，家庭被镇压，本人表现不好，有的分配了又退回来。

杨：

有的是材〈了〉料有，不能分配，有的是有怀疑，进一步搞清楚。（燕：其中大多数不能分配工作。）用第一方案要和组织部具体商量，过去有些问题但在学习中表现很好，还是给他一改造机会，目的是审查、从教育入手，学习太差了也不好。

沙：

把里面较好的数理化学生分配到教育部门，当教员，监视他一下。

杨：

公安人事系统都要排干部，五个人左右。

沙：

1. 机构是要的，到〈的〉底搞在浙大还是绍兴再同组织部具体研究，最好在绍兴，我们打电话讲一讲。

2. 审查教育，能分配工作的分配。有这么一些人，很反动、很难改造，这是肯定的，但另一方面我们也要了解到青年的可变性。过去我们学校的政治教育太差了，虽然〈作〉做了不少工作，但往往对这些人另眼看待，那就〈使〉教

育效果受到影响,尤其是这是分配不分配的问题,个人前途问题摆在前面,他们不能不考虑。因此要用一部份力量进行教育,有可能有一部分人考虑到自己过去不对,愿意改造自己,尽可能争取。以审查为主,加强教育,学习后表现较好,又没多大问题的,放到次要工作岗位上监督使用,另一部分可到生产自救的地方去,放到家中的尽可能少。时间不能太长,三四个月,不要等劳动教养机构搞起来,还是要搞忠诚老实运动,可以研究,从国家和个人的前途等方面进行教育研究一下,这些人的思想究竟少些什么。如镇反问题、改造问题和美国生活方式等问题。他们的心理状态,教育他的人,尽管是审查他,但要〈做〉作为他的朋友去进行工作。

(文件编号:R138)

俞仲武关于留学生会议情况的汇报

1955 年 9 月 10 日

中央四办召开的。

1. 要求及时的汇报情[况]。

2. 揭发大国主义情绪。

3. 交流经验。

4. 提出解决些具体问题。

浙大七个(越南)电机[专业];农学院两个(波兰);化工八人,实习生十一个(朝鲜),学习丝织染色,十月回国;另七个学缫丝(崇■丝厂)。其中一个厂公私合营较好,没有什么问题,第八联营工厂四人也没有大问题。有些问题,这工厂的老板很保守:1. 配色不让别人进,他拿出来的方子错了,有染色退色;2. 有一朝鲜学生调皮,老师父在课堂上讲要听就听,不听就出去了,打起来了;3. 四人专设一〈橱〉厨〈方〉房,伙食不好,他们说有贪污,查,结果没有;4. 朝鲜学生好唱,有些工人反对,贴条子,翻译有问题。

浙大的七个很好,优等生,团结也好,他们意见是:1. 不太自由;2. 回校不能晚,晚了要批评。农学院:农学院重视这一工作不够,两个波兰人不团结,不一起吃饭生活。成绩还好。[对]伙食有意见。

会议情况:

中国革命胜利后我们还担负着世界[革命]任务,这是我们的一光荣任务。

主要两个问题:

1. 揭发自己的大国主义情绪。

2. 越南学生好,朝鲜学生不好。

外贸部发言:

全国三千多,主要越、朝 14 国家。

1. 各地党委经常关心这一工作。经常对这一工作检查。

2. 加强政治思想教育问题,目标德才兼备,越南组织性很强。朝鲜抓不起来,插不进去。(他们动不动[说]不能干涉内政。)

3. 实习问题,老师傅工资不能降低,技术评级要评好。

高教部:

加强政治思想教育。

过去教育不够,思想有顾虑,党的关系没很好解决,有的看到一些小毛病就看不惯。

对资本主义国家[留学生应]主动团结,积极影响,当然要提高警惕。

以后要集中一些。

负责同志要直接管这一工作。

外交部陈家康:

这是一政治责任,以后还要多。我们对留学生还要负家长的责任,也教育他节约。发生的误〈悔〉会也要打通思想解决。保证教学最主要的,是一外交问题。

李剑白:

1. 凡是重视了政治思想工作,就做的好。留学生绝大部分都是好的,对这些人不能当一般的外宾对待,教学上要有些不同,诚恳地帮助。政治课和中国同志一齐上,属于政治问题尽可能通过外交部查清,思想问题尽可能自己解决。有党团联系地指导,不能和中国的党团一样,如他们解决党团问题,应要给他们解释,要通过大使馆。

2. 教育和实习问题:

生活不是低而是高。文化娱乐要照顾。吃饭看病要主动照顾。

保证工作要加强,分配可靠同志给他们建立关系。

领导:第三办公室

实习:各部规定一副部长管,地方工业部管。

凡是到资本家厂实习的一定成立指委会。

3. 当前的主要缺点是放弃领导,领导不利,是大体还好,问题不少。

(1)要以国际主义和各国劳动人民建立兄弟般的关系的精神教育人民。大的有责任帮助小的,先进的、解放早的应[有]责任帮助落后的、解放晚的,大国胜利的早,就更有责任。

(2)帮助、教育,仁至义尽,用自己党员的模范行动影响他们积极[性]……不能要求兄弟国家的党要我们领导,而且连暗示也不行,看到他们党内的问题,要按中国党的系统反映上来。照顾他们的民族习惯，但不能伤害原则性——共产主义。

（3）组织领导，党委统一领导。

A. 改变放弃领导的现象。

B. 党政都要领导。

坏人坏事一定要搞。

沙：

有关单位一齐讲一下，有的事处理一下。

（文件编号：R138）

林乎加同志关于互助合作的报告

1955 年 9 月 11 日

一、批判错误思想

讨论中大多数同志都认为互助合作……这是基本的、正确的。但讨论中，也反映了部分代表富裕中农的资产阶级自发倾向的思想。

（一）必须明确社会主义改造不是和平的，而是在长期的复杂的阶级斗争中进行的。不少的同志还对反革命分子的破坏活动认识不够，特别是暗藏地破坏分子活动。我党内代表资产阶级和富裕中农的资本主义自发倾向思想的一些同志，只看这一个，只看到富裕农民的作用，没有看到广大农民的社会主义积极性，要和代表资产阶级思想和代表富裕中农资本主义自发倾向的思想划清界限。

（二）对合作化高潮形势的到来必须有认识，了解到去年不少地方互助合作的高潮已经到来，但我们没有准备到了，到现在有些同志对高潮的到来还不相信，没有看到这是我党多年工作的结果。

如何观看本地的高潮问题？高潮的到来有先后，不是那里群众有积极性，那里的没有，而是我们的工作中还有在着许多缺点和错误。只要许多问题解决了，积极性就来了，高潮就出现，客观规律性和主观努力问题。

（三）如何对待错误的问题，实行"坚决收缩"的错误方针，后果是很严重的。执行错误方针的错误全部应由省委负责，不要去责备下面干部。

另一方面要总结过去的经验，这一点很重要。

1. 发展方面的经验，四年来浙江发展〈积〉基本上是好的：

（1）一系列的社会主义教育。

（2）贯彻了以互助合作为中心的农业生产运动。

（3）发展和整理了互助组。

（4）领导上有了一定的经验。

（5）训[练]了 10 万多社干。

缺点：

（1）领导落后于群众运动，我们没有看到去年部分地区高潮已到来。

（2）〈有〉没有规划。

（3）政策准备不够，对贫农扶持不够。

（4）组织领导未及时加强。

（5）选择训练干部没有和规划结合。

2. 整社工作方面，去年解决了两问题：（1）取得了经验；（2）办好了现有社。

（1）领导亲自动手是一关键。

（2）整社结合增产。

（3）如何发动社外群众入社的问题，介绍增产经验。

应注意：

（1）必须树立发展的思想。

（2）试点。

（3）方针是增产。

整社的做法：必须〈作〉做好思想工作、走群［众］路线。

二、如何进行全面规划的问题：

（一）领导思想问题，必须明确现在的方针是全面规划，加强领导。

以整社会入手，然后进行宣传，首先重点应发动干部和社的积极分子。

（二）县委以上的领导布置统一，让富农一起开会。

（三）社干地训练应在全面规划的基础上训练。

（四）中心社带一般社。

（五）专职办社干部问题。

三、今冬明春工作安排问题：

总的还是以互助合作为中心开展农村的爱国卫生产运动。

（文件编号：R138）

江华同志在县书记会议上的总结发言

1955 年 9 月 13 日

我们这次会议是个学习会议,也是规划会议,我们在学习中一致感到主席的指示对我们教[育]极为深刻,鼓舞很大。

一、对社会主义总纲思想比较深刻。就是以社会主义思想战胜非社会主义思想,以社会主义逐步地改造非社会主义的,也就是谁战胜谁的问题。社会主义战胜资本主义是一场大战,是一深刻的革命,要用马列主义的方法去分析农村的各阶级政治思想动态,马列主义从来就是分[析]阶级。中国的马列主义为什么不分析阶级。

关于阶级斗争的观点愈加明确了。社会主义要专政,工人阶级专政要通过共产党领导来实现,在各项工作中都要宣传这一思想,包括党的领导,通过党的领导,马列主义的思想。反革命说我们思想专政是对的,没有马列主义思想占优势,工人阶级专政也是困难的,在我们有些同志的发言中这一观点较欠缺。

对群众观点有了进一步的体会。

加强党的领导也有了进一步的体会,发言中都举出了依靠党员、支部搞好工作的实际例子,要搞合作社,没有共产党领导是搞不成的。

这次会议解决社会主义总纲思想和阶级斗争的方法比较深刻,但这仅是一个开始,组织下面干部仔细地学习毛主席的指示,建议把毛主席的有关文章配合学。

讨论中对省委的报告提了些意见,这些意见基本的出发点是好的。但有两点说明:

省委决定"坚决收缩"方针是错了,省委负责,不是去计较责任,地县委不要检讨,坚决执行在组织上讲是对的,但是每一个同志特别是省委的同志在这一问题中间应该取得自己的教训。

第二,五月会议(五月廿八)精神是改组派,不彻底。

绝大多数对省委的报告是同意的,有的同志有些意见,省委报告指出错误主要不是外因而是内因。但确定这一方针是外因起了很大作用。

二、对农业合作化的认识：

（一）对合作化高潮的形客观存在。主要的根据是[达到了]60％到70％，看不到这一点，就是看不到合作化高潮的到来。工业化的需要，实现工业化进度，农业也要跟上去，比[例]需适应。社会主义道路是全国60％—70％广大农民积极走的道路，积极领导他们。

（二）我们在农村工作长期的基础和农民的关系，这些根据都要看到，否则合作化的高潮就看不到，有些地方也可能没有到，主要是我党的领导加强，去组织这一高潮地到来。

（三）阶级斗争，合作化自始至终充满着阶级斗争。

（四）依靠谁的问题？大家好好研究一下，不明确依靠谁团结谁那就[会]迷失方向。合作社方针的认识。现在的方针是"全面规划，加强领导"。

三、全面规划问题：有几[个]基本提导思想：

（一）必须有发展社会主义思想搞规划，分批规划。农村阵地完全由社会主义占领，第二个五年计划完成半社会主义改造，第三个五年计划完成社会主义改造。

（二）发展生产增加社会收入的指引思想。从老百姓的长远利益和觉悟程度出发。

中心环节：1. 研究速度，必须考虑与工业速度适应，速度是对土地问题，毛主席讲计划上三个三分之一，指导思想要超过计划。2. 不仅是搞农业合作社规划，其他问题也要围绕着搞规划，为合作社服务。3. 要依靠群众、党团员、积极分子，变成群众自己的规划。坚持群众路线方法，开荒，运用荒山、地为国家服务，从劳改农场中取得些经验也是必要的。开荒要抓紧，建议温州搞油茶，我们支持你们，你们要搞，开荒农林牧为主，也要有规划，长期地和短期的，重点由小到大，品种田不征购，开荒要种树。"三定"大家抓一下，不抓不行，县府要出布告，要发动群众，生产一定要定到低于实际质量，留〈量〉粮要按省委杠子留足，三定工作做不好，莫怪农村工作被动。兵源，是保卫祖国很重要的事，便军队经常满员。保证质量，民兵工作很重要，今天我这个政委就下命令，地委政委和县委政委必须要把民兵工作和兵役工作搞好。

四、省里两会议安排

党的代表会议预定十月底到十一月初。五年计划，加强党的领导思想建设组织建设,选举检委,到会的要区委书记书面发言,口头发言预先搞好。

人民代表大会,预定十二月初到十二月底,准备明年八大选举。

（文件编号：R138）

在社会主义建设积极分子大会上的讲话

1955 年 9 月 15 日

我国在 1949 年之前有一百多年的历史都是被人家侵略、压迫,贫困落后,随时受帝国主义的压迫,如果北洋军阀以前的苦难,同志们还没有亲身体验到,但最近 20 年来同志们是经历过的,日本投降后,我们尝到过美帝国主义封锁的情形:物价波动,美帝蒋匪帮屠杀人民,大家都看过的,一百年来中国历史是灾难的历史。中国有 6 亿人,[世界]1/12 的土地,这样的一个大国为什么这样懦弱、受到这样多的苦难呢?

1. 这就是因为政权在反动派的手里,反动派为着达到剥削压迫人民的目的,不断卖国媚外,对人民如老虎一样,它只为着反动派的利益打算。清朝西太后有句话,"宁赠友邦,不予家奴"。这句话一直被历来的统〈制〉治者所奉行的。

2. 中国经济文化上很落后,没有现代化的工业,不能很好运用和发挥六万万多人的劳动效力。没有机器、科学文化帮助他们提高,造成中国的贫困。

由于没有现代化的工业,对外没有国防。

由于没有现代化工业就被侵略一百多年。

1949 年全国解放后,中国的政权已成为人民自己的政权,成为工人阶级领导下的人民民主专政,这些卖国贼政府被推翻了,帝国主义被逐出了。这样,我们灾难的主要原因去掉了。但另一方面,我国的贫困落后的因素还是存在。到现在,我们经济文化上还是很落后的,中国人民每年平均只 560 斤粮,许多人还不识字,文化科学还很落后。不但人民生活的贫困痛苦没有解决,……我们革命的目的就是最后解决这一问题。严格讲起来,我们国家的安全有了保证,由于我们的贫困落后,[有了]帝国主义反革命分子破坏的空隙。贫困落后就是国家不安的因素。同时我们的国防也不能说是很巩固了。真正现代化的国防要有工业为后盾。

中国革命虽然已经解决了政权问题。剩下来的问题就是要解决工业化问题,解决这一问题,这是中国党当前革命具体的要求。解放后最初三年,除了继续解决遗留下的问题,一直努力于经济的恢复工作,三年之内在各方面都已经恢复到战前的水平,有些地方已超过了,使我们的政权基本上巩固了。经济文化生活也正常了。这样就使我们的国家有条件可进行大规模的建设。由于这一建设是解决这样的根本问题,因此要计划得相当好,因此就制定五年计划,如果不很好的计划安排,建设就乱了。这样可以每个人都看到国家的前途,同时也使每个人了解到自己应做些什么,以动员全国人民更好地完成这一计划而奋斗。五年计划就是中国革命现阶段革命的行动计划。它是为着解决中国的贫困落后问题,解决国防的安全和增加世界和平进步力量。

为什么一定要说是社会主义革命计划呢?这很重要,如果没有社会主义,也就没有革命计划,因为只有社会主义才有计划,资本主义是无计划的,是为了利润、剥削。

如果说不是社会主义计划,就没有经济制度的改造,就是仍保持私有制,那就是资本主义道路,也是灾害、贫困的道路。

计划的内容是社会主义的内容,我们建设的工厂是全民所有的或集体所有制的资产,我们正对农业、手工业和资本主义工商业进行社会主义改造,所谓改造就是以社会主义代替私有制。

五年计划的内容:

五年计划最主要的部分:经济投资部分,五年内国家的投资总计 766 万万,等于七万万多两黄金。

工业:313 亿 2 千万

农林水利:61 万

运输:89.9 万

贸易银:61.6 万

文化:142.7 万

投资中心在工业,工业中尤其是重工业,重工业投资又占工业投资的 75.7%。投资方针完全体现了毛主席的指示精神。

新建限额以上工厂 694 个(包括 156 项),限额以下 2 300 个,新建单位 6 000 个。规模很大,技术头等的。第一个五年计划发展 98.3%,每年累计增 14.7% 我们开始有了从来没有的工业,因而取得了我国经济上独立,不断发展的基础。钢 412、铁 467,1962 年 1 000 万吨,世界六大钢铁国家之一。那时我们的骨骼就硬了。

轻工业五年增加 80％,农业 61 亿,实际 182 亿。黄河规划在内,使黄河灌溉[面积]大 700 倍。

投资的结果,生产各方面都增加。

但将来某些日用品不足是必然的,道理很简单,人民生活提高了,需要增加。相对地感到日用品不足。要等我们重工业发展充分支持农业、农产品支持工业,那时候才解决。经改造,开始从一个落后的农业国改变成为富强的工业国……。这是一个很伟大的计划,基本上需要三个五年计划,结果将大大提高人民的生活水平,并且不断提高。国家的防御力军力将大的提高。

但是在我们的前面还有许多困难:

1. 技术的困难

2. 敌人的破坏

3. 资产阶级的反抗

4. 美帝的侵略战争

我们一定要提高警惕,不但是一个技术上、经济上的建设,而且是一个很尖锐复杂的政治阶级斗争。当我们的方针计划既定,剩下的责任在我们每一个人的身上,所以,我们每一个人都负有伟大关荣的责任。国家的命运前途都掌握在我们自己的手中。

26 年之前,我在苏联学习,那时苏联的情形大体上和现在中国差不多,那时苏联的青年两方面很突出:

1. 青年在各个战线上都担负着突击队的任务,打冲锋,青年城。他们的口号是:五年计划,四年完成。

2. 到处都努力虚心学习,把自己培养成为有更好的品质和技术的人材,[把]学习和工作密切结合起来。

昨天苏联青年的模范行动就是今天我们的榜样,我们应向苏联青年学习,我们也应在工作中起突出的作用,不断加强思想知识来武装自己,加强自己。很好的学习。

现在我们也在各方面开始组织突击队,这很好的。我相信我们的青年一定能完成他自己的责任。事实上,几年来各个战线上都涌现出了大批的积极分子,各位也都是浙江的先进青年积极分子。国家五年计划能不能很好的实现,很大的意义上看我们青年同志们能不能发挥突出的作用。我相信苏联当时能做到的,今天我们也一定能做到。

　　青年本身缺乏经验,但有更重要的优点:有好的体格,有更大的进取心,较少的受到旧思想的影响。年青人有活力、勇气、斗争性。所以今天各工作中充分地发挥青年人的活力、勇气,不仅对目前经济建设起很大的作用,同时对今后的建设一定起更大的作用。

(文件编号:F134)

省长办公会议

1955 年 9 月 16 日

上午

［出席：］沙、杨、彭、闫

闫：

上一星期开始每天都学习,工作和学习有些矛盾,主要是文印收发上有些矛盾。人民来信来访,文印平时每月六十万字,现少了,现人员和时间 1/3,估计 20—30 万字,基本上解决了,人民来访随时应付。收发,两人拿出一个来。其他部门［全］力投入学习,主要是人民代表大会的文件,各地问题很多。

撤换代表问题。对判罪的,县人委员进行调查,判的正确,可在县代表大会上交待,做出决议,参军的代表,可不撤换,可不参加会,其余不动。不一般以不动为原则,思想落后等一律不准撤销。要写一统一的指示,首先写明代表除犯法以外,不能动,代表大会是最高的权〈利〉力机关,要重视。

办公大楼今年年底搞好。

外宾馆要明年二月才搞好,计委确定了 20 万,不能超过。(因为什么延迟三个月,要检查一下。)

事务管理局：1. 房子问题;2. 粮食定量问题。

彭：

1. 基建问题是省委掌控的。

2. 学习和工作问题。

3. 几个上层人士的统战。吴、蔡、邵等病了,如何安排一下。另一方面,上层统战人士因学习思想上受到影响。(沙:可主动地找他们谈谈,有的可找他谈一下。)

工作学习结合一下,如何安排,找几个单位座谈一下。

人民委员会的内容

江华同志意见:

各县的选举谈一下,另一方面十一月底开人代会,各地十一月之前选举搞好。

另外互助合作的方针规划做法可提〈去〉出来讨论一下,人委会具体方针、杠子不谈。

开荒问题也可以谈一下,也是方针、基本做法,这两个问题考虑可弄一道。

征粮整编是否可下一月谈。是否税收这一月谈,互助合作、山林开发下月谈,和三办研究一下。互助合作、开荒,杨准备。

选举各层人代大会问题沙准备。(和统战部联一下,多少县已开了大会,多少已准备了,另外的情况。)税收问题公债不讲。

文件 21 日准备好,省委审查好,25 日前文件发出,27 日开会。

(文件编号:R138)

俞仲武、刘亦夫同志谈工作

1955 年 9 月 17 日

上午

刘：

文教会议回来主要是研究贯彻文教会议提高质量的精神，研究提出了几个问题：

调查一下提高质量的必要性问题，一公一私中学，一初中的语文老师写"临"字写了三四次，有的出题目向"蜂蜜"学习，绍中还是一般的。

1. 中心问题〈起〉是抓师资：

（1）脱产轮训，成立一进修学校，150 人抽调，1 500 人。第二个五年计划训完，把浙江凡不够师范毕业的，统[统]提高到师范水平。100 多人采训（中学校长），×师范现改成小教轮[训]。小教六万三千人，有 18 000 人不够初师水平，第二个五年计划差不多。

（2）师资业余进修，本来三市，下半年想七个市搞，每周六时，专署所在地有条件的可组织。

（3）函授，想十个师范都搞起函授，现每校大体上 400 人。（4）暂时在学校中进修。月底开一个会研究这一问题。

2. 教师的政治学习问题：（1）结合五年计划学习文教会议精神；（2）农村中的一些政策学习一下；（3）如何贯彻新方针，完成五年计划，这一学期基本学完；明年接着学阶级斗争。（1）阶级斗争基本理论；（2）过渡时期阶级斗争的尖锐化；（3）反革命分子的破坏，胡风之批[判]材料。明年暑假搞清理 204 个中学。

3. 学生的政治教育：（1）配合镇反，提高革命〈井〉警惕性（临安中学最近很混乱），阶级基本常识；（2）中国当前阶级斗争的情况；（3）青年人如何提高阶级〈井〉警惕性。

劳动教育大力贯彻：（1）劳动创造世界道理讲清（今年有的初中毕业生组织反革命的运动）；（2）批判轻视劳动的观点；（3）配合劳作劳动。小学中加上劳动课。（沙：应加上行行出状元，都有前途。）贯彻学生守则，三好，爱护公共财产,时事政策教育。学生关心国家大事。

4. 教学问题,有的学校搞掉了些教师,温州市 90 教导主任的处理了 17 个,20%。

中学:(1)从减轻学生负担开始。初三开始都重,凡是负担过重的学校,高中每周 61 小时,超过就是过重,初中 54 小时,小学 41.5 时。(沙:是否有一条杠子,65[时]的压下来,不超过的要研究提高。)

(2)教学组织问题,教学小组加以调整研究。教研组长保证历史清楚,工作积极,思想进步。集体备课,试讲制度,集中力量钻研教材。

(3)系统的听课检查制度。

(4)教学经验交流的问题。

(5)试行一些新教材,中学分成汉语和文学两部分。指定学校试用。

精简节约:

1. 我们算了一下,浙江比全国水平低很多,中学如按全国的要求节约 800 多人,教育经费开支,主要工资 66% 处理。(1)反革命的处理;(2)老弱,〈安〉按中央的办法退休,长期退休,有的离职休养;(3)意见很多的;(4)品质恶劣的,温师 5% 是坏人。

2. 教学仪器适当加以调整。小学里面有一些最基本的设备[要]配齐。

整个的事件规划问题。第二个五年计划十月底上报。我们准备先研究一个县的,全面规划一下。浙江 22 000 多,5.6:1,高小比初中,高小应适当发展。首先要求重点县乡有一完小,24 个县有 13 县低于全省水平,教育事业为互助合作服务。

冬学问题很大。(沙:研究一下,现在农民是否冬天有时间,向中央提个意见。完小[是]否缩小,检查一下去年冬学的效果,看看好的经验如何?经研究反映一下,南方与北方不同,今天和过去不同。)

1. 调训问题。

2. 明年小学初中毕业生 15 万很紧张。

3. 政治教师问题。

沙:

问题很多,肯定意见很难讲,几个问题要考虑。

整个工作部署中要考虑到：从总的方针讲主要提高质量，学校中根本问题是〈干〉赶不〈干〉赶上国家建设需要。提高质量有几方面，如何同我们具体情况安排：

（1）教学质量是一问题，中小都成问题。

（2）政治质量也都成问题（领导骨干、教员质量等等），有他的关联性，但不是同一个问题。中央教育部是一般提出的，但全省的实际情形看，是否目前主要考虑解决政治问题，当然第一［个］问题也不要放松。因为目前学校政治情况很复杂，要有很大的决心首先干好这一事情。以组织清理为中心，配合上加强政治师资等。你们提出的学习计划这样安排是好的，但要说明我们的干部不多，即政治上的中间分子是多数，对我们有许多不满，但也有很多赞成。这种人在政治斗争上有可能跟我们走也有可能〈根〉跟敌人走，因此清理之前解决这一部分人同我们的关系，这是战胜敌人的关键。我们的工作方法要改变，我们要团结好群众，注意培养积极分子，然后进入清理。

教学问题要当作我们工作方法配合起来，在教学提高的问题上把问题提出来，教的好的可表扬。在这方面可以团结许多积极分子。组织清理好了，这里起了变化，党群关系密切了。提拔部分积极分子，配备一批骨干，然后解决教学问题。因此训练的问题你们要考虑，修正一下，要了解一下现在杭州嘉兴搞的如〈如〉何。清洗的标准，大问题，有大血债当然要干，顶重要的是现行活动的问题，品质极恶劣的不行，一般政治上有问题，弄清楚了，检讨的好，就算了。我看这样至少20％。一样是判罪的，一种劳动教养。

规划问题：

我们是否研究一下，学〈令〉龄儿童是否可以解决，中学提高百分之几，初小学是否基本上合作社办，我们集中力量注意完小。

（文件编号：R138）

温州徐副专员汇报开荒工作

1955 年 9 月 17 日

一、300 以上 169 片,77 000 亩;1 000 亩以上 117 片,33 万 7 千亩;1 万亩以 38 片,527 000 亩。(六月后遍查情况。)现又派人进行复查。

下半年十三县建高级社,开 101 400 亩,投入 2 700—3 000 人。部分县已上山,也有准备上山。用具等准备的较好,去的人情绪很高,欢送,住的地方也很好,青原县房子饭厅……款子 78 万自筹 20 万,贷款 15 万,要求省解决 43 万。初步概算,省的标准 3 万一个社,100 人为标准,每人 30 元,温每人平均 37 元。

1951 年为巩固海防,发动群众征起了一片,1953 年开始种,4 000 亩一直种到现在。1954、1955 年种了 2 000 亩,共 6 千亩现尚有 8 700 亩。计划分二批,先开此面 7 000 亩,有 2 000 亩已种,2 000 亩初开,3 000 亩未开,另外 7 000 亩明春开。黄岩一带是一条条的堤,这是第六堤、与海争地是一个方向,准备今年冬季把第八〈塘〉堤 能起来 14 000 多亩,估计到 1958 年可到 40 000 亩,一个人种 10 多亩。这里最好有几个小型拖拉机,机耕人力合耕,因有盐屯,这样好一些,将来逐渐发展,人不增加,增加机器,以农作为主,土质很好,平地种草(肥料)、高地山薯、大豆。先建三个分社,这一带已安全的,不会受潮水的威胁。第八堤没问题,组织干部,成立了筹委会。有一问题,1953 年群众开工,要拿回来,群众有意见。我们意见,一般拿回,有的可再叫他们种一季,有的没意见,群众顾虑,1953 年到现在种了,明年再种要平产了不合算,现在拿回来没有什么问题。

二、住的问题,暂时民房,群众工作已〈作〉做好了,1 300 人没问题,问题:住处和种田不方便。

三、农具已和手工业合作制订了合同。种子已准备。

肥料:准备在三个镇开展一大扫除运动,把垃圾搬来. 人粪人家不肯支援,是否可支援几天。这是冬种,明年的肥冬天开始积。

耕牛租用,人工换牛工。

农业技术问题,去的人不懂技术。

吸收附近合作社的社员[问题]，少吸收。

农忙时雇佣。

换工。

经费：温州市搬运工会有很大积蓄（工资政策原因），借他七万元，温州市意见只要省里同意可直接给了。

9月底打算下去1 300人，三个社，每社4 300人，批准。

土地上这样处理是否妥当。

可能的话〈播〉拨三个小型拖拉机。

李士豪、杨付省长的意见：1. 温州重点，考虑在山区还是海边为重点；2. 群众关系问题。

温州×同志：

我们也考虑到是否影响生活问题，县委考虑到不大影响群众生活，因这一带付业出路大，如让群众搞，起码七八年。

李：

这两个区有6 000多亩机动地，整个讲国家搞有利。部分群众要照顾。

××：

大部分富裕农民在这里种的，贫农〈各〉个别的，不影响生活的。

沙：

是否群众种的好的，让他继续种下去，群[众]不愿意要，两种道理：1. 是种的不好，不愿种了；2. 是由于动员，不得不拿出来，如果这样，劳力较强，土地搞得较好，他是不大愿意拿的，如是这样的情况还是让他种，这样对我们没有大困难。

有几个问题[要]研究：

1. 现围第八堤的问题，是否等七堤搞好巩固起来。第八堤离水较近。要防止大的暴风情况下，很容易垮掉，如果这方面估计不足，遇到这种特殊情况是否有变化的危险。你们了解一下当地历史的情况，然后再干。另一方面我们开海田如何搞,经验不多,等有了些经验再搞好些。

2. 和老百姓的关系。国家搞土地改良肯定是快的,另一方面要照顾到基本上不妨碍现在老百姓的田:(1) 不与老百姓争地;(2) 不与百姓争水利。1953 年开始到现在应该承认老百姓有的已〈化〉花了工本的,拿过来肯定有一部分人有意见,这影响到今后老百姓开荒积极性。考虑到有〈老〉劳力、有工本的愿意种,再让他种,这样有好处,基本上不使他们吃亏,不好的地,自愿拿回来可以,可以动员一下,他们愿意保留的可保留,你研究一下。

3. 动员 1 300 人,组织三个社,每社近 400 多人,有两问题:

(1) 领导问题,大社是不是好领导,当然比山区大一些是可以的。但领导上是否能有这样的管[理]能力。农民的觉悟情况等,增加了一倍人,政治工作量是否更多一下。

(2) 种地技术上看多大的适合。

肥料等问题不大,生产技术上的换工问题是好的,耕地上你们要有一规划,究竟如何搞对改良土质有好处,畜牧、农作物的品种等要很好规划,可以派若干技术人员到那里研究一下,中心是改良土地问题,如何改良快。生产计划要有一大概,将来在工作过程中去换,农场搞的好不好,决定问题要看生产,我从汇报中听到你们这方面注意的少些。

4. 用不用机器问题。

地形改造你们自己规划。

看我们有没有拖拉机,如果有,初耕翻土深些是好一些,但原则上讲平时的耕种上基本上手工劳动:A. 一方面增加生产,另一方面解决劳动力剩余问题,多用些劳力现在是合理的,对国家有利的;B. 机器我们不多;C. 燃料技术问题很多,因此基本上不用机器,机器开荒,手工耕作。如有机器可调去用一下,开荒。肥料只能要人民暂时帮助一下,但你们要规划。

二、山区可用的比海多,温州的注意力应中心放到山上,浙江 70% 是山,人口大都在平原,平原经常受水旱灾,很重要的一问题是山区破坏很〈历〉害。因此不但要利用山区条件,畜牧、林等。另一方面把山区水土保持好,几个五年计划下去水土保持好,将发水害的灾〈海〉害减〈号〉少,我看是可以的,加上水利基本上解决,这一意义很大。另外应注意,浙江国家的整个建设中主要应是农业,山区开发你们看杨付省长的发言。

你们要注意一下，生产之前的投资，特别非生产的投资要很好地精〈把〉打细算。今天不搞的就不搞，住的房子、办公室等要注意，基本上不要办公室，要反复说明这一问题，城市机关的派头要不得。但前途要讲清楚，开荒之所以光荣是从无变到有，变好，要依靠自己劳动，这一点要特别注意。开始要多做部分工作，以后[几]年多改进就好。316元是否高了些。你们注意一下，你们要实事求是的研[究]一下，要精打细算，实事求是。

徐：

1. 第八塘的围田问题，回去更好地考虑一下，总之是放在稳定的基础[上]。

2. 群众关系，收围田的问题，过去的指导思想就是收回，有的农民当然不够满意，现在回去就妥善解决，群众留下自种，对我们耕作没有什么不利。

3. 社大了，我们再回去了解一下，管理上有什么困难。（李：现在的情况是每一个人就是一户，应很好考虑，比[如]初级社有简单的地方，也有复杂的地方，初级社政策问题很多，但高级社一是生产技术问题；二是在几年中很困难，政治工作要很吃重。）

大胆坚决的干，干的时候很可能出问题，取得经验。

徐：

地委的指导思想主要是沿海地农，我们可回去把这一问题明确一下。

（文件编号：R138）

卫生厅李蓝炎汇报工作

1955 年 9 月 26 日

李［蓝炎］、俞［仲武］。①

一、卫生部门现搞肃反。

今年的时间〈按〉安排问题。

今年明春是否搞得过来。

今年内在杭医取得经验后推广，各专署分批学习，明年与年终鉴定结合搞，明年每专署搞一二县为试点，1957 年搞到县搞完，1958 年区卫生所都搞完。

（沙：行政机构应要计划搞完。）

（一）对技术人员的反革命分子的政策的执行问题。

（二）真假技术人员的界限问题。

二、行政管理。

业务。分级整顿专门管理，省管专署的技术人员专管县、县管乡。一是叫他们来，专题审查；二是分下去检查技术方面问题；三是全省县卫生所以上的初级人员整顿，文化水平〈底〉低的 3 000 多，文化补习的问题，希望社区系统自己搞一学校，政治学习由文教部统一安排。

中医方面的问题：一般的政策学习基本上解决了，部分同志认为小题大做。

（1）中医进不去。

（2）进去［被］冷淡。

（3）中医搞好了不报告，搞坏了大做文章（陈果问题）。（沙：要责成他们总结）1. 学习祖国医学；2. 单方的试验。

开会主要是解决计划问题。1956 年。

（1）传达贯彻文教方针。

（2）解决下半年的工作，布置工作。

传达、讨论、布置。

计算中的问题，劳动计划要突破原人数。1. 冗员未很好处理；2. 增加了

---

① 原文如此。

一千多人。

今冬明春计划问题很紧张，下面对计划不大抓。兵役体格检查、1/3，12万。（沙：起码四个挑一个。）一个人每天 13 人，十天完成。问题是看党委汇报，今省 220—240 小组，标准未下达，专署组织一办公室，县领导小组。每组一小医师，他签字就算了。开两次会，省开会专解决标准及技术问题，专署解决领导问题。

农村卫生工作问题，组织领导交给县训练了一万人，小医生问题要纠正。小学毕业程度十天训完，每人四元经费。

山区开荒问题，一千人以上建立机耕，一千人以下百多人，委托当地解决。

巡回治疗有几毛病：1. 下要求全部免费；2. 山区地方不容易到.

血吸虫到现在还在发展，150 万。好的地方也有，坏的地方太多，最坏是杭州，西湖有条件生长血吸虫，想下决心解决杭州问题。1953 年前只喊叫医疗，治疗为主不行，去年提出以预防为主，主要是分散管理、管水管便、灭钉螺丝。（主要是土埋，三年可达到目的。）

中药治，要求无毒有效，要加强教育。

城市地方统一问题。

地方统一领导问题，杭州把厂分四类，把中央、省的大厂放在三四类。

干部保健。要各医疗单位都有一报告。具体困难，行政力量不足。

俞：

有个意见。

1. [城]市工人为主，一般[以]农民为主的方针[要]强调提出。

2. 卫生干部训练要加强，建立文化补习机构，早点搞。

3. 学习问题是否和文教部部署一致。五年计划，文教方针、重点问题。

4. 巡回问题，另一方面是否冬季环境卫生粪便问题。

5. 中医问题，中央要今年元月做一报告，到现在没搞。卫生厅多检查一下情况，多讲讲话，党的会议上讲讲，组织些病例，教育大家（陈果写一个病例）。

6. 卫生宣传工作会上要谈谈。

7. 血[吸]虫的防治委员会继续下去。

沙：

1. 肃反问题，时间安排我［与］杨部长交换一下意见，更好安排〈以〉一下。一般讲拖到 1957 年以后不好，不能比小教迟，可以上下半年搞专县，缩短一下时间问题，省委准备十月中讨论这一问题，你们要预先〈题〉提出安排。行政单位当行政单位搞，我们力量有条件，事业机构力量薄弱，难搞。大批中间分子，反革命一般比机关多，党团员少，技术人员中历史一般很复杂，到底百分之几不晓得，但绝大多数是好人，搞不好变成了我们同大部分人斗争，这是一情况要注意。另一方面技术人员的特殊情况，技术是要的，老的去掉了，新的赶不上。中央也有一指示，但究竟如何好，你们要研究：（1）是反革命分子一定要处理，方式不同；（2）一般历史问题，没有现行活动。每一个人要了解清楚，采取用什么方法搞，真正的反革命分子和某些不满发牢骚要有区别。你们要很好研究准备，原则相同，做［事］办法不一样；（3）学习内容，我们要充分的进行经常教育，使我们感到国家的伟大，前途光明。最后了解到斗争的重要，是好人往往有两种意见：A. 对党领导工业化，他满意；B. 但对社会主义他不一定满意。有的讲"伴君如伴虎"，基本［要］加强他的爱国〈关〉观念，这一工作现在就要做，不是到斗争中才做。政治上的准备，文教部这一点工作很重要。斗争开始就保持多数针对少数坏人。

2. 提高质量，数量和质量是一对矛盾，业务上的提高，质量很重要，要有一规划。初级卫生员，〈讲〉将来要变小医生，不断提高，轮训的机构要很强，加强，［要］和地区产业的规划平衡起来，全面规划。中医也做这一规划，有计划的轮训。要充分估计中医的力量，很好地动员很好用起来。卫生员十天训练要缩小，不一定要，十天搞不好，不如加强中医。中医学校可考虑陆续扩大，有些地方硬是［可以］办中医院。

3. 征兵人员检查，四人还不止。

4. 血吸虫要专门研究一下，最近的或汇报一下，今冬如能搞一较［大］区域搞，搞出计划，提［交］到省委讨论，配合互助合作，单独规划。要动员广大人民搞。［要］当［作］为相当大的中心任务［来］搞。对他们的好的东西要宣传、表扬。

五年计划规划问题大家来研究一下。

（文件编号：R138）

省人委省长办公会

1955 年 9 月 26 日

[出席：]沙、杨、彭、闫

九月人民委员会定于 29 开，暂定一天，29 日上午八时。

下月的准备月底开，两问题：1. 合作化；2. 开荒。

沙：

省人民委员会要考虑一下如何开好，今后这样应〈服〉付一下不行。

（文件编号：R138）

关于参加第一届全国人民代表大会
第二次会议的一些体会的发言

1955 年 9 月

一、会议的经过及其内容

（一）会议的中心内容是依国家在过渡时期的总任务实现社会主义改造的第一个五年计划，预决算是计划在一定年度内的体现。黄河规划是建设计划在一件事业上的梗概，而兵役法亦须从保障国家安全，便能进行这样大规模建设的观点上去理解。

（二）会议自七月五日开始到廿九日闭幕，多半时间是小组讨论。

（三）会议期中不但正副委员长都出席，毛主席及周总理以下的各副总理与部长也都出席，且作了各有关部门性的发言，会议自始至终是在严肃、兴奋，热烈紧张的情形下进行的。尤其许多老年代表的精神，更加使人佩服。

二、五年计划是一个规模很大的国家建设与改造计划

（一）它是五一年开〔始〕着手编制的，到 55 年二月才完成，三月在中共党代会议上讨论通过，再提交国务院讨论通过，然后再提交人代大会的，因此它已是一个很完整很周密的计划，大会中除有几处局部纠正外，基本上都没修改，而得到全体一致的通过。

（二）计划提到大会讨论时，计划年度已一半过去，所以如此皆是因为：

1. 中国缺乏资料；

2. 我们缺乏计划经济的经验；

3. 建设开始时，朝鲜战争还持续着。因此我们不能不边摸、边建，边打、边建下来计划的，所以不能很快就〈作〉做成。

（三）至于五年计划的内容，则从两方面来说：一是建设，二是改造。

1. 是大规模的建设。基本建设的投资总额达 766 亿，其中心是工业，尤其是重工业。毛说：没有工业就没有巩固的国防，没有人民的富裕，便没有国家的富强。

① 工业部门 313.2 亿，40.9%

农林水利 61.0 亿，8.0%

运输邮电 89.9 亿,11.7%

贸易银行物资储备 21.6 亿,2.8%

文教卫生 142.7 亿,18.6%

城市公用事业 21.2 亿,2.5%

各经济部门流动资金 69.0 亿,9.0%

各经济部门大修理费用 36.0 亿,4.7%

其他经济支出 11.8 亿,1.5%

工业建设基本投资中:重工业 24.4%、燃料工业 25.5%、机械工业 26.0%,合计为:75.9%

② 这样投资的结果:

a. 使我国五年内新建的工厂有限额以上的 694 个(包括 156 项),限额以下的 2 300 个左右。即将新建近三千个新工厂,如包括交通、水利及文教的新建与扩建则达六千多个单位。

b. 将使五年内工业产值增长 98.3%,平均每年增 14.7%。

c. 不但使我国拥有从未有过的现代工业,如大规模重工业、高级机械工业以及原子工厂等,且能开始取得经济独立,与大规模的发展基础。钢铁由 412.0—467.4 万吨到 1962 年将达 1 000 万吨。

d. 从表上看来好像是轻工业(2.6)及农业(7.1)建设投资太少了,这是因为:

第一,国营合作社及公私合营工业占 87.8%,私营工业占 12.2%(其中主要部份都加工订货了)。轻工业现在还有许多设备未利用上,而过度扩大不但会影响重工业的建设,且原料也有困难。投资计划中生产资料增 88.8%,消费资料增 11.2%,但生产实额、生产资料值增 126.5%,消费资料值增 79.7%,也不算少。因而在比重方面,生产资料由 39.7%增至 45.4%,消费资料由 60.3%减至 54.6%。

第二,农业投资实际上已不少,农业生产总值增长 23.3%,即逐年增长 4.3%,肉粮食总产量增长 17.6%,即逐年增长 3.3%。从黄河规划以及准备规划长江已可知道其规模。此外,农民尚有约 100 亿的扩大再生产投资和 5+3 亿开垦救济款用于生产等,因而其绝对投资数将是 180 亿,也是很大的。

但总说起来长期的生活资料相对欠缺的现象是不可避免的。

2. 适应着国家这样大规模的经济建设,现有的生产关系必须大力的予以相应的改造,否则会使生产关系适应不了生产力的发展的,且生活资料缺乏的情形会更严重。

① 农业生产关系不改变必然适应不了机械耕作与大量生产,会造成农业与工业发展的严重脱节,这是显而易见的。农业合作化每个计划解决 1/3,三个计划完成。

② 私人工商业若不改造,则不但要妨碍生产(难以提高与扩大),混乱市场(经济不能正确规划),且亦产生极大的不公平,国家的繁荣成了资本家利润的泉源(未合营的私人企业五年中每年增产 4.1％)。

工业改造,计划完成时私营尚有 12.2％,但其中主要的都将加工订货,纳入计划的轨道。

商业改造,将有一半以上转为国家资本主义形式,国营、合作社营、公私合营。批发占 63.2％,零售占 34.0％。

从上述可见,五年计划是国家大规模的全面的改造计划,它的实现的结果将开始大大地改变我们国家的面目,改变我国历史的方向。即由农业国改变为工业国,由经济文化上落后的国家,开始踏大步走向先进的国家。由私有经济改变为公有经济社会,由半殖民地半封建改变为社会主义。这是一个极其伟大极其深刻的改变,由于这种改变,将大大地巩固与加强我国的人民民主专政,也大大加强了我国的国防和国家的安全,并且也将大大加强了世界的和平进步力量。

全国人民对这五年计划的兴奋心情,这是完全可以理解的,我们这一代在做的是我们先祖连想都想像不到的那么伟大的事业。虽然要把中国打下社会主义化的结实的基础,打下世界上有头等工业化和有高度文化的国家的基础,那大概需要有三个五年计划,但十五年不算是很长的时间,应该说是指日可待的。

三、对于五年计划认识上的几个问题:

(一)它是社会主义革命,是过渡时期总路线的具体实现,宪法〈绪〉序言中说:"从中华人民共和国成立到社会主义社会建成是一个过渡时期,国家在过渡时期的任务是,逐步实现国家的社会主义工业化,逐步完成对农业、手工业和资本主义工商业的社会主义改造。"因为它是社会主义革命,所以也是阶级斗争的深入,也是世界社会主义和平民主力量的壮大。以为它只是技术性的建设,而忘掉或忽视它是社会主义革命的深入,即阶级斗争的深入,这是危险的。国防、对敌斗争、改造斗争、思想斗争、反浪费以及保持计划完整实现的斗争,都应有所觉悟,不能想象它是和平的。

(二)社会主义革命之能由这样形态出现,并且我们的进步可以那么快,这是与工人阶级领导,政权掌握在人民手中,和苏联及新民主主义国家的援助分不开的。

只有工人阶级领导,政权掌握在人民手中,即第一阶段革命的胜利,才有今日第二阶段的革命,请回忆一下,反动政府的高喊建设!

(三)它是以马克思列宁主义社会科学的基本原理,即按重工业优先发展,和生产关系必需适应生产力的发展的原理来办事的,是马克思列宁主义的基本原理与中国实现情况相结合的典范。

1. 把农业与文化放在和工业发展相适应的基础上来处理的。不是百废俱兴,平均发展。

2. 把人民生活(人民生活的提高33％和轻工业、农业的发展)放在与国家经济发展的基础上来处理的,以扩大生产为前提。

3. 把眼前的和局部的利益放在长远的整体的根本利益的基础上来处理的。

4. 把发展与进步,放到主位上,即社会主义愈快愈好,愈多愈好的前提下来考虑实际的可能条件与各方面保持必要的均衡,作一定的照顾,……

四、计划是全体一致通过的,但是经过充份讨论后才得到全体一致的。

(一)从小组讨论中所提出的各种意见来看,应该说,意见是相当庞杂的,争论也相当剧烈的,但由于大家都有高度要求国家繁荣富强的爱国精神,意见虽多,争论虽剧,但还是取得一致了。

(二)对计划草案几条主要不同的意见是:

1. 觉得直接有关于增进人民生活的投资和其他措施,即在该方面的努力和关心尤其是农业和轻工业方面少了,就是说实质上以为重工业多了。提出这种意见的人基本上认为人民生活水平尚很低,失业与无业的还很多,或者甚至以为人民生活基本上并没什么改善——实质上这是被消灭的阶级并没改善,他们扩大了这种情况。这种思想一方面是对工作的估价问题,但这是次要的。主要的思想本质则是一种恋旧思想,是怕社会主义工业化发展得快,而对旧社会改造得快。他们反映的情绪是被消灭与将被消灭阶级的情绪。

2. 另一种意见认为今日工作条件、资料、资源、技术、社会关系和干部,尤其是干部条件,不能使工作(建设与改造)进行得太快,快是容易离开"兢兢业业实事求是"的精神,这也是涉及对工作,尤其是干部的估计问题,但同时又反映着对革命与干部条件的认识和对社会主义进展的速度问题,其本质上只是前一种思想在另一个角度上来提出。

① 干部很坏还是很好。

② 先干部条件成熟再革命还[是]在革命过程中同时去提高干部。

③ 兢兢业业,实事求是,不能与积极发展,克服困难的精神相悖,否则没有革命。

3. 有一种人口论,以为国家应把解放人口过剩及其威胁作为计划的一部份,这不但理论错,而且也是旧思想的一种反映。

4. 再一种是认为地区间权利、义务的分担太不均了。建设集中在几点上,其他地区似多出钱而少建设,这是落后的地方主义思想,我们浙江人弄得不好是很会受它影响的。

5. 另一种是觉得速度不够快,尤其重工业不快的思想。这种思想不多,但应该警觉。英国通讯社是这样说的。脱离实际是危险的。

(三)从上述各种意见来看,基本上说明了一件事情,即大家虽有爱国的热情,但从其对立场的出发点不同,致产生对问题的看法也不同,因而在对五年计划的态度上,实质上也就有不同,基本上是对五年计划的工业化的规模、速度和整个的方针,有或大或少程度的不同意和保留,但这次会议应该说是很好地解决了这个问题,所以也就应该说这次会议是很成功的。

革命在发展,阶级斗争也在深入剧烈中,在这情形下,地主资产阶级思想必然反映到会议中来和我们作斗争,这是很自然的,对此我们应提高警惕,我们不能幻想以后没有这种斗争。因之,我们更应该学会怎样和这种思想来作斗争。并时时加以警惕。

五、结语

整个的形势说明随着我们社会主义革命的胜利前进,国内外的斗争是日益尖锐复杂化的,这是最根本的形势,要以此形势来作为区别问题的中心。在前进道路上，我们须有信心和勇气。中共中央和毛主席的领导和六年来全国人民的进步，在这点上给了我们保证，现在争取五年计划的顺利实现就我们来说：

第一，都应很好去学习与体会这个计划，继而明了我们的责任和应做的工作，去动员全省的人民。

第二，应广泛地展开宣传五年计划——社会主义建设高潮，一般的宣传和在具体工作中的宣传，教育人民，搞好我们本职工作。在浙江来说，尤其农村工作并展开反对各种各样的地主、资产阶级的思想斗争。

第三，坚决的厉行节约，每人每月浪费二元一角三分七，就可把五年计划投资的全部资金〈化〉花掉，务要养成全体干部及全国人民勤俭朴素的精神作风。

第四，要坚决的贯彻镇压一切反革命分子，以保证国家的建设、改造和安全，务要全国人民充分动员起来，提高警惕与辨别力。

第五，我们各方面工作，尤其是农村工作包括上山下乡，要更好地根据五年计划的精神加以统筹规划，浙江尤其在农业及许多特产上，对全国社会主义建设可以有很大贡献的。

（文件编号：Q28）

致全省人民的广播稿

1955 年 10 月 1 日

浙江全省同胞们:

你们大家都知道,在今年七月里,第一届全国人民代表大会第二次会议上,正式通过了我们国家第五个一年计划,这是一个非常伟大的计划,它规划了我们国家整个的建设和改造,因而它不但关联到了我们国家的整个前途,并且也关联到了我们每一个人民的生活和前途。我想利用国庆纪念节的机会,同你们来谈一谈这个计划,和有关这个计划的一些问题。

一、五年计划的梗概。

五年计划印出来是一本相当厚的书,因此要想在这短短的时间内,详尽地来说明这个计划,是不可能的。所以我这里只能向你们介绍一下这个计划的一些最主要的内容。首先是关于建设方面的,这里,我们只要看一看我们国家在五年中总投资的数字和在各方面投资的比例,就可知道这个计划中建设的规模和它的主要内容了。

投资的总数目是非常之庞大的,五年中,国家投资的总额共达七百六十六亿四千万元,折合黄金达七万万两以上。毛主席说:"没有工业,便没有巩固的国防,便没有人民的福利,便没有国家的富强。"因此,我们计划中的投资中心是工业,尤其是重工业。在全部投资中,工业部门是三百十三亿二千万元,即占总数的百分之四十点九;农村水利是六十一亿元,占百分之八;运输邮电是八十九亿九千万元,占百分之十一点七;贸易银行物资储备二十一亿六千万元,占百分之二点八;文教卫生是一百四十二亿七千万元,占百分之十八点六;城市公用事业是二十一亿二千万元,占百分之二点八;各经济部门流动资金六十九亿元,占百分之九;各经济部门大修理费用三十六亿元,占百分之四点七;其他经济支出十一亿八千万元,占百分之一点五。至于工业投资中,重工业、燃料工业、机械工业,三项加起来工业投资总额的百分之七十五点九。可知全部投资是以工业为中心的,而工业的投资则尤以重工业为中心的。

那么这样投资的结果,将使我们国家的经济上产生怎样的情形呢? 首先我们国家将要在五年内新建的工厂近三千个,其中限额以上的就是说,规模很大的工厂有六百九十四个（包括苏联帮助我国建设的一百五十六项在内），限额以下的即规模比较小的工厂有二千三百个。如果把交通、水利及文教等部门新建与扩建的工程也计算进去，则在五年内我们的建设单位共达六千个。投资于工业的，虽则其中部分在第一个五年计划期内还不能开始生产，但到五年计划末（即一九五七年），我国的工业产值已可比一九五二年增长百分之九十八点三，即平均每年将增长百分之十四点七。这个发展的速度是空前的，除了苏联之外，世界上任何国家都是不曾有过的。其次，大规模工业投资的结果，它不但使我国有许多从来没有过的现代工业，如大规模的重工业。高级机械工业、汽车、飞机、拖拉机厂以及原子工厂、化学肥料工厂等，而且开始使我国经济取得了独立发展和大规模发展的初步基础。譬如说钢铁的生产，到一九五七年底，钢的产量将达四百十二万吨，铁的生产将达四百六十七万吨，而解放前钢的最高产量只有九十万吨左右，除了过去在日本帝国主义侵占下的东北所生产的之外，原来国民党反动派统治下的关内只有四万吨光景。按照国家的计划，到第二个五年计划完成时，即到了一九六二年，我国钢铁的生产量就将达到一千万吨左右，占世界第六位。赶过了日本帝国主义侵略我国时最高的钢铁生产量。从这里就可以看到我们工业力量的发展将到怎样的规模了。

计划中对于轻工业建设的投资，相对是比较少的。在工业投资计划中，生产资料工业投资占工业投资的总数约为百分之八十八点八，而消费资料工业的投资则仅占百分之十一点二，但同时我们若从产值增长的情况来看，则其情形就有所不同。计划中生产资料产值增长是百分之一百二十六点五，而消费资料产值增长也达百分之七十九点七。即其比例没有像投资比例差得那么多了。这是因为我国轻工业现有设备有百分之四十多还没有利用起来，尚有很大的潜在力可以发挥。因此在计划期中我国的轻工业的增长不但表现于新工厂的建设，并且还在于旧工厂的扩建和原来设备的充分利用。五年内全国有百分之七十九点七的增长，我们的消费资料是可以满足人民生活提高的需要的。况且轻工业的新建过分扩大，它不但会影响重工业的建设，而且原料也有困难。所以过多的扩建轻工业反而是不合理的。对于这一点，国家计划中是详细研究过的。

其次，从上面的投资总额中来看，农业的投资是六十一亿元，有人问：这否太少了呢？其实，在五年内我国农业投资的总额，实际上有一百八十二亿元，即除国家直接投资于农林水利建设的六十一亿之外，还有农民自己投资于扩大再生产的一百亿元，和国家用于部队开荒等的二十来亿。在这一百二十多亿中因为一部分是农民自己的投资，不属于国家财政范围之内，而另一部分虽则也是国家财政范围内〈搬〉支付的，但它已包括在其他支付项目中去了，所以都不能再列入农林水利的投资项目中去，因而使在表面上看来，农业方面的投资数字显得太少了，其实在计划期内，我国农业的投资总数确实是不少的。一百八十二亿这是仅少于工业投资总数的第二个大项目了。事实上，就是光从六十一亿的投资中来看，我们农林水利的建设规模也是大得惊人的了。从黄河的综合规划，不是很好说明这个问题了吗？我们就要使这条几千年来为害于中原的大毒龙，以后乖乖地听我们的指挥，为人民造福。

五年内农业投资的结果，和农业的社会主义改造结合在一起，它将使我国农业生产总值至少增长百分之二三点三，即逐年增长百分之四点三，其中粮食生产总产量将增长百分之十七点六，即逐年增长百分之三点三。这个增产计划数字，是扣除了我国通常灾情下的减产率的，如没有灾害，自将大大超过这个计划数字，由此可以知道，我们农业的增产计划，是打得相当牢靠的。而我们的进展速度，也不算很小的。但是这里必需说明一下，虽则轻工业与农业都有这样多的发展，在一个相当长的时期内，我国生活资料相对的欠缺。这种现象还是不可避免的。因为我们国家正在大量投放资本于工业建设，我们投放出去的货币，已经变成为人民的购买力了，但我们机器还不能迅速的生产人民眼前需要的生活资料，尤其在重工业方面的投资更不能直接生产消费资料。因此不管我们的轻工业和农业的生产怎样增大，在市场上感觉消费资料的缺乏，仍是不可避免的。应该说，这是国家工业化过程中必然要产生的现象。而并不是如有些别有用意的人所说的那样，是物资减少了，输出过多了。应该了解，这种现象不但在第一个五年计划期中会有，并在其后的计划期间还会有的。但同时，我们也应该说明：这种现象不是永久的，而是一个过程。到了工业有充分的发展，能大力支持农业生产大规模的发展，农业的发展反转来又能支持轻工业不断扩大的原料需要的时候，这种消费资料相对欠缺的现象，就可消减了。对于这个问题，我们都应有充分的了解。这样，我们才不会到某些物资的不够而感到迷惑与恐慌，才能鼓足勇气向我们既定的方向前进。

　　其次,我想再说一说计划中的社会主义改造方面。为适应国家大规模的经济建设,对现有的生产关系进行大规模的社会主义改造,使之能适应于生产力的迅速发展,这是完全必要的。大家都知道五年计划中具体规定了对于农业与手工业的社会主义改造,和对资本主义工商业的改造。有人说,国家工业化建设工厂就是了,又何必要这许多社会主义改造呢? 如果说,这句话不是资本主义有意地来对抗社会主义的改造,那么〈只〉至少也是不能原谅他的无知。因为事情是十分清楚的,譬如说:如果我们的农业继续保持着小农经济制度,现在的生产关系不加以改造,那么它就必然不能适应机械耕作和大规模的生产,我们的农业生产也就永远不能大规模地提高,从而就会使农业与工业的发展发生严重的脱节现象,以致使工业也不能发展,人民生活也不能提高,生产资料欠缺的现象也永远解决不了。那么,我们国家还有前途,还能工业化吗?显然是不可能的。所以五年计划里规定:我国农业要进行社会主义改造,把分散的个体经营的小农经济,积极地改造成为半社会主义性质的集体经营的农业合作社,以便将来在农民生活不断提高,社会主义觉悟更加提高,国家能生产大量拖拉〈器〉机等基础上,更进一步逐渐改造成为高级的农业生产合作社(——集体农庄),实行机器耕作,进行大规模的现代化的农业生产。

　　同样,资本主义工商业也是必需改造的,如不改造,不仅现有工厂的生产力不能充分发展,生产技术无法大规模提高,同时更会严重地阻碍着国家经济正确的规划与生产力大规模的发展的。大家都知道:资本主义的经济,是盲目无计划的经济,只要利之所在,投机囤积,乱生产,什么都要干的。如果我们不把他加以改造成为各种形式的国家资本主义,纳入国家计划的轨道;然后进一步以全民所有制去代替私人所有制,则他必然要扰乱我们的市场,破坏我们国家计划,障碍我们国家经济的发展的。

　　从而使它不会对我们的国家与人民有利,而会有害的。所以有计划的通过国家资本主义形式,逐步实现对资本主义工商业的社会主义改造,这是我们国家经济发展中所必不可少的。何况资本主义本身是建立在剥削制度上的。如果由于我们国家大规模的经济建设所引起的市场上购买力迅速的增加,而成为资本主义投机发财、获取暴利的机会,那自然更加不合理了。所以计划中规定,在一九五七年第一个五年计划完成时,私营工业基本都要改造成为公私合营的国家资本主义经济。而一小部分,还来不及改造的(大约占私营工业中的百分之十二点二），其中大部分也将采取加工订货的方式，使之纳入国家计划的轨道；至于私营商业方面；在计划期内，大约有一半以上的，将改造成为各种形式的国家资本主义商业。

从上述情况，可以看到五年计划确实是一个非常伟大的国家建设与改造计划。这个计划的实现，它将开始大大地改变我们国家的面貌，改变我国历史发展的方向。使我国开始由农业国改变为工业国；由文化落后的国家，渐次改变为先进的有高度文化的国家；使现有的私有经济，逐步都改变为公有经济。这是一个极其伟大，极其深刻的改变，是我国历史上的重大事件。由于这种改变，它还将大大地巩固与加强我国工人阶级领导的人民民主专政；也将大大加强我国的国防力量和国家的安全。全国人民对这一五年计划的兴奋心情，是完全可以理解的。我们这一代在做的，是我们祖先连想都想像不到的那么伟大的事业，我们应该感觉光荣，感觉生活在这个时代是可以骄傲的。

这就是我想要说明的关于五年计划的一些梗概。其次我想再说一说我们对于五年计划应有的态度与责任。

为胜利地完成与超额完成五年计划的任务而奋斗：

各位同胞：我们国家的建设和改造计划已经正式确定了，大家都知道，这是一个伟大的计划，它将会给我们国家和每一个人民以怎样的光荣和幸福。但是我们应该知道，世界上从来就没有天赐的幸福，幸福总得要人去争取的。我们的五年计划也是这样，如果没有人能按照这个计划去努力，光是这个计划的本身，是不能给我们以什么好处的。换句话说，不管怎样美好的计划，也不管这个计划做得多么合理，如果没有人去努力，争取它的 事 实现，那么一切仍旧是一句空话。因此，在这里我们必须认清，当国家把我们光荣灿烂的前途已经规划好了，我们一切建设的条件也都具备了的时候，放在我们面前的，还有一件最后也是最重要的事情，那就是要我们每一个劳动人民来努力，从每一个人自己工作岗位上的积极努力与斗争来争取它的实现。应该说，现在这个伟大光荣的责任是都在我们自己的身上了。

我们浙江省是一个人力相当众多。并在生产技术上就我国的标准来说，也算比较高的省份。我们有丰富的综合农业。同时，我们的工业和文化教育事业也比较发达。毫无疑义地，它在全国社会主义建设中是有一定的重要作用的。因此我们能否更好地把我们的力量动员起来，把我们生产以及其他各种经济与文化的力量发挥起来,争取五年计划所规定给我们的任务的顺利完成与超额完成,这不但对于我们本省实施五年计划有着决定的意义,并对五年计划在全国能否顺利完成,也有重大意义的。我们浙江人民应该充分地了解我们在国家社会主义建设与改造中所担负的这个重大的光荣的责任。

自解放以来,我们浙江人民,在中国共产党、毛主席和人民政府的领导下,和全国各地的人民一样,无论在国家经济的恢复时期和建设时期,都表现了高度的革命积极性,完成了国家所给〈于〉予我们的任务,我们无论在经济战线、文化战线上以及土地改革、镇反斗争和支援国防建设等等方面,都基本上做好了我们应做的事情,取得了显著的成绩。我们在农业方面,不但从粮食欠缺的省份,变成了粮食有多余的省份,且在棉花、络麻和其他经济作物的生产上也都有了很快的增长;全省农业生产合作社已发展到三万七千多个,而今冬明春之间,还将有更大的发展;我们的工业历年来都有迅速的增长,一九五四年全省工业总产值比一九五二年已增长了百分之四十四点七,保证了人民的生产和生活的需要;我们的国营商店和合作社网已建立了基本规模,在经济流通过程中起着重大〈地〉的作用;我们的交通运输和邮电部门的工作,同样也保证了国家经济日益发展的需要;再则,对资本主义工商业的改造,我们也取得了一定的成就。这些都说明了我们在社会经济方面,不但生产是一直在迅速发展中,而且社会主义因素也正在迅速增长中。

其次,我们在文教科学卫生方面的情形也是一样的,全省教育、卫生和文化事业都有很大的发展,同时在质量方面也都有一定的提高。

这一切不但说明了我们浙江的情形,随着国家经济的恢复和社会主义建设的进展,也在迅速进展中,并且也说明了我们浙江人民,在全国人民建设社会主义的积极努力中,也做了我们应做的工作。我们的劳动,我们的努力是有成绩的。但是,各位同胞,我们应该知道,我们已取得的成绩,比之五年计划中我们所应做的事情,还是比较小的一部分。计划要求我们发挥更大的力量去做更多的事情。

五年计划给了我们浙江的工业和交通运输事业方面有很大的任务,我们工业及交通事业,不但对国家的各项建设负有积累资金,制造配件等重大任务,并对全国及本省人民的生活资料的供应方面也负有重大的任务。因此更好地发挥我们生产的潜力。提高产品质量,降低成本,改进管理与操作技术以及例行节约,这都息息关联到五年计划所规定给我们浙江工业和交通事业上的任务,能否顺利完成与超额完成的。

我们浙江的工人自解放以来,一直表现了高度的社会主义革命的积极性,在生产与各项社会运动中,都表现了其领导阶级的优越本质,都取得了很大的成就。我深信,我们浙江的工人在实现国家五年的计划的斗争中,必能发挥更大的智慧与毅力,为国家的建设提供更大的贡献。

我们浙江的工业与交通设备,肯定地还有许多潜力可以发挥的。我们产品的质量,是肯定地还可继续提高,我们产品的成本,是肯定地还能降低的,我们的基本建设与生产操作等,是肯定地有许多资金、原料、和人力可以节约的。因此,这也就是说,在我们的职工同志们的继续努力下,我们浙江不但能够完成五年计划所规定给我们工业生产和交通运输业方面的任务,并且还有可能超额完成这个任务。

全省的工人同志们,让我们继续发扬我们工人阶级的光荣传统,英勇地担负起这个责任来吧。为争取超额完成国家所规定我们的任务而奋斗!

其次是在农业方面:在农业方面,五年计划所定的计划期内全国最低限度所要达成的数字,它要求粮食增产百分之十七点六,其他经济作物尤其是棉、麻、丝、茶等还应有更多的增产。在五年计划的整个规划中,粮食和经济作物方面的数字基本上都是按我国必需的最低限度的需要量来计算的。因此我们不要以为增产百分比不太大,而松弛麻痹起来。事实上就我们国家的经济情况来说,我们在农业生产方面无论是粮食,经济作物、畜产和木材等等,都是多多益善,愈多愈好的。在农业方面生产如果能够超过计划,不但不会使国家的计划引起混乱,且将大大有利于国家整个五年计划的实现;它不但能够更好地满足人民生活日益增长的需要,并且更可增加国家的输出计划,保证换回国家建设所必需的物资;并且也可充裕轻工业的生产,更好地供应人民所需要的轻工业品。所以说,农业,包括畜牧和渔业等等在内,它的生产是愈多愈好的,我们必需努力争取超额完成国家所给我们的生产指标。

根据解放以来我们浙江省农民在农业生产改造方面所做的努力和其成就来看,同时也根据我们浙江田野、山岭和江湖河海的生产潜力来看,我们可以肯定地说,在浙江争取超额完成五年计划规定给浙江的任务是完全有可能的。问题在于我们的努力,我们能够不受计划数字的拘束,按实际的可能,大大地加速我们农业的社会主义改造，并在此基础上来推进农业生产技术的提高和农作物的增产：我们能够大大地加强开发山区和湖海的经济规划，并加强对这方面的领导与支持，应该说，我们有充分的信心可以做到在农业上超额完成国家所给我们的任务。

浙江的农民们：你们是实现五年计划斗争中的一个伟大的力量，你们在自己的劳动和社会主义改造中已〈作〉做出了很大的成就，从而对于国家的社会主义建设和改造事业已显著有成绩，同时也使你们的生活，几年来都有了不断的改善。希望你们继续发扬你们过去光荣的传统，更加发挥你们的力量。在党和政府的领导下，加紧巩固与发展与农业生产合作社，加强生产，努力挖掘生产潜力，为争取超额完成我们在农业上的光荣任务而奋斗！

再次，是商业方面；在第一个五年计划期内国家所要求我们商业部门的，是保证不断增长的建设物资和人民生活资料的供应与国家必要的输出，并领导好私人商业。从这一任务来看，我们商业部门的工作也是非常繁重的。这方面工作的做的好坏，不但关系着城乡的联系，整个人民的生活和轻工业、农业等的生产，并且也影响了国家建设资金的积累和能否按计划进行商品出口，调换国家经济建设所必需的机器设备回来。我们商业部门的工作人员，应该感到在国家社会主义建设中担负起这样繁重的任务是光荣的，我们应本［着］过去积极工作和高度为人民服务的精神，努力来完成国家所交给我们的光荣任务，我们一定要完成国家的购销计划，保证货物的畅流，并厉行节约，更多地为国家积累建设资金。

在文教、科学、卫生方面，国家根据第一个五年计划也都在各该方面规定了它的任务。这些任务不但要求我们在各该方面的事业，继续有相应地发展，尤其是要求我们在质量上，工作效果上有切实的提高，自解放以来，六年中我们的文化、教育、与卫生事业，基本上都完成了他们自己的任务，尤其在数量的发展上是表现得更加明显。但正因为数量发展较多，我们在质量上的提高也就相对地慢了。因此在实现国家五年计划所规定给我们的任务中，我们不但应完成数量上的指标，更加重要的还应从不断地提高质量中去完成它。

应该指出，提高质量，这是一件非常艰难的工作，我们殷切的希望我们的知识分子，文化、教育、科学、卫生工作者，在学习马克思列宁主义，学习苏联先进的科学技术方面作更大的努力。过去的六年中，不少的文教、科学、卫生工作者,在这方面都已有了很显著的进步,尤其是许多年龄相当大的先生。他们都能长期的坚持学习,其精神真是使人可敬可佩的。但是,尤其从学习的普遍程度上来看,我们应该说,还是很不够的。要切实地在质量上保证完成国家所给予我们文教、科学、卫生方面的任务,加紧学习马克思列宁主义和苏联先进的科学技术,确是最重要不过的,否则我们就很不容易完成任务。我相信我们的文教、科学、卫生工作者,本着他们过去一贯努力的精神,是必能继续克服这个困难的。

此外,在私人的工商业方面,在国家第一个五年计划中,不但仍责成了私人工商业以相当重要的生产、交流物资与赋税的任务,并且还将按照国家的既定政策继续加强其社会主义改造。因而,工商业资本家在五年计划中的任务,首先应搞好自己的经营,并加强爱国与守法观念,来接受国营经济的领导和社会主义改造。和全国人民一道,共同建设社会主义,共同走向社会主义。

各位同胞:五年计划是关系到我们国家整个的前途和每一个人民的切身利益的计划,我们每一个人对此都负有严肃的光荣的责任。我们必需动员全体人民为实现和超额完成这个计划的任务而奋斗!因此,在这里我们各级党政机关的工作人员和人民团体,对此就负有特别重大的责任。我们务要加强马克思列宁主义的学习。加强我们的工作效能,更好地来动员与领导全省的人民,使全省人民的力量能够更好地发挥起来。为完成与超额完成国家第一个五年计划而奋斗!

光明幸福的前途就放在我们前面,但任何的光明与幸福,必需我们艰苦的劳动与刚毅的斗争来换取。全省的同胞们,让我们更紧密的团结起来,加倍发挥我们的力量,在中国共产党和毛主席领导之下,为完成与超额完成五年计划的任务共来奋斗吧!

在我们胜利前进的道路上,困难是一定会有的。尤其是阶级敌人,眼看着我们一天天的成功与壮大,他们对我们的嫉妒与仇恨也必然要日益增加,一切暗藏的反革命是随时随刻无孔不入的想用各种卑劣的手段来破坏我们的社会主义建设;美帝国主义者正在加紧他们的战争准备,他们梦想着利用什么机会来侵略我们。我们的同胞对此必须百倍地提高警惕,展开对反革命分子破坏活动的斗争,坚决肃清一切反革命分子。尤其是我们人民解放军同志们,随着祖国社会建设事业的胜利,你们保卫祖国安全的责任也更加重大了,愿你们继续发扬你们光荣的革命传统，加紧现代化的锻炼，努力掌握现代化的装备技术，加强国防的警戒，为保卫我们祖国的社会主义建设和五年计划的顺利完成而做好一切准备。我们浙江人民誓必为你们的后盾。

　　我所要说的就到这里完了。最后我敬祝贺全省同胞们身体的健康，欢度国庆纪念节，并祝贺你们在社会主义建设事业中，在各个工作岗位上，不断地获得新的成就。

　　　　　　　　　　　　　　　　　　　　（文件编号：F56）

教育厅汇报关于第二个五年
计划的规划问题

1955 年 10 月 7 日

上午

出席：黄、余、刘、高承明

农民教育：1957 年 120 万，1958 年 180 万，1959 年 250 万，1960 年 310 万，1961 年……。

沙：

这一问题可能[要与]农村工作部研究一下，究竟有多少效果，有没有好处，今年的政治教育是否靠冬学。如果进行教育，我考虑还是经常的识字班，是否常年民校好些，互助合作的教育，今年政治冬学恐搞不了。

我们第一二个五年计划成果，在大多村庄中有小学、卫生工作人员，有文化班子，这还是需要的，开始搞不一定很完善，逐步逐项解决。统一的领导，相互配合。

文教办公室和文教部各规划一下，希望第二个五年计划中能考虑进去。

职工教育。

文盲占产业工人 24％，非产业工人 31％。

第一个五年计划中要求 86％不到高小程度达到高小，非产业工人基本上初小毕业，不到初中的 57％达到初中程度，扫盲 10 万人左右。

沙：

数字中要有一概念，产业工人基本上达到高小程度，非产业工人基本上初小毕业，一部分[达][到]高小程度，第一二[个]五年计划解决这一问题。另外的提高要以他的业务去考虑，对提高技术有帮助的。

干部学习。

全省 15 万干部，不到初中毕业 11 人，不到高小毕业 4 千多，现入学 20％左右。1958 年 7 万 3 千，1959 年毕业 24 000，1960 年毕[业]19 000，新招

19 000，1961 年 19 000。1962 在校 57 000 人，第二五年计划能解决 73%。有一部分是勤工人员。

高中班现已开始办了，县上机关都消灭了文盲。

区里：每区小 40 多大 90 多干部。（第五个五年计划基本上要求达到每区有校。）

沙：

省市县政府以上机关部应最〈底〉低有初中毕业的水平，进一步提高到高中，基本上做这样的规划，第二个五年计划达到多少另研究。能解决多少。今年下半年再检查一次。

镇反以后各机关要召集来开一次会，对这些人除必要的政治学习外要基本上学习文化。

县里起码 1959 年要达到一定程度（高小），有条件的到初中。

（文件编号：R138）

卫生厅汇报第二个五年计划规划问题

1955 年 10 月 10 日

上午

［出席：］沙、俞、李、高

沙：

浙江博物馆要规划一下，搞搞。

李：

卫生计划还未搞完全。

医疗人员：公 16 000，私 31 000 人。

发展主要农村为主，防止流行疾病。天花、霍乱、鼠疫基本上没有了，这要巩固，鼠疫 1951 年开始没有了，巩固是有把握。第二可以消灭肺吸虫病，姜片虫从根源上消减。血吸虫，现粪便可以一天就解决，土埋［钉］螺丝，坑埋需三寸土，打牢，80％解决，劳动力，一个 24 平方公尺，嘉兴大力搞。就是治疗的问题，［对消除］腹水等，群众欢迎，但根本上不能解决。第二个五年计划中 150 万中可治 60 万，要求控制［为］主、到大部消灭。另外还有黄胖［病］、钩虫、血丝虫、疟疾有影响，勾虫病、麻疹、伤寒未列入。

城市中发展 700 只病床，城市病床可到千分之三。（苏千分之几?）（血〈丝〉吸虫药品是进口货），比第一五年增 16％。

农村中发展比第一五年增 35％，增 1 400 多只病床，千分之零点二多（苏联差不多）。

城市鼓励和医生增加病床有困难，农村发展可能大，区一级的病床都可自给，有潜力。

杭州医院整造。（沙：可在现有地方周围建设一部份。）儿童医院很糟、很挤。（儿童医院可造一下，我们造一些市民房子出租，和市民调一下。）教学医院增加 100 张床。（沙：嘉兴不一定造传染病医院。）如果杭州医院搬、重建，原地给儿童医院。（如何做局和杭市联系一下，放到那里好。）增精神病院

100 床。

现县要防疫站、保健院都合起来,准备分开。主要是调整,增加十二防疫站,公家的增 700 多床。

区里的卫生所,中央规定四五人,我们准备改为卫生分院。麻疯病人 20 000 多个,现在是可治,现有 500 床,200 部队的,准备增 150 床。要求凡区一级和 2 000 人以上的镇都有一卫生机构,增加一百个。现在基本上都有了。对联合诊所加强领导,给〈于〉予补助,增加的一百个所,准备放到沿海岛和开荒地方。

乡一级联合诊所现是 700,准备发展 2 000,共 2 700 个。区卫生所共有 437 个(现 337 年)联合诊所说的药柜问题,不晓得改造计划如何?(太集中的动员他们到另一地方去,应该联合诊所都有药柜,是不是公家的要考虑,要和商业厅研究。)合作社有的设立中药部。(沙:供销合作社中不要他干,要他基本上解决中药铺的改造问题,医的问题他不能搞,和商业厅合作社研究解决。)生产合作社可设卫生工作者,和卫生系统联系。

1. 中医问题,现在还是分的很清,杭州中医实验院增 50 床、温、宁各设 50 床的院。医院里的病床中医也可管,中西医〈汇〉会诊。(沙:是否可以在杭州设一中医院,派几个西医生到医院中去,去学习研究、服务。)李:我们准备在杭、温、宁各搞一个。(沙:我同意。)

2. 教育问题,省办中医学校,第二个五年计划中每县有几组训练的骨干,专署、温、宁、嘉兴进修班,审查登记,15 000 人中 8 000 人学习。

中药问题,浙出中药 600 多种,最高经济价值 2 千多万,和农林开荒部门联系。

(沙:开一材料交给农林部门,要他保证完成这一生产,有些到外省的可写信要他们供给。)

提高质量,干部问题

中级学校固定每年毕业 800 名,大体可平衡。

现有人员的提高,初级提高到中级,3 300 多,共解决 2 900 人,差 3 400 名,淘汰数字。(沙:数字是否大了?)李:有些不能工作的。(沙:大部还是维持〈作〉做工作,实在不行的转业。)高级人员医师以上:1. 到医院进修;2. 集中学习;3. 轮训 150 人。中级管理人员轮训 1 400 人。中级人员中提高 1 000

名,共 2 400 名。

文化学习没搞出来。

全省范围中是否成立一卫生工作协会,有问题好商量,下边大部[分]卫生科长搞中心工作。

沙:

工矿中卫生配备如何?

李:

基本上解决了,下边的是省、中央的工厂不管,结果工厂自己搞的很不好。(沙:我们为什么不管,杭市把这一工作排到第四位是何道理? 我们还是要管的,归杭州管好些。)

李:

省直属杭医、疗养、西山、实验院、四院。

沙:

杭州医院收几个中心医院要做些研究。

俞:

1. 五年计划不够全,新增加的工厂问题。
2. 研究机构要加强,特别是地方病。
3. 组织领导不明确,苏联是医疗、预防分开。
4. 农村中农民要求可能高一些,发展速度跟不上。
5. 省的管理机构如何运作。
6. 加强在职学习的问题。

沙:

问题很多,很复杂。总的看起来不是一下能做到的,医疗机构还很少,数量上有相当大的增加,质量提高不多,和教育部门比起来,相对地落后很大,医务员水平很低。但医务质量上要求要有真东西,这是历史的现象,很吃力。

1. 医药卫生网,现主要是都市,逐渐到区。第二[个]五年计划基本到区,主要要镇、乡基本靠私人。全省 2 000 人以上的镇,几千个。相当大,区以下的动员一切力量,中西医、药材供应,暂时还少。就是有些镇要注意,有些山区边远地区要注意,要照顾到局面。我基本上同意这个,第三个五年计划基本上解决乡的问题。

预防问题,是更重要的一问题,陆续[以]县、乡为单位,建立卫生预防机构,组织群众性的委员会,主要是预防。这个机构的发展速度要快些,比医疗要快。逐渐解决卫生问题,特殊病问题要和机构结合(防疫站)和卫生单位通消息。

2. 业务提高同改造问题,这是很吃力的一问题,我们目前初中级人员很多,第二个五年计划完成是否区里有中级医生以及重要镇、乡等。

联合诊所中的医生如何提高的问题,提高的数字还可多些,2 000 个少些,要调一部分人进修,目前农村基本上还是靠中医。进修时必要的给一些补贴,学习一些必要的课程,评级要好一些,有条件还可以必要的分工,分[工]和提高有关的,原来基础上加以提高,适当分。

专业的医生基本上小教待遇,好的可超过,中药铺要好好解决,省要供给,下面搞国家资本主义,一个联合诊所要有可靠的药铺。提高的程度我们定一规格,陆续考查发给证明资格,中级医务费也可以这样。

1. 医学校不断提高加强,教下去,训练不能减少(中高级)。

2. 高级的医疗机构要进行医学上的研究,这一点很重要。中西医的许多经验要把它总结起来,要开研究性的会,此外卫生厅可经常组织一些经验交流会。

3. 要解决地方病。

（文件编号：R138）

关于舟山地委逮捕学生问题的会议

1955 年 10 月 10 日

下午

出席：杨[思一]、王耀亭、孙明监、郑钧、李剑、王勇涛、曾希圣

杨：

我们首先研究一下问题的性质，再研究一下处理的方法，我们很好研究一下，由王耀亭同志整理提交省委。

王勇涛：

从它的性质看，两次都没有肯定是政治性的问题，思想问题的可能性大。1. 这些学生学的大都是轮机，所学非所用；2. 安心的占多数；3. 分配的工作确有些不妥，有的划码子等。其中有六人专业是轮机，另外是学海观测、养殖等。

发生的原因：

1. 分配不当，大材小用。

2. 艰苦。

3. 工作分配不当。

另一方面舟山地委问题：

学生到后没有很好教育，甚至〈及〉既不使用，又不领导教育，下面情况反映上来不很好研究，对他们成见很大。集中学习，不是很好教育，而是急〈燥〉躁。

始终应教育处理为好，但学生到中央请愿，不应用武装押回。另外给学生买票的人也〈去〉取消了〈后〉候补期资格，撤职。没有人敢提，当时捕人的时候，有人提出来不合法律手续，李频如说是资产阶级法律观点。（分配的干部有 1/3 工作不对头。）

杨：

从材料中看去上可以肯定是思想问题，至于〈各〉个别的如林济时可能有

问题,要〈井〉警惕,进一步审查。他们有些口号性质是严重的,但这不影响问题的性质,真是政治问题不一定这样搞法。主要是地委对此案件处理粗〈燥〉糙急〈燥〉躁,只要很好地进行教育,是可以解决的。而他们主要使用了压力,从报告中也看得出,解决这一问题的方法不对头,产生了这样的问题。

另外,地委对省各有关机关去检查不对的,认为省委有些不相信他们等等是不对的,特别是第二次电报。

问题的性质是思想问题,根源是来自学生,处理这一问题是粗〈燥〉糙[加]压力,地委思想上要检查自己对知识分子的看法上可能有毛病。

沙:我看问题发展到现在基本上还是思想问题。里面可能有坏分子。

1. 地委这样处理是有毛病的:(1)思想问题没有解决,不敢讲,不等于没有问题,地委这样处理不妥,工农干部和知识分子都造成了隔阂;(2)如果有反革命分子,政治问题,这样也不能解决问题,反而使很多人同情反革命分子,这实[际]上并没有得到好结果。今天应按思想问题处理,政治问题应审查注意。地委看基本上是成绩,我们看主要是缺点。

2. 地委的工作方法暴露三个问题:

(1)杨省长讲过,工作开始不得当,即没有教育也没有说明,而发生了问题又采取简单高压的办法,而采取带兵的办法,这样很难解决思想问题。六个人轮机的也可以想办法放到机帆船上等发挥他的作用。

(2)地委在这件事中不管是谁讲的,如"资产阶级法律观点,关到我自己屋子中"等,这是无产阶级的法律,是中央政治局通过的,不执行不行,当然可能有些意气,特别是大会上捕人。这一点要引起地委专署〈井〉警惕。

有些政法干部提出不同意见是好的,但他们不向上反映是不对的。也不能过于怪他们,说明了地委的余威。缺乏法治观众念。

(3)地委有些情绪意气作用,思想问题,骄傲自满。省委办公厅打了电话上[午],下[午]去检查。不够虚心。这样长的时间没有很好的考虑、观察问题,说明〈确〉缺乏自我批评的精神,为什么缺乏自我批评的精[神]呢?以他们的水平是能看出来。这说明意气作用,是骄傲自满,权威的思想。我们做任何事情要对人民负责,我们一个党的负责人,不冷静处理问题是危险的。

这一些无论如何不能〈有〉由上面负责,他们负责。这件事在舟山本身讲已过去了,主要问题我们要采取些步骤,使地委认识到这一问题,我们整一个意见提到省委,让省委处理这一问题,主要让他们思想上搞通。我们对省委建议,由省委决定,对那些学生再去承认错误等这也不必要,使党对知识分子的政治问题在工作中表现出来,体现我们的政策。

对这里面有可疑的分子应继续调查,继续加以处理,搞的不好,把他们打成一片了,现在是慢慢拆散他,使他们能很好的工作。

思想问题是主要是学生方面的,是资产阶级思想。但我们工作中有缺点,目前还不能[当]作出新生的反革命分子的结论。搞的不好不可能成为反革命,应认识到政治上的可变性。你们报告中说地委采取非常措施也是必要的,我看不必要。

杨:

王耀亭同志写一报告。

1. 问题的性质。

2. 产生问题的原因。

3. 我们检查情况过程。

4. 我们的意见

二千多字。

(文件编号:R138)

文化局关于第二个五年计划规划汇报记录

1955 年 10 月 11 日下午

［出席：］俞（仲武）、陈守川、高司明、黄源

陈：

57 年电影院 22（其中 18 文教系统、4 公私合营）电影队 229。电影机修站一个，22 电影院有 3 个是俱乐部性的，建德要一电影院（沙：为什么一定要要）。

艺术、剧 108，中有 2 国管、坛、越。中央要求当地领导。

剧场 57 年建到 117 个，旧文教系统管的 50 个，群艺馆才建立。

文化干部训练班：① 电影放映；② 私团①。

国文化馆 154

图书馆四个，省、嘉、宁、温

博物馆 2

文管会 2

古物陈列室 2

出版报纸 11 种

杂志 7 种

图书 151 种

1962 年

电影。农村 10 万人有一放映队，电影队可以赚钱 （400 个队第二五年计划，5 万人一队。）

影院增加十个，含一儿童影院，新图片影院，两种合为一。（沙：电影队可以，电影院要考虑。）

修理站要扩大

剧团。增加一歌舞团，六七十人

---

① 指私人文化团体。

剧场。增加一露天剧场。职工合营变国〈管〉营,国营变公私合营。

搞一艺校。

文化[活]动站撤销,交民办

博物馆解决基建问题。

充实修缮鲁迅纪念馆(沙:鲁迅纪念馆为什么放上一些博物 干 部什么,不能乱放。要把它搞的保持原来样子,不要搞的太〈毫〉豪华。)

出版

干部训练加强

1. 下面文化干部经常流动。

2. 明后年工作很紧张,要把业务提高赶上基层的需要。

文化队伍不纯,整顿队伍。

3. 文化局本身编制不相适应,27 人。

某县机构分口,从现在文教系统抽人

(沙:我们准备成立文教局,可能成立卫生局,党内讲是党的办公机构)

俞:

① 不够全。

② 七个市的文化工作要解决。特别是青少年文化生活。如其他的几个城市少年文化宫的问题,少年图[书]馆,设部。

③ 剧场剧院的综合利用。(沙:我看这一条可以考虑,大的城市专用可以,小城市专用行不通。)

(陈:这一问题要给中央谈。)(黄:随着放影队带着书刊物等推销、结合。)

④ 文化展览是否在七个市专门有这么一批展览品经常流动展出。

黄:

1. 艺术部分,领导问题。

① 专业部分领导。

② 业余性质……。

③ 广大人民群众的文化艺术活动。

2. 书店的推销要普及。曲艺木偶戏皮影戏也规划一下。

俞：

第二个五年计划中演员成分要变化。在业余职工剧团中的优秀人物。

陈：

文化馆共 119（增 26 个）放到 1 万人口以上镇，每个每年 3 千元左右。

沙：

以后想起来再谈：

1. 第二个五年计划，人民文化生活需要上会大大的提高，教育经费方面跟不上，文化当然也跟不上，但差的太远不好。因此文化局要多下些工夫，工厂农村文化活动如何做，工作上要做些具体研究。用什么形式好，农村很广泛的建立俱乐部是好，但你们计算七万个，我想没有这么多，我们考虑一千九百万户，11 万社，七万个，平均二三十户一俱乐部人太少。计划应按自然村区或镇为单位。由乡到镇村，总的东西有，但具体内容有不同，和卜明同志了解一下，规划一下。第二个五年计划后期二三百户的村基本上有一个，和小学校并列起来，跟得上。其任务是最基本的社会主义启发宣传机关。电影队不是需要问题，而是经费问题，你们〈计〉统计算一下，大概需要多少钱。（陈：每队六千元）组织一个文化纲。我们搞一些典型，搞好。研究如何做，〈指〉搞出经验来。打下一个基础。〈有〉在群众文化活动中贯穿上社会主义宣传。

2. 本来文化局很该办的东西很多，那就要把群众的文化生活基本上要规划进去。书店、剧团、民间艺人基本上维持，如何领导他陆续改造，这是一个很重要的任务。书摊等也要注意。

3. 剧团问题，我们搞几个剧团，现只有话、越［剧］两团，搞歌舞团也没问题。主要的是如何在艺术上、政治上的提高，取得民间的优秀人〈材〉才如何帮助他们逐步提高。剧团有这一任务，文化局要各方面了解调查，取得联系，给他们些帮助。如几个班子〈会〉汇演一下，经常搞一下。使国营剧团更好地和地方联系。群众中能产生出优秀的人物来。我们领导要组织一批专家鉴别。有些必要的奖励也是需要的。

办剧院等基本上要不亏本，数目可以增加，比例不能增加。宁波陈列馆要照顾好。这是全世界最早的图书馆，省市的要相当的扩充。放到孤山有一好处，是风景区，有原来的基础，搬到城皇山要考虑，钱太多了。博物馆是代表浙江文化的。新中国成绩展览一定要搞出来。要很好规划一下。这是有国际意义的。必要时干部要加强。三忠祠要搞掉。清白山居要给图书馆。

俞：

1. 大工厂及中心俱乐部要提一奋斗目标。
2. 是否第一个五年计划改造问题基本上完成。

沙：

广播电台挂钩，是否挂在文化局，和省委商量一下。

卫生方面改造的计划要规划，卫生工作如何社会主义化两个问题：① 向工农兵服务的问题。② 私人的改造问题，改造是一很吃重的问题。

（文件编号：F189）

统战部关于城市工作会议几个
问题的汇报记录

1955 年 10 月 12 日

余、黄

×处长：

余部长举的三个例子不恰当，事实上杭州还有七个行业未安排。在第一天就结论是严重右倾不妥。

余部长：

① 他分析问题的出发点错了，不是从实际工作入手，而是从反右入手。② 阶级分析的方法用错了，没有从经济的改[变]出发。

沙：

我看主要是没有从整个的形势，中央的方针来看，他主要是从反右倾去看，因此中心移到这上去了。阶级斗争尖锐复杂是肯定的，这在我们工作中容易造成错误，但他不一定就右倾；我们政治上是绝对的优势。资产阶级是每况日下，这一点他没有看到，只看到敌人嚣张。左、右的问题在于在执行中我们政策思想上不完整，安排中没有考虑到他们进攻；生产上的安排同改造没有很好的结合，没有很好地和工会、团配合。因此不能说是没有阶级斗争的观点，而是阶级斗争的概念不完整。因此在改造中有无原则的迁就等右的现象，也有些地方该让的不让"左"的现象。改造本身不是阶级斗争还是什么呢？今天基本上是把过去总结一经验，〈把〉让我们的思想更完整。因此金韬同志的报告对工作没有帮助。可以提到省委讨论一下。讨论不是谁整谁，而是明确问题，主要防右是对人的。我考虑今天主要是阶级斗争的具体化，完整阶级斗争的观念。不是左右各多少等。

余：

应有一点值得注意，莫干山学习后回来，有一反右的思想，结论的问题如何办？

沙：

结论问题要省委考虑。今天下午开会要谈原则问题不能让步。

（文件编号：F189）

体育广播第二个五年计划的规划

1955 年 10 月 15 日

运动场的建设,一体育场容 20 000 余观众。原五运动场。温、宁、嘉、杭原灯光球场五个,配游泳池两个。弥陀山游泳池,上级机关办公在那里,只能成为干部用。(不在机关里面的话,明年继续开放,等修好再调换。)天然池两,一温、一是钱江,宁波不是正式。运动乐园,温州有一个。

开展学校体育活动,现是开展劳[动]卫[国]制预备级,大部都搞起来了,上半年开展劳卫制的两个,1956 年大部能推广,1955 年劳卫制普遍推广。

工厂几个大的普遍推行劳卫制,建立体育协会。

机关里组织了不少运动队。

农村中只收重点试验广播操。

第一个五年计划训练专职干部 40 名,体训班训 550 名,业余积极分子训练 3 000 名(今年),现正训 900 人,教师 250。

第二五年计划。

1958 至 1962 年,中等以上学校,普遍开展劳卫制,军事体育活动。

小学。

机关中普遍开展劳卫制要考虑。

各市的体委会都建立起来。(沙:县中要和文教局合并起来。)每个市搞一运动乐园。

1. 运动员训练,现 30 人,三年了,中央、省都没有专门经费。只能从体委经费中出,现改为干训班。(沙:不要扩大,保留着。)

2. 体育场的问题。(沙:要改造,如何新盖,〈化〉花钱太多要考虑,不要定案,搬家要看情况。)([击]剑、射击、航空模型的没有。)

沙:规划中要考虑,体委的任务是增强人民的体格,结合些基础的军事训练。国家建设中,人民文化生活的提高,满足人民的要求的一部分,重点放到工厂、机关、学校按劳卫制,是今年实际的。浙江很长海岸线,很大农业区,做一些准备陆续推到农村、海上去,第二个五年计划要确定这一范围,重点地展开,农村锻炼体格不是顶需要,但农村的文化活动,爬山等〈对〉与军事上有很大关系。

工厂、学校、机关和城市农村的结合起来搞到什么程度要有规划,考虑一下劳卫及格的要达到多少,一年需要多少钱,总的钱一年多少,训练多少干部,建立多少东西,做多少事。体育场要规划,七个市每市要有一活动的体育场,工厂学校较好,机关中差,除一般的加强领导锻炼外,可以考虑多开些运动会,多做些宣传。

儿童乐园是否可委托市政府搞,你们出钱。农村中许多要以老百姓的习惯定。

规模大的体育场只杭州一个,其他地方不要。

体育干部还是要轮训,30 个干部分配体育工作,保持着,陆续干部成分要改变。

广播。

电台:三个,浙、温、宁基本没有扩大。温、宁两台变成转播台或者仅广播站。(沙:编辑部集中杭州,翻转播,金华考虑也放上一个。电力他们可以增加一些(温、金),〈化〉花钱不多的话。)

农村有线广播站,现全省只五个,每县都有一两收音站。1956 年有线站了 5 个,线是借长途电话线,搞一个钟点。第二〔个〕五年计划每年建 15 个,到 1959 年全省每个县全部改为广播站,每站 6 千元,〈啦〉喇〈吧〉叭。1959,124 个,1962 年 12 万个,每社一个,82—120 千瓦,1952 年县收音站就〈去〉取消,区的如没有有线的保留。

沙:广播站没有什么大问题,搞翻译站,温、金一定要有,有线站问题。收音机的推广,收音站还是要增加,和文化局的计划统一起来。文化站俱乐部中结合起来,广播事业化社局各补助一部分。发展是很需要的,逐步增加,有线广播很好,但不要代替了收音机,收音机应当做群众文化娱乐生活.(广播内容增加农村节目。)

(文件编号:R138)

文教部 1955 年下半年计划的意见

1955 年 10 月 15 日

县里文教部［工作］，省委研究。

1. 总的［以］提高质量为中心，以肃反为重点开始，和省委计划的配合，有严重问题的要调查研究。准备工作，政治工作，要用运动开始学习，政治上争取中间动摇分子。

2. 随着运动开始，把这一运动变成改造学校，团结文教人员到我们方面来，打下办好学校的基础，保证学校政治上我们的领导。这和肃反没有矛盾，配备干部。

3. 业务上的考虑，按照长远的计划轮训干部，这不要等肃反以后才做。

4. 贯彻节约问题，以这三条为中心。会议定得五年计划都可以。血吸虫的防治做一计划。

建立中医院。文化行政方面以村为单位，要搞一试点，什么形式好。

中医院要办，里面要放较有研究精神的西医。

（文件编号：R138）

关于人民委员会安排方案的研究

1955 年 10 月 17 日

×、蔡：

关于舟山地委报告的问题。

沙：

1. 这里有两个问题。（1）我们是否曾很好地将应注意的问题给下级党委讲清楚；（2）没有把这些问题向省委反映，有些问题我不晓得。

2. 统战部、组织部包括我在内，没有很好的拿出一定的力量搞，黄先河同志要拿出一部［分］时间搞。首先统战部应负责，通过舟山地委电报问题很好检查一下。把问题准备好，同组织部应该开一会研究。不要看到仅是舟山的一个问题，可能是普遍存在，同时也不要只看到是舟山的缺点，我们的责任我们要检查。

（文件编号：R138）

俞仲武主任工作汇报记录

1955 年 10 月 18 日

第 1956 年计划问题

沙：

要他们先写一〈分〉份给我，先看看，在 23.4 日左右谈一遍。

第二个五年计划先给计委谈，再到这里谈。

第一个问题，几个单位谈了计划以后感到计划中主要表现的是数字。但文教卫生单位中更重要的是质量问题，但注意不够。

① 一方面缺乏整个国家的社会主义革命中文教工作〈统〉通盘的打算。教、卫〈少〉稍好些但不够，文化、广播就看不到。质量上的数字要求就没有。如〈这〉怎样多的中学校。〈这〉怎样高的党外知识分子。

（缺）

我们的工作满足人民需要，支持国家建设是一方面，但这不等于仅是多办几个学校，几个影院等。另一方面如何使社会主义因素不断增长，使学生成为社会主义力量，文化局就是一社会主义宣传机关，是党机关、现这些方面显不出来。

因此看来有脱离政治的倾向，为社会主义服务的主观的自觉性不够，这一问题值得研究。需要注意这一问题。

② 文教工作方面过去是〈作〉做了不少工作，如清理中层思[想]改[造]，学习苏联等。

但总的看，我们工作上有些冷冷热热，缺乏全盘布置，只是就事论事的多，从整个地对知识分子改造提高，有这么一个中心不明确。中央和省委有了指示，我们围绕着中央的指示做不够。我们经过了三反、思改。从贯彻三反改造中有计划的提高他们不够，但我们干起来很猛，有些问题该处理的反而未处理。不断的贯穿着中央的方针任务，有机地改造我们的学校，机构化地社会主义化不够。过去方针是正确的，但主观上的认识计划性水准不够，成绩也打了折扣，省委也可能有些地方不够，但现在是我们自己的事。对文教方面的社会主义革命,从旧的东西变成新的社会主义的机关意识不明确。直到现在知识分子的面貌,思想现状摸不清,照理讲应该摸清了。

总的看,我们办文教工作缺乏社会主义革命气氛。

学校为社会主义建设培养人〈材〉才,但学校本身如何改造,内容机构,社会主义内容的充实,培养出社会主义的建设人〈材〉才。

文化广播方而只知道自己办些事业,社会上许多东西没有规划到里面去。

俞:

总之,感到就是就一运动搞一运动,到底运动过去,回顾看看到底起了些什么变化,几年来一笔糊涂账。看起来别省搞的比我们好。

12 月文教工作会议:① 研究文教工作会议精神;② 肃反;③ 文教部的工作。

沙:

可以传达林枫同志报告,但仅传达不研究不行。文教育,二办要在这一段过程中给他们一些任务,了解一些情况,根据具体情况和中央的指示提出具体措施。肃反是否考虑另一个会。文教部要充分准备,以肃反为中心和起点,贯彻文教会议的精神。

文教部要采取些步骤,对情况的了解,政治学习思想批判要很快贯彻下去,对重[点]分子材料的了解掌握,是否各校都布置了,要很快布置,不要等到十二月会议。政治学习应结合对资产阶级思想的批判,五年计划学习也结合起来。学习思想批判的时间越长越好。从文教领导机关到学校的负责人都有准备。在学习过程中有意识了解积极分子,团结好他们巩固[一]下阵地,肃反是积极分子,以后办学校也是积极分子,依靠他们。

另一方面嘉奖率先搞的。

俞:

1. 文教部成立,行政、学校领导加强。
2. 加强政治思想领导。
3. 中药房供销省委其他部门的配合。

沙：

　　中医的问题，乡里普遍使用和提高的问题，省考虑如何提高，城市中办中医院，三个月，我考虑少了，三个可成为中医研究院，派好的中医去任院长，派西医研究中医的医理。

（文件编号：F189）

文教部部务会议记录

1955 年 10 月 20 日

俞：

沙省长昨天做了些指示：

1. 文教部门整个重心应是提高质量，目前一件重要的事是肃反。要做好这一工作：① 社会调查。② 政治学习，思想上提高大家，争取中间落后分子并训练队伍了解积极分子。

2. 另外应通过肃反要注意团结知识分子，打下办好学校的基础。

3. 业务上也要重视，订一个经常的干训计划提高干部。

4. 如何进行全面节约问题。

文化馆站应积极宣传五年计划，合作化的宣传应配合宣传部门更大规模的宣传。大力发展创造。

卫生部门：① 抓紧吸血虫防治。② 中医医院要建立起来，杭州中医院应常有实验性的。

行政领导的试点问题，县可以成立文化部或局，区和乡村到底如何领导，需年内搞出试点经验来。

农村中有右的倾向，城市中最近看了城市工作会议有右的思想，且某些方面很严重。而我们文教方面是否有，请冷静仔细考虑一下。

对第二五年计划的意见：

1. 数量方面是订出来了，质量上的提高就很少反映出来，一切都围绕着社会主义革命。从整个的方面看，有些忽视政治的倾向，质量方面提高要有指标。

2. 过去做了许多工作，但每一个运动，工作没有紧紧的一环扣一环，有机的联系，对知识分子改造没有有机的联系起来，如现在的肃反如何和改造学校、办好学校联系起来。

召开文教会议的问题：

总的是提高质量，应以肃反为出发点贯彻文教会议精神。首先文教部应作一报告，情况分析根据会议精神，提出措施：① 据情况，政治排队。② 政治学习,也结合对资产阶级思想批判。在学习中善于团结一批积极分子为今后镇反建党创造条件。

杨:

开两个会。

1. 今天先讨论今冬明春工作。

2. 专门开一会,把全面工作检查安排一下。

于处长:

时间的安排力量问题,工作、肃反互相结合问题。思想批判贺城,王斌思想应以行政领导部门为主。没有进行肃反的也可开展,打下肃反工作基础。医管局的政治处可合到卫生厅,作为政治处。〈役〉疫管局 1 000 床,现没有病人了。(科普、科联 19 人,四重点,二次点)

张××:

干部配备考虑。关于社会调查应在文教会议上提出。骨干问题重点加强,主要提拔。

王处长:

计划订的高一些了。文教部门没有直属训干机构,调动配备不方便,肃反结束的单位一般不调干部。加强政治工作,今冬明春抓抓五年计划学习,批判不问政治,纯[技]术观点,能今冬明春[能]搞好省级机关的肃反工作。组织机构方面可提一全面规划,干部调配。卫生厅的骨干比教育厅好。机关中的政治人员机构要建立起来。

学校处:工作不够集中。① 地县委建立文教部的问题。② 学校党的领导骨干,特别是中学。要继续派。政治辅导处中央不想要了,去掉算了,大学的是弱。师院、浙大人数多些。农学院、美学院少,人数比率[上]讲,师院、浙大还少。大学中是肃反教学两不误,中学要事先准备起来,特别材料工作。

思想教育问题:

1. 五年计划学习。

2. 思想批判；大专学校可搞的多一些。

黄部长：

部中以肃反为中心是一定的了。地县文教部的建立，干部要很好审查，文教会议今年底要开。政治学习以五年计划为中心，从思想上批判反党反社会主义思想。文化馆、站的宣传工作要做些准备。

杨部长：

总的讲是提高质量，日前以肃反为中心，从肃反出发，贯彻文教会议精神。

1. 文教部要以肃反为中心，今冬明春基本要完成省级机会肃反斗争。

2. 调整组织，提拔调配干部。

3. 加强机关的政治工作，通过肃反，加强机关党的工作、政治工作，干部学习，正常组织生活、社会主义思想教育。

全省文教队伍中进行肃反斗争的规划，现就要做准备。根据杭、嘉的中教肃反，敌情报严重，嘉占 30%。杭嘉搞了两月没有完全解决问题。中学地委抓，小学县抓，1957 年才完成。医院尚摸不到底，规划很难提出。准备工作可先提出。

教师中，省直接抓中学，小〔学〕地、县抓。

1. 认真总结杭嘉中学中肃反经验和杭州小学经验。摸到规律，提出省的全面规划。

2. 要求各地县委在现有的中学中建立起三人小组。如有的校条件不〈附〉符，各地党委选派干部。建立后，由省集中学习斗争的经验，研究布置。

3. 会议结束后，对各校的情况、政治派〔别〕，政治社会调查，摸敌情。

医院中抓：

1. 现医院中骨干排队。每一院必须保证有健全的领导骨干，28 综合医院。××康复医院（每一院有一两个，保证不出乱子）。如今冬明春搞不来，还可向后〈退〉推一下。

2. 政治情〔况〕排队，摸了一嘉兴医院，另外摸一下县医生院区所。

3. 明年春开始搞杭医（请示中央）。

文化部门：主要省级机关搞清[楚]，下面一律由各级党委搞。

第二，关于加强大学学校的政治工作，培养理论干部。准备从 1957 年开始在中小学教师中实行系统地理论学习。

沙省长的指示很正确，过去文教部门有计的加强政治工作很不够。

1. 高等教育处负责检查大专学校马列教研室的工作，提出改进方案。（现了解，教研室工作中，政治情况很复杂）本月底向省委提出政治教授、付教授、助教名单，组织他们上课。江、李提出要组织省级负责同志去上课。现要排一队，学校解决多少，省委委员、教授、副部长、副教授、处长、助教，组织这些人上课是高教处的重要任务，一门功课三个人准备。

2. 提出中小教医师必须阅读理论书籍。次序、年限很困难。

3. 培养一批理论教员和辅导员。农村中每一区一个，每一县二——五人，共 800 个。理论教员可兼中心小学付校长。确定后，集中学习。省委同意，行政学院拿出一个班。两批轮流，五门功课轮换学。最理想每校一个支部。

4. 整理出版训练机构及出版物。把这些单位检查一下。

第三，在全省范围开展五年计划合作化的宣传运动。学习内容多了，当减少些。集中力量学五年计划合作化。（推到暑假）

第四，组织检查，摸情况，总结 55 年工作计划执行情况，提出 56 年计划方案。第二五年计划方案提出。第二个五年计划部务会上并未研究。

如教育工作：

1. 民办小学的可能性，学〈令〉龄儿童入学百分数，现不到 60％。

2. 农村中添设初中问题，以及杭州等市把初中[办]成义务教育问题。

3. 按比例发展高级中学的问题。

4. 把省的农业技术学校改为培养全省的合作化干部问题。

5. 扫盲及干部文化学习问题。

6. 考虑第二五年计划全省的县普遍成立图书馆的问题。社会部门也要考虑。

第五，贯彻全面节约问题。

第六，成立县文教部问题。

现在的问题是力量安排。教务方面还是俞主任搞，可以考虑把黄部长提出来。总的精神不削弱肃反为主。

肃反是一中心,业务要搞,业务是次要的,抓肃反为主,其他工作只能抓几条。

1. 疫管局变动的问题,我同意,如大家同意,请示省委,将来可以考虑把疫管局〈去〉取消。

2. 机关中打了些干部,在不增加编制的情况下,内部调整一下。

3. 提拔非党人士问题可取消。

4. 建党问题,大专学校是否可提出一方案。全省建党的规划提出来。学校的党,省委将委托文教部管。

5. 召集文教部长〈会〉,现通知还没发,今年不一定开。

(文件编号:F134)

省委扩大会议上传达党代会的报告

1955 年 10 月 21 日

吴植椽同志传达刘少奇同志的发言：

各位同志在大会上的发言都很好。毛泽东同志的报告是关[于]党过渡时期……。革命从它的广度、深度来说都比民主革命广泛的多。社会主义革命是消灭剥削阶级以及消灭产生剥削阶级的基础。社会主义革命高潮在城市中早已到来，农村中也将到来，但有些同志对这认识不足，表现信心不高，劲头不足。

今年春天农村出了大妖风的高潮，说农村是糟得很。党中央及时判断不是糟得很，而是好的很。举了第一次革命的例子和当时及现在党的领导。党要注意妖风的来源。

传达周总理的发言。

过社会主义关。

党内。

对资产阶级。

社会主义革命要求从经济基础到意识形态进行深刻的改进。

1. 大大地提高马列主义水平，目前特别需要克服经验主义，党大力提倡学习马列主义。

2. 继续坚决克服党和政府的分散主义，农工部 53 年和五五年继续犯了分散主义的错，这次杜没有很好检查，贺诚，成分散主义结果。

3. 必须改变我们脱离群众的领导方法，党的领导是站在群众的前面而不是落在后面。领导同志要到群众中去，不要钻在文牍里，决不要淹没在群众运动的大海中。

4. 加强县工作的锻炼，等于倾听不同意见，特别来自下面的意见。

5. 对社会主义的改造和建设，要积极、热情、高兴的全力以赴的来搞社会主义。

陈云同志发言：工农业的关系。

基层干部作风：海宁县××乡 21 名党员，18 名强迫命令。成分不纯，腐化。

（文件编号：F134）

林乎加同志传达周总理报告

1955 年 10 月 22 日

全国〈整〉正在建设社会主义,为了实现这一目标,就要有国内的团结和国际的和平,国内团结。

一、[从]国际形势说起。

现在国际形势是有利于我国建设的。国际形势开始缓和,帝国主义战争〈布置〉部署打乱了。战略上民主阵[营]对我们有利,并逐渐取得优势。但帝国主义要在战术上克服被动,并想铤而走险,我们要随时准备应付突变。

两个阵营的对立是世界的根本矛盾。资本主义和社会主义的斗争是带有全世界性的,但也不是说世界上除这就没有其他的矛盾。斗争中出现了新现象,社会主义阵地一天天强大,帝国主义想削弱和消灭我们十几年来没有停止过,东欧、朝鲜、印支等,但这些颠覆活动都一个个失败了,十年来的历史证明此路不通。帝国主义用干涉的办法达不到目的,在这种情况下,我们进行和平竞赛、共处。如战争我们就使他失败,和平竞赛的结果是我们有信心胜过资本主义。马克思[是]新生的东西,一定会胜利,帝国主义一定灭亡。因此,美帝就是处在战又不敢,和又不行。现在的主要矛盾是和平和战争的矛盾,和平运动愈发展,战争可能[愈]推迟,有利我们建设,如打起来他们灭亡,也有利于我们。总的我们能主动。

美帝执行扩军备战的结果失败了(略),但他还不甘心失败,一面坚持这一政策,一方又不敢打,越来越不得人心。为什么不敢打,首先本国人不愿,世界人民也不愿,因此不敢打。我们对美帝过去不太了解是一谜,但这一谜在斗争中逐渐被揭穿,透露美国人不愿打。马克思主义者分析,打仗就要有个道理,又没有人侵略美国,美国人生活又不太低,因此不愿打。艾[孙豪威尔]生病,结果股票大跌,结果最凶的是军火工业。这很有趣,照理应涨,但是跌。麦克现出来叫和平共处 ,这都是说明了美国人民的心理。有些访苏代表在本〈和〉国是著名反苏的,到苏后就不在唱了,而唱共处。来到中国的也看出。今年国庆节有四五十国的来宾都反映了和平的愿望。美国人民要求和平,世界人民要求和平,〈制〉致使美帝不得不考虑。美国内部对战争的态度也不同,有的表示赞同,有的叫,唱双簧。英法也是如此。日内瓦外长会议后,英外相回国后讲是世界大战不能打了。美国扩军的政策遇到了经济上很大困难，从 80 万减到 70 万。法国内部情况很复杂。印度支那问题反映了和美国的矛盾。在北非的统治岌岌可危，其他北大西洋同盟者扩军计划遇到很多困难，四外长会议后都不积极了，抓扩军政策都遇到了许多困难。

中立国家对扩军备战不赞成，以印度为首的主张扩大和平地区，缅甸支持，印尼也同意。马斯友美党上台后也不得不表示赞成。阿拉伯国家也主张。最近埃、捷军火协定，就说明了保持他的中立，不顾美干涉和社会主义阵营打交道。这一事并且在阿拉伯国家受到了支持，说明美在中东建立军事基地情况困难了。

美国曾希望德、日给他做炮灰，到现在还没实现。西德 59［年］，武装日军 30 万到 60 年才实现。如实现了他们是否愿给美当炮灰还成问题。这一问题在美国愈来愈引起恐慌。我们工作做的好，〈发〉放火烧谁还是问题。讲来讲去叫有几个傀儡，如蒋、李、吴。但他们只想挑起来叫美国打。最近，美对蒋说你打也可以，你上大陆我保台湾。

扩军备战执行结果此路不通，虽矛头直对社［会主义］，但不敢直打到社［会主义］，直接受到恶果的，是跟随美国走的。都受到反对。几个政策国家都有变化，美国麦［卡锡］、诺兰两战争贩子不大响了。美国和他同盟国之间不断产生矛盾加深，如裁军问题就看的很清。在美法加建立基地上矛盾也很大。美加的关系，加本是美属，二次大战后被美吞掉，但这两国矛盾很尖锐。加主要出品小麦，美、加争市场，谈判没结果，加外长跑到莫斯科去了，谈贸易航运，因此美国门罗主义打破了。

中立国家的倾向。看到跟美国走的结果变成了军［事］基地，走上战争，遭到人民反对，自己统治动摇。越来越多的国家跟美走望而生畏，中立国家越来越多，奥地利中立对欧洲影响很大，苏、芬谈判，归还基地，影响很大。意大利这任内阁对美关系和上一任也不同，疏远了些。西德内部也有了变化，苏、西德谈判几天建交，表明了西德对美的离心倾向。西德苏联建交结果，肯定了两个德国的事实。随着西德经济恢复，离心倾向也要发展。日本和西德情况不同，日本战后经济恢复很慢，受美控制，离了美支持不行。苏日谈判很慢，但反对战争的情绪很浓，反原子武器签名 3 000 万。日本来的代表团……①。这种

---

① 原文缺。

情绪不能不影响日统治阶级。社会党接受群众一些口号，民主党也利用这一种[情况]和美讨价还价，也表现对美离心倾向。在台湾也看到最近把孙立人提起。把美训[练的]军官提起。蒋怕美搞政变。李承晚怕美国把他丢了，拼命闹乱子拖住他。

以上事实说明了美国的扩军政策走不通。和平的道路美也有 个 困难，朝鲜停战，美憋在印支搞紧张，但印度也停战，就有了西非会议，接着日内瓦四外长会议。世界上要求和平的势[力]也越来越大。美组成了一马尼拉集团，但被亚非会议拖垮了。美在德奥搞紧张，也开始解决，奥中立，解了第一个钮扣，苏德建交。

美国扩军进攻推迟，同盟在瓦解，美国的世界霸权在开始瓦解。战和都不敢。

当然我们不能轻敌，我们必须努力工业化，我们的力量大了，就迫使他不能战争。

这种 如何掌握战略主动，发展和平统战，争取一切可以争取的人们，到处打破打乱战争计划、任务[呢?]

首先巩固社会主义阵营。首先对南[斯拉夫]的关系，社会主义阵营和南的关系好转，是这一时期最大的收获。1948年来南与社会主义国家一度对立。现从苏南会谈开始逐渐热转。南共领导者犯了严重的民族主义错误，但国内社会主义基础没有改变。最近了解，工商业大部国家掌握，农业基本……。总的方面看，南的社会主义因素占优[势]。过去了解不够，从形势上看是中[立]，现从内容上看是社会主义国家，南的人民对苏中是很〈有〉友好的。虽然南共领导人犯了严重的民族主义但社会主义阵营在处理这一问题是有缺点的。情报局第一决议批判南民族主义是正确的，但第二个决议说是间谍是错误的。

但我们也应看到脱离了六年，脱离之后不能独立，和美国很深联系，对美负债很多，特别思想问题不容易转，我们应采取耐心的对待。美对南加大了压力，但南表现是好的。有些理论和经济方面开始批判。这都是欢迎的。不能要求过急。但对一些原则问题也要适当批判，如南代表团到中对中苏关系问题。苏南关系上，有些不融洽。我们明确这是内部问题，采用批评自我批判是可以解决的，我们态度要明确。

加强团结有很多工作要做，最重要的是苏巩固和强大，氢弹不弱，甚至超过美国。对我们的援助也是最重要的。中国建设成功，力量加强对加强社会主义力量是最重要的。只有苏联的加强，各民主国家……。最近兄弟国家的联系加强了，外交配合，密切了友谊活动，甚至一些党内所犯的错误也互相通知。

二、开展世界和平运动，中国责任很大，中国每一胜利成就都大大鼓舞了世界和平力量，对帝国主义的打击。到中国方向的人天天多起来，来出国的也是，这一事应从政治上着眼，认真的做，不要应〈服〉付态度。要想尽一切办法，能取一切可能争取的人到我们这边来。主席在这方面是我们的模范，（陈毅讲了很多，特别上海、杭州责任很大）日本的团长，毛主席两次接见。日歌伎团演出主席看了，接见了。他们喊毛主席万岁。中央把这一工作看〈做〉作保证和平工作一重要步骤对待。当然在接近中间我们是有立场的，对反动言论要表示态度，该批判的批判。对日本政府不……①。我们的艺[术]代表团在西欧大受欢迎。应看到一是政治，二是艺术，表明了世界人民对我们的友好态度，人家这样对待我们，我们也更应该[如此]。

三、发展反殖民主义运动。

资本主义阵营中矛盾很多，除土、菲跟美国走的，最明显是亚非会议，现影响越来越大了。① 联大；② 非洲国家的态度。这次联大突出的特点，是反殖民力量增加，阿尔及利亚问题，摩洛哥[问题]。社会主义六票、西非国家十五票（泰、菲也投票，这[是]很大意义的问题）拉丁美洲有六国投票，希腊也投票，法退出。哈马——主张不讨论，对■反对，印尼关于安理会的问题通过，说明了亚非国家在反殖民主义问题上统一起来了。

另一结果是阿拉伯国家问题，埃、捷军火协定几个国家赞成。反殖民主义运动蓬勃发展，不〈关〉管美如破坏，美国和这些国[家]的矛盾有增长。最近东南亚有四个国家和我们发生关系。

四、对西方国家的关系。我们要警惕，不要落[入]两个中国的圈套。要和他[们]逐步建立外交关系，要有条件。

---

① 原文缺。

对法的条件是要把巴黎蒋大使驱逐,联大投票赞成中国。

英国现在是半外交关系,不承认蒋,但[在]联大不支持我们。

意大利,要驱逐蒋介石的代表,西德也是。

这些国家都要求有贸易来往,要在这些问题上推动他们,摆脱美的压力。

日本也一样,人民都主张长同中国建交,在野党主张建交,而鸠山不主张建交要建贸。

我们在建贸问题上给他以压力。他需要我们大豆、煤。要取消禁运。培养日[本]人民民族独立的自尊心,有勇气〈脱〉摆脱统治。

美国也要做工作,美不是一铁板,在战争和平的态度不一。有人主张谈,有人主张硬。

中美谈判说明美对中关系上,不能不坐下谈。我们提出中美关系是国际问题,坐下谈。最大的问题是台湾问题。我们的态度是明确的,中国人民有权力解放台湾。提出这一问题有好处:台湾问题解决,战争和平方法都同时存在的。我们应准备战争解决[与]准备和平解决,谈判现已开始看到变化,蒋介石已慌了。蒋又想利用美国,又害怕失去地位。和平方式解决台湾内部是有人赞成,认为台湾问题不会变化是不对的。台湾问题上表现了我们理直气〈装〉壮的态度,表明了我们不怕美国,我们态度——中国是[国]家腰已硬了。

总的是有利我们。但应看到帝国主义还存在,帝[国主义]存在一天,战争就存在一天。

有两种看[法]:

1. 和平发展会顺利发展,这是不对的,美帝国主义一定会破坏,有困难。

2. 战争存在,没有好谈,打。

还有两种偏向,坚持了原则失去了灵活性,或灵活失去了原则性。

总的讲,我们要加强我们的建设,加强我们武装力量(不决定[于]王炳南,决定修铁路)。

外交工作中要特别注意大国主义和民族主义。

国内团结问题。团结是为了建设社会主义,站稳工人阶级立场,消除一切不利于社会主义因素,扩大工农联盟,巩固人民民主专政。

八年来完成了经济恢复工作,展开了社会主义和资本主义的两条道路的斗争。

两大胜利：

1. 人代大会召开制订宪法。

2. 五年计划的通过。美吹牛比苏产值多两倍，1957 年产值 490 亿，到第三［个］五年计划到 1 561 亿美元。

3. 农业合作化的发展，使工人阶级与农民在新的经济基础上建立、巩固工农联盟。

4. 统购统销。

5. 唯心主义的批判。

6. 肃反运动。

7. 党内开展了反高饶的斗争，更团结统一了，但不要麻痹，今后还可能发生的。人都要生病的……经常保持〈井〉警惕。

这一些斗争都是阶级斗争，两条道路的斗争。

这两条道路斗争中最主要的特点就是交锋。

（文件编号：F134）

文教部部务会议讨论今冬明春工作计划记录

1955 年 10 月 27 日

杨(源时):

计划是如何订的:

一、今冬明春的工作情况。

1. 全省丰收,传达了毛主席指示后,都在搞合作化,明春 60％农民都参加合作社。

2. 反唯心论的斗争已取得了初步胜利,省级机关肃反斗争是一紧要关头,200 名现已搞了 60％,隐〈避〉蔽更深的反革命尚未搞,全省是做好肃反的准备工作。

3. 五年计划的中间和第二个五年计划的准备工作。

二、工作情况。

1. 文教队伍的思想建设很差。文教队伍反革命分子 20％多,资产阶级思想很严重。落在社会主义建设后面。

2. 组织建设很薄弱。队伍大、分散,党员量少,质弱。

3. 五年计划执行的不大好,如 56 年不加紧努力可能完不成任务。特别常年训和工农文化学习及血吸虫防治。

总的讲是提高质量,以肃反为中心,加强省级机关思想、组织上的建设。切实研究制定 56 年计划和完成 55 年计划。

做好四件事:

(一)抓肃反。

(二)干部的政治建设、组织建设,把下面所有的机构安排[一]下。

(三)农民教育,搞好冬学,争取 2—300 万入学。

(四)抓计划。

1. 肃反。

2. 组织建设。县文教部搞起来,30 万人以上成立教育局。

3. 思想教育,大学理论教育问题,干部问题,干训机构要抓,出版物 9 种。

抽 200 人到行政学院学习。

① 要求各单位根据自己的任务力量，提出一切实可行的计划。

② 人员分工要很好的规划，搞肃反的人最好占 20％。

③ 调整组织，大胆的提拔。

陈守川：22 个电影院，财务六万多元。

人民出版社计划只完成 98％。

博物馆问题贯〈彻〉不下去。

民间职业剧团很混乱（民间职业剧团的肃反问题）。

电影队发生事故。

文化局机构〈完〉定了。

十月革命节，新年春节三个环节进行宣传。

党团政治工作垮了。

如何拟定计划培养剧作的问题。

陈文征：水上运动的开展。

儿童乐园。

群众通达方面，机关工厂学校没人管。

干部少弱，现只依靠体干班。

李蓝炎：

肃反医院中是可以搞，但方针要明确。要分批搞，事先要讨论好。明年以杭州为中心，康复医院也可以试验。县区以嘉兴为重点。

教学医院以医学院为主还是以厅为主搞。

卫生人员、技术人员的改造问题和统战问题。

卫生部门批判贺诚思想是中心任务之一

① 血吸虫防治工作，28 日开一次会。

② 中药问题。

血吸虫争〈以〉取第二五年计划中基本上消灭。

中医中药问题要解决，建立省一级的教育、培养研究中医的机构。

保卫部门没有。

科普：

新华书店不愿发行小本子，不愿到工农中去（沙：是资本主义经营思想，要整顿一下）。

科技：两[个]公开发行，六[个]内部刊物，技术刊物没有一个党员。杭州市没有一科普组织。

① 五年计划的宣传。

② 农村工作的加强和十月革命节的宣传。

③ 长期的自然科学常识问题。

沙省长意见：

1. 计划基本上是好的，有几个问题，前次计划没有注意政治方面，这一计划只着重于肃反，搞不好把业务挤掉了。可以考虑把单独的业务工作提出几项，要注意保证以肃反为中心，[但]日常工作也要完成。

2. 我们工作第一句的开头要改一下，要贯彻中央文教会议精神，提高质量，以肃反为主展开工作。

3. 计划第三部份，政治学习和思想学习，可并起来讲，思想批判和五年计划，六中全会文件学习，阶级斗争学说等都可结合起来。

4. 调训干部看起来只是政治调训，业务上的调训也应放上。调训面要照顾，但要有中心，首先把重点搞好。

5. 加强机构和问题先研究一下，必要时提到省委研究一下。县里索性成立文教局，党内就是部，党政一把抓，一般的县文教方面都管，各县的可再分一下。因为力量不够，部局长配得强一些，基本上有人管，能够把文教方面抓起来。是否这样好，大家可研究一下。如不搞起来，工作很困难。文教部要开文教会议，我考虑尽可能早些，贯彻文教会议精神。

6. 文化局对外面的改造问题没提到，但要摸摸底，准备长时期的进行改造。

一、另外，对六中全会的学习，今天应提出来，一方面进行学习，一方面以这一精神检查我们的工作，总路线出[来]以后，回忆一下和工作结合起来进行检查。社会主义革命我们文教方面如何再进行，总的是否与社会主义精神符合，问题在哪里。总的工作效果不大。我们同志们思想上有所准备，上次我曾给仲武说过，主要是看到农村，城市工作中经过了会议，社会主义革命的观念不充分，模糊，联想到文教部门是否也有类似问题，林乎加同志回来后问题更明确了，我们有必要检查一下。

我们要在满足群众的文化需要中，[去]动员他建设社会主义。培养社会主义建设人才是否明确，可以研究。

二、要文教事业在社会主义革命中发挥力量，文教部门本身就要革命、改造问题。大部分是旧摊子。如果自己的摊社会主义水准不够，思想政治、业务上不够，力量就很难发挥。

三、工作中除社会主义联系不密切，另一方面各项工作中相互的联系，各项工作中相互贯穿是否够。工作上有时相互排挤，看起来是工作方法问题，实际上有思想问题，没有考虑到文教工作在社会主义革命中应达到那些目的。今天讲肯定有幼稚的一面。

从其他各部门看，主要表现是右的思想，工作上也有"左"的。但不证[明]我们是"左"了。主要是我们社会主义思想不足。检查一下，不要套帽子。社会主义思想不足，资产阶级思想不断在我们头脑中起作用。值得我们警惕的，使我们思想提高。使文教工作在社会主义革命中自觉的起作用。提〈高〉〈意〉议一定的时间研究一次。

四、文教部门肃反问题要研究一下。

如何做要很好研究，搞些典型。

杨：

全省文教会议争取今年开。

（文件编号：F189）

江华关于城市工作会议的总结

1955 年 10 月 28 日

这次会议是以总路线来检查工商业改造方面的规划。

由私大公小，改变为公大私小，应该是有正面的经验的，大家可以研究一下。

在工商业改造中要说明其规律，如二条战线的斗争。

阶级观点不明确，其原因是什么呢？没有弄清过渡时期是谁战胜谁的问题。

没有弄清楚现阶段革命的性质，二个阶段革命的内容。

这次一个多月的争论，争论中心是过渡时期阶段斗争如何正确的来认识他。

资产阶级是同我们在争取群众，争取领导的，其目的是抵抗改造，所以斗争是改造与反改造的斗争。

资产阶级有将其钱供给反革命活动的，没收其财产。

在民主革命时代，联合资产阶级是为着反对三[大]敌[人]，在社会主义革命时代联合资产阶级是为着消灭资产阶级自己。

（文件编号：R137b）

杭州医疗院搬家问题

1955 年 10 月

李(兰炎)厅长、张局长

沙：

是否把莫干山的找出两幢房子搬去。以 215 号为中心，附近再找几个房子，总之能〈按〉安上 40 多病床。原房子给财贸部，卫生学校搬家，省府可盖宿舍，给卫校对调。（张：把红楼给卫校，盖招待所。）基本上可把红楼给卫校，盖招待所，把 600 万机动费中拨一部分。

关于血吸虫治防问题

李、沙

1. 杭州附近。

2. 要动员多少工，要多少经费？

3. 粪便，时间利用缩短问题。

4. 治疗问题。

如果工作量不大，经费不多，试验范围可扩大一些，浙江一定要〈要〉想办法做出成绩。

（文件编号：R138）

高教部部长杨秀峰同志讲关于
高等学校的一些问题

1955 年 11 月 5 日

全国高教工作会议以后,确定高教工作方针,"首先提高质量,切实贯彻全面发展的方针"。

几年来文教工作在政治改革,学习苏联方面有成绩,最严重的是质量不高,不能适应国家建设的要求。

几年来高等学校质量不高,一方面是在教学改革中经验不够,另一方面主要是对贯彻全面发展的方针不够。学生〈常〉长期有病的很多,我们不能培养不能工作的人。反革命分子有一小部分,一部分学生品质不好的情况,肃反前各校多少都有。反革命分子出去对国家的损失当然可想而知,就是品质不好的也不能工作。过去我们这方面注意不够。过去我们有一种思想,管教不管人,管教不管学相当普遍。去年毕业有二个不能分配,今年肃反估计有两千多人了。培养一个大学生要六千多元,我们对培养出这样的人来是一严重问题。知识水平不高对这一问题讲是次要的,忽视政治思想教育是严重的,是错误的。周总理指出目前我们学校中爱国主义社会主义的教育非常不够,有的不服从分配。有人讲品质恶劣的送不出去。周[总]理讲不走去找罗部长去。从健康情况讲,现在还有两三年不上课,长期〈修〉休养。过去注意质量不够,高教部首先应做检讨,但各校也要适当检讨。

其次,提高质量上理解上有些不全面。这次也是十六字"提高质量,重点发展,合理布局,统筹安排。"中心的问题提高质量。中技应整顿,提高质量。这一方针是过去的基础上的发展。过去我们是着重了整顿巩固,重点发展,打了基础。今后应该注意到适应国家建设需要质量。今后必需以提高质量为中心任务。

1. 首先要了解提高质量是全面发展的质量。

2. 我们应保证一定质量,同时应努力争取数量。

3. 在原来基础上逐步提高。

没有条件勉强去做就是急躁,另一方面,没有条件不去积极创造条件安于现况就叫保守。过去我们所以冒进就是心中无数。

4. 我们当前还是要稳步前进，但不是慢慢来，应尽可能争取学少一点学好一点。有的人若为单纯是学少一点。

关于提高质量，中央的规定。

越抓越紧，逐步提高。全面发展，全■健全，身体健康。因此我们要对现在在校学生加以适当解决、整顿。首先政治上恶劣，屡教不改，对工农成分在校学生大力帮助，不要轻易踢开。当前肃反就是整顿队伍。

首先工科一律改为五年（三年内）。医也逐渐改为五年。延长年限。提高我们教师的水平。专科要停办，交到中技去完成培养中技人才的任务。我们正在考虑中技延长年限的问题。提高质量的关键还在于学校本身，在于改进教学工作。

改进教学工作。

（1）改进教学方法。

（2）要管教管学。学生的思想品质和教师的一举一动是分不开的。教师对学生要全面负责。首先教育政治〈想〉相结合。

积极地创造条件，培养师资问题。培养新教师要靠老教师。现有的教师要用一切办法提高他。这次肃反运动作用很大，一方面搞出了一批反革命分子，另一方面提高了觉悟，团结了。开展批评自我批评很重要。提高思想觉悟对于改进学校工作大有好处。树立教学上自由讨论的作风，宣传唯物主义，提高教学思想是主要的任务。制度的建立问题。

工资制要走向〈安〉按劳取酬，贯彻全面节约的问题。

（文件编号：F134）

刘丹同志汇报学校工作

1955 年 11 月 7 日

沙：

杨部长报告一般工作讲了一下。现在整个学校工作是以肃反为中心……。

几年来的措施，缺乏明确的概念，一个运动[搞]接一个运动，一连串的。有机的联系不够，工作是[单]个的孤立的。这次肃反看起来比过去好些，但有意识地通过肃反，使我们和教师团结起来表现不明显。另外，工会不大起作用，青年团的工作团结面不广，党在里面的作用不突出。总的讲我们对社会主义革命中如何对学校进行社会主义改造不明确。我们应进一步规划一下，教授中作如思改工作要经过多少时间，什么步骤，发现新的积极分子，团结好，把教学搞好。党要把工会、青年团等领导起来。

现在是以镇反为中心，但学校中的政治工作，不仅是肃反问题，如何通过肃反把学……。另外学校还存在着什么问题。

刘(丹)：

学校中结合国家社会主义革命的贯彻问题后面谈，关于浙大的一般情况：

关于学校的建设改造的问题，我个人是没有摸到道路的，也可说对阶级斗争认识不够，认为还是和平的道路。一般的提高政治水平。

这次肃反斗争启发很大，对学校如何清理组织，如何加强学校的社会主义思想问题指出了方向。过去对社会主义阶级斗争不明确。这一运动如坚持下去，为改造今后学校打下一定的基础。这仅仅是一开端。学校更重要的是一教育场所，培养人才，重要的是思想问题。另一方面通过肃反把学生队伍纯洁一步，以后把住招生的关口。

思想批判、斗争第一个五年计划要大力开展。根据现在情况，57 年可能达 4 000 人，到六〇年达 6 000 人，这样一个方向还是要很努力的。学校不仅是思想问题，还有教学质量和提高科学研究水平质量。现在教师超过工作量的不太多，大部达到工作量，一部分达不到工作量。一般备课时间是有。

教学方面：已逐步大部分学习了苏联。教学上已很大的提高。另一方面是师资培养提高问题。主要是提高科学研究质量问题。毕业设计进行了，但质量还不高。三好的问题，也要很好的注意。

教师政治思想的水平提高很重要，那就是政治学习问题。思想水平不提高，对一些问题的判批 不 很难进行。

学校中一个关键的问题，主要是党委领导的问题。如何[在]党内形成一个核心，领导工作。浙大很需解决领导问题，不论思想、教学工作很需统一。现在有些困难，肃反以来忙于搞肃反，另一方面我个人未参加这一工作。现在思想情况完全不清楚，离开了这些情况工作很难搞。因此希望有一校长来，如一个学生入学、退学搞不清楚，很难表示态度，因此很需要一核心，不一定专搞肃反，要兼顾其他。如王国松提出民盟配合肃反发展问题，恢复生活问题，很难答复。这些情况也曾在党委会上及杨源时同志谈了。杨未表示态度。有些关系不大清楚。我来讲支部情况，人事情况一点不清楚。高教部草案中[提]了教学，科研，总务，人事等付校长。这些问题请考虑。

另外，关于我个人的问题中央审干的规定。过去有些问题做出结论了，有些问题还要请组织上审查做出结论。[19]26 年曾在国民党公安政治部区里做过工作。27 年×××……二月，1928 后来到安大读书。因反蒋闹学潮开除。跑了。29 年回安徽被捕，判 3 年 6 月徒刑。到反省院保释出来（31 年）。狱中受到些教育。……34 年 8 月到上海，在左联住了一时期之后调反帝总同盟中工作。1934 年 8 月 1 日以后被捕到公安局受了些刑，后到南京保释，在保释中犯了一错误，写了一悔过书，当天出来了。（那时不是党员）后到陆军大学当文书，抗日战争开始到安徽图书馆。后遇方琦德参加工作，皖南事变被俘逃出。（沙文汉页眉注：晚上开会，沙、杨）

沙：

霍还是挂名的，实际工作还是要你干。现在主要是肃反过程中没有配合好。中央指示是成立小组，有分工，肃反的专案不必要了解，人多晓得没有好处。但当做 一 政治斗争是应该互应配合的。王剑英同志可能把政治斗争也了解成一具体工作。王应把肃反的步骤提出来党委会上讨论。我准备和有关方面谈注意这一问题。肃反要把反革命分子和落后分子 应 区别开来,不要混同。落后分子思想要提高,反革命分子就要〈独〉孤立。这一工作只肃反小组解决不了,要全盘考虑。和杨源时谈一下,问题了解一下,解决它。

俞:

美分院的问题:小组意见① 院长要求派过去,提一个不行。② 领导关心问题,要和院长一并解决。③ 校址问题要决定。④ 组织机构有重复。⑤ 加强领导,多检查工作。

听了杨部长的报告后,共同感到很大鼓舞,方向明确了。教师全面负责,但学生思想情况教师不了解。教研室要切实搞。

① 教师对结合政治思想问题不明确。

② 培养新师资问题,一致反映过去有老教师自卑情绪,共同意见:要求学校对培养师资有统一计划。高教部也要有统一计划。

③ 全面节约问题是,可以有许多问题节约的。

④ 师院提出肃反以后成绩如何巩固,副作用如何清除。

⑤ 要求领导多深入帮助一下。

(文件编号:F134)

关于高校肃反工作的讨论

1955 年 11 月 7 日

高教部杨（秀峰）：

① 从教学上看：教学上挂了许多图表，说明教师做了许多工作，学生的健康上有进步。医学院节约的精神是好的。农学院房子较挤。浙大房子使用上有浪费，65％是办公生活福利用的，贯彻节约的精神不够，老校中还存有新旧桌椅，而新房子里则都是新家具。教学设备上，有些不应买的买了，能自造的不自造，只想买好的。

美分院四十个教师有八十多个职工，学生则只 160＋个，完全没有精简的精神。

美分院对领导上有很多意见，尤其对莫朴，莫不但不注意政治工作，而且有不想要党领导的倾向。

浙大刘（丹）、王（国松）的问题，王觉得：

1. 大家步调不够一致，如青年教师与老年教〈思〉师间就是如此，教师觉得人事很麻烦。从浙大来看：

① 党员负责人不够尊重与放手给党外校长做事。

② ……

2. 高等学校的干部问题，基本上要各校自力更生，但恐亦须适当增强。

3. 对肃反工作，在今后巩固肃反的成果，加强团结，提高教育积极性，是一件很重要的工作，这里不但应解决思想隔阂，而尤其重要的要提出积极的奋斗目标。再则教学肃反要两不误，则应该使肃反部署与一般工作[结][合]，应使刘丹等参加，自然五人小组关于应秘密的事情，仍应保持秘密。

4. 关于政治课的工作问题：党对马列主义教研室必须十分注意，要反覆的讲。

5. 各学校讨论中都批评了自己保守思想，因此我们应同时使其注意各学校的实践条件。过去领导一把一把的抓，尤其缺乏从思想根底上解决虎头蛇尾。

① 肃反后以教学为中心，但中间须做一般思想总结学习提高工作，并消

除隔阂,加强运用党外力量,而〈在〉将肃反工作看作是学校政治的基本建设,运用全校各种力量是很重要的。

② 学校的干部须作一定的补充,自然主要靠提拔,尤其是政治课须补充人。

在学校中注意培养新生力量,要从今天开始有计划的进行。

（文件编号：R137b）

教育厅李微东同志汇报文字改革会议情况

1955 年 11 月 8 日

下午

出席：沙、杨、黄、俞、李

毛主席开始就指出中国文字要些世界拼音方向。

一、简化汉字。

二、推广以北京语音为标准的普通话，为拼音铺平道路。

简化汉字问题。

吴老的报告，叶公老报告。

（一）吴的报告中首先肯定汉字在我国的历史中有很大的贡献，几千年来祖国丰富的文化遗产都是用他保留的，今后相当长时期还要用，成熟了拿出来还要几年。

另一方面汉字有它严重的缺点，一字一形，笔划繁多，二千个常用字平均十一划多。学、识、写都很难，造成文教工作的困难，扫盲困难，跟不上合作化的需要，汉字和新中国的事业很不适应，因此必须改革。

工农兵迫切要求，教学去也需要改革。另外汉字本身也在演变，历史上有很多简字，到近代就出现了迫切的要求简化改革。另外少数民族文化的发展也靠汉族帮助，文字难学，国际交往文化交流上成一很大障碍。

（二）简化的要求步骤，把异体字革除，有空形空数，手写体机印刷。简化方针："约定俗称，稳步前进。"群众路线，采用群众中创造字。草书楷化，创造一部分，偏[旁]简化，在社会上习惯的基础上逐步地简，介绍开始流行的，稳步前进，分次简化、分批推行。

（三）步骤：首先公布通用的字，不常用的字不简，〈减〉简化少的不〈减〉简，推广地方成立机构。凡公布的字印刷通用简字。

陈毅同志讲，汉字是中国几千年的历史，只有稳了才能快，乔木讲，我们是革命的改良，不是改良的革命。张奚若作了简化的报告，以北京语言标准。

苏联专家的意见要拉丁化。

汉语是发达的语言，并且[是]在世界上人说的最多的一种话，我国是一高度地统一的国家，方言的分歧和这相矛盾，需要有汉民族的共同语言，另一方面汉民族的共同语也在形成。以北方话为基础方言以北京语言［为］标准的方言。以北方话为基础发展起来的普遍语，是以北京语音为标准音。推广北京语音是推广统一语言的重要关键。

要批判不好意思学习官话的保守思想，中小学要先行一步，师范也是一重要阵地。

训练师资是一关键。初中要分两门：一是文学，一是汉语，教学讲话都要用普通话，1957 年就要都实行。最大的问题是宣传，宣传政治意义，要求广播电台设北京语言讲〈坐〉座。成立工作委员会。文化局、教育厅、师院、文管会、文化部、团、工会、文改会。

沙：

传达的问题，可搞一运动，要大家了解有这〈会〉回事，文教界多参加些，各机关群众团体也要有人来，中学校长。

委员会宋云彬为主委，李微冬、陈立为付主任。

俞（仲武），杨部长（文教部杨源时——编注）讲：

有了些进步，研究、教育等。

肃反后学校中要提出一规划。

1. 领导上必须要思想解放，注意工作的数、质量、积极创造条件克服困难。看客观的要求，全力贯注，积极地制造条件。

2. 全面发展，特别要谈政治思想问题，必须加强日常地政治教育，专人负责经常检查，巩固肃反成果。

3. 科学〈科〉研究工作，在不妨碍教学之下，积极配合实际进行。

4. 基础问题，校〈设〉舍要求，提高教育用房的比倒，至到 70％。

5. 节约问题，要深入检查一下。问题是在用之当不当。

（文件编号：R138）

省长办会会议记录

1955 年 11 月 10 日

[出席：]沙、杨、彭、闫

省人民委员会：主要是山区开发问题、另外第三届人民代表大会要到十二月中旬开。

沙：

等我们把全省年计划确定，基本上没有更动时，将大的指标拿出来[并]征求他们意见，十一月份开两次会，一次座谈会。人民委员会 20 日前召开，筹备工作讲一下。准备要大家参加，可分四方面：工、农、资本主义改造、文教。政法会[全]体讨论一次，分别开会，最后人委会作出决议，征求一下省委的意见。

杨：

文件起草，会议行政工作，要早作准备。

闫：

代表提案执行情况，代表联络情况，先开始〈作〉做了。问题是文件准备。

补选：死亡的有四个，洪式闾，黄宾虹，毛其×，朱文兆。全国人民代表大会代表要提出补选名单，向常务委[员]会备案，省的要考虑原县补名单，我们要有过。

沙：

全国人民代表，我考虑补俞子夷。

杨：

开大会前代表下乡检查工作的问题，要组织一下。

沙：

下次开会主要是开发问题，开始把"三定"情况汇［报］一下，再谈征购布置问题。

开荒由李士豪汇报。（杨：东西我准备。）

1. 开荒的。

2. 粮食。

3. 工业问题，如果条例需要先颁布，这次提出，否则下次通过。

4. 三届人代会问题，在会上下达一下，分组自己提出。

5. 各地选举情况汇报一下。

闫：

代表改选问题，出去工作可补选，外出学习还回的一概不动。

沙：

不出省的基本上不动，部队到南［方］工作的由部队补充。

乐清县的一省代表团因反革命事撤销问题，如县代表会未开，县可撤销，如开了县人委会，提出交省检察院，检察后省人代大会提出。

人民代表视察问题和北京联系一下，如果［在］北京［的代表］来，可一次去，如不来，省里组织下去。

房屋地产捐献问题。

杨：

研究一下其他原因，为什么凭空不要。

沙：

搞清楚是否租金低了还是税高了，另外是不是我们助借等，一般我们不收，要他们须政策上研究一下。

彭：

最近工作较忙，考虑一办和办公厅并起来办公。

杨：

　　并起来可以，但也解决不了。

沙：

　　以这两部门为基础，再把其他厅抽调〈机〉几个，和王芳研究一下。

（文件编号：R138）

俞仲武同志谈预算问题

1955 年 11 月 10 日

其他差不多，就是干训费少了，省是 360 万，教育部 500 万，比去[年]少 200 万。

教育：高师增五百，师范 1 500，高中 1 000 教师。

6 个月 10 000 人。

沙：

剧团的房子不盖了。

昆、鹜剧团一般自〈立〉力更生，如有困难我们可补助，原则上不公营。

（文件编号：R138）

黄先河同志关于六中全会文件
学习情况汇报记录

1955 年 11 月 16 日

一、传达上海局会议毛主席指示：

社会主义革命的目的，废除两个所有制，个体，资本家，这二私有制存在就不能到社会主义。"共产"，二千多万人没问题，五万万人要大大胡闹，二个联盟的办法消灭私有制，用和平的方式消灭，和地主不同，采取教育的办法。七百多万，马列主义和资产阶级思想互〈想〉相影响。对资本主义思想改造几十年的事。① 鼓励多，批评少；② 鼓励一半，批评一半；③ 批评多，鼓励少。这三个办法大家可试一试。要对资本家进行教育。被资本家挖过去的公股代表是少数的。资本家比地主好。资本家生产工业产品。我们的物资很多，这对割断资本家和农民的联系起很大作用。苏联十月革命后的教训我们要很好接受。我们的商品很多。对每个资本家的代表人物都很钦佩。现在对企业的改造多了些，对人的改造少了些。对资本家的改造给他一张支票，选举票，饭票。六年来利用、限制、改造是正确的，成绩是基本的：① 是归[功于]工厂工人阶级；② 资产阶级也有〈供〉贡献，生产了东西。从这个意义上说资产阶级很重要，问题在于我们如何利用他，让他自由是不对的。拿工业品去换粮食和棉花，在这一点上有他的世界意义。

二、资产阶级百分之九十以上可以接受改造。

没有这一条我们就发生悲观，成绩如不是基本的，就用不着改造了，路线也就成问题了。我们有些同志对这一点不相信，甚至发生动摇。在改造资产阶级中间，资产阶级是要反抗的，我们就是[为]了减少这种阻力。农村中近几个[月]中有了转变，城市也要逐步的积极领导改变。城市中不必要来一高潮，既要团结又要斗争，通过斗争达到团结，通过团结达到联盟，通过联盟达到消灭。既要鼓励又要批评，要看场合批评。劳改也要给他饭吃。鼓励进步，争取中间，减少落后，孤立顽固，顽固的也要争取教育，批评只有百分之几。资产阶级一个前途。

总的方针"统筹兼顾，全面安排，积极改造"。党对资产阶级要认识他的本质,也要相信资产阶级在一定的条件下可以改造。要对资产阶级进行宣传教育。

1. 当前工作的关键性问题对资产阶级教育改造还有盲目性。通过教育改造,在党内很多人还不大相信,90％以上可以改造,顽固分子只有百分之几。落后分子不过20％,这一数〈子〉字要确定,当前对资教育不自觉。

2. 两重性。民主革命阶段中,资产阶级表现革命性和妥协性。社会主义革命中也有两重性,帝国主义还存在,资产阶级对帝国主义是反对的。另一方面还表现在,有利、有不利于国〈际〉计民生的两面,还存在接受改造的基础上有他的抗拒性,对合作化也是一样。通过教育改造,要有分析,资产阶级本身是一条件,过去一部分同我们一〈齐〉起反对三大敌人、解放以后一系列的工作使他孤立了。现在两条路,一条完蛋,一条改造。他非走改造路不可。"五反"时,资产阶级向我们进攻了,我们打退了他,他也不得不跟我们走。另一方面我们不能〈底〉低估党同农民的作用。对党可以改造资产阶级,不相信也是有的,本质[问题]。党的政策,无产阶级的力量是可以改造[它]的,我们采取逐步改造。五反前后他有很大变化,以前他们想发财,五反〈就〉后是保财思想(保命、保财)。社会上各种的进步都会影响资产阶级的,国际上苏联对我们的帮助,也是促成他的改造,另外国际上不打仗。

3. 我们的缺点是什么时候强调什么没有区别,三反、五反以后应该强调教育他们,对他有所批评他,主要要鼓励他们。五反后党做了许多工作,虽然作了这许多工作,但不是自觉的,三反、五反后打垮了资产阶级的进攻党,工人阶级提高了威信,这一点估计不是,三反、五反前主要反右,以后主要反左。资产阶级存在悲观情绪,我们党内也有悲观情绪,怕接近资产阶级实质上是右的。资产阶级是丑的,同地主的丑不同。五反以前我们不自觉,以后也不自觉。我们缺乏具体分析,条件成熟了我们还不自觉。90％以上可以改造我们要争取大多数,坚决批评的应是极少数,对落后分子也要有个分析。你说他落后,但他也加工〈定〉订货。不能用骂的方法,骂的方法只能运用于极少数。我们要引导他们,造成一种形势,使他们内部进行批评与自我批评。毛主席对资本主义讲:你们是有世界意义的〈新〉先进分子。我们还是要赎买他,给他多少利息,我们是用最少的利息。国有化问题,第二个五年计划考虑,对外说不能来一个高[潮],在产值上讲明年有高潮。六一年,后年扫尾。农业合作化中央要考虑大量发展。但中央有些人说了许多相反的话。毛主席说我就靠这一条吃饭，海河几个合作化的乡没闹乱了。合作化慢了些，主要是不自觉。

资产阶级分化，接受改造愈来愈多这是主流。斗争尖锐复杂要具体分析。我们向他进攻，他反抗，但节节进攻，节节败退。

两重性，不是革命性。五反以后被迫屈服。资产阶级内部分化的趋势，进步、中间的逐渐增加，落后的逐渐减少。我们的政策是，逐步改造，给一定的代价，给以前途、希望。资产阶级向右边看看没有道路，左边看看有路可走。对资产阶级说现在要紧缩一下，将来要改善一些。都说明了是要有斗争，是合理的斗争，是对于在百分之几的身上，对百分之九十几也要有批评，但主要是鼓励。采取鼓励的方针是在政策上，采取他们自己进行批评自我批评。有团结有斗争，采取什么办法，对不对是看对国计民生有利没利。"求同存异"，毛主席说是"求同克异"。

反左、反右主要在不同的条件下不同的解决，现在主要是反左，至于在〈各〉个别部门〈各〉个别情况〈各〉个别处理。

① 握百分之九十几可改造。

② 鼓励进步、团结中间、争取落后，孤立顽固，对顽固分子也要争取，方法上鼓励教育为主。

沙：

这次会开过以后，我也有些意见，等正式文件下来后，再仔细考虑一下。你们学习也把这一问题加进去。主要〈地〉的一问题，要把两年来的改造情况研究一下，等余纪一同志回来看有什么新的东西，那时统战部开一次会，把两年来的工作总结一下。

至于前次会议批评了你，不要斤斤计较这一问题。

① 计较这一问题会妨碍总结全面的工作，也容易把问题看偏，影响整个工作做好。要统战部整个同志也要有这种思想，就是不要从自己角度看问题，要从工作中看问题，仔细地总结工作。也确掌握这一精神。

② 要注意，统战部、工业部包括我自己在内，思想上都有不完整性，没有一个人可以说完全对，也没有完全不对，不稀奇。我当时考虑两个问题，一个是资产阶级分化接受改造是一总的趋势，〈敌〉抵抗增加，这一问题统战部、工

业部都有些看偏了。这两个东西是矛盾的，但是又是统一的。另一方面，前次
会没有考虑到如何和资产阶级进行斗争。毛病是在于过去我们的工作轮〈括〉
廓不顶清楚。不要计较谁说的对，谁说的不对，要反复的研究问题，这次会议
有他好的地方，许多工作上的弱点过去没考虑到的提出来了。会议是向前发
展的一过程，不完整，要好好地研究。你们的学习情况经常告诉我，多研究，等
余回来总结一下工作。把个人的问题有意识地撇开。

（文件编号：F189）

俞仲武同志汇报文教部学习情况

1955 年 11 月 17 日

文教部进行了三次讨论。

学习中：

（一）革命两阶段的问题。

（二）两改造的关系。

（三）领导问题。

昨天和厅党组讨论了一次规划问题，第二[个]五年计划。

学习情况文化局很差，尚未开一次座谈会，四人在一起看文件只有一次，自己看了两[遍]文件，深入差。毛主席一篇都看了两遍以上，没有联系实际。王生病，陈搞外宾，另外肃反要报，以后准备如何搞，正在讨论，十二月初中央文化部要他们去开计划会议。

教育厅分两次学，业务的肃反，两问题：

（一）如何〈安〉按社会主义原则进行社会主义改造，这一问题有分歧。

（二）当前学校的问题。

（三）工农文化教育。

（四）检查工作。

主要问题保守，突出地是对农民教育特别保守，小学民办问题，现只八万，干部文化教育也保守。知识分子政策改造方面不够。（杨讲大学中肯定是右。）社会主义建设改造思想上不明确，五三年反冒进后到现在还未消除。

计划：第二个五年计划大体上谈了一下，第二[个]五年计划小学，第二[个]五年计划打算 85％学生入学，第三[个五年计划]96％[学生]入学。中学：初中 1957[年]13 万到第二[个]五年计[划]1962 年到 35％（初中数可研究），1967 年到 83 万；高中到 1957 年 2 万 7 千人，1962 年 5 万 3，1967 年 22 万。（高中初中的发展，浙江、江苏要比原来其他较落后地区低一些。）

1956 年高等学校招 12 万 5 千，高中毕业生只 12 万 6 千，高师 4 千。

建立小学教师进修学校，1962 年再发展 300 所，每区一，现 4 千多小学要发展二千多小学。教育部 12 月 8 日号召开会。要研究第二[个]五年计划和五六年计划,要在去之前省里批准,要教育厅补几材料:1.过去三年总结;2.今后二年规划;3.中等学校问题。

卫生厅

每星期学半天,理论问题学习:1.两条基本原理;2.合作社问题。争论了合作〈合〉社的道路问题,是否一定要经过互助组,又增加了中央关于贺诚的决定。

上星期开始检查。

1.对党的方针领导不深,回顾了一下过去。对中医政策问题,1954年以前是排斥中医,1954年以后执行党的方针不力,另外知识分子政策的执行到现在尚未很好研究,界限不清。

2.检查了党组的领导,53年以后有些分散主义的倾向,厅党组六月以后没开过一次会,核心合不好。

3.干部政治思想领导很差,不大进行教育,处长以上干部接触少。

群众观点问题,五年计划中对社会卫生事业没有提到,没有办法,内部新生力量培养没有很好的搞,厅里的干部消极思想严重,大家怕犯错误怕负责,李很忙。(沙:要很好帮助他安排。)会后行政党组领导要加强,加强思想领导,两主要工作是血防和中医工作。

大家对集体领导不强,意见较多,提意见过程中大都是诚〈肯〉恳的,就是相互之间意见没有。总的讲三个单位学习不好,特别是文化局。

沙:有两方面的问题。1.工作没有学习好;2.工作没有组织好。如文化局没有学习好有原因,教育厅、卫生厅不应学不好。一方面工作没安排好,另一方面也可能同志们对学习不重视。我深深地体会到个人的思想主要是跟不上〈物〉事〈事〉物的发展,落在形势的后面,我们自己在进行社会主义革命,到底如何革法,不清楚。底子没摸清,因此只好〈免〉勉强跟着走,要做到跟得上要〈负〉付很大的力量,这次四月会议给我很大的教训。农村问题是浙江的主要问题,因此应反复同文教部的各厅局的负责同志,包括各处长讲清楚,如果再〈率〉摔几跤就跌下去了,这是严重的党性不强。处长等同志思想上的整理机会更少一些,因此要很好的重视这一学习,我们做好工作是一部分,要很好的总结思想工作,吸取教训,学习好这是一很重要的问题,这一问题搞好是可以安排出时间来的。

学习什么要明确,学习的中心是六中全会的文化、合作化问题,大家可能会有这样感觉,这是有关部门的事,对我部门关系不大,我们讲这是不对的。浙江的工作,农村合作〈合〉化是浙江社会主义革命的中心问题,我们文教部门要为国家的社会主义建设改造服务,文教部门有一很重要的特点,从思想上讲要起领导人民群众的作用,工作上要满足人民的需要。社会主义发展愈前进,各方面的需要也必然愈多,文教方面的弱点几年后一定会暴露出来。第二、因为社[会]在发展变化,速度愈来愈快,各种社会条件都在变化,不但要求增多,我们的队伍也在变的很快,主要是积极倾向社会主义,国家的前途,自己的前途。社会主义因素不断在增长,但增长中有很多激荡,但如果我们不去注意反而变成我们前进的障碍。正因为有这样情形,反革命分子活动也必然加强,如果我们把这些思想解决的好,社会前进的快,如果解决不好,有阻碍作用。总的讲情况在变化,社会主义革命在迅速前进,我们的思想工作不小心就落后。毛主席就是把合作化问题抓住,[对]社会主义革命的需要,具体地分析,他这种阶级分析方法我们要很好学习,来研究我们的工作,这是高度的马列主义指导原则问题。学校中社会主义改造的说法是否会引起误解,总的是充实学校的社会主义内容。

我们的规划不用这样的方法,研究具体的情[况]革命的发[展]形势,肯定是搞不好的,我们往往多考虑上面的控制数字,要多研究,全面规划积极领导,要研究就要解决思想上的这些问题,而我们的学习还是学习归学习,规划归规划,联系不起来,这样既不能提高思想又不能搞好规划。

规划:

1. 要适应国家人民的需要,大家注意了。

2. 要提高质量,包括业务政治上的。我们不是单纯完成计划数字,更重要的是质量,业务部门一定要保证计划的质量,一定要有这一思想。这方面一般讲文教部门问题很多,我们还没有摸到妥当的解决这些问题,如果不很好研究,要搞得很乱,提高质量要做具体的规划。学校中我考虑校和领导要……,这些都要研究。

因此要很好的学习六中全会的文件。

教育要注意两问题:1. 适应国家的需要;2. 一面注意适应高等学校的需要,一面注意失学儿童,扫盲问题要注意,要研究。

　　文教部研究一下，给各厅局〈一〉以帮助，使他们规划下来方针上没有什么问题。现在看起来放松了，缺乏计划的，思想上组织上提高他。对反革命情况估计不是肯定是右倾，也可能是对教员的进步，可以靠拢我们、可以改造他们看的不足，右倾可能主要表现在这里。都可以具体研究一下，要从这些方面研究问题，主要在学习中弄清这些问题。

　　农民业余文化教育问题

　　林（乎加）意见：

　　1. 第二［个］五年计划基本上把青壮年扫盲。

　　2. 农业冬学。

　　3. 以合作社为中心。

　　（沙：学习内容首先搞识字，教师主要靠农村的广大知识人物领导青年，团支部要搞，可每年开两次大会。扫盲委员会要重新搞一下。课本要考虑研究。省里估计 620 万文盲，中央提出扫盲要在合作〈他〉化过程中解决，合作化以后农民一定要［有］文化。要大张旗鼓的开一次会宣传。）

　　　　　　　　　　　　　　　　　　　　（文件编号：R138）

大中学校思想改造座谈会

1955 年 11 月 20 日

（沙没参加）

大家反映一下目前主要的思想情况,以及我们所采取的步骤:

浙大,王:

教师最近把肃反斗争也看成为一个思想改造的运动。我们提出思想上思想改,组织上肃反革命。一般地讲,他们绝大多数教都拥护这次运动,在学校中揭露了大量的反动思想言论事实,进而批判了自己的反动思想残余,反苏崇美,对社会主义改造的政策的抵制,反对的错误思想,制度的改革等。对党的领袖拥护,对具体人反对。检查了: ① 反动思想中毒太深。② 立场敌我不分。

通过这次运动了解到不问政治是不行了,不能和反动思想和平共居。特别是看到教师中出了反革命分子。有的人放下了历史包袱后也感到轻松。有的人讲自己有个历史问题总是好像叫人家抓住一样。开了三次座谈会,一般对党是靠拢了,在教会中抓了反革命分子后,他们要求做一宗教问题的报告,以后他们要求进一步学习马列主义哲学。① ……①;② 如何提高,我们准备提出 1957 年的理论学习计划。

杨部长来了以后听了报告学习,开了次校委扩大会。一般地讲,对他们是一很大的鼓励,① 看到了国家工业化的前途以及自己作为教师的责任,对教育部门的要求,感到责任重大,和五年计划联系起来了。② 对全面化的领会不深。毕业到东北去的学生感到身体不行,没有注意政治上的条件,拥护杨部长报告。③ 培养师资很关心,定出了培养师资的计划,老教师培养新教师。④ 科学研究工作不适应他们的要求。⑤ 生活待遇感到太低。

总之,他们感到对他们的进步提高方面的开导少,不能满足要求。

---

① 原文缺。

杭一中：

这学期以来情绪好了些。对提高质量为中心的方针推下去后：

1.〈为〉畏难情绪，业务上和党派要改进上都感到难，好坏分制，标准难掌握。

几年的学习教师是有一定的提高，但目前有些人对自己要求高、急。

2. 太紧张，不敢当面讲。"工作重，时间少，提高难。"要开一次会恐变成是诉苦会。一部分教师是工作重的。

3.〈各〉个别教师对肃反问题思想有混乱。① 敌我界限不清；② 政策界限划不清，外边运动影响了内部活动；③ 教师的警惕性不高，学校中不断发现反动标语，我们也没有进行处理。

4. 生活待遇过去叫的很厉害，现在不叫了。有一老教师到处写信给他学生要钱，很苦，有的也给他筹钱来。现拿 4% 的代管费，房租等，有的不讲。有人反映房租太高。

5. 健康有顾虑，感到这样下来身体要垮了。健康情况是很严重，但主要是历史遗留下来。

我们的措施：

1. 学习五年计划，把工作和计划联系起来，提高觉悟。

2. 学习五分制等业务。

学习全年计划感到没有头绪，有的感到老一套，和总路线学习一样，一化二改；五年计划和自身的工作联不起来。教师最大的问题是缺乏钻研精神，遇到问题不是钻进去解决，而是要领导上开一个洞钻过去。

××杭师：

青年教师通过肃反学习，有很大鼓舞，愉快兴奋。中年教师过去问题是最多，现有改变，交给他他就做，但情绪上有些沉默。老年教师有的没学习，改变较少，工作感到工作重，有些叫吃不消。现在我们建立了制度，教师早晨第一节课起，到下午第三节课止，必须在课堂中或办公室中。

另外，外面通过老教师了解过去学生情况的多，不是积极态度。很多学校中反映学习有些恐慌。

××中学：

学习后情绪有些低沉。思想包袱很重，过去大家谈天，现在关起门来互不来往。交给任务不还价。

年青教师情绪高。老教师和对小集团有关系的，怕打狼打在羊身上。

年青的教师迈步较快。过去我们听课，专听认为有问题的教师，但现在感到有些老教师也有的讲的不通。生活问题过去意见多，现在不敢讲了，粮食问题吃烂蕃茄有意见，但不讲。老教师过去有些经验，但对学习新的东西接受很慢。

化工学校：

教师管教不管学。

少数教师反映现在难说话。有的讲我是以不变应万变。

水电学校：

肃反以后积极方面：

1. 工作积极性提高了，工作加重了也没话讲。部分老教师也较显著。有一部分人难搞，年纪很轻，历史上没有问题，肃反学习也没批判着他，觉悟低，反而不如过去。

2. 批判了资产阶级及反动思想，过去公开泛滥，现在很少了。

3. 叫苦，不安心工作现象少了。

4. 批评自我批评的开展好了些。

存在的问题：

1. 少数人比较深闷，老年，有些问题的人"少说话多做事。"另外，不敢和别人接近，怕连累。

2. 新老教师关系不很正常。有的青年教师教学上有些问题，老教师（主任）不敢批评，批评也不接受。老教师受到批判的不敢提意见。另外，青年教师不虚心的情绪有些上升。我们开了一支支部会解决。

3. 部分的青年教师历史或家庭有些问题的情绪消极。

要求：

1. 加强政治学习。提高水平需要学习是一般的要求。

2. 要求进修。

3. 要求自己的历史问题组织上作结论。

师院邱校长：

肃反对教师的思改方面作用很大，普遍都有提高。

上课以后的新气象：

1. 部分教师到外进修和学习，在支配工作上还是顺利的，没遇到阻力。

2. 理论学习。大家都要求学习辩证唯物论，五年计划学习是高的。提高要求很迫切。

3. 教研组中批评较好了，当面敢批评。

4. 青年教师中争取入党、入团的空气很高涨。

存在的问题：

1. 部分人虽然工作积极性提高了，但表现不够正常，怕负责任，很谨慎小心。依赖领导、党团员。有的大小事要得到党团员同意才敢〈作〉做。体育部主任讲你们党团员讲的我一定同意。有的教师讲课，不敢表示自己的意见。消极情绪。

2. 历史上有些问题或社会关系较复杂的有些消沉，先生、学生都有。脱离政治的钻业务。

3. 对党的政策界限不清，对教学、肃反两不误的看法有些片面。落后群众埋头搞教学，积极分子要求搞工作，肃反怕松劲了。

4. 对平时落后思想言论分不清。

5. 教师之间接触非常避［开］。积极分子怕和落后分子接近，不敢打招呼，人与人之间的正常来往和小团体混同起来。

6. 有些人搞业务是不是叫脱离政治。

准备：

1. 在党内进行教育，划清政策界限，统一认识。通过党团把正确的贯［彻］下去。

2. 通过五年计划的学习把大家的积极性组织起来。

3. 把对胡适思想批判问题继续开展起来。明年把学术思想批判搞起来。

4. 根据文教会议和高教部的指示，进行对学校工作的改革。目前群众工作已布置了。

美术分院：

思改以后学校中情况没有很好的安排。重业务轻政治的思想抬头。三反、思改政治人吃得开，现在看我们的了，有的把学校作旅馆。对稿费很重视。不管政治只管钱。对政治学习怕开会，怕发言，有的讲政治学习生硬吃不消，坐沙发就睡了。

现在学校中有些政变。〈各〉个别的要求学习政治，希望定期作时事报告。

一、对领导不满：

① 有技术的要离开。

② 业务不高的忍气吞声。

③ 有的人来吵闹，形成霸。

二、对学校发展方向不明确。

批评了形式主义之后，有些老先生写意的，不敢动笔，怕批评。接受民族遗产苦闷，对〈各〉个别党员不满。××同志就是资产阶级思想。但不敢批评，怕报复，少提为妙，教员沉默不发言，怕〈带〉戴帽子，很多帽子围着你，随手就带上一顶。

所以能维持教学的就是组织纪律。

要求：① 明确方向目标；② 有计划有步骤的进行帮助；③ 业务政治时间支配；④ 党群关系不够正常。有的党员对群众的缺点只斗，有的只团结不批评。有的反映、批评是对的，但要具体帮助。

对日本华侨（一个）照顾不够意见很多。

进步、中间、落后的都苦闷。

进步的表现到没有人帮助领导……。

三、生活待遇，有一教员在孤山拾毛栗子。家中拾，自己也拾，下雨，自己拿一百多元，但家中子女多。

四、自卑的感觉有，自满的也有。过去强调优点多。

问题：

1. 青年干部教师对老教师轻视。

2. 怕受牵连。互不接近，同志之间有的热情在降低。

3. 自卑钻业务，有的骄傲自满。

4. 业务[与]政治提高的矛盾。

医学院：

思改后 52、53 年教师思想情绪较低落，学生对教师不尊重，老教师感到工作难〈作〉做。53 年年底，54 年初贯彻了知识分子政策，有了改变，54 年暑假以来学习苏联有了很大进步。学俄文的 90％以上。学习巴甫洛夫学说较好。80％参加采用苏联教学大纲较认真。今年才大部采用，当然教学中旧的还在。

1. 肃反后的问题：

有利的条件，除积极分子进一步得到改造外，落后的也得到了改造。

① 部分教师背着很重的包袱，教授■5％的，19 人中有 9 人，讲师助教中17％。党员说什么就是什么。

② 由于青年教师对老教师尊重不够，增加了新老教师之间的隔阂。因此不愿培养新教师，有的不敢大胆培养。

2. 教师的生活存在问题：

① 教师住的远。

② 中级教师生活困难，困难补助费都补助了工友，有平均主义，规定的标准不超过 10 元。

3. 劳逸不均，待遇不增也不减。

① 十几[个]教师政治情况严重和不学无术 ，很难处理。

② 提高教学质量依靠老教师，但老教师的提高有困难，如听专题报告不得参加，因情况复杂。

要求：

1. 要求学习哲学。

2. 去年以来，依靠党团进行政治教育。

3. 工会的工作对加强思想工作很重要。我们有意识地注意了这一问题，党员参加工会领导，有名望的教师也参加的领导，通过生产会议很有成效。

4. 准备两个星期进行一次大组学习讨论。

市委：

普通中学这学期以后和过去有不同的情况。

1. 学校安排工作容易了，没有讲价钱的。教学工作较认真。

2. 叫忙、叫苦的现象没有了,有的教师工作是重的,有一教师四门功课十一班级,发牢骚的少了,不满的听不到了。

消极情绪:

1. 现在两部分,学习了的,另一部分是没有学习,通过学习的有提高积极性的,另一种是沉默。

2. 没有经过学习的比较紧张。今年搞不到明年脱不了。

没经过学习和政治上有问题的人不暴露思想,小心翼翼。有的对留在学习班学习的同情,有的职员发薪金给他们送去,但不给工作同志送。现在注意提高巩固积极分子情绪,提高落后分子,扭转消极情况是很重要的工作。我们采取了学习五年计划,通过学习提高觉悟。

反映不好的:

1. 五年计划和教师无关。

2. 对五年计划是过渡时期阶级斗争的特殊形势不易理解。国际和平共处,国内为何不行,阶级斗争逐渐削弱。

3. 师资缺乏,上大课现象尚存在。

4. 生活问题,福利费扣的太紧,一般的老教师不愿提出,[就]不主动照顾,许多生活困难不得解决。我们还有三四万福利费。

学习班:

1. 反映出的学校中普遍忽视政治倾向严重,对反动言行不问不闻,党员校长实际上又做聋子又做瞎子。实际他们是掌握了,排斥党员校长。

2. 阶级斗争观过去不大接受。有的公开反对。利用课堂教学散布毒素也很多。

教学计划,改革的贯彻抵触很大。挑拨离间很严重。

公开散布党员不懂业务。

对党的政策不满。

(文件编号:F134)

江华同志关于农业合作化及
资本主义工商业改造的报告

1955 年 11 月 21 日

农业合作化问题

主席指示 15 条

1. 明年 1956 年实现合作化。省提 75%，其余留下面的积极性。合作化要达到 90% ，[对]县[委]书[记]以上讲。如果明年完成合作化的话，我们对农业改造就提早四年，这样好处很多，搞生产，争取明年的丰收是个重要关键。这样做有没有坏处。坏处这是勉强凑数，有这可能。不要拉人进来。还有人可能讲冒进，左倾。好处便于我们实行国家计划生产，对生产有〈力〉利，由小到大，由低级到高级可能〈可〉提早，创造了条件。今年各地合作化对明年的生产有利，明年合作化对后年生产有利。农业方面完成五年计划没有问题。长江以南明年秋收前八、九、十，三月完成。淮海以北，晚稻地区 11 月 1 日前完成。浙江农村合作化的情况我们研究了，几个乡明年可完成 80% 以上。

2. 地主富农怎么办？小土地出租者、手工业、半农半工怎么办？

地主富农要不要入社，地富要放到合作社里管理改造。主席的意思：地主、富农也可入社，分几种情况，安徽的办法，守法的入社为候补社员，一般的地主入社不成为社员，坏的入社管制起来。地主富农、反革命的家属要排队，具体收集情况。要有条件，就是党的领导贫农的优势。有没有坏处好处，都要研究。是不是全部入社要看条件，对坏的要〈伐〉罚，政治上要分化他们，明年做合作化的县要考虑这一问题。合作社的领导骨干 2/3 是现在贫农和中农，1/3 是新中老中农。

3. 社长、副县只限于贫农，■民的■来说明。

4. 合作社的生产，关系到社的巩固发展，〈迁〉牵涉[及]到下一步的社能不能增产，要看你们。还要抓生产中的主要措施，抓增产的主要措施节省。（拼一下）

5. 与自然灾害作斗争，要积极的做血吸虫的病[防治]，[它]是中国危害最大的病，比肺病厉害，浙是重点。要承认这个病是中国危害最大的病，我们的任务要消灭它,可能消灭它。争取第二五年计划中基本消灭它。六省党委负责,浙江毛主席指定林乎加抓。上海局以柯庆施为主组织一九人小组。浙江的卫生工作以此为主。

6. 除四害,有管增产……。老鼠、麻雀、蚊子、苍蝇。研究一下鼠皮是否可用,肉是否可吃,三个五年计划到 67 年基本完成。

7. 保护小牛,统一管理耕牛,牛的饲料市场,价格统一管理,要定出办法。

8. 全面规划以社乡为单位进行,个体农民进行全面规划是不可能的。能进行全面规划抓就好处多,逼着我们同志下去,情况可进一步了解许多问题也可暴露,很多油水。牛猪开荒都包括在内。不要批批下面同志保守、农民保守。农民是唯物主义者,是先进的。全面规划就是个法宝,是社会主义按比例发展。

9. 扫盲,1 500—2 000 个字第二个五年计划完成(浙江 680—700 万文盲)。

10. 绿化,到处栽树,全国绿化,1967 年以前分批完成。要好好的计划。要分任务。

11. 修路铺桥做好事,县区的路都要修。特别是出区(省人委要研究要谁管)。

12. 消灭一般的水灾旱灾,第二个五年计划。

13. 七年之内消灭虫灾。

14. 肥料,自力更生,土货,就是要养猪养牛,经济作物区用些化肥。

15. [到第]三个五年计划末,长江以南每亩田地单位面积产量达到 800 斤,留 200 斤做下面的积极性。黄河以北 400 斤,积极性 100 斤,淮河以北 500 斤,积极性 100 斤。

特别是增产问题要大力推广大面积增产量经验。要加快合作化,争取明后年大量丰收。生产发展了农民就要求识字。

我们建设社会主义关键的问题在于自觉性。一抓农村的面貌就改变了,领导不要被动,要主动。不要放弃领导,要加强领导。有些同志不相信农民能跟我们到社会主义。关键问题在于提高领导的自觉性。"抓"要分清主要次要。

领导上要生气勃勃,采取更有力更有效的工作方法。

关于资本主义工商业改造问题

1. 三反五反之前和三反五反以后资产阶级有变化,对我们是有利的。

2. 资产阶级里有分化,坏的多少,好的多少? 坏的反革命分子 5％左右,对 95％要争取团结。(进步 20％,中间 60％,落后 20％)我们可能争取团结改造他。

3. 对资产阶级可不可改造,资产阶级分子是可能改造的,资产阶级 阶级 讲社会主义革命中没有革命性,但资产阶级分子有可能改造。苏联国内战争时列宁曾拿出赎买政策,当时没有条件,但中国有这一条件。三反、五反后资产阶级内部分化,另一方面工人阶级提高了自觉,施行了监督。90％几是国家控制,国营经济强大。资本家的改造又有饭票,又有选举票。上了台就不要下台了,改造了还要提升工人阶级。特别农村合作化以后,加速了城市资本主义改造。国际条件,苏联的帮助。不打仗,改造的可能性大大的增加。

4. 坚持又灵活又团结的政策,结果最后要消灭这个阶级,达到建设社会主义目的。资本家讲采取"无痛分娩法",采取积极教育的办法,对企业采取全面安排。城市里没有改造高潮,我们要发动工人。我们的高潮减少损失。对资产阶级不相信通过教育改造是错误的,是不相信党,不相信党的政策,对资产阶级的改造和地主阶级不同。各级党委要加强领导,发动工会、团做工作。现在主要的是不相信资产阶级可以改造,害怕接近、讲话,表面是左的,实质是右的。

（文件编号：F134）

各地委汇报粮食征购情况

1955 年 11 月 21 日

各地委汇报：

(八月六日省计划〈教〉数为 43—46％，现已超过。)

地方	粮食征购到达数	合作化农户百分比
金华	80％	32.47％
嘉兴	45％	56.43％
建德	71％	56.60％
宁波	70％	53.40％
温州	65％	50.87％
舟山		农：42.00％
		渔：75.00％

三定中农民留粮每人平均为 510 斤。

十一月 29 日为止，合作农户百分比为 50.95。

(文件编号：R137b)

向全国人民代表呈报浙江省的一般情况

1955 年 11 月 24 日

浙江工作从总的方面讲,全国社会主义建设改造发展的很快,浙江的工作也跟着很快的发展,由于变化的很快,在工作上感到许多方面赶不上,形成了工作〈长〉常感到很吃力。如果我们工作上取得一定的成绩,同时有许多毛病,也都是由此产生的。

一、农业:

1. 农业生产;

2. 统购统销;

3. 农业合作化问题。

(1) 农业生产:就总的情况讲今年比去年好,〈个〉各方面都有显著增加,去年产量 142 亿,今年 152 亿 7 千万斤;棉花去年 54 万 8 千担,70 万 7 千担,增 24 万 9 千担;蚕丝去年 50 万 1 千担,今年 51 万 2 千担,增 1 万 1 千担;络麻去年 146 万 2 千担,今年 256 万 3 千 3 百担。茶 46 万 2 千担,今年 38 万 7 千 8 百担,比去年减 2 万 5 千担。

海产去年 568 万 2 千担,今年 770 万担。

没有完成计划的原因:

1. 是计划数字大了些,工作上有些毛病。

2. 自然条件,棉丰收了,主要是天气,蚕也是。去年大冷把廿多万亩茶园冻坏了。络麻如果今年大气好些也可完成。受了大水和旱灾,使麻减产。兰溪每亩只 50 斤,一般全省平均 356 斤。蚕茧没有完成计划,主要嘉兴地区去年受水灾,今年受损失 1/4。

今年的灾情一般讲是通常的不算严重,也不算太轻。主要是初夏下了一阵雹,六月一次大水,水灾后就旱。人的力量和自然做斗争是一年年大起来了,人定胜天,人力用的好坏,对产量的好坏很大。如:棉:每亩平均产量 58.5 斤。五洞闸皮棉 104.3 斤。慈溪全县 73 斤差了这许多。水稻:全省平均每亩 457 斤(去年 452 斤),少的只两百斤,许多地方超过一千斤。余姚××农场 106 亩 1 003 斤。鄞县一个社 1 100 斤,在同一的土质上技术耕作不同能相差一半,所以人的力量很大。

没有超过计划完成,气候的条件是局部的,主要是我们工作没作好。浙江农业的潜力很大,只要我们工作能作好,农业生产可大大发展。自然我们进行了一些技术改革,肥料等也是些原因。主要还是农民组织起来了。

(2)粮食统购统销。

二年来我们是吃了些苦头的。全力以赴工作还工作不好,今年党中央领导全力搞好(三定)这一问题基本上解决了。绝大多数地方做好了,以乡为单位〈覆〉复查结束的 98.5% 全省定产都比实产量低一些,今年定了 147 亿多一些,实际 152 亿多,比[实际]产量低 5%。

征购粮 60 亿 2 千 1 百万斤,去年购 50 亿多,因为销的数字可减少,销只[有]39 亿 7 千多万斤。中国平均每人 460 斤,我们每人平均 510 斤。大体上讲今年不至于会出现去年的紧张情况。

定下了以后,农民生产的积极性大大地提高了。我们(三定)他们一定定心。今年有的地区已收了 8%,今年一般 2% 左右。但这不等于问题没有了。有的地方可能有这问题。还是不可免的,有些地方有灾,有些也有农民还有顾虑,如在注意到这些问题,多做些工作,可以解决的。更多的问题 也 是供应的问题,特别是城市。

(3)合作化问题。

今年浙江省是走过弯路的,可以说犯过错误,中间〈经〉曾一度对合作化的大发展发生动摇,事实上现在合作社的发展比我们想象的最快的还要快。去年从 53 000 多收[缩]到了 3 700 多。今年从毛主席指示后,我们纠正了错误。八月份中准备发展 6 万 5 千个。46—48%,但现在已发展到 87 000 多,组织起来的已超过 48%,许多地方还超过 50%。今冬明春,明冬可能浙江的合作化问题大体上 已 解决了。80% 以上入社。合作社生产量显著的增长。合作社生产水平高于中农时,中农,甚至富裕中农也要参加。

农业生产的发展,特别是合作社的发展,使我们的工作最要适应这一情况。另一方面也开始考虑我们过去许多所不能作的工作可以做了。

首先对农民必需品的供应问题,据统计农民购买力增加 10%。因此许多问题不能适应农民的要求。农民组织起来了购买力提高了,过去自己力量不能买或买不起的,现在可以买了。肥料、种子的供应差。如这些问题搞不好就妨碍农业的发展。文化教育、医药卫生方面也是如此,扫盲,全省青壮年有 680 多万。[还有]许多的荒地要开。

山区的开发基本上是合作化,两种,进行规划,现已发展了一个国营农场,90 多高级社,以 74 个社统计,投入的劳力 1 089 人开荒 18 000 亩,大概的经验掌握到了,估计三年自给,头三年办一个社要贴三万元。

另外,山区的农民组织合作社,去年十月之前 750 个,现 5 500 个,组织起来的 134 500 人,10％的人。126[个]林业社。去年已有自发的开荒了。有一定危险性。破坏水土保持。因此要规划,那里可开,那里不可开。基本上〈由〉在第一个五年计划中做到这一规划。因此开荒工作来讲还是开始。

二、工商业方面的问题。

今年工业生产总值 84 379 万,[是]去年的 108.68％,但计划数未完成,计划 89 387 万。只完成计划 94.4％计划。所以,不能很好完成主要是农业问题。浙江主要是轻工业,特别严重的是棉纺业。今年节约的棉花 32 万九千公斤,超过中央要求 16 万 9 千公斤。酒里放了许多代用品。增产了 1 200 多吨酒,节约了二千多吨粮。

1. 第一个问题就是节约,节约了 6 千多吨煤,丝每公担丝过去 341 斤 要茧,现是 288 斤,丝的成品率比达到 94％。浙丝三厂第三季度[完成]100％。大体上维持了原来的计划。比去年进步,但进步还不够多。

2. 为农业服务的问题,数量增多了,但跟不上需要。

3. 资本主义工业的社会主义改造,到九月底全省公私合[计]128[家]公私合营,职工 16 676 人,产值 8 080 万,今年产值可达到 73％,改变公少于私的现状。

进行了安排[后],去年 200 多户失业,今年没有失业,特别是棉厂基本上都能维持了,私营碾米厂上半年比年同期增加 20％。生产情况一般讲都改造,显著的进步,平湖大同印制厂,劳动率提高 20％,次品减 50％。第一季亏 400 多元,二季余 200 多元。利润还没完全资料,105 家 100 家是盈余的,平均利润达 40％,比 53 年提高 18％。杭 79 家合营利润增 22.63％,利股得到的股息 35％现金。四马分肥原则基本上贯彻了。

商业:

全省商品营业总额增 1.05％,另售 12％。

（1—10 月）十二主要行业增 9.17％另 19.9％,除几个行业如国药、五金、陶瓷没有改善外,一般都上升。上半年亏本的百货,日用陶瓷,文具、五金。下半年五金,猪肉业整个行业赚钱,各行业中不平衡。7 个市 41 万 3 千元。经过了全面安排,私商的情况有所改变。进行改造的百货、酒、茶……。"十七"行业,1 183 户变为营、代销店。13％改造了。从业人员 22.1％。另一方面,商业在发展。国家资本主义的经销额有增,一季 34.26％,二季 36.7％,三季36.71％,九月份 45％。一般商业资本家的情形是好的,八月中杭[州]有 24[家]增加资金。合营后商店的费用也降低了,杭七行业比原降低 11％。

存在的问题,尤其是商改,是大小户地区行业中间的不均衡。另一方面企业业务改造比较好,对人的改造对私营工商业家的思想教育提高少。

三、教育方面:

基本情形主要是质量问题,教量有发展,但对社会的发展不能适应。

普通高中,去年 50 所,今年 53,学生人数 22 055,24 196 人。

初中,去年 154,今 156,学生 118 304,今年 120 825 人。

普师,12 所,学生去年 5 626 人,今 5 783。

初师,去年 24 所,今 20 所,学生去 6 569,今 1 961。

小学,去年 25 927 所,学生 1 686 153 人,今年 1 885 639 人。

整个讲,发展速度大大不足,过去有种情况存在中学多搞些,小学少搞些。现在看都要增加。明年要大大增加,小教 27 563 人和全省工作人员相等。民办公助,多发展些不会有大问题。第二问题,学校的质量弱,1 万多小学教师不及格,学校的政治情况还很复杂。

四、对敌斗争情况:

这一年来相当紧张,6—7 月中统计,属于确实的美蒋派来的特务 184,反革案件 75 件,其中收集到反动传单 1 200 多张,证件 1 160 多件,密码 790 多件,炸弹 20 多,炸药 25 多,发报机 1,田契 360 张。今年火烧粮食库 63 起。斗争越来越尖锐了。最近肃反中看有的反革命分子隐蔽得很厉害。

总的有三方面:

1. 社会进展很快,有了不少的延展。

2. 由于社会在前进社会各阶层变化很大,很动荡。

3. 由于进展的快，工作跟不上。

主要是由于我们省领导上了解不够，许多规划不能领先的自觉的跟上，造成了工作上许多不够的地方和粗糙。

（文件编号：F134）

民政厅工作汇报

1955 年 11 月 25 日

程：

今年民政会议是在本月 21 日开的。

会议要求主要解决存在民政干部的民政工作糊涂思想问题。

1. 对民政工作的重要任务认识不清，不重视。

2. 业务上解决复员军人的安插。

3. 事业费的使用。今冬明春主要搞规划，把今冬明春复员家属搞好。

第一天传达了陈付总理报告和本省的总结，小组讨论二天，检查出来问题很多。昨天传达了中央关于优属工作总结，今天搞了一[个]规划。

这几天反映的问题：

代表普遍对民政工作的方针任务[搞]不清，感到工作没意思，体会不到和党的工作密切关系，干部不安心。都愿意搞中心工作。这次的科长，70％以上的是从中心工作中抽来的，做中心工作，不结合业务，对民政工作不摸底，情况不了解，干部调动很多，今年调了 50 多科长，宁波地区十四[位]科长都是新的。

另外，工作缺乏全面计划，科里很少有计划。本省有全面规划的十多个县，宁波地区好些。很多县的科里拿不出规划来。救济工作不明，支持生产互助合作不够。

优抚费发不下去，金华地区三四十多万发不下去，乡县数有八九万存着，发不下去了。账目不清，有的干部贪污，昌化县给他的烈军[属]救济费一个没用。

今年民政费 1 000 多元，厅里尚有 70 万元，下面只用了 6％左右。

一方面科长自己心中没数，对处理问题不能坚持真理的右倾情绪。遇到问题就妥协。

我们准备从我们本身存在着的这些主要问题解决，做了工作缺少总结，其实也有些经验，总不起来。

到中央参加优抚会议

上面要求：

1. 贯彻第三次会议精神。放在优抚、复员、救灾、救济。

2. 合作化中民政工作方向不明确，以互助合作为中心。

中央的精神：

1. 把家属 16 374 户，复员军人 13 万，要求二年内解决问题，合作化如何配合上去。

2. 明年复员，浙江三万，今年复员多是 49 年以后的，过去复员兵役法没执行，今年复员执行兵役法，特别今年是海陆空军。他是预备兵，保证做好这一工作。这次参加会的老的少，新的多，要求不同，老的要求方针政策，新的要求工作方法。首先解决思想方针问题，然后解决规划作法。

（1）干部调动频繁。业务工作和中的要求不相适应。业务工作和组织上的保证，现在每县名 6 人少的 4 人。

（2）干部不安心工作的很普遍。业务不熟，方针不明，中心不明，厅里帮助不足。

（3）实物补助的钱围绕着合作化的发展帮助不够，有些补助不当。中央是已经入社的帮助；已经入社的；暂不入社的也帮助。

要求：

（1）当前的形势。

（2）干部不安心的问题，业务组织问题。

（3）解决思想问题多讲一些。

（4）城市的工作也要提一下。

（5）明年选举问题。

沙：

报名可以在星期一下午。

你们会后可以提出一意见，等杨省长来后，一奇研究一下，提到省委研究。

星期一上午把我讲的内容……①

---

① 原文缺。

政法：

现役革命军人家属，很多被人强奸和通奸，离婚的很多，使军人情绪不正常。

三月十一二日灵隐上天竺，岳坟迷信群众达两万多，吃香灰，抽签问卜，清明将到，注意。

（文件编号：F134）

在全省民政干部大会上的报告

1955 年 11 月 28 日

一、民政工作的任务：

这一问题在很长的时间内大家都搞的不很清楚，今天还有说明的必要，这一问题不仅我们，浙江、全国都没搞清。三次民政会议以前，我们民政部门工作，过去主要是搞民主建政，而把优抚、部队转业、救济、福利放在次要地位。集中力量搞建政。把政权的产生规划民政部门包办，本末倒置。这样搞法是不对的。说明了我们过去很长时间对民政工作的任务中心没有搞得很清楚。三次会议后，有些同志对民政工作究竟搞什么不清楚。因此，今天重新讲一下。

三次民政会议后，这一问题基本上解决了，我们民政部门的工作任务，最主要的广泛地去解决人民的困难，从解决人民困难中来加强党与人民的联系，政府与人民的联系，使党、政府与人民的联系加强，从而教育人民，提高人民的社会主义觉悟，巩固人民民主专政，加速加强社会主义建设。巩固人民民主专政，加速社会主义建设是我们的目的。所谓解决人民的困难，就是解决社会上其他部门不能解决的人民的困难。我们党和政府的一切工作都在解决人民的困难，但民政部门是解决另外一种的困难，就是其他部门解决不了的困难。如转业军人、军烈属、灾民等，民政部门来解决这些人的困难，使他们也能跟得上，这是我们的任务。具体地讲就是转业、救灾、优抚等。如浙江的军烈属16.7万人，转业军人近12万，今年近三万人，社会中的贫困户数量更多。3—4％的人口，加上每年的灾民，每年近100万人，也就是说这些人的困难，不容易解决，尤其是复员军人生活上不能安定，就说明了我们整个社会不能够安定。这些人很多都是军人、烈属、灾民的这部分人不安定，就说明了我们整个社会还不能安定。这部分人都是阶级成分很好的，如果我们能安排的好，发挥他们的力量，他们会成为社会主义改造的很大的力量，否则他们当然有意见，使社会不能安定，国防也不能很好巩固。这方面的工作不能搞好不但他们有意见，就是国防军人也有意见。尤其是实行兵役法以后，退伍军人是后备军人，因此需要地方上把他们照顾好，如果一旦有事，他们能士气饱满的上前线。

如果我们这一问题搞的不好,问题就很严重,有人反映参军时敲锣打鼓,回来冷冰冰这就很成问题。这一工作做的好否,是直接关系到国防的安全问题。因此,国家需要我们很好的做。浙江就有 800 多万费用做这一工作。如果我们这一工作做得好,社会主义建设就可能增加新的力量,社会主义建设速度就可以增加,使我们前防部队更加安心。兵心旺盛。搞的不好,成为社会上一消极力量,阻碍社会主义发展。搞的好,就成为社会主义的一支很大推动力,决不要看轻这件工作,这是关系到国家整个局面的。这是主要工作,并不是全部工作。其他工作还有。

过去民主建政,现在就不问不闻了。这也不好,我看还是要问要闻,只是如何管的问题。如各乡的政权如何研究加强,应该考虑,合作化发展。乡大好还是小好,应该研究,乡人民代表大会,政权如何搞好,可以研究,提出意见。特别明年开人民代表大会如何选举好,代表的组成等,你们亦可研究。

在 国家 国家社会主义建设如何有计划地解决这些困难,把这些可能阻碍社会主义事业的因素,改变成推动社会的力量,要民政部门主动地、有计划的做这一工作,做出全面的计划。进步的使国家、社会困难减少,使军烈属生活好起来,困难因素逐渐减少,积极因素逐年增加。使我们的社会政权一天天的稳定巩固,更完整。要有一整个规划。因此把民政部门看成是一杂摊子的想法是不对的。可要可不要是不对的。把民政工作看成是没有方针路线的看法,出力不讨好[的]看法也不对的。这是很重要的一部分工作。今天所以有这些不正确的想法,主要是长期的没有明确方针任务的关系。同时领导上又没有积极解决他们的困难,使得你们有这样一种错觉。

二、目前形势和民政工作任务:

从整个情况看,我们都感到在全国社会主义革命飞快的进展中 都感到 越来越跟不上形势的发展,许多工作都是这样,民政工作也有 些 好些。浙江省工作一年来客观形势有很大变动。社会主义因素发展很快,尤其是合作社的发展是惊人的。今年四月中我们工作走了一个弯路。毛主席指出以后,八月初我们布置了工作,计划工作现在看也是落后的,当时我们准备发展到 6 万 5 千个,从 17% 到 46%,现在我省已八万多个,已到人口的 48% 还多,离开我们的计划时间还有四个月,以后四个月中再组织百分之十几到 20 是可能的,因此可能 60％或者还多些。很可能经过明年一年可以完成合作化,比六中全会的速度还快。这样开展的结果使我们社会整个时势都起变化,随着合作社发展的结果,生产的高潮也就要到来。人的生活、思想也在变化,因广大农民起了变化,其他方面不能不变化。如资本主义改造的问题。文化发展,我们的农具种子准备大大落后,因此也牵连到工业的改造,合作化文化方面的需要,同样,社会的阶级分化,思想的激荡很激烈,有的随大势走了,有的更顽固了,有的很彷徨顾虑。这说明了社会变化非常的快,明年要更快,明年不仅是农村里。

对我们讲有两种意义:

1. 中心变化快,其他的各项工作都要变化,阶级斗争的尖锐复杂,……如果其他部分,哪部分慢了就会影响社会主义革命的进展。如合作化过程中人民的生活不适应的发展,像复员军人、军烈属照常那样,会加深对我们的不满。这种不满是在增加,要察觉到。复〈原〉员军人不满,影响我们国防的巩固,谁能负得了这一责任呢! 这说明了我们民政工作在新的情况下更加困难了。

2. 也提出了很多有利的条件来解决这些问题,因为社会主义势力的发展,社会上人民和党政府的关系更加密切,人民觉悟提高了,组织起来了,因此解决困难的条件也增多了。如代耕问题,现在组织起来了可以吸收些人参加。一个社中放上一两户可以解决了,这些人本钱不够,我们可以帮助。解决了他们实际困难,思教工作也就好做了。基本上是对我们工作是有力了,但工作是更加复杂。搞得好,许多过去不能做的问题现在可以解决了。但这一工作做的好与不好,基本上在于我们。新的放在我们面前的就是这一问题,要求我们随时随地地很好的考虑问题,善于适应新的情况,解决的快,好,要求我们整个民政工作全面的规划,同整个的工作配合起来,特别是中心工作。不能孤立的搞。

三、当前民政工作中应注意的几个问题:

要使民政工作适应形势发展的要求。

(一)很好地掌握情况,研究条件。过去我们做了 可 不少工作,但了解情况研究问题少了。甚至连我们区里有多少军烈属也不了解,产生了新问题更不解决,因此事情就不能办好了。我们地方有多少军烈属,复〈原〉员军人,孤老、灾民有多少,情况如何。今天解决的多少,将来多少,不能解决的多少,放在那些地方更好，起作用更大。只要有情况条件研究清楚了，我们可以提出正确的处理办法，这是要搞好工作的一根本条件。同时要很好的总结经验教训，那些是有用的，那些过时了的，那些是不对的。

（二）工作中间要更好地运用组织和群众的力量，一个县有三四个人，本领再大也搞不好，因此要运用组织和群众的力量。在实际工作中往往把这一种[重]要工作方法丢了。事实上，如果我们很好总结经验，是有的。分水县九天时间基本上搞清了。他就是运用了组织，依靠了群众，全省有五万多干部，我们有办法可以解决。除此，要各级政府党委给你们适当的配合主要的办法。那里用这一办法，那里问题、工作就解决的好。依靠这一力量解决问题。更多的复〈原〉员军人运用这一力量，[并]同他们商量。

（三）要加强我们思想和组织。

我们有许多的思想不够安定，苦闷。这是可以理解的，主要是各级党委，尤其是领导上没有很好的想办法帮助你们，没有给你们必要的支持。你们还做了不少的工作。但是，苦闷不安心总归不是好的，如果不安心〈什〉怎么还能了解研究情[况]、总结经验、〈作〉做好工作呢？我们领上不够的检讨，但你们要了解这一点，如果不安心工作，工作就不可能搞好。各地同志要下更大的决心搞好这一工作。要工作搞好，大家一起搞。〈既〉虽然有许多困难也应该很好的干。同志们要奋发起来。另一方面，我们也想办法使你们工作稳定起来。现在流动太多，特别把你们都去搞中心工作，是不对的。我们准备下决心解决这一情况。打算提到省委讨论，最后还要你们自己下决心搞好这一工作。

（文件编号：F134）

扫盲问题和俞仲武同志谈话

1955 年 11 月 29 日

1. 规划的问题，不够具体。

扫[盲]的程度，1 500—2 000 可能要三年。（三年入学，五年基本扫盲，后两年扫尾。）明年标准多少，提出这是质量问题。

2. 以农业合作社为基础，开办业余化学校，学校恐有的，小社没有条件。可以这样提，社普遍办识字班，逐渐看条件联合起来办校，业余文化学校可能有两种：（1）是国文；（2）是国文数学。明年春全部转入常年民校是否办的到。

3. 扫盲教师如果运用，基本上是社教社、村教村。

文件可以缩的短一些，第一段可把方针讲清，简单地就够了。

规划：多少文盲，扫多少，扫到什么程度，五年完成，初中可基本上不提。

识字班逐渐根据条件发展到业余文化学校，具体的东西不必多讲，初中班基本上不提。

要大力动员，尽可[能]动员多的人参加，但经过动员尚不愿参加地应善于等待。

要和[共]青团等联系，一道规划。

俞：扫盲教师全省 113 万人，每区两个专职，学校基本上是常年民校和学习班或组。

乡村中主要青年都抽不出时间学习，我们考虑基本上用轮训的办法。

沙：业余学校可以扫的快一些，识字班慢一些。普遍办识字班，根据条件社的组织扩大或转为民校。

俞：

今年搞 250 万，明年搞 250 万，1957 年 600 万人以上入学，至少 200 万人毕业，5 年以后 600 多万人毕业，水准要识 1 500～2 000 字。干部扫盲可这样提，一部分开始试行脱产学习。

沙：

应讲明主要是识字,学文化,农民文化地落后就阻碍了社会的发展,动员说服不能简单、粗糙、强迫命令。

我考虑民办的小学要发展的快,将来扫盲学校没有,变成正规学校,有小孩子也有成人。提高的问题不依靠扫盲,1958 年要搞起来。

俞仲武同志汇报学习情况出了几个题目,进行讨论,要求:

1. 提高思想认识。

2. 具体的联系工作。

3. 实际上为工作总结打下初稿。

星期六上午教育厅汇报(沙参加)

沙：

过去我们学习文件只看看文件就事论事,应该学习毛主席看问题的方法,阶级分析的方法去了解问题。我们研究知识分子问题,也应从这一角度考虑。六年来国家的成就对他们不会没有影响,过去国家受人家那样的压迫,国家独立了,难道他不进步了吗？ 到底他进步了多少,那些进步,了解到了如何使他们进步更快。另一方面也就有很多不满,如何解决,没有做,我们有些同志不大相信知识分子能改造。

（文件编号：R138）

省长办公会议

1955 年 12 月 7 日

下午二时

出席：沙、杨、彭、董、闫

杨：

人民代表大会的准备工作。

1. 人民代表大会文件的准备工作，事前组织讨论。

2. 行政事务工作。

3. 全国人民代表的补选问题及省代表的死亡撤换及补选问题。

讨论文件主要是党代会上的五年计划文件。

今年工作总结还没有准备，开幕词中总的讲一下。

资本主义工商业改造要提到。

10 日左右开省人民委员会通过开会时间，正式通过。

沙：

第一天 26 日 8 时半开会。

国歌、开幕词、选举主席团，一个钟点；主席团开会，一个钟点；五年计划传达报告，一个钟点。

27、28、29 三天讨论。

30、31 发言。

1 日上午闭幕。

各单位 1 日之前不许开座谈会。

内容、日程、名单报告省委．

10 日开省人民委员会，动员一下，组织他们讨论，开三四次会。

23 日再开一次会，总结一下，同意了，整理一下，开大会。

大会下设一办公室，两个处。

办公室兼党内工作联络工作，行政处、秘书处。宣传部派一人掌握宣传组，记者找他谈的，工农业劳模、宗教、科技、少数民族，事先组织一下。

党的领导主要以沙、杨、李、彭为主,如有大的问题提到省委讨论解决。

这次因为要讨论规划,非代表的厅局长办公室主任要到席,监察长也到席。

法院方面要准备一下。发言准备党内 20 个,党外 40 个。

代表发言要及时登、可增版。

沙:

提案。

农民会对农具肥料问题意见不会少,对扫盲、文教工作也有不少的意见,坚决收缩问题会提出来。这次代表大胆地要人家提意见批评。

10 日会议不发文件,代表大会日程通过,主要内容把五年计划的规划讲一下,请他们讨论一下。

分四个方面:农业、文教、工商及工业改造,商业同商业改造讲一下。

杨:

讲三个问题:1. 情况;2. 指标;3. 措施。

13 日上午农业、工业,下午商业、文教,综合规划顾饶观讲一下。

沙:

通知、讨论人民代表大会的时间议程,汇报浙江省执行第一个五年计划的初步规划。

（文件编号：R138）

浙江省人民委员会十一次会议

1955 年 12 月 12 日

① 根据今天汇报的初步规划,先酝酿研究一下,大约十六日规划草稿可印,就发给各位委员。

② 规划草案收到后请以书面提出意见,二十一日前交回,其间可[召]集有关的委员自己交换意见进行研究。

③ 二十三日再开一次省人民委员会,讨论并通过草案,便最后加以修改,交给代表(廿五日上午要发出)。

执行计划的主要条件及主要措施。

(文件编号：R137b)

人大代表及委员视察汇报

1955 年 12 月 16 日

陈叔[通]老：

① 公私合营中存在的问题主要是人的问题，即在公方的领导须加强，而私方的虚心学习也不够，工会的监督也应该加强。

在工作中改造资本家，这是很重要的，因此建议在合营企业中，公私双方有经常的碰头会，而成为行政的制度，使许多问题及生产计划私方人员也能知道。

对私方所提建议对的应采纳，错的可教育，但总得要有个着落（自然也有这样做的）。

建议业务学习以企业内部为主，而政治学习，则以民建及工商联为主，自然厂中有大报告，资方也应去参加的。又：私营工业有这样要求，在合营前为便于合营创造条件，是否可以派一个驻厂员或巡回员。

② 关于商业合营问题：

a. 是城乡的变化，中等城市集散作用减少商业机构过程，因此建议把其中一部份迁到农村里去。

b. 在未有全业合营之前，希望能有企业管理委员会，以创造走上合营的条件。即以改善经营为主来进行准备改造。

在余姚横河镇的小商小贩改造的典型试验中，有全业合营的，有几业合营的，有全业合并与合作社共营的，有流动商贩合作商店，前商贩变成经销员。

存在的问题是：

① 全营商店，私贩经营态度不如合作社，有依赖公家思想。

② 合营中，不能所有人都安排上去，因而人口多，过去营业好的有意见。

③ 资金不足有困难。

④ 文化低，账目处理困难。

⑤ 分工尚不够完善，劳逸不均，也有产生供给思想。

⑥ 蔬菜收入不够，每月收入只八元，不足以生活（南北货货〈原〉源不足亦有此现象）。

此外：在食粮供应上在农村似好的，但城市供应中有三种缺点：

不一律：

① 全天吃饭多，粮不足了。

② 高中[生]三十二斤，在家自学则只 25 斤。

③ 小贩，尤其肩挑的只 25 斤是不够的。

④ 资方实职人员有 28 斤的，有的是 20 斤的，他们觉得是政治待遇的不同。

学生自学，名曰自学，实则自流，有名无实，宪法说关怀青年，让青年虚度光阴是不好的。

街道工作中，肃反、卫生都有很大意义，似大家都注意不够。

绍兴城里有岑章小学，现改为中心小学，但岑章是光复会的革命者，应有纪念，黄化小学原是锡岭小学。

绍兴锡箔业问题很大，现尚有两万多人靠此吃饭，应设法找出路。

邵[力子]：

对锡箔问题，一般前进分子有超过政府政策的，只以为他是迷信，而要消灭它。

许宝驹：

关于城市粮食问题，淳安柏油工人每人只 22 斤，这是不够的。

张■声：

一斤米只可蒸 24 两，不可蒸成三斤，恐怕这是对的。

去绍兴的一组，邵力（子）老：

对于合作社示范章程，还只开始研究，应注意继续很好研究与讨论。

对粮食看不到有什么问题。

落后乡，在视察的县里是没有的，只尚有些乡工作差一些，至[于]反革命分子，气焰已压下去，但不能保证没有了，自还应注意这个问题。

a. 有计划的开荒是否能防止农民盲目开山，这还不可能的，必须设法防止，尤其是应控制合作社，加强教育。

b. 农村金融贷款：干部有单纯为国家节省钱而没有放下去。

c. 妇女的节育问题，尚未普遍知道，建议在训练接生员时，应该同时教以避孕方法。

王国松：(在杭州视察)

① 私营工商业改造：

a. 尚需加强全面规划，而速度则应加快。

b. 依靠工人则不够，对工人生活照顾不够，取消年终双薪也太快。

改造时发动了工人，但改造后不能巩固工人的积极性。

在纱厂合并中，虽成本已降低，但总的说来成本仍是很高的，纱布的质量还是不高，线亦如此。现在合营纱厂，职工及资本都有多，他们要求扩展到至万锭(现有三万锭)，但我觉得可用此钱来改善机器，因为现有的太老了。

c. 改造中，不[少]人的改造程度上是很不够的，资方的人有不敢领导，而公方的人则觉得他可做 做 些工作。

对工厂的保安防建的工作应加改善，妇女有子宫下垂病，而还无法防止。

② 农业手工业合作化问题，梅家坞要搞水电站，考虑可从杭州接过去，自搞不上算。农业社发展得很快，但一下子从低级社升到高级社是否先要巩固一下，这请考虑，同时农民也顾虑无法领导，因为高级社大了，手工业合作社，现在合作的尚少，应加快。

a. 关于思想教育，农业社中小农经济个人思想[相]当严重，而手工业社中资本主义经营思想亦尚严重，因此须加强。

b. 在文化方面及科学技术方面，要设法赶上合作化的需要。

c. 文教方面发展得相当快，成份亦改善了，质也提高了。在高中招考时，总分不及格的为 45%，比去年下降了 25%，初中则为 46.7%，比去年下降 27.5%。

至[于]教师学生，思想教育则都很不够。

医务人员中亦如此。

此外学生的负担还过重。

至于师资培养，很重要，不够标准者尚很多。

教师健康问题是相当大的，而一般星期日常不能休息，许多人经常腰酸背痛，觉得会开得太多了。尤其是重复的会可以精简。

又小学分布很不均衡，有的地方太多，有的地方太少，而有的房子太坏太小了。

马寅[初]老:

① 现在新式农具供应不上,这点要适当解决,有些社竟有排斥贫农的事实,说明阶级政策尚须贯彻执行,同时对地富的破坏防止也不够注意。

在办社方面,数量发展得很好,而巩固尚嫌不够。

小猪价格太高,每斤八角,而大猪则只值二角多些,同时小猪买卖则都在私商手中,又猪瘟很严重,有一个地方瘟了50％。

② 妇女有做社长、小组长的,但小孩子没有托儿所,应设法解决。

③ 解决文盲,在农村中今天已很重要。

梁老:

① 开化文盲很多,据县长说有 80％,新登四合乡则说青壮年没有文盲。

② 血吸虫很严重,干部生此病有 30％,43 乡中有 21 乡都很严重,最严重的占全乡 66％,最少的也占 20％。

③ 垦山问题,开化增产主要靠开山,因此把山破坏得很厉害。县长说今年开了三万多亩,增产了七百万斤,实际上恐开山的还〈至〉止此数。

荡口乡长说 1953 年以来年年扩大耕地,今年比去年扩大二千二百九十五亩(内 1 594 亩是开山)。杨和乡曙光高级合作社汪社长说:今年为何水稻不能增产,只 360 斤呢,因为我们开到 275 亩,劳力顾不过来了,下雨时,地毁 25 亩,水稻田埋掉三十七亩。我们亲眼所见的,一到开化,山都开到顶了。马井区毁之于大水的田地,杨和乡被沙石所掩有六十多亩,徐塘有一百多亩,马井乡被撤地一百多亩,塘河乡六百多亩,有一条小河流则被沙所没。今年十一月县人代会提出要求政府控制开山,但有人说开化山多不开不行,否则粮食不能解决。请政府考虑能否下令停止开山增产粮食。

俞寰老:(〈加〉嘉兴区)

家家丰收而没有吃喝现象,都在注意生产,这是很可喜的。

① 吴兴镇反还要大加注意。

② 三定大家都满意的,但是海宁硖石区铁北乡则尚[有]定额高于产额的反映,请注意。

③ 关于合作化,一般没有问题,但领导干部水准很不平,缺乏会计,有两社拼一个的,且能力也不高,应大力来培养。好多的社女干部很多,但对她们

的小孩子的照顾问题则应设法照顾。

④ 关于水利：肥料一般农村都感不足，尤其是化学肥料供给不及时，绿肥现在开始在提倡。四川胜利油菜，种一亩少收一百多斤。

蚕桑。

⑤ 文教，要求很迫切，而主要问题是师资不足。

⑥ 血吸虫病很严重，吴兴 114 青年检查身体时有十二个有此病，干部有 20％有此病，应设法防治。

周焕林（温州组）：

① 关于合作化问题：

a. 对阶级政策的掌握，似还不很紧，各社注意点都在增产，但增产是适合各种人的。而对社会主义思想教育则不够，反之资本主义思想还是相当厉害的，各社中终有几户贫困户，而对他们的照顾则嫌注意不够。社中有着重中农倾向，因而贫农领导骨干作用则就不够。而有副业的乡则多注意搞副业，因为可多搞钱，温岭有一个乡（岩下乡）中只注意搞砖头，而其稻谷产量则赶不上附近的乡，他们并不注意稻的生产。

b. 现在合作社户数不多，若大一些许多问题都〈交〉较容易解决，如会计就是这样。

c. 一般较老的社，都想搞高级社，似应注意其条件，尤其领导条件。

d. 镇反。

② 对于国营农场，似乎现在示范的作用还不够，黄岩农村对农民关系不密切。

③ 在文教方面，扫盲的注意还不够，油灯也有问题，同时在一个乡里学龄儿童失学的尚有 50％＋，表示文教方面努力还不够。

④ 在地方病中，血吸虫病很多，一百二十多人中十几人有此病。

沈兹九（新登）、许宝骙：

① 社中有只要中农富的现象，有以为贫农入社是来〈占〉沾光的，而贫农则有不敢进去不敢搞的。但也有中农要入社，而拒绝他说"今年没有规划你在内"的。

② 两个高级社（桐庐）有要求合并的情况，这是在合作化高潮，社会主义化发展中的新萌芽，是值得我们重视的。

③ 关于吸收地富入社问题，今年已吸收入社的 80 多户，明年拟吸收四百多户，后年则拟吸收一千多户，而全部解决地富问题。问题这方面是否要定时定量，还是只定出原则相机执行就够了。

吴觉农、林汉达（视察宁波文教卫生）：

① 城市工人及农村中扫盲工作是落后的，这与为三年反盲目冒进有关系的。

现在的问题是愈上面愈保守。

各地连青壮年的年龄都尚未弄清楚。

同时扫盲干部都还没有归队。

事实上扫盲办得好的，其他工作则就都好，反而帮助解决中〈的〉心工作问题。

② 职工业余教育则比农民办得更坏，主要是厂的领导上不重视。

③ 于镇反问题。

李士豪（建德）：

① 建德的山占 78.98％是山，田只有 6％＋，地为①。

但在规划中对山林却没有很好的规划，[并]且搞得不好，很可能踏开化的覆〈撤〉辙。

② 对生产资料的要求很高。

③ 乡的领导问题。

④ 由[于]合作社发展很顺利，干部思想上有大意松弛现象。

金宝善：地方病及卫生问题。视察丽水：

① 干部的工作：a. 有重量不重质的现象，放松政策处理，有一个晚上开了一次会，五十几户都合作化的。b. 有机械掌握数字，应发展亦不发展的。

② 在规划上青田有一个社规划造公路、造桥、买车子、造水电站等许多财力不易做到的事，但也有规划得不够的。

③ 到处有重田、轻山的现象，森林给火烧掉也相当多。

④ 三定经复查后，尚有 3％偏高偏低。农民亦有反映饲料留得不够的。

---

① 　原缺。

丽水搭配杂粮薯丝中有不够得当的（薯丝一斤抵一斤米，后改为一斤四两薯丝抵一斤米）。

⑤ 镇反问题，对法院办案有太轻的反映，在边远县镇反有做得不够的感觉，希[望]注意，恐还须与福建联合解决。

⑥ 山区有九万菇民，有禁止的命令，请重新考虑，又青田石刻技术很高，应扶持。

又：菇民完税很重，有四个百分之八，而国民党时只有 10％。

低级合作化今年可能解决的％：

① 春耕之前 80—85％，八月底前 90—95％。

② 高级社，金华今年到 40[％]。

温州今年完成，明年扫尾。

建德 40％＋。

宁波 50％。

结果大家同意今年达到 50％。

57 年基本高级合作化，58 年扫尾。

③ 老弱孤寡，高级化了就可解决。

④ 地主富农 56 年上半年解决一半，其余下半年解决。

⑤ 对地富的政策。

⑥ 生产指标，较困难的是蚕桑。

粮 1962 年可以到 900 斤，1967 年可达 1 200 斤（1955 年 481 斤，1956 年 515 斤，1957 年 552 斤）

总产量：1962 年 289 亿斤，1967 年 400 亿斤

棉：今年 73 斤，明年①

总产量：1956 年 90 万担，67 年 100 万担

菜籽：1956 年②，1957 年每亩 100 斤，1962 年 150 斤，1967 年 180 斤

麻：1955 年每亩 356 斤，1956 年 400 斤，427[又]1/2 斤

1962 年 750 斤，1967[年]1 000 斤

---

① 原缺。
② 原缺。

蚕桑：

桑 140 万亩,茶 489 000 担

今年增 8 万亩,607 000 担

1957 年 60 万亩,700 000 担

（文件编号：R137b）

美术分院座谈会记录

1955 年 12 月 18 日

金：

要搬的理由：

① 看展览会有花钱，又影响教学计划；

② 师资缺乏，无法补充，几年来教师只出无进；

③ 艺术空气不浓，没有讨论环境。

也很少有人做过报告（艺术上的）。

前几年此地成绩并不坏，而这三年来落后了，尤其这一年来更如此，愈走愈向下坡了。

水墨系各国都把中央级的美术学校都放在大城市里的。

美术须要与音乐及戏剧等等姊妹学校相互滋养的。

版画系：

本系的师资在杭州无法解决，而在上海则能解决。

雕塑系：

雕塑系铸铜，烧大型陶瓷等都以上海为好。雕塑队也因为杭州无工作而只能放在上海，但他们都没有好的艺术指导。

（文件编号：E26）

江华同志会议总结报告记录

1955 年 12 月 20 日

这次会议最大的收获是批判了右倾保守思想,对每一个同志来讲收获是很大的。尽管是开始,社会主义革命要求我们各方面都要加快步伐,人民群众的要求,国际情况也是如此。我们在这一新的情况下应积极的热情的满怀信心的前进。数量要多,质量要好。要完整的体会,不要片面的,只要保证质量,越快越好。

另一方面也说明了我们在新的形势下面还不敢大胆领导群众前进,保守思想,反到明年秋收后差不多了。

发言中看到批评与自我批评精神很好,应该有这一精神。但各个同志批评也有了,自我批评不够,也不好,有的同志说山区干部 10％以上的干部不安心,我不同意,90％以上是好的。错误是在于我们领导,你给他了些什么。

1. 形势与思想。

2. 十七条。

3. 资本主义改造指标和期限。

4. 继续反对保守主义倾向,安 全面规划加强领导办事。

1. 形势与思想:

当前形势是全国人民要求建设社会主义,快一些,多一些,好一些,工农业、商〈叶〉业、文教、手工业也是这样,道理出于条件不同。

(1)中国的革命,我们有三次认识,49 年取得胜利后很快的组织国家。

(2)苏联胜利后正是世界大战,只有一个国家,而我们有强大的苏联。

(3)中国人口很多。因为人口多,贫苦就[非]靠搞革命不可。中国农民精细。

这些都要求我们要快一些。问题在于我们思想上工作上保守。

国际情况:

有利我们建设。朝、越停战,民主和平力量的发展是总的趋势,本质的东西,没有办法阻止的。反殖民主义的高潮也是没有办法压的。精神不死(万隆,日内瓦会议精神)冷战长存。

国际国内都要求我们加快,主要是我们思想保守落后。全面规划,加速,加快,加多,加好,有了全面规划就不会冒进,接触实际,接触群众。克服快乱,一跑,三抓:抓中心、苗头、先进;二推:推动,推广。

全面规划的基本措施:

能干的尽量去干,根据需要与可能,该提早的提早,该超额的超额,以打破领导思想的保守。我们的财政是经济服从财政,是不对的,应发展经济来解决财政问题,要克服党委不管财政的问题。

领导方法有两种,一种〈不〉没劲头,一种有劲头站在群众的前头,鼓舞群众前进,要冲破常规。常规就是平衡,不常规就是不平衡,客观事物不平衡,是普遍的实际,平衡是暂时的,不是绝对的。老是平衡叫保守。

千斤田是有斗争的,是斗争的结果,是先进的东西不容易产生的。要反对苟安、为难思想,我们有些同志一方面自己没有经验又不学习,不敢负责怕挑担子。

城市里:

有些同志认为改造太慢,对党的赎买政策有怀疑。快,但不打无准备之仗。要有规划。对资本主义改造,〈已〉不是保守右倾的思想。

2. 十七条:

省委要求三月底各县搞出全面规划。

(1)合作化的速度问题,明年基本上合作化 75% 以上,以上是积极性。现在社已到 102 000 多,占 58%。明年一年要求解决落后乡的问题,搞 1 万高级社,57 年 3 万个,占农户 20%,57 年 3 万个,农户 50%,群众愿意,有利生产就办,只有办才能取得经验。预〈订〉定 58—59 年全省基本高级化。

(2)地、富入社问题,地主有一般老实、不老实的,老实即守法劳动,放到社里进行生产,不好的强制改造。富农与地主不同,富农入社当社员或候补社员,没选举权。

(3)社的领导成分问题。正副社长委员中要有 2/3 的党团员。贫农及下中农,积极培养贫农。

(4)生产基本措施,推广先进经验。

（5）耕牛问题，牛的管理，农业部门要搞出办法来；牛价、[宰]杀、市场等。财贸部要造出一套管理办法，最迟不能过一月五日。

（6）农村小型水利和流域规划问题，七年内要消灭一般的灾害。好好组织一下土[木]工程师加以指导利用。

（7）消灭虫灾，七年完成，有条件的五年完成。

（8）绿化，七年绿化全省，杭市，公路铁路二年一定要完成。茶叶要在山上发展，油茶，我对青田有意见，三年之内要发展200万亩。现有的恢复。吴县的桑叶的发展要恢复起来。桑每亩1 500—2 000斤，全党要重视，浙江要变成丝绸的工业中心的思想。地委过去在■发展方面很不好。

（9）肥料问题，自力更生，自己解决肥料问题，先要[想]办法[发展]1 000万头猪，1 400万亩绿肥。

（10）全省七年内每亩平均800斤水稻，[发挥]积极性200斤，达到1千斤。

（11）五年内消灭血吸虫。

（12）除四害要求七年办到。

（13）扫盲，七年内消灭文盲（干部三年内）。

（14）修路。区乡的路七年内修好，区特别是山区，县与县修简便公路，乡村修大路，交通厅定出规格来。

（15）有线广播二三年内搞好。

（16）有线电话。二年内乡乡通，邮电局要负责。

有条件努力超过。

3. 关于工商业改造的指标与期限，第一五年计划要快、多、好，给下一步改造打下基础，下一步是国有化的问题。三月底前搞好规定，四月份开一会。

（1）十七条各县预计贯彻如何？

（2）粮食合作化有什么经验？

（3）办社的经验。

（4）工商业改造工作。

4. 反对领导的保守主义倾向。

（1）组织形式改变要下决心。加强党内的思想组织领导，加强专政方面，加强生产方面。撤区并乡，三月底前各县拿出来，省委批。

（2）党委的集体领导，克服党内书记高人一等的思想，重大的问题必须在党委会中讨论。

（3）全党监督，明年全省党代大会，未开前各县一律召开大会选党委和监委会。

（4）组织性纪律性。反对自由主义，分散主义。

（5）开展批评与自我批评。

（文件编号：F137）

省长办公会议

1955 年 12 月 21 日

1. 绍兴市副市长的委任问题，人事局要检讨，省人民委员会也要检讨，向国务院，把情况搞清楚，早搞一下，争取主动。

2. 拆房子问题，公开的检讨是不是由省人委出面，和省委研究一下。

沙：

代表出席问题除生病或〈和〉在外地学习的，县地委中间只有他一个人的，个别允许请假。非他不行外都要参加，明天和省委谈一下发一紧急电报。

三个代表的撤换问题，下面县人民代表会没有撤销，大会撤销理由还不足，暂不撤，重要的是明年代表选举把省代表很好地安排一下。

彭［瑞林］：

447 人，死了 4 人，到杭州来集体住的 341。

发言的，工、农、林、水、商、合作、文教厅、粮、财、政（公、监、法）。

工、青、妇、军　21 六等区头子，三市。

此外县区、工商界、民主党派。

3 个工厂、5 个农业社、渔、林、10 个县。

商两个，民进、民盟到文化界，农工〈讲〉进林业，民革要给他。

杨［思一］：

站在领导角度讲的不要超过一半，其他一半以上。

沙：

知识分子问题单独组织一发言，俞发，教育方面俞子夷不发，要陈立发，发教育、扫盲等。

开幕词：

一、新形势，大发展的结果。

二、我们思想上的发[展]落后于实际，克服保守思想。

明天省委开会研究，会议的进程，发言内容，组织情况，党的领导等问题。

先由秘书长宣〈传〉布开会。……选举。

（文件编号：R138）

簧延芳的视察报告记录

1955 年 12 月 28 日

从一九五五年十二月一日到十二月六日，我在浙江省舟山专区和宁波专区视察，先后听取了舟山地区副书记胡国栋同志和农林局李副局长的报告，视察了沈家门造船厂、地方国营渔粉厂，参加了座谈会，视察了舟山专区的蚂蚁岛、宁波专区鄞县天童区涵玉乡石山弄第一农业生产合作社和莫枝镇第一渔业生产合作社。对以上这些地方的工作成绩有很深刻的印象。在未去视察以前，我想〈像〉象中一般的贫农和渔农还相当苦，亲自去看见以后，才知道已经大不相同，合作化不但给农民，也给渔民开辟了幸福的道路。兹报告视察情况如下：

（一）舟山专区情况

（1）一般情况

全区除定海、象山等地主要是农业生产外，其他各地如普陀、岱山、嵊泗主要生产均为渔业。全区人口有八十多万，渔业人口占十五万四千多，计三万五千五百户，分处各岛。共有五百三十五个海岛，面积相当于大陆廿个县，因此，人口少、面积大。

解放前事故多，曾有一岛死四百多人。一九五三年专区成立后，即设气象台，并设暴风站。现有无线电五架，可互通电话，另有交通船。

每县有一二条机帆船，专区有二三条机帆船；渔业机帆船已有八条。

嵊山不下雪，越东部越暖和，水不结冰，最便于捕带鱼，是个很好的大渔场，安徽、江苏、福建、宁波、温州、嘉兴都有渔船来，上海水产公司也去捕鱼的。

专员、县长、区长都直接参加领导生产，渔民感激政府领导。为防敌破坏，每次捕鱼，先由海军去探察，继之指挥船出去，最后渔民捕鱼船出去。

多数岛的气候良好，处于寒流、暖流交会地带，并值长江、钱塘江出水处，多杂物，养料丰富，产鱼也丰富。每季都有一种鱼可以大量捕获，春季小黄鱼，夏季大黄鱼，秋季桂花黄鱼，冬季带鱼。此外还有墨鱼、（产量也多）鳗、鲳鱼、鳓鱼、〈沙〉鲨鱼和海〈蛰〉蜇等，还有〈蝦〉虾米、〈蝦〉虾皮和紫菜。

鱼类多磷质，有助生育之效，妇女常一胎三孩，有一妇女名刘施莲，一胎五孩,得到政府的帮助。

一万二千平方里的海面渔场,一九五三年产鱼一千一百八十二万元,另有象山八万元,占全区总产值 64%。解放以前渔民受到三种压迫:国民党反动派、日本帝国主义者、封建势力。沈家门最大的渔场,一九四九年只产五万担,渔民挨饿。"账房先生簿子划,帮凶伙计算盘刮,鱼行老板一旁坐,渔民兄弟犯关煞"这是渔民形容解放以前所受剥削及生活困苦的情况。现在完全不同了,一个渔民的收入约抵三个农民的收入,增产的基本因素是合作化。困难问题:生产工具落后,使用大、小帆船,产量不高,并有危险,有时死人,所以渔民天天望合作化,合作化以后,既可增产,又可逐渐使用安全的新式工具。

(2)舟山渔业合作化的情况

一九五〇年解放,经过民主改革,打垮了封建把持制,给合作化创造了条件。一九五一年成立的互助组,紧占 1.3%,一九五二年达到 9.4%,一九五三年即达到 43.3%。一九五三年地委成立后,秋季开始试办合作社,蚂蚁岛首先试办小合作社四个,社员连妇女八百多人,是综合性生产。

一九五四年大风,久雨,海水冲淡,鱼跑远了。即分二批发展,办了一〇四个社,占 60.56%,今年依照毛主席指示再发展,现连老社区有一七九个社,二万六千二百十九户,占全户 73.8%,平均一社二〇〇户,大社有五百多户,每县都有一个大合作社,自地委书记以下都亲自动手。目前带鱼汛,故暂停发展。

没有参加组织的大概是牛农牛渔,而且分散在小岛上。

组织后,百分之九十五的社都比社外渔民和去年增产。一般增产二、三成,多的增产六成。不增产的社均系开支大、浪费严重。

单干的不增产,社外渔民不能合理调配工具,困难较多。

生产本有季节性,"三季靠一春",组织后扩大渔场,全年生产,原来八十个失业渔民都有工作了。

组社后,注意提高技术,首先打破保守思想,组织技术讨论会,调派技术人员,培养人材,互相学习,学习福建经验:使用大洋船,双网轮,提高生产。现在拷用薯莨代替,柁杆用铁管代替暹罗铜抄。

组织后积累了资金。去年建社时,曾贷款四百多万(利息由一分二到七厘,三年中分期还清),因造船而贷之款占三分之二,现在已经造了二千五百条船,大船将增加一五〇—二〇〇条。而今年各社公积金已有八四点一万元,投入信用合作社的有六三万元（利息一分二厘）。

从年产量也可看出合作化的优越性：一九五一年年产一二六万担，一九五二年一八〇万担，一九五二年二三三万担，一九五四年灾情严重仍产一八四万担，比单干及互助组为高，一九五五年预计二期工程四二万担（已获一九二万担）现带鱼汛可获五十万担。

因此，渔民收入有很大提高。渔民以前曾说："睏睏是活龙眠床，吃吃是腥鱼羹汤，爹娘看见泪汪汪，老婆看见不愿同床"。现在去是："睏睏保险眠床，吃吃鱼肉羹汤，穿穿棉布衣裳，爹娘看见笑笑讲讲，妇女对象要找打鱼郎"。家家户户吃白糖、红糖，五个月中每人买布平均十七尺，绒线平均每户买一磅多，妇女烫发，集体看戏，甚至有的造寿墓、寿材，于此可见一班〈斑〉。

以前贫渔不能下海，有的要典当老婆后才能下海；有的只有一条棉被，下海后老婆要同乡妇共眠，现在寒夏衣衫全有，并有箱橱，还能买机帆船，吃大米。

文化学习要求迫切，已组织六〇个扫盲队。

生产工具折卖入股，按月付息一分二厘，一般都满意。社内劳动力统一分配，按技术高低评分记工。超额的有五十奖励金，公积金一般社达五——十％。

全区已搞断了渔民与资本家的关系。有四八〇户渔业资本家，分别对待。大部分已参加劳动，在改变成分后允许入社，入社的经济待遇同社员一样。

渔民纯粹单干的，捕鱼是一种集体操作，一船至少三人动手。

渔业合作化虽有很大发展，但渔民还是苦于落后工具："三寸板里是娘房，三寸板外见阎王"。（象山东门岛）。

办社中的缺点：一、对渔区情况了解不够，富裕农民动摇，个别干部也有消极的；二、对资产阶级的破坏警惕性不够，指示不够及时；三、工具折卖过低，也曾引起不满。

值此合化运动高潮，准备一九五六年大黄鱼汛前全部合作化，到秋季要达到九五％以上。并试办高级渔业生产合作社。今后农业合作化主要在整顿、提高老社。

明年秋季农业盐业也可以全部合作化。问题在水，一九五二年不缺水，获得全面丰收。

（3）舟山水利

农产区的特点是人多田少，每一农民只有田九分左右。舟山业局无高山，山是光的，不蓄水，易旱成灾。

从一九五四年冬季开始治水运动，大小工程计二，二一六处，化去人力卅五万工。一九五五年工程较大，仅一，六四二处就用人工四十万工左右。计划中，自一九五五年冬到五六年春，将施工三〇四四处，其中要政府出资的七十一处（政府出资三分之一）已投资廿万另二千元。

水利工程中的重点是修建五三个水库，已开工的有四二处，月底可望全部开工。所建水库可供吃、灌田及发电之用。

自一九五六年冬到五七年春，将修小型水库一一二个，较大的有廿五万方，小的三万方，一般的十万方，共需款三六〇万元，政府将补助一一六万元，其余款项由群众解决。

同时，要办几个大型水库，如定海城有三万左右人口，须廿五万方水，所建水库即须四十万元。又如普陀沈家门渔民取水要到廿里外，如建成大型水库（五十— 一百万方水）鱼粉厂的问题也解决了。

山中蓄水，必须设置水管，国家将投资二百万元，建成后可灌十万亩田。

另外，拟围海土来种棉花，普陀朱家尖可围三万五千亩，定海一万亩，门前围八千五百亩，到明年如达到七万五千亩，可产棉花约十五万斤。这项工作中，国家投资三百六十万元。

定海有三〇二口井，今年新掘卅八口井，但其中六五口井半含盐质。

象山年产毛竹九千万斤，这里可设建纸厂。

山上的潜在力量很大的，拟造林廿六万亩。

居民廿％患丝虫病，拟在八年内消灭此病。

扫盲争取在七年内完成。

盐业的根本问题是生产工具落后、技术落后，现每年国家救济盐板一万多块。

（二）沈家门情况

（1）沈家门造船厂

去年造成六条机帆船，今年造二条机帆船，造得较好。自设厂至今，共修理四六〇条船、二一九条小船，一五五条大船。（廿一四五条）现已准备筑码头。

主要木料是杉、松、槐、柏,但木料常脱节。

以前柁杆用暹罗铜抄,三百条以上船的柁杆用印度尼西亚格拉尼,现用铁管代替,遇八级以上风易断,以后改用钢管。

厂内无工程师,也没有技工,造船基本工人三七二人,工资约五六十元一月。(因雨停工就不给工资)工忙时,雇佣渔民,临时工资每日一元六角到二元五角。锯板有用机器的,也有仍用人工的。

厂内存在三种情况:一、有老思想,认为船漏点水不要紧。二、不保证质量,职员都不懂技术,因此浪费也多。三、技术差,就马马虎虎。这些情况极需改进。

(2)沈家门鱼粉厂

自一九五三年开始准备,现工人尚无住屋,将于明年修造。年度计划生产二六六〇吨,已超额完成达二九〇〇吨。由自己发电,但生产工具落后,原料不够,并因缺水,产量不多,产品出口,国际上是供不应求,可加发展。现正停工,修理机器。

因原料不够,现只制饲料的一种,如有原料,还可制食用的和肥料用的。副产品鱼光磷,又可饰钢笔。

(3)沈家门座谈会上的反映

被蒋匪帮毁船二千多条,已逐渐恢复。现有海军护洋,渔场扩大,每年增产。渔民收入,最多的七五〇元(一级半的老大)一级的五百元,少的二百五十元,以前渔工每年只有几十元收入。

渔民希望:一、解决淡水问题;二、渔民聚会多,要有大礼堂;三、要挖深港,造码头;四、丝虫病多,要治疗,渔民打算自己出钱造一个电影院。

大陈岛解放时,二双船柁杆断了,被捕,其中四人年纪较大放回,三人自行逃回,还有八人迄无消息。

(三)蚂蚁岛的情况

解放前蚂蚁岛居民受到蒋匪残酷的压迫,生活困难,捕海〈蛰〉蜇后因无钱买盐不能加工,任意在海口腐烂,渔民看着流泪。一九四九年将匪军五百余人在岛上占据八个月,强奸妇女,作恶多端,抢走值三元五角的毛竹四万多条,将渔民四十多条新船当柴烧,折烧房屋,树木砍光,临逃走时带走六十个老百姓。

农家恨之入骨,解放后有了大转变。

全岛共五四二户,一九五三年在地委直接领导下组织起来,一九五四年入社的即达五一三户,现仅三户渔户因老病未入社,廿七户农户未入社。组社后生产力提高,收入增加,社员一年收入多的达千元,少的也有五百元,买绒线、买橡胶鞋、做衣服、做棉被,草屋翻瓦屋,并造新房子十二间,生活普遍好转,以前百分之七十的人吃不到大米,现在百分之七十的人吃到大米了。

社内五三年冬到五四年上半年新添置大对船七对,网有六三七八条,大小对网一一六对,渔船一二一条,打算再买机帆船提高生产。公积金已有五万多元,今年可有六万元。

转高级社的条件已渐次成熟,但有二个问题:人口多的贫渔户交股金有困难,对机帆船的技术不够。

海中设置灯塔,渔民欢迎,渔民夏金堂说:"过去掌网不容易,现在到处亮"。(指灯塔)

但医疗组不够,重病的要到沈家门医治,很困难,希望得到改进。

蚂蚁岛原来码头被蒋匪拆去,现正修建中,渔民各出钱五元、十元,买石板的造路,妇女都抱子欢送到码头基地。

自组织起来后,岛上已没有匪特来,民兵仍放哨。原有自卫队一五〇八,土改后改成民兵。有小学,并设分部,共有学生三百六十人。

(四)鄞县天童区涵玉乡石山弄第一农业生产合作社情况

一九五一年组织临时互助组,一九五二年转常年互助组,一九五三年试办社。全村一四五户,入社的已有一〇七户,土地九二八亩,已入社的八四四亩。主要农作物是稻。

一九五二年平均产量六二〇斤,一九五三年八百斤,一九五四年八二四斤,今年九七三.七斤(最高的达到一四〇〇斤)明年要求每亩产一〇三〇斤。

以前村中有讨饭的七户,一九五一年还有四户,到一九五二年即消减了讨饭现象。有一讨饭户陈振玉曾经讨饭七年,一九五三年入社,做了新衣服,十三岁的儿子穿上了套鞋。

富裕中农阮庆来曾经五次想退社,经过对比算账,现在不肯退社了。

由于条件成熟,已转为高级社。转高级社时,无劳动力的有顾虑,由于正确对待,消除了顾虑,如一贫农半劳动力,可看卅只猪,即抵一全劳动力。孤独的由公益合作救济。

社员卖粮一九五一年四万五千六百斤，一九五二年十万另八千斤，一九五三年十八万斤，一九五四年廿一万斤，今年廿七万斤，连社外共约廿万斤。自三定政策后，卖粮更积极，超额七万斤。

新式农具逐步推行中。

已开荒廿亩，拟再开廿亩。造林六十亩。油茶树二千株，桑五一〇〇株，桃一二〇〇株。油茶饼既肥田又杀蚂〈黄〉蝗。

全村文化本来很低，九六户中只有一个高小毕业生，肚子记账，容易忘记，故文化学习要求迫切，王阿毛本不认字，现在能做摘记了。

过去不讲究卫生，去年十％的人害过病，今年提高认识，只五人生病。

但富农多方破坏，必须积极警惕。

（五）鄞县莫枝乡第一渔业生产合作社情况

全社有廿七户，一一四人。男劳动力卅八个，女劳动力十六个。妇女结网，同工同酬。

生产方式有：一、捕鱼；二、养殖；三、捕乌贼；四、结网；五、打箔。全社有船廿只，网一九八顶。

养殖生产方面，今年收入可达一三一九三点八元。

渔工过去每年收入平均二四五点七元，现达四〇七点七三元。

现组新社一个，渔户二三六户，占全户七五点二％。

渔民普遍要求提高技术，希望多参加会议，参加训练班学习，并要学习科学方法研究鱼死的原因，如热天鱼容易烂肚肠或皮上生疮而死。也有要参观学习外海捕鱼方法的、也有要到上海来参观学习结网的，这种普遍的愿意是很好的，只有提高技术，才能提高产量。

另一反映：粮食定量供应四十斤不够，要五十斤才够吃。

浙江省人民委员会　簧延芳

（文件编号：E91）

工作摘记几则^①

1955 年末

1. 改造的一面有忽视倾向，[对]质的改造，尤其政治质量的改造注意不够。思想上的，组织上的，私人事业上的。

2. 缺乏全面性的规划观念，尤其是各件工作间的相互联系，业务与政治分家，一项工作，只为着本项工作的直接任务。

3. 缺乏对革命条件与整个社会情况的研究，有我行我素的倾向。

要把文教工作自身的目的，和社会主义目的性联系起来。

社会主义革命中文教方面要做那些事情：

① 肃反纯洁与加强队伍，建党；

② 思想改造；

③ 业务质量提高，业务改造；

④ 适当的发展，满足国家及人民需要；

⑤ 加强党的领导及领导机构。

① 肃反。

② 干部及工作人员中政治教育及组织建设。

③ 对农民的政治教育，配合合作化。冬学。

④ 计划，第二五年计划。

文教部门尤其医院的肃反工作怎样进行问题。

六中全会决议的学习与计划问题。

（文件编号：F167）

---

① 文件标题系作者根据内容拟定。

关于政法财贸干部的管理问题

1955 年

① 组织部管还是人事局管，都可以，如按中央指示应组织部管即归组织部管。

但组织部所提意见，未解决这方面的干部管理问题，一个处放在那面，放在这面，并不等于即能搞好工作。

② 我以为问题在于：

a. 要能〈替〉体现党正确的干部政策。

b. 要能深入了解干部，能够做到量才录用。

因此这里的问题最重要的是加强各厅局等人事室的干部配备及其工作。有系统去研究干部及干部政策，如建立卡片制，改变其对干部的狭隘眼光。这问题解决了，上面谁管都是一样的。希望组织部能在这方面提出意见。

③ 干部工作是领导上二个根本问题之一，行政领导上及机关党委亦都要做这工作。

（文件编号：R137a）

商景才传达中央宣传会议精神的记录

1955 年

宣传唯物论批判唯心论问题

党委宣传部是党委助手，是党在思想战线上的参谋部。

我们党是从同各种敌对思想斗争中发展的，我们在社会主义革命中思想斗争是特别剧烈的，社会主义革命是我们向资本主义进攻，我们在思想战线上也是向资产阶级思想进行进攻，而尤其是中国的消灭资产阶级，则更要求首先在思想战线上取得胜利。

在现在的中国党内与党外，资产阶级思想还是有相当大的市场的。

胡风认为我们党对文艺政策有五把刀子，绞杀了中国的文艺，他反对党对文艺的领导，以为是军阀统治，而要求中国文艺家自己组成七八个团体，自己办刊物来提倡文艺的自由思想。

又：全国各地黄色书很流行，甚至有秘密市场。

再则我们许多党员则看了武训传与俞平伯红楼梦的文章而无所感觉，被他所迷惑，所俘虏。许多学习上，如建筑学上的梁思成思想等，中医中的黄斌思想等，都有思想斗争的，而都没展开，我们党也没去正视这种斗争。我们变成鼻子不通(没嗅觉)，眼睛不亮，我们都有忽视思想工作的倾向，理论工作是思想工作的根本，但我们都很轻视他。

理论工作在当时往往看不到效果的，但他是永久发生作用的根本问题，主席指示为要在六万万大国建立起社会主义国家，我们必需有伟大的思想运动，把资产阶级思想骂〈丑〉臭，广泛宣传唯物论思想，使人民都知道资产阶级思想的可耻，变成老鼠过街，人人唤打。主席说我们要做一件极重要的工作，准备在八年时间中展开全国的思想运动。主席要求半年内，在五百万知识分子中，使绝大部分人分清楚什么是唯心论和唯物论，为着如此，我们必须在各种领域中展开对资产阶级唯心主义的批判和宣传唯物论。在实际工作中来展开反主观主义反强迫命令。其目的是要把资产阶级思想在那里把他连根拔出，如果整风是保证了抗日战争的胜利，则我们这次是为着保证社会主义革命的胜利。

宣传唯物主义，不是单说什么是唯物主义，更主要的是从具体工作和具体的事物中提高到理论上去认识他，去进行批判，我们要在这样斗争的结果培养起各种学习上工作上的唯物主义的理论家，只有这样，我们唯物主义思想优势才能建立起来。

在这里我们应反对权威思想，必须培养新进力量。以权威自居，压制批评，或者对资产阶级思想采取自由主义与投降的态度必须坚决反对。

对在批评与讨论中，我们必须说理，以理服人而不是骂人，更不能强迫命令。

至于报刊，应在党领导下发起学习讨论，但这种应注意坏分子乘机进行宗派活动与破坏活动。

又：在讨论中到一段时间时，应作适当的总结。

又：对资产阶级思想进行批判时，应注意党的统战政策，我们应分清思想错误与政治上的反动分子，而对思想错误者应欢迎其改正。

斗争的开展：

① 开展讲演。

② 加强高级及中级党校。

③ 在高等学校及中学校内加强政治教育。

④ 在〈级〉职干部，加强理论教育，包括理论学习校、党校、函授学校等。

⑤ 运用刊物。

对劳动人民进行无神论、自然科学及社会发展法则的通俗宣传。

理论工作者有四种：

① 青年学术工作者。

② 改造过来的旧学者。

③ 党外理论工作者。

④ 党的理论工作者。

而主要是第一种，应特别重视他们。

（文件编号：R137a）

浙江省委会议记录

1955 年

吕志先：

自四中全会决议学习后，省委在领导上有左的倾向，但这不在省委所发的文件指示中而表现在实际工作的指导中。

在四中全会后对富农的倾向是左的，下面就用斗地主的办法来对待富农。

合作社的速度上也有这个问题，省委的决定要一万五千社，这还没有大问题，但我们在会议是表扬了发展快，甚至于发展已经不健康的地区。

再则超额增产运动中我们有很大的盲目性。

在统购统销中，是有对"国家"利益考虑得〈到〉多，对人民利益考虑得少的毛病。

至[于]在经济机关中，我们经营上有资本主义存在是没有问题的，但另一方面则有排挤人，对人就不管，对人民不负责的思想，他们只管争取超额利润。

在统一战线中关门主义也就是左的表现。在四中全会决议学习后，这种左的情绪是增强的。

其所以会有这样情形，其原因是：

a. 省常委对有意见的问题讨论不够，常以个人谈谈了之，吴（宪）是有左的情绪的，林（乎加）也有之，因此也影响了这方面的工作（省常委对此没〈作〉做什么有结果的讨论）。

b. 吴兴县书记吴植椽对省委是有帮助的，其他人没什么，这就值得我们注意。我们常有个人对下就变成党委，这种风气是不好的，使下面不按党委文件办事，而变成按某个人说话办事。

c. 省委对中央决定的贯彻是坚决的，但执行是草率的（计划会议就是比较草率的），对问题研究得不透。我们省里有些部门，包括政府各部门，工作都是浪费的，到省里开了会，会开好下去后就无影响了，下面实际上[都]没做，对于这种情形省委没有去解决。

d. 财政战线上，政治思想领导实在是太薄弱了，长久来，省委没有解决这个问题。

关于纠正的办法：

Ⅰ. 自然应加强思想领导，而在具体办法上：

① 对重大的问题应组织力量，透〈澈〉彻解决，不要只〈作〉做原则学习。

② 建立理论队伍，这要长期来搞的，因为它只能解决长期的问题，至怎样理论与实用相结合，则应进一步研究之。

③ 对中央决议的学习应有分别，是全党来学还部份来学，全党学，由宣传部来搞，部份学的由各部份自己布置之。

Ⅱ. 调查研究工作，省委办公厅工作应规定为研究一些问题，下面第一书记应负政治思想工作的责任与具体掌握。

Ⅲ. 检查工作应有计划。

Ⅳ. 改变现在的三级干部会的方法，而代之以党代会与人民代表大会，同时应积极发挥支部的组织作用，改变个人领导。

关奇：

衢州的合作社发展得很猛，主要不是从实际条件出发，而是在赶数字，赶先进的思想支配下进行的。由于地委水准不高，在省委会上〈高〉曾希圣同志提出了嘉兴发展得很快，衢县没有注意群众的创造，有些保守，遂致其后就猛烈的大发展。四中全会决议学习后，提出跟在小农经济屁股〈上〉后的问题，这方面批评是对的。但大家对从实际出发则强调得不够，因此，我们水准低的就求发展合作社了，并且在各方面如压低耕牛及农具〈家〉价等，力求社会主义成份的增加，实际上这是农民平均主义的思想上盲目地求社会主义的发展。

省委传达了社会主义应大胆来搞，否则不知做得对否的精神，而对于这句话的传达精神上似也有偏差的。

又：省委与农村工作部之间也有不够一致，农村工作部则偏于强调积极前进与数字，在精神上是过分了一些。我以为应该接受这个教训的。

在粮食工作上，衢州地区也是紧张的。

全区四百多乡中一百[一]十二个乡一百四十一[个]村中发生各种强迫命令，而发生强迫命令的干部，有一百五十三名（其中乡干一百二十一名）。

粮食工作主要的问题是工作上主观主义，对产量没有摸清楚。而省委对此工作的领导则亦有些主观，任务给得多了，我们觉得完不成，曾提出意见要求减少,但省委派任一力同志下去,而任则摸产量[是]偏高的,他的脑中似有一个〈匡〉框子,以为是农民瞒报产量。

在我感觉上,省委对上面的任务是照顾得多的,而对下面情况则考虑得少一些的。

省委认为改进现状,应从领导上改正做起,我以为是对的,但从领导做起必须和当前具体工作相结合,即从具体工作中做起,否则只说理论等这是解决不了目前问题的。对于目前,毛猪问题、小商贩问题等都必须解决的。对于财经工作,我觉得应该批准我们配个财贸部长的。

燕明:

我们对去年粮食统购统销之所以没搞好是因为缺乏明确的阶级路线和小农经济中没有社会主义的骨干(这仍是对的),因而只去注意发展合作社,而没有去注意摸产量,没有注意〈作〉做其他准备工作。这说明了我们只注意政治工作而忽略了经济工作。我们对于产量的确定只是根据片面局部材料来定的。而对去年〈加〉嘉兴专区水灾田有八十多万亩,也未考虑到进去。我们对于政策与任务,我们是只强调了国家需要的一面而不是在贯〈撤〉彻政策的前提下来完成任务。

我们粮食工作一开始就强调从思想上解决问题,去打通干部思想,而这思想是离开了实际情况的,因此就变成了强迫命令的起头。

强迫命令是从去年统销开始的,因各存底将空,统销只好限得很死。而人民购粮仍很多,因此下面干部只好搜仓,打富农,所以这责任应由领导来担负。(然而为何办信用合作社也要逼死人呢?这里应充份注意下面干部存在着好大喜功的个人主义与老爷统治思想,而领导上没有系统地去解决它。)

总结起来说,嘉兴互助合作工作,第一个毛病是急躁冒进的,第二个毛病是违反农民自愿的原则。

地委认为工作基本上是好的,但同时却是急躁冒进(这样说法有毛病)。

我们在阶级路线上,对于依靠贫农的思想也有毛病,[有]些地方变成是依靠贫农的自发思想。

我们对于富农只给干部的仇恨与义愤而没有给他们政策,而结果造成了对富农的小资产阶级意识。

吴植椽：

六月农村工作会议，提出社会主义总纲思想和批评饶漱石思想影响，这是对的。

在当时会议上对于粮食情况的反〈影〉映其紧张程度是〈何〉和今天一样的，那时候我们指出富农的反攻与小农经济缺少社会主义力量是有根据的。当时我们指出在农村中三位一体路线不明确，而没有对富农的反抗进行斗争，片面的去团结中农，这也是对的。路线问题确是一个根本问题，但当时看成是工作上唯一的问题，而没有提出我们工作中的主观主义，这是不对的，如果我们没有主观主义可被富农利用，当时富农也不能那样猖狂的。

再则对饶影响的检查，在若干问题上实事求是的精神是不够的，十大纲领说是资本 主义纲领这不是实事求是的，在反对四平八稳中，饶是为着个人，而至[于]工作要稳这并不差的，我们在这次会上这个界线也不清楚的。

六月农村工作会议，对于农村阶级路线着重批评了贫农、中农一样看待，依靠贫农的思想不明确，而对富农则批评了我们在社会主义改造时代，对他们是阶级敌人认识不清楚。

对于富农我是有 1957 年消灭他的想法，这里没有考虑到合作社未全面建立并已巩固起来之前，消灭富农会影响到个体中农。

邓（子恢）老说"对富农斗争得适当，有利于团结中农，过份则不利于团结中农。"这话是很对的。

再则，对农村合作社问题上，在九月会议中事实上已经有盲目发展的苗头，而我们仍强调合作化指导思想不够，而以为合作化了就能推动生产等问题，这是使合作社的盲目发展火上加油的。在这里说明我们合作社与生产关系间的了解也是有缺点的，合作化能推动生产，解决生产中的许多问题，但不等于能解决一切生产问题（而且合作社盲目地过快的发展在现实条件下，反会影响生产的）。

（附注：1953 年农村中暴动事件曾有 224 次（在大旱中富农及封建势力利用迷信向我们的进攻）。

又，我们在发展合作社中，虽也说要分批发展，但没有作切实的计划，与经过与群众的研究来确定，这是工作指导上的大毛病。

对于落后乡的问题，当时缺乏深入的调查研究，而估计是有些过份的，同时企图改造他,也是很急的。曾想在 1955 年春季解决他,而没有考虑到这个问题在政策上和其他各种关系上的复杂性,这是影响了嘉兴地委的。

在产量问题上事实证明我们是主观的,我们确实喜欢听喜不听忧,这与我们定产量计划的主观性也有关系的。

对于左与右的问题,我认为农村工作部是存在着左的倾向的,但不能说整个工作或系统的路线上是左倾了。(左的存在是侵略了中农利益,和速度和要求超过了现实条件,脱离了群众的自愿与觉悟的程度。这种情绪与倾向目前是在增长的,但不能说所有工作,或一年来整个工作都是这样的。)

张敬堂:杭州乡干三百来人想自杀的三人,想不干的至少有一半,开会时有三十七人掉泪,说毛主席像太阳,县区委像〈墙〉请愿树,他们不讲理,过去常是只作泛泛检讨,而反转来整乡干。

杭州有贫农要中农替他们交贷款,即由合作社代还贫农的贷款。

去年统销补课中,没有材料就判了五个富农(?)可判可不判的判了七个。县委说三天内要斗富农,下面只好在三个富农家搜了三麻袋谷子,算在一个富农的,就把那个富农斗了。

农民余粮都卖了,没饭吃到杭州来买面及年糕吃,结果回去被干部带了枪把他们缴了,因为省及市通知杭州,不要叫农民到市上来买食物。

杨源时:

一年来工作成绩还是很大的,农村中社会主义的思想是大大提高了,同时合作社也从两千多个增至四万多个,而且极大部份也巩固起来了。但在工作上我们有很大的缺点,这缺点有左的也有右的,自然主要是左的,左所以成了主要毛病,这与过去反右有关系的,由于反右不完整而刺激起了一种小资产阶级左的情绪。同时我们工作成绩是大的,也正因为如此大家头脑中就有些胜利冲昏头脑的。

(文件编号:R137a)

发言草稿一则

1955 年

书记张兆寿、副书记刘廷荣、准备县长①黄建英（女）

① 一年来工作的成绩是很大的，无论对社会主义的思想认识及实际因素上（工作成绩上）都是加强了，无论在农村及一般经济工作上都是如此的。但工作中显然表现不稳，不但有强迫命令，并且在进行步伐及阶级路线中也表现着一定的乱，因而造成了群众中一定的紧张。自然这些缺点是严重的，但他仍是进步中的缺点，即是进步不足的缺点。

② 为什么会有这些缺点与错误的呢？从其根基上来说：

a. 是我们党还缺乏社会主义革命的经验。

b. 是我们的思想上还不够健全，有许多非无产阶级的意识与唯心论思想。

其具体的表现主要是在：

……

（文件编号：R137a）

---

① 原文如此。

关于农村工作的讨论记录

1955 年

一、关于山区生产问题：三月份特〈出〉殊的二个问题是油茶生产与造林问题，我们今年计划油茶发展三十万亩，而油茶发展情形是新区快老区慢。原因是茶子价太便宜，我们规定得不合理，商业厅规定八万元一斤，而下面压低到六万多元一斤，所以老区对油茶兴趣不大。

公山中，农民造林宣布为农民所有（土地主权仍属公有）。

蚕桑生产，预定蚕种量只完成计划 891 600 张的 35％左右，只三十多万张，而桑园的培育工作至今还尚未行动起来，只完成了 30％（去年为 70％），至〔于〕发展新桑园则只达计划的 1/3。所以如此，一方面是因为由去年涝灾影响，而另一方面，则由于粮食统购统销未搞好，无人去管他，而合作社中把蚕桑工作没有安排好，则亦是其原因之一。

盐的生产由于雨水太多，减产很厉害，目前恐怕要注意救济。

二、巩固生产合作社

现有社已占农户 23％，社的工作能否搞好，和农民的生产积极性能否提高，这是今年农业生产能否增产的决定关键。

目前农业生产合作社所存在的除发展中有毛病外，今天主要的问题是整顿巩固工作做得很慢，巩固中问题存在的主要是三个方面：一是政策问题，全省有 35％，这问题已解决，而其他都还没有解决，其中架子社还有 19％，如在春耕前这个问题还不能解决，则在春耕时必然会发生大量垮台现象。

其二是生产的劳动组织和计划制都没有搞好，有一部份社约占 30％，财务上还很混乱。

第三个问题则是社员的劳动态度问题，这是由个体〈专〉转到集体，生产责任性也有个人推向合作社，如没有适当工作，其积极性和责任性是减少的，当他们入社未知其结果究竟如何后，心中多是不安定的。因此生产计划及财务预算（老社）都应做出来，使农民，尤其中农可以安心，政治教育应该与此相结合来进行的（订生产计划，挖掘潜力等应发动群众来做）。

对于自发社，全省大体有一万五千个，其中一部份基本上有条件可以巩固起来的,一种则骨干太差,问题非常之多的。再则是地、富等搞起来的假社,因此应设法去了解他,集训其骨干,争取有些把他巩固起来,有些只挂了号,有些(假社)则改组他。但自发社如不处理,这会愈来愈多的,因此在三月中各地县应搞一二个乡,取得经验进而来处理他。

再则对于互助组及单干农民问题,因合作社发展的结果有把原有互助组骨干抽走而搞乱的,应重新加以组织。对单干农民,则主要是富裕中农,我们主要是使他们懂得我们政策以解除其顾虑,生产上则似他们自己有办法的。

对农民生产情绪的影响,在当前最大的是统购统销(合作社还不是主要的),而其中尤其主要的是产量问题,定生产计划中农民都不承认统购所定的产〈粮〉量。其次的问题是杂粮问题,在山区半山区中,农民都不愿种杂粮,怕细粮明年都要买走,因此今年农民这些情绪要设法把他解[决]掉,从党内教育开始,实事求是来定计划的生产量。

其次定量收购应公开搞,但此工作还是很复杂的,最可靠的办法恐怕是先做些样子给农民看,以稳定农民的心理,使以后摸到经验再推广,今年恐还搞不好的,因为产量与农民思想一时不容易搞好的。

再则统购统销问题要很好解决,买过头的一定要卖给他。

至于农业合作社的政策,则应设法大张旗鼓地来宣传,务使农民统销统购,以解除他们的顾虑。

三、春耕期间加紧经济工作,以促进生产,这其中最重要的是供销合作社及银行贷款。

四、以上工作能否做好决定于领导上能否转过来,即:

a. 能否贯彻中央以互助合作为中心的政策,〈按〉安排好当前的工作,面向生产。

b. 搞好合作社。

c. 固定生产及合作社干部,每区训练三人作为区委助手,专搞生产合作工作,农业技术推广站今年准备搞三百个。

d. 乡的基层领导,首先应发挥支部作用,但不可去代替政权;其次是乡干要很好分工,尤其要组织互助合作委员会,作为对合作社办社与生产等的帮助,至[于]合作社代替政权这也是不对的,且一定〈为〉会妨碍合作社的工作。

王敬五：

原则必须联系实际，但实际各区各村有不同，但我们干部不研究这些，只讲完成任务，用高压手段，这就不对了，应加以改进。

张云雷：

① 农村中粮食有不够吃的，这是严重的，而地主则有不发粮券给他的，有小土地出 租者也被算作地主的。乐清人多田少，有一人只分到七分者，农民实不足以为生，希政府加以照顾。

② 农村干部，有明理与不明理的，尤其年青的有意气用事，不大按政策办事的，请政府加以注意。

黄学龙：

① 希望在东阳江能建一小水库，以调节水利。

② 希望宽留口粮，购粮时算得太紧了。

叶熙春：

苕溪河床高于房屋，而南湖北湖也已淤塞，蓄水量亦大减少，这对水利影响很大，应请政府疏浚南湖及北湖，免遭水灾，将来恐要造水库才能解决根本问题。山区杂粮生产应加注意，以增加粮食。有麦冬等药材亦应提倡种植，现在市面上已没有了。

张葆雷：

宁波市水的供给有问题，应在四明山设水库，并利用东钱湖。

对于统购统销，宁波做得很好，但应提倡吃杂粮并推广好的杂粮品种，下面干部有以为上面没有布置而不做的，我希望加以改变。

此外山地的药物及油料作物还可大大推广。

至于缺粮，主要是农民不懂政府政策，而缺粮户则往往是评产一般化，而影响到有些田亩评产过高的现象，〈有〉由此所致的。

（旁注）：统购统销与干部作风问题：口粮买过的供；猪饲料已发。

水利及山区生产问题

寿毅成：

关于工商业的改造，我觉得要用苏联改造不良儿童的方法，了解其思想根源，然后以适当方法解决之。

我想在杭州最好能设一国际文化学院。

对于药物的生产我想应用合作社方式，而水利业亦可考虑用此方法。

许炳堃：

报馆应将其消息及群众来信转给政府，而省府应注意人民来信。

乡村干部应总结其经验，必要时应予通报。

俞易晋：

① 现在学生考试没有舞〈敝〉弊的。

② 打铃上课，没有迟到的。

③ 教员不够，用小先生制解决，而教员中思想尚有问题，应注意改造。

吴惟平：

浙江人多田少，过去在外省赚钱的时代已过去了，因此我们不能不有长远的打算。

第一，对于全国的负担，本省都列在前五名，这是否太多了。

第二，农民土地很少，农村中劳动力已有大量的剩余，我们如何解决他，这就是一个大问题。当将来农业机械化时，这问题必更严重，因此须有整个计划来解决他，譬如对人口调整，就应该考虑。

（旁注）：对工〈资〉商业资本主义改造问题；小学毕业生问题；人口多与移民开〈垦〉垦问题

谷寅候：

浙江人口过多，应该考虑移民开垦，譬如可去江西。

金荣轩：

① 农村互助合作发展得太快，就有些毛病，有些干部有些任务观点，有些合作社中混有坏分子，应加检查，一个办不好就〈应〉影响别的。

② 婚姻法去[年]开始，当时做得很好，对问题严格加以处理，但现在旧思想又出来了，学校中婚姻有些混乱。尚应继续加以教育与注意的必要。

③ 对粮食去年有问题，今年确实好得多，但尚有偏面，农民有钱就乱用，尚应加以节约教育。

④ 小学毕业生，在温州的处理是好的，但农村中的处理确是有些问题的，还应加以注意。

⑤ 学生的道德与思想教育，现在尚有问题，有些是先生影响的，有些是家庭影响的。

⑥ 现在中小学教师的健康颇有问题，尤其是肺病很多，公有制对大家固然很好，但医生太少，使大家医病仍有困难。

杜伟：

① 我们〈相〉想对杭州佛教文物加以整理与保护，但文管会说没有钱，我们希望能做，来帮文管会做助手。

② 希望各市都能有火葬场的设备，这对各市丧事费还可大大减少，而建设所费则并不多。

陶冶公：

火葬还可减少墓地。

大悲：

① 赞成火葬。

② 支持反原子武器签名。

③ 社会进化到现在最好要和尚（无文化的）入山去造林，至有文化的和尚则可要他们去整理文化。

许炳坤：

反对原子武器宣传中不可太〈垮〉夸大原子武器的威力，恐起反作用。

何茂钟：

① 关于统购统销是好的，问题在于：a. 产量，因产量估计不对，〈随〉遂挖了口粮，致人吃猪食，猪只好杀掉。养猪是肥料的重要关键，猪减少这问题是严重的，下次统购统销时，应将猪的饲料留起来。

② 农村干部中发生强迫命令，所以未能解决。一方面是因为他们分散，不能充份受教育，另一方面各村情况不同，农村又很分散，而任务又紧，所以只好强迫命令。

③ 农村干部多无报酬，许多人不愿做，使干部有困难，因此影响到工作。

④ 下面干部有事不敢反映，一反映要受批评，希[望]政府注意此事。

⑤ 在城市方面，工商业改造中年龄较大的就遣散了，使他们无法生活，我建议办些国家所需的手工业来安置他们。

⑥ 保存文物古迹，汤汉坟墓中陶器都已毁掉。

叶左文：

① 衢州要拆天王塔，虽加反对但还是拆了，其中有唐代文物，现在不知何处，听说在地委机关里，又周宣王庙的像也被打掉，而庙成了油脂公司。

② 关于统购统销，如何委员说，我不说了。

③ 对于火葬我以儒者的立场，不赞成，所以政府不应提倡火葬，但私人团体提倡我不反对。

马文车：

① 粮食问题成绩 99％，缺点 1％。

② 水利，对浙江粮食生产太重要了，希望注意。

③ 劳动力有余问题，如果垦荒在浙江本省就可解决的。

（文件编号：R137a）

关于工商业及税收笔记一则

1955 年

浙江手工业产品中有 23 种与工业产品相矛盾（如渔盐）。

1951 年粮食：4 071 亿斤（国家计划全国产量）。

1957 年粮食：4 110 亿斤（各省所报全国产量）。

浙江粮食：180 亿斤（1957 年计划）

          162.7 亿斤（1955 年计划）

棉花：52 万担（1957 年计划）

猪：400 万头（1955 年计划）

商业问题：私商 295 千人，按每人每月平[均]20 万 730 元。

零售公私安排、总额：

私商分：73 千亿

国营：44 200 亿

合作社：63 480 亿

浙江　农：500 亿

     水：534 亿 ⎫后三年投资总数

     工业：

税收：27 779 亿　财厅认为实际能收到的数字

     28 579 亿　计委认为可能做到的数字

     30 000 亿　中央要求必成数字

     32 000 亿　中央要求期成数字

     结余财政浙江可有 7—8 百亿

（文件编号：R137a）

对金华县干部的批评草稿

1955 年

① 金华县干部只看工作成绩百分比,而不知道合作化是深刻的社会主义革命(只承认土地改革是革命),更不知合作社化了以后农业生产上的问题,以为农民自己能生产,不必多管。因此对合作社,组织起来也就认为工作搞好了,万事大吉。

② 对中农问题,有严重的因反自发势力而反中农的倾向。另外依靠贫农,了解成为依靠贫农领导的问题也很严重的,由于不了解农民要工人阶级领导,农村中不重视支部是很自然的。

（文件编号：R137a）

李丰平传达中央财经会议精神

1955 年

粮食问题：农业生产一面是工业化问题，我们输出依靠农产品，而另一方面是工农联盟问题，就现况来说全国农民对我们是有意见的。一个是粮食问题，一个是合作化问题，少奇同志说，我们与农民弄不好，还不在怕挨扁担，而尤其是怕农民躺下来，今天已经有这征候，全国杀猪就有一百多万头，现在我们与农民紧张的是多挖十斤（每人十斤，全国五十亿斤）还是少挖十斤问题，这十斤是加粮。因此毛主席说，1955 年我们在粮食问题与合作社问题都要和农民缓和一下，邓子恢同志特别说，我们浙江合作〈社〉化太快了。根据主席指示，本来全国九百三十亿斤征购数字，减至九百亿斤，即基本上稳定在 1954—55 年的基础上，几年来规律，中国每年可增粮食 100 亿斤（灾农平均每年有三千多万至四千万人吃不饱，而今年则有八千万人闹灾荒，粮食减少（生产）了一百五十亿斤），今年都留给人民。在特别丰产的地方也只能多留少购，至于有灾则必须减免。因之九百亿斤，不但是任务数字，而且是我们的政策界线，这就是说，如明年有大灾荒，这数字也只好酌量减一些。

但是粮食既然少购三十亿斤，则销也应减少，即把城市、出口及军队各减四亿，库存减十五亿，农村也减几亿，共达三十亿。

国家现有库存仅 300 亿，而东南及西南各七八十亿是死角粮，全国在旅行的有二十多亿斤，即实际上等于没有什么存粮。

1955—1956 年要支出的粮食共为 827 亿，而 900 亿的总粮中则有 48 亿是死角粮，实际上好处只有二十几亿斤。所以支出的 827 亿是死数字，只可减少，不能增多。因此粮政上搞得好坏其关键在于"销"。

至于统销是否要补课，搞一运动，则由各省自定，但统销工作，各地党委都要好好的抓，而且现在就要注意来抓，但抓统销不可妨碍生产，否则明年问题更大了。

再则 1954—1955 年总购数为 870 亿斤，销为 773.877 亿斤，内中还有 43 亿死角粮，因此还要挖上年老本 14 亿斤余。

至于浙江，1954—1955 年购为 51 亿斤，销为 41 亿斤，上调为 10.5 亿斤。

至去年所借的二亿三千斤则不还了，只供二三亿斤糯米给上海就算了。

至［于］1955 年至 1956 年的数字，浙江购为原粮 51 亿 5 千万，销为（纯销原粮 38 亿斤），共〈销〉调 11 亿稍不到些，即购销基本上与今年相同。

在农业上应该是：生产按计划，派用处则按结果。

又：定产定购定销的三定政策，中央已正式确定，但三定只能到乡为止，到村到户，实际上是有困难的。因此定产实际上只能是大约的定产，即以上年度产量为基础，加上可增的条件，并经乡里人民讨论后所确定的数字即为生产计划数字。至于定购则以上年度征购数字为准则，而销数则应扣除不该供应的部份，即把富农等有余粮买粮者扣出来，使群众自己反对有粮者来买粮。

陈云同志说中国每人平均只有粮食五六百斤，而加拿大有三千多斤，美国有二千多斤，苏联有一千多斤一人，所以中国粮食的紧张，可能要十年二十年才能解决。

现在中国急救的办法，主要是依靠发展高产〈粮〉量作物，即品种问题，如多种地瓜玉米之类。浙江在这方面可以设法开荒，来种地瓜玉米。

销的问题一定要保证，缺粮户、灾民和经济作物区的农民，同时也要注意养猪区的饲料。在调拨困难时，应宣传有什么吃什么，但城市供应不可脱销。至［于］对熟食店及副食业则不可扣得太紧。这等于宣传粮食恐慌。

粮食赊购，放出款子，收回的只有百分之四十几，以后不应再搞。

国家粮食店在目前只能起周转作用，将来稳定后可能变成多收一些粮食。

养猪是解决肥料问题的主要办法，同时也是供给人民生活与出口的重要物资，今日的钢铁进口，是靠猪肉的出口解决的。猪的饲料若种红薯一亩可养 2—3 只，若以北方粮食则只能一亩饲［养］一只。

今年有猪……，国家收购 1 666 万头，出口 416 万头，供志愿军……，大城……，小城……万头。浙江要养 4 000 万头，收购 97 万头，上交 53 万头，全国合作社养猪有减少倾向，此应纠正。

为鼓励合作社养猪，采用猪肥多留肉。

食油：缺油省份限期自给（浙江明年自给，今年供浙江 6 000 吨），产油省份照数上给。

煤油今年供应 18 000 吨。

为收购与奖〈厉〉励油料作物，允许油脂公司蚀些本。

关于商业改造和市场问题：陈云淡，商业工作好坏对生产起决定作用，此工作做坏就要影响农业生产，而资本主义及手工业生产也是这样的。所以商业是又影响生产者又影响消费者，地方党委不管要否，总得做八个月商业工作。现在商业工作最紧张的是初级市场，踏步全国都踏不住，现在情况我们亦后退不行了。合作社主要应多做批发，〈另〉零售处不可多设，让出〈另〉零售额来给私商，但现在私商还接不过去，因为流动需求等都有问题。

我们应把竹木铁生产都让给私商来经营。

实际上述批发零售在内，中国的商业人员还是少了，苏联是人口一点四，中国则远还不到，因此今年〈跌〉踢掉商人是不合理的，我们的工作是应改其性质，改其思想，而不是把他们赶出去。

现在我们工作是小辫子当家，把戴瓜皮帽，掌水烟袋的都去掉了，其实他们做生意是有经验的，应该用他们，我们应该要用瓜皮帽加上小辫子，这样事情才能办好。对于经纪、牙行等人也是应该用的，固然他们是剥削的，但人民生活中还有这类人存在的需要，因此我们应设法改其性质，而仍把他们用上。

对大中城市合作社可以考虑退股，而取消他，如不肯退股，则可给以一定的优待。

油煤之类我们固然可以自上而下配货，但百货、布与西药等，则必须自下而上的要货，不可自上而下派货。

总之对私商是包下来，改其性质，这是我们的基本政策。

在组织上县以上的党委都设财贸部，区则有一委员专管财贸工作，省财贸部则须与财贸办公室分开，各有各的职责，财贸部则管检查与调配干部等工作，而不可干涉财贸办公室的政策执行。

农产品采购部，中央拟设立，地方在八个省中设厅，而其他各省（包括浙江）则设采购站。又各大城市包括杭州在内，设各种管理局（杭州设工商）及商业局。

又中央准备在今年八九十三个月中全面检查十个省，浙江八月份受检查，负责人到北京去。

检查一面要有书面报告（五月初写好初稿，七月正式报中央），然后再作口头报告，检查时间大约开会三次，第一次向中央〈会〉汇报，第二次中央讨论，第三次总结谈话。

检查内容是：

① 全省基本数字的图表，土地面积，人口，县市区党团员数，党政组织情况，工农商的情况。

② 政治情况，省的历史变更情况，尤其是解放后大运动中的变化。

③ 各省市自身生产与经济特点，如浙江主要是农业生产与合作〈社〉化问题，但也要讲到工业、文化、教育、交通、商业等情况。

④ 思想情况，党干部的思想情况，民主作风〈以〉与党内团结等。

写报告时要抓住根本问题的关键，如上海的如何减少 100 万人口，河北粮食如何自给等，浙江恐是上山下海问题，至报告字数大约一——二万字，由常委讨论，省委会通过再送中央。

	必成数	期成数
今年利润（工业）	847（亿）	1 047（亿）

① 就总结会议，还是四个问题：

商业改造，工业改造，统战及人事安排，领导市委职权省供销及城乡平衡。

② 但这没有解决城市的党及思想工作和整个问题，以后须专作讨论。

③ 这次会中以工作问题为中心来讨论的，但工作重点应抓住改造与领导的环节，思想亦以此点贯彻之，即社会主义具体化的统一认识，以此作为搞好工作的指导思想。并对过去错、对两方面都须作以正确的总结，发展与斗争是对的，方法速度有毛病，而这是从认识不完整来的。

（文件编号：R137a）

嘉兴救济笔记一则

1955 年

429 804 元　预拨嘉兴救济款

530 000 元　所需救济费

嘉兴五个县(吴兴、长兴、崇德、德清、武康)的灾情,灾区 128 乡,灾民 621 982 人(最严重[的]44 个乡,人口 70 000 人)。

原拨嘉兴救济费　42 万。

要求增加费　41 万。

要求贷款　　262 万。

要求水利工赈　22 万。

（文件编号：R137a）

吴植椽的工作汇报

1955 年

① 各地土劳分红，土地方面多在 35％—40％之间多的亦有 50％，但海宁、余杭等五个县则只有 20—25％，而绍兴则有倒贴的严重情况，这些办法是除生产本钱外，土劳以三七或四六分红，去排涝结果，生产成本大增，到土地不但没有分红反要倒贴。

② 耕牛农具问题，普遍存在抵价压低，牛价压低达 20％，龙游县有以阶级成份定农具价钱的，再则，付价一般是在二三年，而如绍兴等个别县则有延长之八至十年的，又有许多不必要归公的也都归公了，搞了许多多余的农具，使社里事实上无力归还其价钱。

龙游，粮食统购中，经法院处理的案子共 214 件。

其中勉强可以认为正确者 38 件。

可怀疑的 97 件（其中 70％恐基本不对）。

其他则根本成〈份〉问题。

至于未经法院，由区乡自搞的已知有 61 件（一般捕、打不在内）。

所以如此，其原因主要是想要政治部门配合工作，工作顶牛地方，就用捕人、判刑来解决。

（文件编号：R137b）

浙江粮食历年产量与销售数字

1955 年

总产量   销售总量

1952 年 140 亿斤   37 亿 2 千万斤 *

1953 年 138 亿斤   40 亿 7 千万斤

1954 年 142 亿斤   40 亿 9 千万斤（计划）

45 亿＋斤（实际可能数字）

注：1952 年未实施统购统销，此数字为公私销售数的总和，但未包括农民间直接买卖。每人每年所需之口粮：

农村 540 斤（口粮 500 斤加种子 40 斤）。

城市 500 斤（〈拆〉折米二石半，恐稍多了）。

旁注：如果〈另〉为年上缴粮，必须八亿斤，则征购额达总产量的 34％（全国平均征购的百分比是 27.2％）

1955 年预定粮食总量量（142、145）亿斤，以〈53〉54 年 138 亿［斤］为基础，估计 54 年受灾减产达六亿斤，通常年成受灾减产额大约三亿斤，如此 1955 年如年成［正常］通常可达 145 亿斤（增产 5 亿斤的可能〈却〉恰好与马料、豆等不算粮食相对消）。

全省粮食总产量——（145、142 亿斤）。

总口粮消费及种子 123 亿斤。

农村余粮（480 万户农户每户存余粮 104 斤计）5 亿斤。

复制酿造及财政粮 6.8 亿斤共 134.8 亿斤。

尚有余粮 10.2［亿斤］、7.2 亿斤。

（总口粮中农村 107 亿斤——包括种子，城市 16 亿斤。）

以总产量 145 亿斤为基础：

若征购 30％   若征购 32.5％

征购总额 43.5 亿斤   征购总额 47.1 亿斤

销   41.0 亿斤   销   41.0 亿斤

余额　　2.5亿斤　　　余额　　6.1亿斤

（总销额41亿斤的内容：城市十八亿斤，农村十五亿斤，酿造一亿三千万斤，财政供应粮二亿斤，复制业四亿斤及其他准备三千万斤。）

（旁注：浙江省每亩耕地平均粮食产量为：四百三十九斤。）

① 一般都有进步，不留不糟，问题多而不严重，认识一致。

问题：a. 干部强迫命令。

　　　b. 粮食合作社太快？

　　　c. 开荒。

　　　d. 人口。

　　　e. 下级干部待遇。

② a. 陈叔通避干部找材料。

　b. 梁希。

　c. 马寅初。

　d. 许宝驹"镇反"。

③ 政协后气不继：

政治安排好，[但]分红没有贯彻。

（文件编号：R137b）

关于浙江工商业社会主义改造的笔记一则

1955 年

二年中公私合营厂 216 个,连前共达 294 个

公营产值(中央及地方国营,公私合营及合作社营):

由 1953 年的 44.82%,预计 55 年达 73.11%。

私营产值:

由 1953 年的 55.18%,55 年降到 26.89%(私营工业的大型工业纳入中低级国家资本主义的已占 94%)

原来私人工厂,在产值上合营的已超过一半

计划〈另〉零售额让给私商:城市 67%,农村 45%

现在做到的: 城市 66%,农村 42%

资本主义工商业改造所存在的问题:

① 阶级斗争观点不完整不明确:

a. 对阶级斗争日趋尖锐复杂理解不够(没有经常予以分析),有以为公私合营可和平了,甚至以为可与资产阶级"求同存异"。

b. 许多人不知道通过业务,如估产等来进行斗争,业务脱离政治。

c. 对资本家斗争中,力量组织上不统一,没有组织好。

② 依靠工人阶级问题:

a. 依靠工人的重要性尚未被全党所掌握。

b. 发挥工人阶级监督不够,政府的驻厂员是有效果的。

c. 工会不管私厂工人。

③ 党的领导问题:

a. 党对社会主义改造的重要性认识不足,尤其是注意两条战线的斗争不足,今年在纠左方面做了不少工作,在防右方面则不注意,因而右倾有所增长,资产阶级的翘尾巴与此有关系。

b. 组织上的社会主义成份不纯与无力,许多厂甚至没有党员(62%厂无党员)。

今后规划:

工业社会主义改造：

明年合营 487 厂，产值 7 000＋万，工人一万三千余人。

私营产值下降至 25％，后年 475 厂，产值 6 000＋万。

（文件编号：R137b）

关于合作化情况笔记一则

1955 年

31 786 老社已整好 88％，正在整 7.5％，今年新社已有 25 718 个，五十三万户，加上老社扩大，其新户 70 万户。

全省已入社农户数 163 万户，即占户口 33％。

缺粮户：稻区，4.5％；半山区 13＋％；山区 31％。

（文件编号：R137b）

关于某院校肃反情况及吸虫病笔记二则

1955 年

反[革命]及坏[分子]336 人，占 3.5％。

经四十天学习增至 575 人，占 6％。

内教职员 251，占 15.5％。

教授副教授 203，反分子 40，占 20％；学生中 324，占 46.6％。

(575 人)可分十类：

① 敌情国际间谍 22 人，其中正副教授 12 人。

② 特务：正副教授 147 人，19 人—国防部二厅 27 人；小蒋家 10 人；中统 18 人；汪伪 3 人；其他。

③ 反动党团骨干，44 人，内正副教授 7 人。

④ 工青小群 68 人，内骨干 23 人。

⑤ 胡风集团 7 人，一般分子二人，内正副教授 2 人，影响分子七人。

⑥ 土匪恶霸汉奸 10 人。

⑦ 叛党投敌分子 6 人。

⑧ 敌人红旗政策伪共党 1 人。

⑨ 阶级异己分子、新反革命 102 人（主要是学生）。

⑩ 流氓坏分子 41 人。

反革命分子及坏分子来路：

① 敌人有计划留下来的：

a. 敌人在学校里长时期培养的，共 43 人。

b. 国民党党政军分子，解放前派来的 10 人。

② 通过私人关系介绍进来的 51 人。

③ 高级中学未建学生档案制度，入学前又未严格审查，在招生中混进来的，311 人。

④ 院系调整由别处分配来的 89 人。

⑤ 由省的组织及人事部门审查不严派进来的，共 16 人，内党员 5 人。

工作中除一般学习外，搞了一次罪证展览会，对思想批评则以讨论十八个反革命分子定论,即成文件,如胡风文件一样进行讨论学习。

反革命分子的思想言论主要是:

1. 明目张胆宣传美国及三次世界大战。

2. 宣传苏联是帝国主义,挑拨中苏关系,说苏联专家不把中国专家当人看。

3. 挑拨工农关系,说是剥削农民。

4. 说新中国焚书坑儒,不如蒋介石民主。

5. 谩骂新中国、毛主席。

6. 宣传腐化生活。

7. 披宗教外衣宣传反动思想,说我们是魔鬼。

8. 打击进步分子,挑拨党群关系,说党团是特务。

9. 针对社会主义措施如统购统销等进行破坏。

10. 英国工党的思想,认为中国搞法不是马克思主义的。

11. 公开反对向工农开门的方针。

教学中散布唯心思想,反对学习苏联,反对教学改革。

十八人文件讨论后牵[扯]到了一部份落后分子,斗了 77 人,为使群众提高认识,分清认识界线,乃组织了二次大型批评会,效果很好,但同时使落后分子也害怕起来,因此又在反革命与落后分子的界线讲了一讲:

① 落后分子与反革命分子在思想上有区别的。

② 落后分子与反革命分子在活动上有区别的。

③ 流氓分子与受资产阶级生活影响者有区别。

④ 信仰宗教与以宗教为手段的反动活动[是]不同的。

⑤ 地富资本家子女及有海外关系的,以其有无反动行为为其界线。

⑥ 对过去有错误的已交待以后,无坏活动者与有新活动者分开来。

但因界线划得稍迟也斗了几个落后分子,其次,教授中好的人我们也吸收其[做]肃反工作,丁振麟、陈■都做副组长。斗教授则很慎重,共斗了五人,且事先与党外人士商量过。

575 人反坏分子中,已掌握充份材料的 196 人,占 34％,掌握部份材料 277[人],占 48.17％,材料很少的 102[人],占 17.83％,五个学者有 79 个专案小组,重点审查了一百五十人,搜查共 56 人。

79 组中三十组工作是好的,占 38％;单凭群众压力,长期顶牛,[有]11 组,14％;又 38 组是一般的,48％。

除国际间谍、特务及党内反革命分子三种外,其他都在半年内可搞清楚。

在肃反与教育二不误问题上,主要还是思想[问题],是以为两件工作是对立的。

肃反拟再休整半个月,把经验总结一下,把已有充分证据的 150 人定下案来,加以处理。

以后问题主要是深入调查研究,定案。必要时配合进行小组斗争,准备在明年寒假之前全部完成之。

在肃反、行政及教学三方面的安排上,主要问题是肃反将减少力量,因之拟保留肃反办公室,及 19[个]专案小组,共 195 人。

关于吸虫病治防座谈:

粪桶改粪缸。

① 群众动员与规划步骤的经验,决定于区乡干部。

改变灌溉系统,以粪为基肥,注意调查。要经常的去发现病人,了解病情。

设法治疗早期病人,用巡回治疗法增长了工作信心,提供了许多技术问题,要求更多检查我们:技术与群众结合;继续技术研究;抓紧典型试验。

计划不要做得太精细了,尤其是情况……

（文件编号：R137b）

毛主席关于农业合作化的指示

1955 年

1. 1956 年要实现合作化，省级提 75％，但合作化要到 90％，75 以外的让给下面的积极性。如果明年完成合作化的话，则合作化就提早了四年，这是有好处的，对生产是有利的，对合作社的提高也可提早。但这里要防止勉强拉夫。江南十一月以前，淮北十月之前要完成（浙江明年可能达到 85—89.4％）。

2. 在合作化中地主富农及小土地出租者，工人家属及半农半工者应怎样办（这个问题应研究解决）？ 趋势是要放到合作社中去改造，主席意思要把地主分情况，老实的来入社改造，不老实的则入社管制之。但吸收他们则必须具备条件，在骨干好的老社自可这样做，未巩固的新社，自不能做。（地主等若不入社在外面也要捣鬼的，入社后则可争取分化他们。）

3. 合作社的骨干成份，管理委员会的组成：

2/3 是限于现有贫农、新下中农。

1/3 是老中农、新上中农。社长副社长限于现有的贫农、下中农，个别的可以中农（如党员及领导得好的原中农社长）。

4. 合作社的生产关系到社的巩固发达，关系到由低级到高级的提高，因此各级都要抓增产的典型，总结经验。

5. 与血吸虫病作斗争，务要消灭之，争取在第二〔个〕五年计划中基本消灭它。

6. 除四害，〔消灭〕鼠雀蚊蝇，到第三个五年计划即 1967 年基本完成。

7. 保护小牛，统一管理耕牛，以省为单位进出口，市场价格等要统一管理，繁殖生产也要统一管理。

8. 全面规划，要搞全面规划，必需加快合作化，全面规划上面〔向〕下抓，大家就必需去调查，到下面去，深入了解情况，因而也可及早暴露新问题。全面规划是步步深入的，愈来愈细致愈来愈全面的全面规划是各项工作的法宝，是社会主义按比例发展的办法。

9. 扫盲，1 500 到 2 000 个字，要求在第二个五年计划底完成（浙江有文盲六百多万人）。

10. 绿化,全国到处栽树,1967 年前分期来完成之。

11. 修路铺桥,除省之外县区乡都要搞,给任务,尤其是山区。

12. 在七年之内,要消灭一般的水灾旱灾。

13. 七年内消灭虫灾。

14. 肥料——自力更生,主要办法就是养猪养牛。

15. 三个五年计划底,江南每亩单位产量达 800 斤(原提 1 000 斤)。黄河以北每亩 400 斤(原 500 斤),淮河以北每亩 500 斤(原 600 斤)。

(原提数字作为实际工作中的积极努力数)。

关于资本主义工商业改造问题。

(文件编号：R137b)

在民政会议上的讲话

1955 年

一、民政部门是干什么的?

(一)长时期间这个内容不明确,过去甚至把中心搞错了,变成政权之父,把民政部门应该搞的主要工作放到次要地位上去了。

(二)三次会议后,应该说,民政部门的任务是:主要的是广泛的去解决人民的困难,从这里来加强政府与人民的联系,教育与提高人民,以巩固人民民主专政,加速国家的社会主义建设和改造。把优抚、救灾与转业放在第一位,不仅有其数字理由(浙江的烈军属 16 万 7 千户,将近 60 万人;复员军人已有12+万人,即将要来的尚有二——三万人;穷苦户有 3—4％,四十万人连常年灾民共将达一百万人。),且这些人阶级成份上都是好的。人民的贫困与苦难不解决,社会不能安定,国家建设与改造的进展也必受影响。复员〈专〉转业与军烈属不搞好,会影响于国防,尤其是会影响到后备兵招集不起,情绪不高——这是社会主义建设的主要保障条件。反之,我们若搞好了,则就增强了国家建设的骨干力量,一进一出,关系是相当大的。

那么政权建设是否不要管了呢? 应该说还要管一些,不闻不问是不对的,问题是如何管法,政权作用怎样加强,这是可以而且也应该研究与提出意见的。划乡、准备代表,在政权建设中做一个助手,这作用也应该起的。过去毛病是把建政看成中心工作,同时又把民政部门看成是政权的太上老君。而不是这工作不许民政部门过问。

(三)由此提出一个问题,即在整个国家建设与改造的过程中,就是说在国家的进步中,我们应怎样有计划地主动地来解决人民的困难,消除我们的困难,把可能成为消极因素的东西变为积极的因素,而发挥出我们民政工作的作用来,这就十分必要了。

我们应有全面规划,定好步骤、作出计划,在国家的进步中,社会的困难逐渐减少,使积极因素逐年增加起来,变成整个社会都在进步而没有死角。如此,我们革命的进展条件也就更加顺利,我们政权的稳固性也就会大大增强。

（四）由此可知：

1. 以为民政部门是杂摊子，不关重要，应付一下门面就够了，这种想法是不对的。我们每年〈化〉花了八百多万难道是为了这个？

2. 以为民政工作没有方针路线，也无法规划，工作出力不讨好，一辈子也干[不]出山，这也是不对的。

3. 问题在于过去这样搞法（主要是领导上没有帮助你们解决）确实使人容易产生前述的错觉的，但错觉在原则上是不能成为真理的。

二、当前的形势与民政工作的任务。

我们深深地感觉到在全国社会主义革命飞速的进展下，我们民政工作是愈来愈适应不了形势了。

（一）就浙江情况来说，这一年来形势的变动是很大的，社会主义势力的增长是飞快的，就中尤其是农业合作化的速度增长得惊人。

八月预计办六万五千社，组织农业人口 43—46％。现已达到八万多社，组织农业人口 48％＋，离计划期尚有四个月。显然明年的变化是更大的，基本上可解决农业的初步改造，这是无疑的。

随着社会主义力量飞快的增长，几乎我们的一切都在变化，生产高涨也渐次到来；人民的生活习惯、条件正在变化，阶级的分化与斗争都在剧烈化。总起来说，一切都在高速度地变化着。

（二）这种形势对我们工作来说，有着两方面的意义，即：

1. 一方面说明磨心子转得快了，我们各项工作都必须随着这个中心加快速度，因为新的矛盾、新的问题与要求都迅速的在发展，不然我们有任何部份跟不上就都会多多少少妨碍社会主义革命的前进速度——以民政部门来说，在人民生活日益提高中，转业、优抚和救济工作做得不好，他们对政府的意见也愈会增多（来信增多就是一例），但做得好，不但可使更广大的人民生活提高，且亦使社会主义发展的速度增加，增加了许多骨干力量。

① 须知社会主义是不能在许多人民还饥饿着而可飞速发展的。

② 同时我们政权的内容也不能以不变应万变。

2. 但另一方面，形势变化，社会主义力量迅速增长，生产力的提高，也产生我们可以解决更多问题的新的条件，使许多过去很难解决的问题（如优抚代耕，人民对政权的关怀等），现在大部亦有条件可以解决了，这就使我们可以有计划地来解决了。

（三）因此，这里就提出一个更迫切的问题，即要我们民政工作者，随时随刻，并且系统地来研究这种形势的变化，作出全面的规划，继而把我们的本行工作，能同整个形势的变化和进步，亦即是说因我们中心任务的进展，更加紧密地结合起来，把我们的本行工作做得更好。

1. 孤立地自搞一套是不对的，也〈决〉绝解决不了问题。

2. 正确的贯〈澈〉彻民政工作的方针以及解决我们工作中的困难，根本的道路，就是在形势的变化中，围绕着中心任务来想办法。

3. 这个问题你们已明确地提出来讨论了，我以为这是很好的。

三、民政部门的工作困难应如何解决。

按着形势变化，围绕着中心任务来想办法，这个根本出路的解决自不等于解决了我们工作中的一切困难，要进一步做好民政工作，使之适应形势的要求与做好我们的工作，完〈全〉成我们的任务，我以为有几点还应该注意解决：

（一）掌握情况，研究条件 。复员军人、烈军属、孤寡以及灾害的情况。解决的程度，可能解决的程度，不能解决的是那些。只有这方面心中有数，工作才能有计划地来进行。只有有这种思想意图，情况才能逐渐搞清楚。同时，尤应总结经验教训，搞了六年，各方面好的经验还是有的。

（二）依靠与运用组织和群众的力量

三个六个人是做不好这样复杂工作的，但自己情况不了解，解决问题的办法提不出，则就不能依靠与运用组织与群众的力量。全省有五万多的民政委员，有许多复员军人和军烈属，我们没有很好去运用他们——分水县用了一下，九天就摸到了基本情况。

要解决这个问题，自然一方面也要依靠党委及政府组织，但我们自己首先应该做好我们应做的事情。

（三）健全思想，健全组织

1. 从过去工作内容不明（各级党委、政府与各级民政部门工作同志都是如此），领导上不能给民政部门工作同志有必要的帮助，因此，在同志中产生各种苦闷与不安心这是很自然的，而民政部门工作在这样条件下还做了许多工作，这也［是］难得的，但要搞好工作，自己无信心或不安心，这是不成功的。

2. 事实上由于我们许多工作还没有做，我几乎每天都给人家在骂的（也是应骂的),不过,长期挨骂总不是办法,我们总得共同解决他。

3.在民政岗位上,工作情况,经验须我们大力去搞,因此同志们更须有勇气,拿出大劲来,若自己无信心,不安心这就搞不好了。

4.现在组织配备是弱了一些,尤其是流动太大,且不能中心搞民政工作,我们应设法首先使后二端的情形有所改善。

5.但要搞好工作,则要党政组织与民政同志两方面努力,尤其是我们自己方面。自己不搞好,不能使党重视,领导上重视了,拿不出意见来也还不能解决问题,所以自己努力是主要的。

————————————

(以下内容大体系前面内容的重复或精简——整理者注)

一、民政做什么问题:

(一)烈军家属16万74户,将近60万人。

(二)复员军人,已有12万多,尚有二三万人要来(今明年)。

(三)浙江穷苦户,3—4％,四十万人,连常年灾民则共将近一百万人。

二、民政工作同志,阶级观念不明,烈军属、复员军人及穷人,在阶级观点上说是好的,搞得好可以做骨干。

三、从国防观点说,据兵役法复员后仍是后备役,〈专〉转业搞不好。就影响到后备役,金华:去是敲锣打鼓,回来冷冰冰的。

四、政权工作现有不闻不问的倾向,这是不对的。划大乡问题,明年选举代表准备,民政部门要做助手。

五、形势变化,烈军属及复员军人在社会主义改造与建设中,应看成是骨干力量,要加重运用。

六、关于了解情况,要从搞好规划上来提出。

全省有五万多的民政委员,主要是没有运用好,有许多复员军人可用。用了这些力量,分水县九天就摸到了情况。

————————————

一、政府要民政部门是干什么的。

(一)长时期间,内容不明确,过去甚至将中心搞错了,变成了政权的太上老君。

(二)三次会议后应该说,民政部门是:

1. 解决人民的困难,从这里来加强政府与人民的联系,以加速国家的建设与改选,消除国家建设的障碍化,巩固人民民主专政,〈专〉转业及优抚也是为着这个目的,完成这个任务。

2. 作为党委与政府的助手,策划与研究政权的建设,以发挥政权的作用。(明年选举这个问题很大)

(三)由此提出一个问题,就是在整个国家建设与改造过程中,即在国家进步中,我们应怎样有计划地主动地来消除障碍,发挥民政工作的积极作用,而作出我们的规划,即使社会的消极作用逐年减少,民政部门的积极作用逐年增加。

(四)由此可知以为民政部门是杂货摊子,应付一下门面就够,这是不对的,八百多万一年是为啥的? 以为没有方针路线,无法规划,工作出力不讨好,一辈子也干不好,这也不对的。

问题在于过去这样搞法(尤其是领导上不能帮助民政工作同志解决问题),确使人会有这样错觉的。

二、当前的形势与民政工作的任务,我们深深感觉到全国社会主义革命飞速的进展下,我们民政部门的工作是愈来愈适应不上了。

(一)就浙江情形说,这一年来形势的变动是很大的,社会主义势力的增长是很好的,就中尤其是农业合作化的速度增长得惊人的,明年的变化还将更大。

随着社会主义力量的飞速增长,生产的高涨也渐到来。

(二)这种形势[有]二方面意义:

1. 一方面说明我们各项工作都必需围绕着轴心的转快,而加快速度,否则任何跟不上都会多少〈放〉妨碍社会主义革命的前进速度——民政部门自亦如此,社会主义不能在有许多饥饿的人民的基础上飞进而无碍的,政权的内容也不是不变能应万变的。

2. 但另一方面,却也产生了我们可以解决更多问题的新的工作条件,使许多过去很难解决的问题(如优抚代耕等),现在大部都有条件可以解决了。

(三)因此我建议,民政工作者要随时研究这种形势的变化,继而把我们的本行工作能同整个形势变化,亦即是我们的中心任务,更紧密地〈接〉结合起来来解决。孤立的自搞是错的,也解决不了问题的。

正确贯〈澈〉彻民政工作的方针以及解决我们工作中的困难，根本的道路就是在形势变化中，围绕着中心任务来想办法。这个问题你们已经提出来讨论了，我以为这是很好，很重要的。

（文件编号：Q33）

关于台湾同盟工作给谭震林的报告

1955 年

谭政委：

从胡风的案子，又记起台湾自治民主同盟的事情 起 来，恐中央尚未很好注意，这里想把这事和你再说一说。因为你去华东工作时，台湾自治民主同盟的事情已差不多马马虎虎处理掉了，其中主要情况恐怕连你也不一定详细[知晓]的。谢雪红、杨克煌、李长根、王思翔这一帮人，我们始终怀疑，这些人可能有政治问题，现在知道王是胡风分子，而李王二人在二二〈三〉八事变前则为台湾"和平日报"即军统的"扫荡报"的经理与总编辑，在谢雪红到中国后由台湾来找谢雪红的。

谢雪红、杨克煌是老台共的党员，都被捕叛变过，谢雪红出狱后所开的红叶(?)酒店，据有人说是当时日本警察局特高科政治警察的人帮助她的。杨克煌根据他整风时的自白，则曾在日寇统治期间，做了某地区物资配给的经济统制工作。按日本警察制度的习惯，对被释出狱政治犯，特高科总是有人与他经常联络，进行监督，或做这被释放的犯人的工作。而谢雪红出身穷困，(童养媳)出狱后反而能开相当漂亮的新式酒店，说是特高科帮助〈他〉她的，也有可信之处。

在国民党接收台湾后，谢雪红曾做过国民党组织的台湾妇女会(名称忘了)的委员(负责人之一)，竞选过伪国民代表大会的代表，但因被国民党 CC 势力排挤掉，而未选到(看来谢雪红所以参加二二六事变，反对国民党与此事有关)。杨克煌则曾做过台湾国民党重建前的省党部委员之类的工作，后来他也到过和平日报去做过工作，与李长根、王思翔也是这时认识的。

二二六事变时，谢雪红、杨克煌二人在台中地区，群众起来后他们也出去打国民党，缴了国民党警察的枪子，后来上山拟打游击，一战即败，乃逃至香港。

在这之前，谢雪红曾与杨克煌等曾联络旧台共有关的人筹备恢复台共，而被当时上海党派去的台湾工作的同志(蔡孝乾等)取消掉。所以二二六事变后，他们来香港就和上海党联系上了，而成立所谓台湾自治民主同盟。当时上海局直接主持那方面的事情者是张执一同志,详细经过可问他。至于前面所说谢、杨这些事情,当时张也不知道的,随着北京的解放,台盟也就由香港迁到中国大陆上来。

谢、杨等到中国大陆后,就以台盟名义积极展开对在大陆上台湾人活动,发展其会员。但上海的台湾同乡会向来控制在李伟光同志手中(李是会长),被上海秘密党当作对台湾工作的补助工作机构在使用的。因此由党提议华东的台盟组织则由李伟光同志为主委,而谢雪红杨克煌等则谋[划]夺取李的势力,起初提议同乡会是封建性组织应该取消,有了台盟就不必有同乡会,后组织上考虑为加强对台湾工作,上海的台湾同乡会仍应保持,谢雪红、杨克煌等即暗中联络在上海的台湾资本家林政汉等要求改组台湾同乡会,清算同乡会账目,在群众会上大轰李伟光同志,谢雪红亦出席此会支持反李的活动。后来谢、杨反李的斗争虽在党几次严厉阻止下,但从未停止过,并想把李的华东台盟主委的职份也搞掉。

一九五〈一〉〇年夏,朝鲜战争爆发后,组织上要我去整理台委及台盟,发现除发现谢、杨在台湾时前述的这些情形外,并发现:

(一)在上海台湾人中间,有个小组织,主要是林政汉,苟某(铅笔公司经理)苟妻,等几个有钱的台湾人与谢雪红、杨克煌等来往颇密切,而对抢夺上海台湾同乡会及台盟华东总支部等事他们暗中都有策划。

(二)谢雪红、杨克煌到处委派台盟组织(如广东福建等地)负责人,其人都来历不清,行为不端,政治面目都极可疑。

(三)李长根、王思翔,我们已公开向谢雪红说,政治上有问题,而谢仍主张任李为台盟总部组织科长,王为宣传科长(后被我们拒绝未果)。

(四)台盟的秘密及一切活动,李、王等几全部都知道,连台盟同台湾内部某些人有关系,李、王也都知道。凡台湾内部可没法找关系去进一些活动的人,都抄在一本〈薄〉簿子里,而此〈薄〉簿子又随便放在抽斗里,在台盟总部工作的人几乎都可看到。

(五)谢雪红利用其地位,介绍了许多不知来历的人去九兵团,随九兵团在朝鲜工作。(后来我们通知九兵团全部撤回复员了)

此外,在我在台委工作期间还发生了二件奇案:(一)为着讨论台盟的组织也不知道是什么事情,谢、杨二人到我办公室来时已将晚,我和他们约定后日上午九时在另外一个台委机关里开会（路名门牌已忘了，总之这地方是相当偏僻的）。第二日，并且台委机要秘书打电话给王锡珍及李伟光二同志。但当地二日上午九时将开会时，上海公安局忽通知我们在我们开会的地方附近有人想暗杀李伟光，经商量后当即把凶手捕了。凶手亦一台湾人，在凶手的遗书中说"十时不回家，大概事情失败永不会回家了"（记忆中的大意）。又问凶手供时间他为何选择那里去下手，则凶手只说那里李常出入。但事实上李不常到那里去，在这次开会前〈只〉至少有二个月没到那里去了。从这些事实可知凶手确知某日某时李到某处去开会，在静僻处伺候动手。但李于此时去开会是我前二天傍晚的时候决定的，王锡珍、李伟光二人还是开会前一天，方知道的，而知道那天在那里开会李伟光也要去参加者，则除台湾机要秘书之外只有到会的五个人（连我在内），而当时我们正在准备整理与改变台盟的组织。显然，这行刺案谢、杨有极重大的主使嫌疑的。

当时我们曾要求上海公安局严追此二案，但长久没有眉目。后来我去浙江工作了也不知如何了之。

（二）另一件案是一九五一年春台湾地下党的大破坏。在大破坏中，一个同我们有联系的台湾电气公司的总经理也被蒋匪屠杀了，并在报上发表警告在台湾的人，说不要以为共产党向你们保证保守秘密，他们是把你们的名字在〈薄〉簿子里记着的。当初我看到这报以为是特务〈固〉故意用幌子〈嚇〉吓在台湾倾向祖国的人。因为这个总经理的关系我们很守秘密，但当时台湾省委书记蔡孝乾是知道的，蔡既向敌屈膝，这个总经理想起来也可能由蔡出卖的，所以对敌人报上这些话未加重视。但后来检查台盟文件发现有一本〈薄〉簿子居然也有这个总经理的名字在里面。不禁想起敌人报上这些话也可能不是没有因由，虽然今天仍不能断定敌人报上这些话是指台盟的〈薄〉簿子，但台盟的〈薄〉簿子究竟不能不有嫌疑的。

这些事情大部份我已在一九五二年报告给组织了，一部份则是以后才知道的，当时我们估计谢雪红等这种活动有二种可能，一种是野心家，想做领袖并想垄断台湾解放后的局面。另一种可能是有政治问题。因此，提议把台委及台盟改组，务使掌握在可靠之人的手中，现在看起来，这样布置还是有毛病的，恐怕还应当作一件可能是严重的反革命组织来看待，而设法有系统地来进行侦查。

　　关于台盟的这些底细，现在中央统战部工作的王锡珍同志比我了解得更详细些，请组织上可向她再加以了解。

（文件编号：F218）

统计工作会议发言

1955 年

五天来,统计工作先进工作者会议今天就结束了。这次会议开得很好,交流了经验、布置了今后工作,使我们以后工作的信心也更大了。

趁着这次会议,首先我应该以我们省人委的名义向全省的统计工作者表示感谢,因为你们的工作,给我们在研究情况、讨论问题、决定工作时以很大的帮助,前二天我还以你们所提供的数字有力地回答了那些叫喊人民生活愈来愈苦的人。

至对于今天的在座,由于你们的辛苦的工作与创造性的劳动,而被评为先进的统计工作者。我更应该向你们表示热烈的祝贺,并希望你们在已经取得的成就基础上,继续努力虚心的钻研与学习,创造出更好的经验,来带动全体的同事,把我们的统计工作做得更好。

同志们,也像你们所知道的、确定、统计,对于我们的决策与研究问题是太重要了。统计的图表,等于是飞机上的各种仪表,飞机上没有这些仪表,怎样好的飞行员都要出危险的,我们工作如果没有一定可靠的数字作依据,则其危险也就如盲目飞行一样。前二年在粮食问题上我们就吃过这苦头。

我们国家的社会主义建设,还在突飞猛进地发展,而社会主义建设的进展,正一天天要求我们有更完善、更正确、更及时的统计。因为大家都知道,社会主义经济是按比例发展的,比例不称。失去均衡就要出乱子,但发展本身是不可能平衡的,我们只能在加快某些方面的发展来使他比较平衡,(如农业发展了工业要赶上,粮食发展了,其他要赶上,等等)如果这里没有及时的、完善的统计,这就不能不发生混乱。

但是要把统计做得很完善、很正确、很及时,这是一件非常困难、非常复杂的事情。譬如要算出正确的工人生活指数,这就是一件难事。在苏联,一般的统计工作多半是由专科学校或大学统计科毕业生来担任的,他们不但学过专门的统计学,分类的统计学,而且还学了很丰富的经济学、社会学等知识。自然,我们今日的条件,完全不能这样要求,但这却可说明,要做好我们的统计工作,确实是需要我们今后作极大的长时期努力的。因此我们过去工作虽然取得了很大的成绩,但我们却一〈些〉点也不可自满。国家的经济建设发展得那么快,我们的统计工作也必须跟上去,我们必须兢兢业业,再激再励,来搞好我们工作,我们必须虚心学习,不断的提高我们的水平,来满足国家对我们工作的要求。

经过这次会议,我深信同志们对自己工作的责任和信心都有所提高的,因而,我也相信着:今后我们的统计工作一定会有更大的进步与更好的成绩。

前面这是我对参加这次会议的各位同志想说的几句话,同志们既然大家都要我来讲讲世界时事问题,那么下面就讲讲世界时事问题吧。①

(文件编号:F179)

---

① 　原文后缺。

黄源同志谈胡风问题

1955 年

省委准备召开地、市委宣传部长会议，布置传达一下。

1. 根据中央及人民日报的指示批语，把这一问题的性质讲一下。

2. 浙江方面的一些活动情况。

3. 根据最近中央指示，十号前的布置。

沙：

今天有些民主人士有中立思想 ，资产阶级的人道思想，特别是广[大]人民群众干部警惕性不高。今天这方面的工作要很好做，省开这次会很重要，使广大人民警惕性提高了，便于今后同类似的、更隐蔽的敌人斗争，能得到人民的察示，打下今后对敌斗争的基础。

作报告党政机关干部，群众团体，民主党派，要开座谈会，讨论这一问题，这样要很好组织力量，只 掌 文教部不行。

我们过去作为思想斗争中不够强，但警惕性也不很高，只是讨厌人家，当作思想斗争是对的。但只有这一面是不够的。党内要进行教育，警惕非党政策的各种思想的抬头。

一般的讲，浙江搞的不够认真。大题小做。

公安工作要做些细致的工作。

（文件编号：J415）

在省军区解放军授衔大会讲话手稿

1955 年

同志们：

今天是我们中国人民解放军在浙江的校〈慰〉尉二级军官授勋典礼，我谨代表浙江人民和浙江省人民委员会向你们致革命的敬礼，并祝贺你们荣获光辉的军勋。

国家授予人民解放军军官以正役的军勋，这是我们人民解放军更加正规化的一个标志，从一九二七年八月一日南昌起义，中国人民在共产党领导之下，被迫采取了以武装斗争的方式来和反革命势力进行斗争开始，一直到今天已经有二十八年的时间了，在这漫长的年月中，经过多次的内战和抗日战争，依赖着中国共产党和毛主席正确的领导，依赖着我们全体同志艰苦卓绝的英勇奋斗，依赖着劳动人民广泛的支持，我们终于在 1949 年取得全国范围内决定性的胜利了。中国之有今日，中国人民能在 1949 年开始以自己的意志来缔造自己的命运，这首先不能不归功于我们革命的军队——这在过去我们是称为红军，现在称为中国人民解放军的！

1949 年全国大陆解放之后，中国人民解放军不但在警卫我们国境，继续解放沿海的岛屿和参加了人民志愿军，支援了朝鲜的人民打败了帝国主义者的侵略等方面，给我们国家以安全保障，特别是你们积极的进行正规化、现代化的锻炼，和准备的不断改良，使我们战斗力不断的提高，更给我们国家以有力的安全感。中国人民今天所以能够按着自己的意志来缔造自己的国家，并专心专意地进行国家的建设，首先不能不归功于我们人民解放军的。

现在我们国家第一个五年计划第三年度的建设已将完成，社会主义的势力正像怒潮一般的在高涨，无论在工业上、农业上以至于商业上社会主义的势力都已得到确定的优势，我们的国家正在生气勃勃的发展与强盛起来，全国人民正为着他们美丽的社会主义前途在奋斗。

在中国共产党领导之下，全国人民是有十分的信心来改造与建设我们自己的国家，使它达到空前富强的境地的。但是同志们，我们一刻也不能忘掉，残败的国民党反革命势力尚盘踞在台湾，帝国主义者更不会甘心于他们的失败，中国一天天的发展与繁荣，正使他们一天天对我们嫉妒。他们痴心梦想着想〈乘〉趁什么机会来进攻我们，把中国重新变成殖民地或半殖民地。在国家建设的胜利途中，我们可以看得很清楚，他们不但那么焦急且军事上也正在积极地作这样的准备。对蒋贼军的军事援助不是在增加吗？在日本他们不是正想重新建立起法西斯武装起来吗？在朝鲜和越南他们不是正在干他们不可告人的勾当吗？同志们，帝国主义和蒋介石匪帮，是绝不甘心于世界和平与中国的繁荣富强的。他们知道中国愈是富强，他们的反动目的就越难实现。因此中国愈是发展，他们也就愈加仇恨，侵略我们的心情也就更加急切。对于这点，我们都必须时刻警惕着，而一丝毫都不可大意麻痹。

同志们，我们都知道，我们中国所衷心要求的是和平与建设，但是敌人却不那么想，他们是要侵略要战争。这是一个残〈皓〉酷的事实。因此，在我们国家的建设的胜利进程中，在国防上就不能不有充分的准备。也就是说随着国家的建设与发展，你们保卫祖国的责任也就更加重大起来了。

同志们，我们知道，我们国防自卫力量愈大，国家建设的进度愈快，成就愈大。同时，我们也就能提供更大的力量用于巩固我们的国防，增加我们国家的安全。在你们和我们之间，从工作的内容上来说，固然是有所不同。但是我们实则都是一体的。军民本来就是一家。你的力量就是我的力量，我的成就也就是你的成就。

当国家正〈设〉式授予你们各位同志以军勋的时候，我正有说不出的兴奋，愿我们永久地相互勉〈历〉励，为着国家的事业，为着社会主义革命事业勇往直前加倍努力，在中国共产党和毛主席领导下，年年月月都取得新的成就。最后请允许我再说一句，衷心的祝贺你们获此光荣的军勋，并向你们致革命的最敬礼！

（文件编号：F154）

政治形势问题

1955 年

国内形势是大家都看到的,正处在伟大的社会主义革命的高潮中,我不想详说了。主要的想对国际形势问题说一说,因为大家都有这要求。

(一)战后世界的根本特点是世界分成二个体系,而所谓国际政治的根本形势也就是以这二个体系为主体的,进行尖锐复杂剧烈的和平与战争的斗争。这斗争发展到了去年,形势迅速地变得对和平愈来愈有利了。美国侵略集团和他的追随者不但在论理上,并且是在实际已处于江河日下愈来愈狼狈的逆水行舟形势了。

从去年以来一连串的事实是:

1. 万隆会议的世界建立了,主张世界和平共处,反对殖民主义的大旗。日内瓦会议树立了"以协商来解决国际争端和紧张局势"的精神。这说明世界政治的一个趋向,战争,侵略,大大不得人心。美国侵略集团和其追随者所坚持的"实力"政策(实际上是以战争进行〈赫〉吓诈的政策)已不断地遭受了失败,他们已日益陷于被动。

2. 〈只〉尽管是美国侵略集团和其追随〈着〉者在万隆和日内瓦会之后想用一切办[法]来改变这个形势,制造各种紧张形势,如在台湾,如马尼拉条约,巴格特条约,以及各地进行内政干涉和军事演习等等,但是这大势已不是他们能改变的,试看:

(1)远东中立国家与和平反殖民主张的势力是愈来愈大了。

(2)近东以埃及为首的反殖民主义与主张中立的势力也昂起首来了。

(3)南斯拉夫和苏联完归于好。

(4)南美也在反美,北非要求独立。

(5)在主要资本主义国家内呢:法国共产党选举胜利;日本、西德的人民对现状愈来愈不满;英法等国在人民不满的基础上,资产阶级动摇与其内部斗争也更加剧。最近比诺的外交声明,不是偶然的。

3. 这些事情说明了世界绝大多数人要求和平要求自由,反对美国侵略集团及其追随[着]者的"实力"政策,战争〈赫〉吓诈政策,他们所处的形势确是江河日下了。

而与此相对的和平,民主,社会主义阵营则是越来越壮大了。我们社会主义各国不但都胜利地前进,各国的力量都壮大起来。并且,世界各地的人民对我们的和平诚意也愈来愈清楚,从而我们和他们间的友谊以及给他们的影响也大大增强了。

以为美国侵略集团及其追随者,能改变世界这个现实,那简直是神话。事实证明他们的造谣,什么共产主义侵略呀,革命输出论呀,在现实面前只能是破产。而以这种谣言来掩盖的真面目,侵略掠夺与奴役人民和制造战争的真面目,却一天天被揭露了。

这一年多来世界形势,说明对我们愈来愈有利了。

(二)从去年以来世界政治上出现了这种有利于我们的形势。这是从那里来的呢? 简单地来回答这个问题,可以那么说:

主观上是我们(以苏联为首的)社会主义国家有远见为和平而斗争的不断努力的结果,而客观上则是战后社会主义势力扩大、世界人民进步和资本主义世界内部的矛盾更加尖锐的具体反映。

1. 首先是我们社会主义世界的努力:

(1)社会主义世界力量的壮大。

(2)团结的加强,使侵略集团,不敢动手,动手就遭失败。——朝鲜的战争就是证明,证明社会主义制度的优越性和其伟大力量。

(3)耐心有毅力的斗争,以每件事实来证明我们主张和平与共处,击破帝国主义的造谣,揭露帝国主义的丑恶面目。

(4)对不同制度的国家友好和和平共处的态度,扩大我们与[之]团[结]。

2. 在这样努力的基础上,美国侵略集团及其追随者的丑恶面,就在资本主义世界矛盾增强下,一天天明显起来而日趋孤立了。

(1)战后资本主义世界内部的三个矛盾,无论在那方面都是尖锐起来了的。因为它的经济是建立在极不稳固,发展很不平衡的基础上的。(世界市场范围是缩小的,而其总生产是多于战前的约 90%)。这使他们为着追求最高利润不能不走上加强掠夺与制造战争的死路上去。不能不加深资本主义体系中内部的矛盾。

(2)但是世界人民的水平经过二次战争是提高了。殖民地体系的崩溃,人民反战与工人罢工的增强，2 100 万增至 7 300 万［增长］约三倍半。尤其在社会主义灿烂的光芒照耀着的前面，连一部份资产阶级都是怕战争的。我们的政策是充份抓住了战后世界这些重要特点的。所以能够胜利。

（3）那么是否可以说，世界可以无事了呢？还不能那么说，世界前途有二个。和平共处的可能性很大，但战争的危险也还不小，问题还要看我们和全世界人民今后的努力。

去年以来形势是趋向和平（即缓和了紧张形势），今后的形势也有继续缓和下去的可能，就现在的力量对比上来说，肯定地，和平的力量是大过侵略集团的。

社会主义国家（土地 25％ 人口 35％ 工业 30％）加上世界多数的人民。帝国主义国家还加上他们内部的矛盾（德日），况且严格说来美国侵略集团的爪牙，和有些追随者是〈劲〉经不起战争的。

我们政策［时］是用一切办法阻止战争，争取和平共处，但这决不是因为战争起来没有胜利的把握，而是因为我们是社会主义者，主张和平。这所以战争有可能阻止住的。

但，美国侵略集团和其追随者，还正坚持着他们的"实力"政策，准备战争，资本主义经济危机正迫［使］着他们在向战争冒险，所以在形势还没有使他们一望而知"完全无所能当"的时候，这危险总是存在着的，因而也会出现战争危险"时大时小"的情形。

所以决定的问题是要看我们的努力与世界人民的进步。特别是决定于我们力量的生长。我们要加速工业化，提高科学水平其世界意义也就在这里。

（文件编号：F121）

关于省经济建设和第三个五年
计划有关会议记录

1955 年末至 1956 年初

1. 反右倾保守后有冒进现象,有些没有放在充分可靠的基础上。

2. 肃反,李又提要大赦,有些人只注意提高警惕,有些人则只注意不出偏差。(在某时期注意某一面是对的)

许多人是赦了,有些改了成份,但大赦则不准备干。

北京反革命分子及其家属近三万人,已有一万二千人就业,形势就不〈为〉会改变。

判重判差了的应该改。

3. 工商业改造,息一例五厘,不到五厘的提高至五厘,原来高于五厘者下降。

资金在二千元以下的资本家公费医疗;二千元以上而仍有困难者也可公费医疗。

三反后干部宁左毋右的思想很深,现在不应如此了。相处难题,主要是有职有权问题。

4. 农业,重要问题是粮食之外没有抓紧。

邵[力子]:

① 要求以后预算提出得早些,给常务委员会及大会有充分讨论时间;

② 学经费一部分从地方自筹解决,不好应全部由国家来开支。

马老:

附加税,此例一开,可能产生层层加税的现象,应加限制。(22%)

邵:

关于提前完成与超额完成计划任务问题,可使产生如下副作用:

① 只顾数量,而质量降低了。

② 过大的增加劳动强度。

省财政支出，总数 24 043 万元，为上年决算 136.15%。

1. 今年省财政支出及主要建设项目（见财政报告 7—9 页及附表）

2. 今年生产计划：

(1) 农业：

粮食 163 亿斤，争取完成 170 亿斤（57 年原计划数 162.7 亿斤）。

棉花 83 万担，争取完成 95 万担（57 年 48 万担）。

黄麻 285 万担（原计划明年为 280 万担），去年已达 79.9 万担。

油菜子 195 万担　　　　　　（[今年]255.5 万担）

茶叶 46 万担　　　　　　　　（[今年]50 万担）

蚕茧 60.7 万担　　　　　　　（[今年]65.6 万担）

以上粮棉麻三项可提前超额完成。

油菜子、茶、茧三项，除油菜子外，明年都可超额完成。

油菜子，亦有些可能，但要看胜利菜种推广如何来定。

① 农业抓粮棉麻是对的，但忽略了其他就不对。

② 要继续加强上山，下海，山区经济又要善于全面安排。

(2) 工业和手工业：

工业今年要求达到产值 10.5 亿元（争取达到 11.25 亿元），增 22.77%。

手工业今年要求达到产值 61 779 万元（增 16%）

可提前一年完成 57 年计划任务。

工业建设的方针及远景问题。

(3) 文教：

① 教育扫盲，见报告第 17 页，上段。此外，拟办一所综合大学。

② 博物馆，图书馆和体育场计划。

③ 科学研究，办几所初级的科学研究机构。以人才条件及地方生产上的需要为条件，尚与有关方面在研究，文史方面研究机构也将予以建立。

但办大学以下不是今年却能做好的事情。

(4) 卫生方面（见报告第 17 页下段）

病床增设 2 057 张（国家支款的 1 477 张）

总数在 9 899 张,比去年增 26.2%。

工业建设的方针:(过去轻 忽 [视]工业是不对的)

① 支持农林渔牧蚕付业各业生产。

② 开发地下矿藏。

③ 利用水力发电,支持工农业及发展化学工业。(新安江水电站)

因此不作全套工业打算,而以发挥地方潜力为中心来建设,但也应该有必要的机构及造船等工业。

关于保护文物,及名胜古迹问题。

① 事物的二面(矛盾)。

② 找主要点放松次要点。

关于合作社章程:

罗祥根:

① 24 条社合并时,公积金多少不同,多的经说服虽能接受,但思想仍不通。由此且〈应〉影响以后,好社不愿多搞公积金,而怕合并时吃亏。

② 42 条行政及农业基建,绿化在五个社占 30%,是否应分工分。

③ 46 条,应该加上可以参观。

(一)各种体制的问题。

1. 人民代表大会制是宪法规定的。

2. 民主集中制是我们国家制度的一个原则。

从发展生产加强领导来看,不仅要有中央集中领导,而且要加强地方的责任和积极性。有了好的体制还需要:① 统一规划,加强领导,接触实际,接触群众。② 统一计划分工合作,因地因事〈致〉制宜。

体制准备今年确定明年施行。

(二)关于财政工作的问题。

1. ① 预算准备太迟,所以讨论也迟了。

② 预算执行。

2. 增产节约。

3. 小学经费。四十条中,小学社办一条要修改。

4. 职工生活:全国 1 851 万人(工资生活者)。

(三)关于文教卫生工作问题。文物应保护但应有范围。

(四)关于官僚主义问题。

浙江第三五年计划轮廓(吴宪)

现在农工:58;42。

现在工农业的比例是 42:58 即 4(工):6(农)。

第二五年计划时 5.5:4.5。

第三个五年计划末(65—70:35—30):6.5:3.5。

工业化中:

1. 要电气化,45 万 KW 外小型发电 2—3 万 KW。

现用煤每年 50 万〈Ton〉吨,不进焦。

第二计划时需 70〈Ton〉吨,20 万〈Ton〉吨焦。

第三计划时需 150 万〈Ton〉吨,30 万〈Ton〉吨焦。

2. 机械化,尤其是农业机械化。

抽水机,现 6 000 架,将来到 30 000 部,大部用电力。综合性的加工机械(轧米锯木等),拟每乡一个。

渔业机船,主要机帆船。

交通:主要是小拖轮。

3. 钢铁,现 7 万〈Ton〉吨铁,3 万 5 千〈Ton〉吨钢,第二计划发展一倍。

第三个计划到 30 万〈Ton〉吨铁,10 万〈Ton〉吨钢。

4. 化肥,第二计划 7 万〈Ton〉吨,第三计划拟搞 30 万〈Ton〉吨。

5. 农鱼畜产加工。

投资(工业)第二[五年]计划期间,约需每年二亿(省支出每年三亿五千万元)。

每年收入 12 亿,支出 6 亿(第三个计划时期)。

农业总产值 18〈E〉亿,国家收入 1〈E〉亿 5 千万。

工业:6〈E〉亿 5 千万,国家收入 2〈E〉亿 6 千万。

国民生活：

现在农民收入每人每年 82 元，第三计划时 178 元。

工人现在一家每人收入 176，第二计划末 240 元(62 年)

方针：

以农业为基础发展工业，而三个计划实现工业化。

工业中心是轻工业，有条件发展重工业。工农业比重 5：5，还可提高些。

（文件编号：F165）

图书在版编目(CIP)数据

中国当代民间史料集刊.12，沙文汉工作笔记：
1955年/华东师范大学中国当代史研究中心编. —上海：
东方出版中心，2016.1(2025.3重印)
ISBN 978-7-5473-0888-2

Ⅰ.①中… Ⅱ.①华… Ⅲ.①中国历史—现代史—史
料—1955 Ⅳ.①K270.6

中国版本图书馆CIP数据核字(2015)第281857号

中国当代民间史料集刊 12

出版发行：东方出版中心
地　　址：上海市仙霞路345号
电　　话：62417400
邮政编码：200336
经　　销：全国新华书店
印　　刷：上海万卷印刷股份有限公司
开　　本：710×1020毫米　1/16
字　　数：502千字
印　　张：32　　　插页：2
版　　次：2016年1月第1版　2025年3月第2次印刷
ISBN 978-7-5473-0888-2
定　　价：99.00元